HISTOIRE GÉNÉRALE DU THÉATRE EN-FRANCE

II

La Comédie

Moyen âge et Renaissance

PAR

Eugène LINTILHAC

ANCIEN MAITRE DE CONFÉRENCES
DE LITTÉRATURE FRANÇAISE A LA SORBONNE
SÉNATEUR

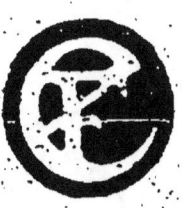

PARIS
ERNEST FLAMMARION, ÉDITEUR
26, RUE RACINE, 26

HISTOIRE GÉNÉRALE
DU
THÉATRE EN FRANCE

—

II

LA COMÉDIE

Moyen âge et Renaissance

DU MÊME AUTEUR

Beaumarchais et ses Œuvres. Paris, Hachette . . . . . 1 vol.
    (Ouvrage couronné par l'Académie française)
La Poétique de J.-C. Scaliger. (De J.-C. Scaligeri Poetice). Paris,
    Hachette. . . . . 1 vol.
Précis historique et critique de la Littérature française depuis les origines jusqu'à nos jours. Paris,
    André Guédon. . . . . 2 vol.
Études littéraires sur les Classiques français (En collaboration avec G. Merlet). Paris, Hachette . . . . 2 vol.
Lesage (Collection des grands écrivains français). Paris,
    Hachette. . . . . 1 vol.
    (Ouvrage couronné par l'Académie française)
Les Félibres : *A travers leur monde et leur poésie.*
    Paris, A. Lemerre. . . . . 1 vol.
Le Miracle grec d'Homère à Aristote : *Essai sur l'évolution de l'esprit grec et sur la genèse des genres classiques.* Paris, Léopold Cerf . . . . 1 vol.
Michelet. *Conférence du centenaire.* Paris, Paul Ollendorff. . . . . 1 vol.
Le Problème de l'Enseignement secondaire. Paris, Paul
    Ollendorff. . . . . 1 vol.
Conférences dramatiques, *avec des observations techniques sur l'art de la parole à l'usage des conférenciers et des professeurs.* Paris, Paul Ollendorff. . . . . . 1 vol.
    (Ouvrage couronné par l'Académie française.)

EN COURS DE PUBLICATION :

Histoire générale du Théâtre en France, depuis les origines jusqu'à nos jours. Paris, Ernest Flammarion.
  I. — *Le Théâtre sérieux du moyen âge* (paru) . . . . 1 vol.
  II. — *La Comédie, des origines jusqu'à nos jours.*
    (1 vol. paru). . . . . 4 vol.
  III. — *La Tragédie et le Drame, de la Renaissance jusqu'à nos jours.* . . . . 5 vol.

*Il a été tiré, de cet ouvrage,
vingt exemplaires sur papier de Hollande, tous numérotés.*

HISTOIRE GÉNÉRALE
DU
THÉATRE EN FRANCE

II

LA COMÉDIE
Moyen âge et Renaissance

PAR

Eugène LINTILHAC

ANCIEN MAITRE DE CONFÉRENCES
DE LITTÉRATURE FRANÇAISE A LA SORBONNE
SÉNATEUR

PARIS
ERNEST FLAMMARION, ÉDITEUR
26, RUE RACINE, 26

Droits de traduction et de reproduction réservés pour tous les pays,
y compris la Suède et la Norvège

A

M. ARMAND FALLIÈRES

PRÉSIDENT DU SÉNAT

HOMMAGE D'AFFECTUEUX RESPECT

E. L.

HISTOIRE GÉNÉRALE
DU
THÉATRE EN FRANCE

PRÉFACE

Ce volume est le premier des quatre qui contiendront l'histoire entière de la comédie en France. Nous les publierons sans interruption, pour que cette histoire ait dans notre exposition la continuité qu'elle a eue dans les faits. Celle-ci n'apparaîtrait pas comme il faut, si nous menions de front l'examen des divers genres dramatiques en chaque siècle.

Nous avons dû procéder ainsi, il est vrai, pour le *Théâtre sérieux du moyen âge*.

C'est que ce théâtre, tout sérieux qu'il fût par son caractère dominant, offrait pêle-mêle certains éléments de la comédie, parmi ses ébauches du drame moderne. Il était donc nécessaire d'explorer d'abord dans tous ses recoins ce vestibule confusément commun aux deux grands genres ultérieurs.

Mais au point où nous sommes parvenus, ces genres prennent des caractères assez distinctifs pour qu'une bifurcation s'impose. Dans une histoire qui vise à être générale, l'évolution de chacun d'eux peut et doit être montrée en soi jusqu'à son terme actuel. Nous éviterons donc qu'elle soit interrompue et brouillée par ces va-et-vient hâtifs d'un genre à l'autre, où l'on est conduit d'ordinaire par l'ambition de vues que l'on croit synoptiques, parce qu'elles sont grossièrement synchroniques, et qui ne produisent au fond qu'un trompe-l'œil.

Ainsi le courant comique prend une telle force, dès la naissance de la farce, et porte si directement à Molière et à tout ce qui en sortira, qu'il faut s'y laisser emporter jusqu'au bout, c'est-à-dire jusqu'à nos jours.

Puis, dans une seconde partie, cette histoire de notre théâtre se déroulera avec une continuité pareille, au fil du courant tragique, bien qu'il soit plus sinueux. Elle le suivra, depuis ses sources très mêlées à la Renaissance et durant le premier tiers du xviie siècle, à travers sa belle unité pendant le reste de ce siècle et parmi ses ramifications capricieuses au xviiie, jusqu'à son confluent final avec la comédie dans les variétés si vivaces du drame moderne.

La première période de l'histoire de la comédie

contenue dans ce volume, comprend l'évolution des genres comiques du moyen âge, avec celle de la comédie régulière jusqu'à la *Mélite* de Corneille (1629). Elle finit au moment précis où la comédie proprement dite, affranchie de la tyrannie des modèles italiens et se dégageant de l'anarchie des genres, dispute victorieusement à la farce l'attention du grand public.

Notre texte frappera le lecteur, dès le premier aspect, par le nombre et l'étendue des citations : nous avons l'espoir qu'elles ne l'ennuieront pas, la certitude qu'elles le renseigneront, et le sentiment qu'elles l'auront respecté.

Nous avons cherché scrupuleusement la mesure dans laquelle l'étroitesse moderne des bienséances se concilie avec les nécessités d'une histoire du théâtre *gaulois*. Nous avons pensé que la suprême malhonnêteté chez un historien consiste à masquer par des assertions tranchantes la paresse des recherches, à remplacer l'austère devoir de tirer tout au clair par la vanité facile des dissertations à perte de vue sur des œuvres qu'on n'a pas lues, en un mot à en conter, au lieu de raconter. Nos citations sont là pour prouver ce que nous avançons, et pour plaire en instruisant.

En les faisant, nous n'obéissions pas seulement à une nécessité de notre tâche : il nous semblait que nous acquittions une dette.

Au cours de ces quatre siècles que dure le progrès lent de notre comédie nationale vers les chefs-d'œuvre absolus, nous avons en effet rencontré nombre d'œuvres qui nous paraissaient mériter d'être mieux connues en tout ou en partie. Elles le méritent surtout parce qu'elles sont des aïeules authentiques de ces chefs-d'œuvre; et aussi parce qu'elles font partie de ce *grenier à sel* dont parle Boileau — à propos des Italiens, faute d'avoir assez lu nos farceurs nationaux — et où puisera Molière, mieux renseigné et plus avisé.

Nos citations, dont l'abondance se motive ainsi, sont donc de nature à satisfaire des curiosités saines dans le grand public, et à susciter peut-être des inspirations filiales chez les représentants présents ou futurs de l'esprit français au théâtre. Nous avons espéré en outre qu'elles éveilleraient des scrupules d'information très nécessaires dans la critique courante, peut-être même quelques remords chez certains de nos prédécesseurs qui ont vraiment montré un goût trop dédaigneux.

Pour leur faire porter plus facilement ces fruits divers, nous avons indiqué les ouvrages rares et au besoin les manuscrits, avec leurs cotes dans les bibliothèques publiques. Ces références ne sont pas plus un étalage d'érudition que nos citations n'étaient un remplissage. Les unes et les autres nous ont été dictées par la conscience de la tâche qu'assume envers le sujet et envers le public le titre même de notre ouvrage.

Quant à la manière dont nous avons conçu notre plan — pour cette période difficile de l'histoire de la comédie en France — et conduit son exécution, nous nous abstiendrons d'en étaler ici les raisons. Si cette manière fut bonne, sa justification sortira toute seule de chaque chapitre : et qui sera pressé d'en avoir l'avant-goût, impatient de savoir où et par où nous le menons, n'a qu'à se porter d'abord à notre conclusion.

Neuilly, 31 décembre 1905.

INTRODUCTION

LE PROBLÈME DES ORIGINES

Difficultés de ce problème. — Recherche de la solution dans trois directions. — 1° Les comédies latines du haut moyen âge et le mirage de l'influence classique. — Les six « comédies » de Hroswitha. — Les comédies élégiaques : le *Géta* et l'*Aulularia* de Vitalis de Blois; l'*Alda* de Guillaume de Blois; le *Pamphilus*; le *Babio*; le *Paulinus et Polla* de Richard de Venouse. — La récitation de ces pseudo-comédies et la conception chez les clercs de la représentation et de la nature de la comédie antique. — Nullité de l'influence de ces pseudo-comédies sur la comédie médiévale. — 2° Les jongleurs continuateurs des histrions romains pour le costume et le batelage, et peut-être pour certains thèmes de leur répertoire parlé. — 3° Génération spontanée de l'élément comique, au sein du drame religieux.

Nous avons pu percer l'obscurité des origines de notre théâtre sérieux, grâce à quelques textes suggestifs et aux hypothèses qu'ils autorisaient, quand ils n'étaient pas eux-mêmes des preuves suffisantes. Nous avons même suivi toutes les phases de cette évolution de ses genres qui est, à proprement parler, l'embryogénie du drame moderne[1].

Mais l'érudition a été jusqu'ici moins heureuse en face du problème des origines de notre théâtre comique, et la critique la plus aiguisée y reste presque partout conjecturale, comme nous allons voir.

Les faits sollicitent les recherches dans trois directions.

---

1. Cf. t. I, INTRODUCTION : *Origines byzantines, liturgiques et scolaires du drame moderne.*

Il y a d'abord le groupe des comédies écrites en latin par des clercs, dès le xe siècle, à l'imitation de Térence et de Plaute. Ne rencontrerait-on pas là, aux origines mêmes de la comédie moderne, cette influence directe de l'antiquité, que nous avons vainement cherchée dans celles du drame religieux?

Puis entre les histrions de la décadence romaine et les jongleurs du haut moyen âge, la ressemblance des costumes et de tout le batelage est suggestive. Nos jongleurs n'auraient-ils pas hérité directement du répertoire parlé des histrions comme du reste?

Enfin, au cœur même de la genèse du drame religieux, apparaissent des éléments comiques qui sont singulièrement spontanés et vivaces. Le sont-ils assez pour expliquer le développement ultérieur des genres comiques, au moyen âge ?

Nous allons examiner les réponses que l'on peut fournir à ces trois questions, dans l'état actuel des documents.

Il nous suffira, pour répondre à la première, de faire une revue rapide des pièces en latin; plus ou moins inspirées par Plaute et par Térence. En tête de leur groupe, se présentent les six « comédies » en prose de Hroswitha (xe siècle) : *Gallicanus, Dulcitius, Callimachus, Abraham, Paphnutius, Sapientia*. A en croire leur préface, elles furent inspirées à la fameuse nonne de Gandersheim, par le pieux dessein de détourner des « fictions de Térence » la foule des lecteurs catholiques qui, séduits par « la douceur de son langage », vont s'y « salir, en y apprenant des choses criminelles ». Cette sorte d'*Anti-Térence*, avec son dessein avoué de « célébrer la louable chasteté des vierges chrétiennes », de la même manière qu'étaient « récitées les honteuses impudeurs des femmes lascives », est bien rarement comique. Mais Hroswitha avait une sorte d'instinct théâtral qui a su rendre parfois le dramatique ingénu du modèle, dans le dialogue et même dans les caractères, en dépit de son pédantisme scolastique et de son ignorance du *siècle*, également sensibles. Quant aux sujets de ces sortes de tragi-comédies, ils rappellent parfois les *Miracles de Notre-Dame*[1] par certains détails plus passionnés qu'édifiants, et par toute la nécessité de leur pieuse fin pour justifier l'étrangeté des moyens.

Deux siècles après les six *comédies* en prose de Hroswitha, on rencontre une série de pièces, avec ou sans le titre de comédies, écrites en latin, au milieu du xiie et au début du xiiie siècle, par des clercs, en distiques élégiaques, et que l'on appelle, pour cette raison de forme, des élégies dramatiques[2].

Les principales sont : le *Géta*, tiré non sans originalité de quelque remaniement perdu d'Amphitryon, par notre Vitalis de Blois (milieu du xiie siècle?) et qui eut une vogue européenne, dont témoignent les traces de plus de quarante manuscrits et des traductions en plusieurs langues, y compris la française[3]; — l'*Aulularia* du même Vitalis, imitation de la célèbre et énigmatique suite de l'*Aululaire* de Plaute, intitulée *Querolus* (*Le Grondeur*, viie siècle?), mais qui perd singulièrement à la comparaison avec son modèle heureusement retrouvé[4]; — la fameuse, si licencieuse et d'ailleurs fort spirituelle

---

1. Cf. t. I, chap. iv.
2. Cf. Edélestand du Méril, *Origines latines du théâtre moderne*, Paris, Franck, 1849, Introduction, et pour les textes, *ibid.*, p. 284 sqq., et *Poésies inédites du moyen âge*, Paris, Franck, 1854; et ci-après : A. Chassang, *Des essais dramatiques imités de l'antiquité*, Paris, Durand, 1852; Wilhelm Creizenach, *Geschichte des neueren Dramas*, Halle, Max Niemeyer, 1893, t. I, chap. i.
3. Cf. p. 105.
4. Cf. *Querolus sive Aulularia incerti auctoris comœdia togata*, par Klinkhamer, Amsterdam, Gartman, 1829.

Alda (seconde moitié du xii⁰ siècle), autre production comique due encore à un clerc français, Guillaume de Blois ou peut-être Mathieu de Vendôme, et dont la saveur, sel attique et poivre compris, vint sans doute à son auteur en droite ligne de l'*Androgyne* de Ménandre par l'intermédiaire de Cécilius ou de quelque autre adaptateur latin que, plus heureux que nous, il eut en entier sous les yeux; — l'anonyme et non moins fameux *Pamphilus* (xii⁰ siècle?), un des chefs-d'œuvre du genre, bien que les manuscrits ne lui donnent pas le titre de comédie, dont le dialogue est pur de tout récit intercalaire, d'une rouerie fort savoureuse, spirituelle même, où l'obscénité forme, Ovide aidant, un bizarre amalgame avec l'accent d'une passion sincère et qui fit, lui aussi, son tour de l'Europe[1]; — le *Babio* encore, imitation probablement anglaise de notre *Géta*, entièrement dialoguée, d'un réalisme parfois lourd, mais singulièrement vivant; — ou enfin, et pour indiquer jusqu'en Italie l'influence des modèles précédents, parmi lesquels les français sont au premier rang, le *Paulinus et Polla*, où un compatriote d'Horace, le juge Richard, de Venouse (premier tiers du xiii⁰ siècle), alourdit de ses moralités et égaie rarement de ses lazzis quelque anecdote contemporaine[2].

Or, toutes ces élégies dramatiques, parées ou non du titre de comédies — où l'élégant libertinage du latin brave l'honnêteté autrement, mais au moins autant que le feront les obscénités crues et les « mots de haulte lice » de nos farceurs — étant nées du monde des clercs

---

1. Cf. *Pamphile, ou l'Art d'être aimé*, comédie latine du x⁰ siècle, précédée d'une étude critique et d'une paraphrase, par Ad. Baudouin, Paris, Librairie moderne, 1874.

2. Cf. Bibliothèque Nationale, Inventaire Réserve m Yc 930.

et pour ce monde, restèrent toujours lettre close pour le grand public. Ces pseudo-comédies, très curieuses comme succédanées du spectacle dramatique dans le haut moyen âge, ne furent jamais l'objet de représentations proprement dites. Voilà le fait capital sur lequel il nous faut insister, pour le mettre hors de doute.

Comme en témoignent les rubriques marginales indiquant les personnages qui doivent prendre la parole, ces soi-disant comédies étaient destinées à être lues, soit dans l'école à titre d'enseignement, soit dans les compagnies lettrées, à titre de divertissement. Elles l'étaient sans doute avec une certaine animation, mais cette lecture ne constituait pas une représentation proprement dite. Nous savons qu'un seul virtuose y suffisait, à grand renfort de changements de voix et avec une pantomime expressive. Il faut se l'imaginer usant des ressources de ce triple langage que définit Golfridus de Vino Salvo, à la fin de sa *Poetria nova* (fin du XIIe siècle), et qui consiste, dit-il, à faire parler concurremment la langue de la bouche, celle de la physionomie et celle du geste. Notons au passage que cet auteur, devançant le *Paradoxe du comédien*, prescrit au récitateur de ne pas se laisser gagner par la passion qu'il représente. On continuait ainsi pour ces pseudo-comédies le genre de déclamation qui était couramment en usage, avec costumes adaptés au personnage, pour les monologues latins dont certains paraissent bien leur avoir été antérieurs : témoin le *De nuntio sagaci* (*Le Sagace messager*), cité dès le milieu du XIIe siècle, et qui a dû servir de premier et grossier modèle au subtil poète du *Pamphilus*. Il y aurait donc eu ici tradition pour la forme, comme pour le fond, mais toujours dans le monde des clercs. Cette tradition sera même si durable que l'on trouve encore des conseils de diction analogues dans la *Célestine*, ce dialogue dramatique de la fin du xve siècle, qui est l'ancêtre du théâtre espagnol.

Au reste, aucun de ces clercs, — malgré les illustrations, si suggestives pour nous, de certains manuscrits, de celui du Térence de l'abbaye de Saint-Denis, par exemple (Bibliothèque nationale, fonds latin, n° 7899), — n'a certainement eu l'idée de ce qu'avait pu être en réalité à Rome la représentation des six comédies de Térence et des huit premières de Plaute qu'ils avaient en main. Ce second fait, corrélatif au premier, demande aussi à être tiré au clair.

Il ressort de nombreux textes que — excepté peut-être Jean de Salisbury, le savant élève d'Abélard, au vague témoignage d'un passage de son *Polycraticus* (1159)[1], et encore Johannes Anglicus, à en juger çà et là par sa Poétique (*De arte prosaica metrica et rhytmica*, vers 1260) — les clercs se figuraient la représentation antique comme une simple lecture. Pour tel d'entre eux par exemple, qui a sous les yeux un manuscrit de Térence illustré d'après l'antique, l'auteur de la *Vita Oxoniensis* (d'Oxford), la grandeur de la bouche des masques est simplement destinée à symboliser l'éloquence du genre. Nous voyons une seule fois un commentateur du passage d'Horace sur la distinction entre l'action qui est mise en scène et celle qu'un récit expose,

Aut agitur res in scenis aut acta refertur,

s'aviser d'une analogie possible entre les spectacles antiques et ceux qui ont alors lieu dans les églises. Il renvoie, en effet, son lecteur au mystère de la Nativité,

---

1. Cf. le texte dans Edélestand du Méril, *Origines*, etc., op. c., p. 24, n. 2.

où le festin d'Hérode est, dit-il, à la fois joué et raconté parallèlement[1].

Au reste le mot même de comédie est énigmatique pour les plus sagaces de ces précurseurs des humanistes, depuis Averroès, quand il se trouve aux prises avec la Poétique d'Aristote, jusqu'à Dante qui l'entend à contresens, et, croyant que ce terme définit tout poème à début triste et à dénoûment heureux, l'inflige au sien.

On a enfin une preuve matérielle de la nullité de l'influence des pseudo-comédies latines des clercs sur la comédie médiévale en langue vulgaire.

De Hroswitha et de son théâtre — véritable phénomène dans l'histoire des lettres par sa date, et qui attirera tant de commentateurs, dès qu'il sera connu, — il n'est fait nulle mention avant sa publication par Conrad Celtès, en 1501. Certes le *Géta* de notre Vitalis aura une popularité immense, attestée par des imitations directes en Angleterre et en Italie, et par d'innombrables allusions dans les florilèges, mais il n'y en a pas trace dans tout notre théâtre comique, en langue vulgaire, y compris les deux pièces d'Eustache Deschamps qui fut pourtant un de ses traducteurs (1421)[2]. Le *Pamphilus*, avec sa coquine de vieille entremetteuse, pourra bien inspirer des traits aux lettrés, à Mingo et à Fernand de Rojas, pour leur *Célestine*, être même joué en cinq actes et avec chœurs, à l'époque de la Renaissance (Sienne, 1508), il restera non avenu pour les fournisseurs de nos tréteaux populaires.

Ainsi, entre les textes de la comédie classique et ceux de la comédie médiévale en langue vulgaire, aucun

---

1. Cf. W. Creizenach, *Geschichte*, etc., op. c., t. I, p. 8, 13 sqq.
2. Cf. ci-après, p. 100, 105.

lien palpable d'imitation n'apparaît, par l'intermédiaire des pseudo-comédies latines du haut moyen âge, pas plus pour le fond que pour la forme. Les plus ingénieuses conjectures, fondées sur les plus diligentes recherches, n'ont pu prévaloir contre ce fait.

En vain on interroge les monstres dramatiques si curieux de Hroswitha : en vain on étend les recherches à toutes les élucubrations pseudo-comiques, en distiques élégiaques, des XIIe et XIIIe siècles, dont la forme hybride hésite entre la narration et le dialogue purs — y compris celles que l'on dialoguait sur le patron des satires d'Horace — on n'y trouve pas la moindre indication sur les origines de nos genres comiques au moyen âge. Tout au plus y aura-t-il lieu de rappeler ces productions des très vagues précurseurs de la comédie de la Renaissance, en étudiant l'origine de celle-ci. La trop grande place qu'elles occupent dans les histoires courantes de notre théâtre comique est donc usurpée. Pour la leur maintenir on n'aurait qu'une excuse et qui est mauvaise, celle de masquer ainsi notre ignorance des origines de ce théâtre.

On est donc autorisé à conclure, sur ce premier point, que la naissance de la comédie moderne fut indépendante, jusqu'à la Renaissance, de toute cette littérature comique en latin. Celle-ci fut une simple branche de la littérature européenne des Goliards[1], dont la déclamation animée formait une sorte de spectacle profane à travers les écoles et couvents de la chrétienté. Mais, en fait, ces productions restèrent étrangères à la floraison comique où montera directement la sève du sol gaulois.

Le problème des origines avance-t-il mieux vers sa

---

1. Cf. t. I, p. 38 sqq.

solution, si l'on cherche à voir, dans les jongleurs du haut moyen âge, les anneaux vivants de la chaîne qui manque dans les textes, et qui unirait les thèmes de la comédie médiévale à ceux de la comédie antique?

M. Gaston Paris a risqué cette assertion, en son savant manuel : « Une veine qui ne fut sans doute jamais interrompue, bien qu'elle se montre rarement aux yeux dans l'obscurité des siècles reculés, va des mimes romains aux farceurs du xv° siècle ». Sur cette continuité il n'y a pas de doute, si l'on ne regarde qu'à la filiation des acteurs. Si l'on considère celle des pièces, le doute renaît, mais l'hypothèse subsiste et sans être purement gratuite, comme on va voir.

D'abord, et en fait, les jongleurs continuent, sans interruption, les histrions de la décadence romaine, avec toutes leurs variétés de mimes et de danseurs, de bateleurs et d'acrobates. « Les histrions sont les jongleurs » (*Istriones sunt joculatores*), dit un glossaire du xi° siècle[1] qui ne croit pas si bien dire : car, ne voulant donner qu'une définition, il constate une identité[2], laquelle nous paraît attestée d'ailleurs par la ressemblance évidente des costumes dans une série de monuments figurés que nous avons eus sous les yeux[3].

---

1. Cf. E. du Méril, *Origines*, etc., *op. c.*, p. 23, n. 2.
2. Sur la parenté des mimes, histrions et jongleurs dont témoigne curieusement la confusion même des termes, cf. Ed. du Méril, *Origines*, etc., *op. c.*, p. 19 sqq. et surtout les notes.
3. Cf. successivement 1° au musée de Naples, la petite mosaïque de Pompéies dénommée *la Comédie*; 2° le si curieux manuscrit de Térence, provenant de l'abbaye de Saint-Denis (ix° ou x° siècle, Bibliothèque Nationale, fonds latin, n° 7899), avec des dessins à la plume, probablement imités de quelque manuscrit antique, comme ceux dont les illustrations avaient fait, au premier siècle avant notre ère, la célébrité d'une femme peintre, Lala de Cyzique, et que Pollion, le protecteur de Virgile, mit à la mode; 3° la suite de peintures byzantines, datant du milieu du xi° siècle, qui décorent l'escalier de Sainte-Sophie de Kiev, représentant les jeux et évolutions d'histrions et d'acrobates dont la popularité continue depuis l'antiquité latine est attestée par plusieurs canons de l'Église, relatifs aux fêtes

Cette joyeuse bande des jongleurs est fort mêlée. Elle est l'antique bohème des amuseurs publics (*joculatores*, de *jocus*, jeu), qui ont *pour femme la pauvreté et pour fils le rire*, selon un proverbe latin cité par Du Cange. Mais parmi ces amuseurs il faut distinguer d'une part les saltimbanques des deux sexes et montreurs de bêtes, qui perpétuaient, à travers les bouleversements du vieux monde, les jeux scéniques de l'amphithéâtre — intermèdes variés des combats de gladiateurs et des scènes de chasse —; et d'autre part, les récitateurs et musiciens qui venaient faire du programme total de la troupe un ambigu d'art populaire et de batelage, fort analogue à celui des modernes *music-hall*. Des distinctions de cette nature se trouvent d'ailleurs déjà dans un texte fort curieux d'une *Somme de pénitence* du xiii° siècle, citée par MM. Guessard et Grandmaison, que voici : « Il y a trois genres d'histrions. Les uns changent la forme et la figure de leurs corps par des danses et gestes indécents, ou en mettant à nu leurs corps d'une façon honteuse, ou en revêtant d'horribles masques... D'autres histrions, n'ayant aucun domicile fixe, tournent autour des maisons des grands, pour y débiter des opprobres et des ignominies sur le compte des absents.... Un troisième genre d'histrions est pourvu d'instruments de

profanes, les Σατορνάλια, etc., et notamment par l'un d'eux du vii° siècle, prescrivant au clerc, invité à une noce, de la quitter dès que commencent les παίγνια, jeux scéniques (Canon 24 du 6° Concile Œcuménique, cf. 'Ράλλης — Ποτλῆς Σύνταγμα, etc., Athènes. 1852, t. II, p. 356, 424, 448); Cf., pour les reproductions de ces très curieuses peintures, l'édition de la *Société impériale russe d'archéologie, Kiersky Sofisky Sobor*, pl. 53, n° 9, où M. Kondakov voit Paillasse et Arlequin (*Zapisky imperatorskago*, etc., tome III, p. 237 sqq.). pl. 53, n° 11, pl. 54, n° 1; et pour ces trois mêmes reproductions, Gustave Schlumberger, *L'Epopée byzantine*, Paris, Hachette, 1905, tome III, p. 721, 725: et enfin 4° les types de jongleurs reproduits d'après les illustrations des Tropaires, par Émile Gautier dans son *Histoire de la poésie liturgique au moyen âge*, Paris, Palmé, 1886, t. I, p. 106, 10°, 125.

musique pour charmer les hommes (ad delectandum homines); mais il y en a de deux espèces : les uns fréquentent les tavernes publiques (potaciones) et les assemblées licencieuses pour y chanter des chansons lascives. D'autres, appelés jongleurs, chantent les gestes des princes et les vies des saints et consolent les hommes dans leurs tristesses et leurs angoisses; ils ne font pas toutes sortes d'indécences comme ces danseurs et danseuses, ou ceux qui jouent au moyen d'images déshonnêtes et font apparaître des façons de fantômes, au moyen d'incantations, ou autrement. Ceux-là peuvent être tolérés, dit le pape Alexandre... ».

Passons devant les jongleurs de gestes qui sont d'une condition plus relevée et servent d'accompagnateurs ou de récitateurs à leur poète, quand celui-ci s'en va par le monde, *à l'entrée du temps clair (a l'entrada del tems clar)*, comme disaient les troubadours, avec son compagnon *avenant (co'l troubador e l' joglar avinen)*. Mais arrêtons-nous un peu devant ceux de ces *histrions* qui, « dans les maisons des grands, débitent des opprobres et des ignominies sur le compte des absents ».

Quels sont ces *opprobres* et *ignominies* qui leur ont valu les censures ecclésiastiques dont la quantité même témoigne de leur peu d'efficacité? Ne seraient-ce pas ces *dits, débats, jeux-partis* et *batailles* sur le modèle de la *Psychomachie* de Prudence, dont nous avons un si bon nombre, et que rehaussent, à travers « les tavernes » et « assemblées licencieuses », les mascarades de nos histrions, leur pantomime sans pudeur, et leurs « chansons lascives », avec accompagnement obligé de musique, car, comme dit si joliment le troubadour Carbonel, de Marseille, *un couplet sans musique est un moulin sans eau*.

> *Cobla ses so es en aissi*
> *Co'l moles que aigua non a?*

Cela paraît certain et on jugera de la force dramatique dont ce genre était capable, avec travestis appropriés, par le *Dit de l'Erberie* de Rutebeuf, dont nous savons qu'il a été récité par quelque *triacleur*[1] (charlatan, vendeur de *thériaque*), et autres monologues plus dramatiques dont nous aurons à parler[2]. On serait donc fondé à voir dans ces monologues du répertoire de nos jongleurs, de nos *farceurs de place*, comme diront les contemporains de Tabarin, la matière première de la comédie, de même que nous avons aperçu, par exemple, dans le monologue du *Sagace messager* l'embryon du *Pamphilus*[3].

Alors se pose la grosse question que voici : successeurs directs des histrions de la décadence romaine sur les tréteaux du haut moyen âge, nos jongleurs avaient-ils été les héritiers des thèmes de leur répertoire parlé, comme de leur batelage et de leur costume?

Il est, en tout cas, un point sur lequel l'affirmation est bien tentante : le voici.

Jamais Plaute et Térence ne font rire aux dépens de l'époux trompé. Dans le *Miles gloriosus*, c'est le galant qui reçoit les nasardes, y compris celles de la courtisane. Au contraire, le thème favori des mimes de l'époque classique était l'adultère, avec l'accompagnement ordinaire des ruses féminines et jeux de cachecache de l'amant heureux, tandis que le mari, d'abord furieux, en est réduit à décolérer, pour la plus grande joie des spectateurs. Or ce même thème sera si souvent et si

---

1. Cf. W. Creizenach, *Geschichte*, etc., *op. c.*, t. I, p. 382.
2. Cf. ci-après, p. 163 sqq.
3. Cf. ci-dessus, p. 13.

abondamment celui de nos farces, qu'on incline à montrer là une tradition. On en constate d'ailleurs la force jusque dans l'école, au moyen âge. Un sagace historien du théâtre moderne[1] relève judicieusement, à ce propos, un passage décisif de Johannès Anglicus dans sa Poétique (vers 1260), dont voici le sens : en conformité avec la tradition des mimes — par une dérogation bien remarquable à la tradition de la comédie classique et qui deviendra la règle depuis la farce médiévale jusqu'à l'*École des femmes* — le rôle sympathique y est assigné à l'amant heureux, le rôle ingrat de mari trompé au vieillard.

Certes on ne peut passer de ce fait particulier, si intéressant qu'il soit, à des inductions plus hasardées. Il serait téméraire d'affirmer, dans une telle disette de textes, que la parenté de nos jongleurs avec les histrions romains, si elle est manifeste dans la persistance des mêmes jeux scéniques et visible dans la ressemblance frappante des costumes, se retrouve pareille dans leur répertoire comique. Mais on peut conclure de là qu'il y a, sur le premier point, autre chose qu'une illusion de perspective et sur le second plus et mieux qu'une hypothèse gratuite.

Certes il en coûte de s'en tenir là, surtout après les curieuses trouvailles et les séduisantes inductions de M. Charles Magnin. On doit pourtant s'y résoudre, dans l'état actuel des documents.

Reste la troisième et dernière direction à donner aux recherches, pour la solution de ce problème si ardu des origines de notre théâtre comique.

Ici du moins on sort davantage du domaine des con-

---

[1] Cf. W. Creizenach, *Geschichte*, etc., op. c., p. 14 et 387.

jectures, et on peut s'appuyer plus solidement sur les textes.

Ils donnent à entendre que l'élément comique naquit spontanément au sein du drame religieux, parmi les autres éléments profanes, plus ou moins sérieux.

Nous avons vu, en effet[1], le ton familier s'introduire dans les drames liturgiques avec les personnages profanes, tels que Pilate, les juifs, les gardes, les marchands. Cette familiarité glissait souvent au comique dans les scènes, d'abord parasites, mais bien vite traditionnelles, dont ceux-ci sont les héros, comme la garde du tombeau, le marchandage des parfums ou des clous, la *mondanité* de Madeleine. Au réalisme instinctif des pieux interpolateurs se mêlait cette malice licencieuse des clercs, écolâtres et écoliers, dont témoignent amplement leurs poésies latines, dans les *Carmina Burana*.

La langue vulgaire — amenée dans le texte latin, par la nécessité de traductions au moins partielles, pour permettre au peuple ou même à la foule des invités dans les couvents, aux jours de grande représentation, de ne pas perdre pied — servait de véhicule à ce comique. Ce fait a été soigneusement constaté par nous, dans nos cinq drames bilingues, farcis à l'exemple des épîtres de saint Étienne et de saint Thomas (XIIe siècle).

Puis, à défaut de textes en France, nous avons suivi en Allemagne, dans les amplifications scolaires du texte sacré, l'épanouissement de ces gaîtés bilingues. Nous les avons même vues si débordantes qu'elles en arrivaient à rivaliser avec celles des pires farceurs de carrefour, malgré les protestations probantes de l'écolâtre

---

1. Cf. t. I, p. 34-43, 51-52.

Geroh de Reichersberg et de l'abbesse Herrad de Landsberg (seconde moitié du XIIe siècle).

Des drames liturgiques et scolaires ces éléments comiques passent dans le théâtre sacré en langue vulgaire. Ils s'y juxtaposent — avec la verve indiscrète et surtout grossière que nous avons signalée — aux éléments pathétiques, dans les scènes de messagers et de tavernes, de bourreaux et de massacre des Innocents, de tyrans et de diablerie, de bergerie et de galanterie qui émaillent si étrangement les drames bibliques et hagiographiques.

Les racines de cette végétation comique, toute touffue qu'elle soit, sont si visibles qu'on a pu affirmer qu'elles plongeaient toutes dans le drame religieux[1]. Le fait est qu'on les y retrouve — toutes réserves faites sur certaines origines plus lointaines de la farce[2] — comme nous l'avons indiqué ci-dessus, à propos du répertoire des jongleurs.

Les gaîtés du *Jeu de Saint-Nicolas* de Bodel (fin du XIIe siècle) ont leur germe dans le *Miracle de Saint-Nicolas* de l'abbaye de Saint-Benoît-sur-Loire. Son jargon, comme celui du *Miracle de Théophile*, a son précédent dans le langage oriental des rois mages de la *Nativité* de Rouen — en attendant le turc de Molière —. Les messagers, si traînards et si bons biberons des mystères, ont leur ancêtre dans le *nuntius* de la Passion de Benedictbeuern (XIIIe siècle). La pétulance et le vacarme des *diableries* sont inaugurés dans ceux de notre *Adam* du XIIe siècle. Les *bergeries* des drames liturgiques laissent pointer le comique spécial qui va s'épanouir dès le *Jeu de Robin et Marion* : et, comme

---

1. Cf. M. Wilmotte, *La naissance de l'élément comique dans le théâtre religieux*, Mâcon, Protat, 1901.
2. Cf. ci-après, p. 200 sqq.

pour témoigner de la vitalité du genre, le nom plaisant du berger Rifflart, qui se rencontre dès la Passion de Sainte-Geneviève avant de prêter à rire dans celle de Gréban, se retrouve aussi dans une pastorale épisodique de *Grisélidis*[1].

Nous aurons à interroger encore ces origines religieuses de la comédie médiévale, pour préciser la filiation de certaines de ses variétés, telles que les sermons joyeux et les solties. Pour le moment il nous suffira d'y avoir vu cette source et cette continuité de développement des éléments comiques que nous avions cherchées, avec si peu de succès, dans les pseudo-comédies latines écrites du x° au xiii° siècle, et dans le répertoire des jongleurs plus ou moins hérité de celui des histrions de la décadence.

Que cette source soit la seule, voilà certes ce dont il ne faudrait pas jurer; et qu'une continuité palpable puisse même un jour être établie entre le répertoire perdu de nos premiers jongleurs et les épaves de celui des joueurs de mimes romains, voilà ce qu'on peut espérer, sans dépasser les limites actuelles de la critique conjecturale.

1. Cf. t. I, pp. 130, 156, 285.

CHAPITRE I

LA SCÈNE ET LES AUTEURS COMIQUES AU MOYEN AGE

La censure. — La mise en scène et l'ordre du spectacle. — Les interprètes : les *Fous* d'Église et les confréries joyeuses; les *Sots* ou *Enfants-sans-souci*; les *Clercs de la Basoche*; les écoliers; les comédiens de profession.

La scène comique était encore plus guettée que la sérieuse par ces censures enchevêtrées dont nous avons montré les rigueurs capricieuses[1]. Le Parlement surtout eut à menacer fréquemment de ses rigueurs les clercs et tous ceux de la Basoche. C'est même par ses arrêts que nous connaissons le mieux leur histoire.

Tantôt la sanction de ses règlements sur la matière est la prison au pain et à l'eau, comme le porte un arrêt du 14 août 1442, contre des Basochiens qui avaient joué malgré sa défense : tantôt sa rigueur va jusqu'à menacer les coupables d'être battus de verges par les carrefours de Paris, puis bannis : « La Cour, dit notamment un arrêt de 1476, a défendu et défend à tous clercs et serviteurs, tant du Palais que du Chastelet de Paris, de quelque estat qu'ils soient, que doresnavant ils ne joüent publiquement audit Palais et Chastelet, ni ailleurs en lieux publics, farces, sotties, moralités ne

---

1. Cf. t. I, p. 64 sqq.

autres jeux à convocation de peuple, sur peine de bannissement de ce royaume, et de confiscation de tous leurs biens ; et qu'ils ne demandent congé de ce faire à ladite Cour, ne autres ; sur peine d'être privés à toujours, tant dudit Palais, que dudit Chastelet ». Cette interdiction rigoureuse à l'adresse des Basochiens de toutes sortes[1], devait durer autant que le règne de Louis XI et être à peine mitigée sous Charles VIII : témoin la mésaventure du poète Henri Baude, ancien basochien, arrêté par ordre du roi, malgré l'autorisation préalable du Parlement et ses cinquante ans passés, avec quatre des clercs interprètes de sa satire dialoguée à l'adresse des ministres du jeune roi et contenant « plusieurs paroles séditieuses, sonnant commotion », lequel ne fut relâché qu'après quatre mois de prison et grâce à la rivalité des Parlementaires et des courtisans[2].

L'Université, elle aussi, est amenée à sévir contre la pétulance satirique de ses écoliers, avec ou sans avis du Parlement à cet effet. En 1462, notamment, dans une assemblée solennelle, elle se plaint des « jeux déshonnêtes » que jouent ses « suppôts », et elle interdit sévèrement tout jeu « qui touche l'état des princes et seigneurs ». En 1483, sur une dénonciation du Parlement, elle enjoint aux principaux d'examiner les pièces dont la représentation doit avoir lieu dans leurs collèges, et de tenir hors de leurs satires « les personnes honorables ». Ces mesures, à l'endroit de la comédie de collège, ont besoin d'être renouvelées avec une fréquence et une sévérité caractéristiques[3]. Le 5 janvier 1516, par

---

1. Cf. ci-après, p. 28 sqq., 49.
2. Cf. Petit de Julleville, *Les Comédiens en France au moyen âge*, Paris, Léopold Cerf, 1885, p. 102 sqq., sur ces conflits de juridiction.
3. Cf. sur ces farces et moralités de collège, ci-après, p. 51, 125 sqq., 204 sqq.

exemple, le Parlement fait défense aux principaux et régents des collèges de Paris « de ne parler, faire, ne permettre de jouer, en leurs collèges, aucunes farces, *sottises* et autres jeux contre l'honneur du Roy, de la Reyne, de Madame la duchesse d'Angoulesme, mère du dit seigneur, des seigneurs du sang, ne austres personnages estans autour de la personne du dit seigneur, sur peine de punition contre ceux qui feront le contraire, telle que la Cour verra estre à faire ». Voici encore, en 1579, à la suite de farces trop satiriques jouées au collège du Plessis, l'édit de Blois qui interdit de jouer dans les collèges « farces, tragédies, comédies, fables, satyres, scènes ne austres jeux en latin ou françois, contenans lascivetez, injures, invectives, convices ne aucun scandale contre aucun estat, ou personne publicque ou privée, sur peine de prison et punition corporelle », sous peine de « respondre aux réparations tant honorables que profitables, aux procureurs généraux, ou leurs substituts, ou parties privées qui se sentiront injuriées et scandalisées ».

Nous aurons encore à citer plus loin d'autres traits de la censure universitaire, pour nous renseigner sur les écoliers considérés comme acteurs.

Les rigueurs de la censure varieront d'ailleurs avec les princes, pour cesser curieusement, sous Louis XII, comme le prouvent des témoignages formels, dont les plus connus sont ceux qu'a donnés en prose et en vers Jehan Bouchet. « Je fus quelque jour présent, dit-il en ses *Annales d'Aquitaine*, luy (le roi) parlant à monsieur de la Trémoille des jeux que faisoient les Bazochiens à Paris et aussi ceux des collèges, qui parloient des seigneurs de la Court et de ceux qui estoyent près de sa personne : Je veux qu'on joue en liberté, et que les jeunes gens declairent les abus qu'on fait en ma Court, puisque les confesseurs et autres qui sont les sages, n'en veulent rien dire ». Le procureur-poète de Poitiers, ajoute en ses *Epistres morales et familières du Traverseur* :

> Le roy Loys douziesme desiroit
> Qu'on les jouast à Paris ; et disoit
> Que par tels jeux il sçavoit maintes faultes
> Qu'on luy celoit par surprinses trop caultes.

Ce double témoignage est formel et concordant. Il faudra s'en souvenir, en présence des audaces de Gringore[1]. Au reste, le roi donnait lui-même l'exemple de la tolérance, en se laissant satiriser, comme il suit, dans la sottie de *le Monde, Abuz, Sot-dissolu*, etc. :

> Liberalité est aux nobles
> Interdite par Avarice ;
> *Le chief mesmes y est propice.*

Mais si intéressé que fût le bon roi Louis XII à mettre l'esprit public avec lui contre la papauté, en lâchant la bride à la satire, il y vouloit une limite. Il la marqua un jour, avec autant d'énergie que de galanterie, dans les termes suivants que rapporte Brantôme en sa *Vie des Dames*, à propos d'Anne de Bretagne : « Lui estant raporté un jour que les clercs de la basoche du Palais et les escolliers aussi avoient joué des jeux où ils parloient du roy, de sa Court et de tous les grandz, il n'en fist autre semblant, sinon de dire qu'il falloit qu'ilz passassent leur temps, et qu'il leur permettoit qu'ilz parlassent de lui et de sa Court, non pourtant desreglement, mais surtout qu'ils ne parlassent de la reyne, sa

---

1. Cf. ci-après, p. 185 sqq.

femme, en façon quelconque; autrement qu'il les feroit tous pendre ».

Mais sous François Ier, c'est l'intolérance qui est illimitée : la censure s'y fait plus brutale que jamais, dès le début du règne. Le recteur-poète Ravisius Textor[1] écrit de Paris, navré : « Il n'y a rien de nouveau ici. Pour la fête des Rois, trois ou quatre collèges seulement ont joué des mimes ou comédies, et encore sans le moindre aiguillon satirique; chacun, instruit par le malheur d'autrui, a craint pour sa tête, en se rappelant les pauvres diables qui, accusés du crime de lèse-majesté royale et féminine, ont été moins conduits que traînés vers le roi, chargés de fers ». Le *Journal d'un bourgeois de Paris* précise là-dessus, en décembre 1516 : « Furent menez devers le roy à Amboyse, troys prsonniers de Paris, joueurs de farces, c'est asçavoir : Jacques le Basochien, Jehan Seroc, et maistre Jehan du Pontalez : lesquelz estoient liez et enferrez... et ce fut à cause qu'ilz avoient joué des farces à Paris, de seigneurs; entre autres choses : que Mère-Sotte gouvernoit la Cour, et qu'elle tailloit, pilloit et desroboit tout; dont le roy et Madame la Régente avertiz furent fort courroucez ». Pont-Alletz, de son vrai nom Jehan de L'Épine, le fameux farceur dont nous aurons à reparler[2], et ses compagnons, en furent quittes pour s'évader après trois mois de prison, et chercher asile dans l'église des Cordeliers de Blois, en attendant que, à l'occasion de l'entrée de la reine à Paris, ils fussent « delivrez à pur et à plain ».

Mais il y avait eu pis, et le même bourgeois anonyme nous a transmis le récit, intéressant à plus d'un titre, de la mésaventure de Monsieur Cruche, en avril 1515. On y

---

1. Cf. ci-après, p. 204 sqq.
2. Cf. ci-après, p. 39, 43 sqq.

va voir comment cet auteur-acteur, « grand fatiste (*faiseur de pièces*) », qui avait trop d'esprit pour le nouveau régime, apprit à ses dépens que l'on n'avait plus le droit de rire trop fort, quand le roi s'amusait, et quelle chance il eut d'être prêtre et de pouvoir « montrer sa couronne », comme s'en avisera Frère Guillebert, sur le point de passer un aussi mauvais quart d'heure.

« En ce temps, lorsque le roi estoit à Paris, y eut un prestre qui se faisait appeler mons^r Cruche, grand fatiste, lequel, un peu devant, avec plusieurs autres, avoit joué publiquement à la place Maubert, sur eschafaulx, certains jeux et moralitez, c'est assavoir sottye, sermon, moralité et farce; dont la moralité contenoit des seigneurs qui portoient le drap d'or a *credo* et emportoient leurs terres sur leurs espaules, avec autres choses morales et bonnes remonstrations. Et à la farce fut le dit monsieur Cruche, et avec ses complices, qui avoit une lanterne par laquelle voyoit toute choses; et entre autres, qu'il y avait une poulle qui se nourrissait sous une sallemande (*salamandre*), laquelle poulle portoit sur elle une chose qui estoit assez pour faire mourir *dix hommes*. Laquelle chose estoit à interpreter que le roy aimoit et joissoit d'une femme de Paris, qui estoit fille d'un conseiller à la Cour du Parlement, nommé monsieur Lecoq (*d'où le jeu de mots ci-dessus*). Et icelle estoit mariée à un avocat en Parlement, très habile homme, nommé monsieur Jacques Dishomme (*d'où le calembour ci-dessus*), qui avoit tout plein de biens, dont le roy se saysit. Tost après, le roy envoya huict ou dix des principaux de ses gentilhommes, qui allerent souper à la taverne du chasteau, rue de la Juifverie; et la y fut mandé a faulces enseignes, ledict messire Cruche, faignantz (*qu'ils mandèrent sous le feint prétexte de*) lui faire jouer ladicte farce ; dont luy venu au soir à torches, il fut contrainct par les dictz gentilshommes jouer ladicte farce ; pour quoy, incontinent et du commencement (*dès le début du jeu*), icelluy fut despouillé en chemise, battu de sangles merveilleusement, et mis en grande misère. A la fin, il y avoit un sac tout prest pour le mettre dedans, et pour le getter par les fenestres, et finalement pour le porter à la rivière. Et eust ce esté faict, n'eust esté que le pauvre homme cryoit tres fort, leur monstrant sa couronne de prestre qu'il avoit en la teste[1] ; *et furent ces choses faictes, comme advouez de ce faire par le roy* ».

La censure s'exerçait d'ailleurs à travers les provinces, comme à Paris. Nous voyons çà et là les autorités, notamment les consuls de Lyon, soumettre toutes les représentations dramatiques à un examen préventif du texte. Les échevins d'Amiens pareillement, en 1555, permettent à « Anthoine Sené, enfant de Roman en Dauphiné et ses compagnons joueurs d'histoires, tragedies, moralitez et farces,... de jouer en chambre moralitez honnestes, et non sentans aucun point obscene, l'espace de six jours seulement, à la charge que paravant jouer histoires, moralitez ou farces, ils seront tenus nous les exhiber et apporter les voir et visiter, mesmes qu'ils ne pourront sonner le tabourin, mais bien pourront attacher affiches par les carfours, et a l'huis de la porte où ils jueront lesdites moralitez et farces ». Ces échevins s'aviseront même de

---

1. Cf. la farce de *Frère Guillebert*, dans l'*Ancien Théâtre Français*, édition Viollet-le-Duc, Paris, Jannet, 1854, t. I, p. 319 :

> Faut-il ainsi tuer les gens ?
> Par Dieu, je varie de crier,
> Gaignerois-je rien à prier,
> Et a luy monstrer ma couronne ?

faire fonctionner la censure tout à fait comme de nos jours, selon le système de la représentation préalable à huis clos, témoin leur délibération en date du 3 août 1559, pour permettre à Roland Guibert et à ses compagnons « de jouer en cette ville, moralitez, farces, jeu de viole et de musique pendant l'espace de dix jours seulement, *à condition de jouer d'abord en la chambre du conseil devant Messieurs, et à la charge de faire voir les moralités, un jour au moins avant de les donner* ».

Après leurs démêlés avec les censures des Parlements et des autorités locales — ne courant plus que le risque des représailles de leurs victimes, quand elles étaient des puissances — auteurs et acteurs arrivaient à la représentation, face au grand public.

Ce que nous avons dit de la mise en scène, à propos du théâtre sérieux, s'applique au théâtre comique, pourvu qu'on le réduise à l'échelle des genres et aux circonstances des représentations, ainsi que nous l'avons indiqué déjà pour les *Miracles*[1]. On sait d'ailleurs, par le témoignage de divers procès-verbaux, que moralités, sermons joyeux et monologues, sotties et farces, se partageaient avec les mystères, miracles et histoires, la scène, le public et aussi les acteurs d'occasion ou de profession, sur le vaste « parc » des représentations à grand spectacle, ou sur les tréteaux plus modestes des puys et confréries s'offrant le plaisir du théâtre « en la chambre » de leurs sièges ordinaires.

L'ordre du spectacle dans ces diverses représentations avait une certaine fixité. Il semble bien établi, par exemple, que la farce le terminait d'ordinaire, témoin

---

1. Cf. t. I, chap. I et IV ; et Émile Roy, *Études sur le Théâtre français du XIVe et du XVe siècle, la Mise en scène des Miracles*, p. cxxx sqq.

cette expression évidemment proverbiale, pour désigner deux choses qui se suivent habituellement, laquelle se lit dans Henri Estienne : « Comme la moralité avoit esté bien jouée, encore sceut on mieux jouer la farce »; et témoin encore ce passage d'Henry de Barran protestant contre le mélange du profane et du sacré, en sa moralité, soi-disant « tragique comedie françoise » d'*Homme justifié par Foy* (1554) : « C'est pourquoi communement apres telz Dialogues (à savoir « comedies, tragedies et autres semblables histoires pieuses de l'Ecriture Sainte ») on joue quelque farce dissolue, n'estimant rien le tout si la farce joyeuse n'y est adjoutée ». Il en sera ainsi couramment, pendant tout le xviie siècle. La farce n'avait d'ailleurs, en général, que la dimension d'un acte, celle de *la petite pièce* du spectacle moderne, qui a peut-être pris mesure sur elle, en prenant sa place[1].

Pour le reste du spectacle comique, se succédait-il dans l'ordre indiqué plus haut par la relation du tour sanglant joué à messire Cruche, de manière à présenter l'ordre suivant : sottie, sermon joyeux (ou monologue), moralité, *farce*? C'est une hypothèse à l'appui de laquelle vient le passage où les frères Parfaict disent, à propos des Enfants sans-souci : « Leur spectacle était ordinairement composé de trois pièces dont la première était une *sotise*, suivie d'une *Moralité*, terminée d'une *farce*. Ce fut ainsi que Gringore fit paraitre son jeu de *Mère sotte* en 1511 »[2].

Ainsi la sottie aurait été le hors-d'œuvre apéritif dans ce menu théâtral, dont le sermon joyeux ou le monologue était l'entrée, avec le mystère ou la moralité

---

[1]. Cf. ci-après, p. 268, 277.
[2]. *Histoire du Théâtre français*, t. III, p. 105, note a.

pour plat de résistance, la farce, le mets de « haulte gresse » étant le dessert, l'*issue*, comme il est dit dans la *Condamnation de Bancquet*.

Mais il faut se garder d'être trop affirmatif là-dessus, en croyant que cet ordre fût immuable. Nous avons en effet un exemple du contraire. A Seurre, en 1496 — au témoignage même de l'auteur, André de la Vigne[1] — pour profiter d'une éclaircie, « contenter et aprester » le public venu de loin et le retenir pour le mystère du lendemain, « le maire et les autres » firent jouer d'abord la farce du *Meunier* qui précéda ainsi le mystère de *Saint Martin*, lequel fut suivi de la moralité de l'*Aveugle et du Boiteux*. Il est vrai que ce fut là une exception due aux circonstances et qui tendrait à confirmer la règle.

Nous avons sur les interprètes du spectacle, quel qu'en ait été l'ordre, des renseignements beaucoup plus abondants que sur sa mise en scène. Cela est heureux, car ces acteurs de tout acabit sollicitent vivement la curiosité, à côté des genres comiques à l'histoire desquels leur existence fut intimement mêlée.

Aux jongleurs dont nous avons parlé, dans notre introduction, il faut joindre tout de suite par droit d'ancienneté, les *Fous*.

Nous les avons rencontrés, à l'origine même du drame profane. Ils nous sont apparus comme les principaux fauteurs des adultérations du drame sacré, notamment de ses excroissances comiques, dans ces saturnales du culte que toléra peu ou prou l'Eglise, dans le haut moyen âge, en la quiétude de sa souveraineté spirituelle[2]. Mais nous avons, dès le XIIIe siècle,

---

1. Cf. le texte du procès-verbal de la représentation dans Petit de Julleville, *les Mystères*. Paris. Hachette, 1880, t. II, p. 68 sqq.
2. Cf. t. I, p. 42.

par les Décrétales et les Conciles, la preuve d'une sévérité croissante à leur endroit, du moins dans les églises, laquelle mettra fin à la *Fête des fous*, vers le milieu du xv⁰ siècle. Toutefois *Fous* et *Innocents*, avant d'être chassés du sanctuaire, y avaient certainement donné la comédie et non de simples divertissements dramatiques. Ainsi, en 1445, dans l'église de Troyes, fut représenté un jeu où l'évêque et deux chanoines — fort reconnaissables, au témoignage des assistants, dans les personnages d'*Hypocrisie*, *Feintise* et *Faux-Semblant* — étaient satirisés avec une verve scandaleuse et quelque peu mécréante.

Laïcisés par l'Eglise et devenus les *Sots*, les *Fous* auront une existence distincte au xvi⁰ siècle, dans la bande joyeuse des farceurs et bateleurs, avec qui ils feront assaut de verve satirique, voire d'acrobaties, restant d'ailleurs plaisamment caractérisés par leurs chaperons à oreilles asines.

Nous constaterons d'abord que ces confréries de *Fous*, avec leur abbé, et d'*Innocents* avec leur évêque et leurs suppôts, paraissent avoir été un peu partout, à la faveur de la licence carnavalesque[1], la mère Gigogne des sociétés joyeuses qui pullulèrent dès la fin du xv⁰ siècle.

Celles-ci ont des droits à n'être pas oubliées dans l'histoire de la comédie au moyen âge. Elles ne bornaient pas leurs divertissements à des mascarades et chevauchées plaisantes, assaisonnées de dialogues et de chansons satiriques — qui étaient déjà du théâtre d'ailleurs, de vraies *revues* ambulantes, — mais elles

---

1. Dans le patois cantalien existe encore le terme populaire de *Cormontron* (*Carmentran*, *Carême-Entrant*, c. a. d. *Carême-Prenant*, comme dans le titre d'une moralité de Claude Bonet) pour désigner un personnage bruyant et mauvais coucheur.

montaient aussi à l'occasion de véritables pièces, tout comme leurs émules du théâtre sérieux.

Nous citerons donc parmi ces sociétés joyeuses : la fameuse *Infanterie dijonnaise*, fille des fous privilégiés de la chapelle ducale, avec son chef *Mère Folle*, « qui est vraiment une mère (du latin *mera*) et pure folie », comme dira, avec un grave calembour, un édit de Louis XIII; son type du vigneron dijonnais Guy Baroset, patoisant et populaire dès le xve siècle; ses pompeuses sorties ou *montrées*; surtout ses représentations satiriques où les travers des mœurs, et surtout les mauvais ménages étaient satirisés avec une liberté aristophanesque, comme en témoigne le « Jeu de Maître du Tillet » (1579), précieuse épave du répertoire à peu près perdu de ces sociétés[1]; — les *Cornards* ou *Connards* de Rouen, tenant probablement leur nom des cornes caractéristiques de leur capuchon de folie, et ceux d'Évreux, avec leur *abbé*, comme les fous, et leur monopole des mascarades du carnaval, lesquels ne paraissent pas avoir été, les uns et les autres, moins amateurs de montres et de revues satiriques que l'*Infanterie Dijonnaise*, et y avaient même assez réussi pour que Henri Estienne ait gardé le souvenir « d'une trousse (*tromperie*) qu'une femme de Paris joua un jour à son mari, du quel tour fut faicte une farce que, longtemps depuis, j'ay veue jouer aux badins de Rouán; — les très gaulois *Suppôts du seigneur de la Coquille*, de Lyon, recrutés exclusivement, et conformément à leur titre, parmi les typographes, avec leurs traditionnelles promenades de maris battus, mis à rebours sur un âne, grossies du concours de la vingtaine d'autres sociétés pour rire de la bonne

---

1. Cf. Petit de Julleville, *Les Comédiens en France au moyen âge*, Paris, Léopold Cerf, 1885, p. 209 sqq.

ville de Lyon, et émaillées des lardons en vers ou *dictons* que « jouoient » les susdits suppôts; — les *Sots* d'Amiens et leur *Prince*, grands railleurs de maris trompés, lesquels, outre la coiffure des fous, étaient ceints de ces chevaux d'osier enjuponnés, *chevaux-frux*, qui font toujours partie des accessoires des fêtes populaires dans notre midi; — les *Foux* d'Auxerre, merveilleusement plaisants, à en croire le *Cry pour l'abbé de l'Église d'Ausserre et ses suppotz*, par le joyeux Roger de Collerye, ce père littéraire de Roger Bontemps, qui riait aux « mots de haute lice »[1]; — l'*Abbaye joyeuse de Lescache profit* (cherche-profit?) de Cambrai, avec les 150 confréries qui se rendaient à son invitation; — les pétulants et acerbes *Gaillardons* de Chalon-sur-Saône; — les très mal famés et un peu pillards *Diables* de Chaumont, et les *Trompettes-Jongleurs* de Chauny, non moins vagabonds, « grands joueurs et beaux bailleurs de baliverne » dont Gargantua admirait en outre « les gestes, ruses, sobresaulx », fournisseurs attitrés (nous le savons du moins pour les premiers) de diables et fous pour les diableries et épisodes comiques des mystères locaux; — les *Mauvaises Braies* de Laon, avec leur *roi*, leurs divertissements en partie dramatiques et leurs invitations annuelles, très courues pendant un siècle et demi, à tous les *Joyeux* de la contrée; — enfin à Clermont, ces gais compagnons des trois princes de *Haute Folie*, du *Bon Temps* et de *la Lune*, dont Fléchier recueillera la tradition vivante en ses *Grands jours d'Auvergne*; —

1. Cf. *Le Monologue du Résolu*:

> Ung mot fut dict, dont je me ry,
> Par la mignonne, fort propice,
> Moult bien taillé et escarry
> Qu'elle avoit aprins en Berry
> C'estoit ung mot de haulte lice.

sans compter tant d'autres sociétés où se cultivaient et s'épanouissaient au petit bonheur, à travers la vieille France, la gaîté et la malice indigènes, préparant le sol gaulois pour la comédie nationale qui y prenait partout racine.

Parmi tant de comédiens amateurs, trois groupes méritent une attention spéciale, à savoir les *Sots* ou *Enfants-sans-souci*, les *Basochiens* et les *écoliers*.

Les *Sots* dont nous avons vu l'origine vraisemblable[1], étaient caractérisés par leur capuchon jaune et vert, à oreilles d'âne, « le sac à coquillons » ou « chaperon de fol », et par leur costume collant, également jaune et vert, comme sera celui du Sganarelle de Molière[2]. Ce costume caractéristique persistera d'ailleurs jusqu'aux environs de 1670, date où la mode le modifia brusquement[3].

Les voici d'ailleurs peints au vif par Marot, dans sa *Seconde Epistre de l'asne au coq* :

> Attache moy une sonnette
> Sur le front d'un moine crotté,
> Une oreille a chasque costé
> Du capuchon de sa caboche;
> Voilà un sot de la Bazoche
> Aussi bien painct qu'il est possible.

---

1. Cf. ci-dessus, p. 35.
2. « Lucas : Un habit jaune et vart! C'est donc le médecin des perroquets? » *Le Médecin malgré lui*, a. I, sc. v. — Le vert symbolisait l'espérance comme le renouveau, et le jaune la gaîté, de par le parfum du safran tenu pour hilariant. Voilà pour la couleur. Pour le dessin du costume, cf. l'expressif croquis du *stultus stultissimus* (*sot entre les sots*), reproduit par A. Jubinal, en tête du t. II de ses *Mystères inédits*, Paris, Techener, 1837, et surtout le cachet de Gringore avec sa devise : *Tout par raison. Raison par tout. Par tout raison*, encadrant *Mère sotte* flanquée de deux de ses *sottelets* qu'elle tient par la main, dans E. Picot, *Recueil général des Sotties*, Paris, Didot, 1904, t. II, p. 124. Enfin, pour voir les *Sots* en costume et en action, cf. la sortie de la gueule d'enfer, les *passées de sots*, ibid., t. I, Paris, Didot, 1902, pp. xiv, xv, xx; enfin la *Danse des fous* d'après un manuscrit de la bibliothèque d'Oxford, dans la *Danse à travers les âges*, de Gaston Vuillier, Paris, Hachette, 1898, p. 43.
3. Cf. E. Picot, *Recueil général*, etc., op. c., t. I, p. xix-xx.

Ajoutons qu'à leur talent de comédiens ils joignent une virtuosité toute spécifique dans l'art des acrobates, d'où tant de calembours et d'équivoques sur les *sots* et les *sauts*, les *Sobres Sots* et *Soubresauts*, qui excusent bien un peu Duclos d'avoir soutenu gravement devant l'Académie des Inscriptions[1] que *Prince des Sots* se disait par corruption de *Prince des sauts*. Voici d'ailleurs, pour en témoigner, un passage d'une farce où *le Bateleux* style ainsi son *varlet* concourant pour « le prix du *badinage* » :

> Voicy celuy qui passe tout;
> Sus, faictes le sault, hault, deboult,
> Le demy tour, le souple sault,
> Le faict, le defaict, sus, j'ay chault,
> J'ay froid; est-il pas bien apris?

Il n'était pas jusqu'au célèbre Pont-Alletz qui n'eût recours à cet assaisonnement du spectacle, et l'auteur anonyme des *Satyres chrestiennes de la cuisine papale* (Genève, 1560), l'interpelle en ces termes :

> Ça, maistre Jehan du Pont Alais,
> Un saut à la mode ionique!

Les Sots ne s'en tenaient pas d'ailleurs à leur domaine propre de la *sottie*. Ils se faisaient de fête dans nombre de divertissements, et nous les avons vus vers la fin du XVᵉ siècle, jouer un rôle dans les mystères[2], où leur emploi était même le premier de la troupe, au témoignage formel de Rabelais : « En cette maniere voyons-nous entre les jongleurs à la distribution des rolles, le personaige du Sot et du Badin estre toujours représenté

---

1. *Mémoire sur les Jeux scéniques des Romains* (*Mémoires de l'Académie des Inscriptions*, t. XVII, p. 206).
2. Cf. t. I, p. 167 sqq.

par le plus perit (*habile*) et parfaict joueur de leur compaignie ».

En tête de ces compagnies de *Sots* ou *Fols* qui essaimèrent à travers la France et aussi dans le Nord de l'Europe[1], se place celle des Sots de Paris ou *Enfants Sans-Souci*, dont le premier dignitaire s'appelle *le Prince des sots* et le second *Mère sotte*.

Leur origine est obscure. Elle doit être cherchée, semble-t-il, non dans quelque association de ces « jeunes gens de famille » dont parlent les frères Parfait, mais bien dans la libre bohème de tous les temps, aussi riche de gaîté que pauvre de pécune. Ils en font partie certainement, au temps de Villon, tous ces « enffançons, sotz, sottelettes et sotteletz » de Mère Sotte, pêle-mêle avec ces *Gallans-sans-Soucy* de la souffreteuse abbaye de *Saincte Souffrette* dont il est question dans la sixième des *Repues franches*, jargonnant *Jobelin*, paressant et gueusant à l'ordinaire « entre deux ponts, près le Palais » :

> Une assemblée de compaignons,
> Nommez *les Gallans sans soucy*,
> Se trouverent entre deux pontz,
> Pres le Palais ; il est ainsi.
> D'aultres y en avoit aussi,
> Qui aymoient bien besoigne faicte,
> Et estoient de franc cueur transi
> A l'Abbé de Saincte Souffrette.

Ils auront d'ailleurs pignon sur la rue Darnetal, en leur *Maison des Sotz attendans* ; mais il semble bien qu'ils y attendirent en vain la fortune, car nous trouvons ladite maison, au XVIᵉ siècle, hypothéquée aux confrères : ils y avaient du moins la célébrité qui les aidait à se

---

[1]. Cf. E. Picot, *Recueil général*, etc., op. c., t. I, p. xxviii sqq.

nourrir de viande creuse, selon le lot de leurs pareils alors et longtemps après.

Il paraît d'ailleurs bien établi que s'ils ne formaient pas une province de la Basoche, ils lui furent étroitement affiliés, et que Félibien ait été en droit d'avancer ceci : « le Prince des Sots était de la dépendance du roi de la Basoche[1] ». A en croire les frères Parfaict[2], Enfants Sans-Souci et Basochiens se seraient même un jour concédé réciproquement le droit de jouer leurs répertoires respectifs, qui étaient pour ceux-ci les moralités et farces, pour ceux-là la sottie. Les uns et les autres, toujours d'après des traditions aussi vagues, auraient été appelés conjointement par les Confrères de la Passion, vers le milieu du xvᵉ siècle, au théâtre de la Trinité, pour assaisonner des gaîtés de leur répertoire celui du théâtre sérieux qui en aurait eu bien besoin, au goût du public d'alors; et de cette mixture serait venue, dans la suite, l'expression courante : *les Poispilés de l'Hôtel de Bourgogne*[3]. En tout cas, c'est sur l'invitation des Sots, « à la prière du prince des Sots », comme disent les statuts de la Basoche (1586), que les dignitaires de celle-ci se rendaient « le jour de caresme prenant » à l'Hôtel de Bourgogne, dans « une grande et deux petites loges », bien et dûment fournies « de tapisseries et d'armoiries accoustumées et de lierre »,

---

1. Selon M. E. Picot, *Pierre Gringore et les Comédiens italiens*, Paris, Damascène Morgand, 1878, la confrérie des « sotz » parisiens qui aurait succédé à celle des *Enfans* ou *Galans sans soucy*, aurait été dépendante de la Basoche et sur le pied d'égalité avec les confrères de la Passion : Cf. p. 7. — Pour l'hypothèse intéressante, mais trop peu fondée, des *Sots* formant une corporation, à côté des *Clercs de la Basoche*, ouverte aux amateurs qui, « n'ayant degré en quelque faculté », voulaient cependant donner carrière à leur goût pour le théâtre, Cf. Ch. d'Héricault, *Œuvres de Gringore*, Paris, Jannet, 1858, p. LXXI sqq.

2. Cf. *Histoire du Théâtre françois*, t. II, pp. 98, n. a et 199, et Ch. Magnin, *Journal des Savants*, à la date de 1856, p. 38.

3. Cf. ci-après, p. 49, 389.

à eux réservées, pour y jouir, après « la collation accoustumée, là faite à une heure de relevée », du spectacle donné par les Confrères en leur honneur.

Quoi qu'il en soit, il reste vrai que nombre de Sots étaient Basochiens, comme cet Enfant sans-souci si lestement crayonné ci-dessus par Marot et dont il dit :

> Voila un *sot de la basoche*.

Lui-même en était d'ailleurs, et des Sots et de la Basoche; et il a peint l'âme légère et le « gay vouloir », l'esprit raillard et la finesse aiguisée de ces « languards » à l'évent, l'humeur amoureuse et chantante, un tantinet tapageuse, sinon querelleuse, uniquement avide de « liesse », enfin tout le « tripotage » de ses compagnons, nobles de par le rire, dans sa *Ballade des Enfants sans-Soucy* :

> Qui sont ceulx la qui ont si grande envie
> Dedans leur cueur et triste marrisson (*sentiment marri*)
> Dont (*du fait que*) ce pendant que nous sommes en vie
> De Maistre Ennuy n'escoutons la leçon?
> Ilz ont grand tort, veu qu'en bonne façon
> Nous consommons nostre fleurissant aage;
> Saulter, danser, chanter à l'advantage,
> Faulx Envieux, est-ce chose qui blesse?
> Nenny, pour vray, mais (*c'est*) toute gentillesse,
> Et gay vouloir, qui nous tient en ses las.
> Ne blasmez point doncques nostre jeunesse
> Car noble cueur ne cherche que soulas (*consolation gaie*).
>
> Nous sommes druz (*vigoureux*), chagrin ne nous suyt mie;
> De froid soucy ne sentons le frisson;
> Mais (*au surplus*) de quoy sert une teste endormie?
> Autant qu'un bœuf dormant prés d'un buysson.
> Languards (*gens de langue*) picquans plus fort qu'un herisson,
> Et plus recluz qu'un vieil corbeau en cage,
> Jamais d'autruy ne tiennent bon langage,
> Tousjours s'en vont songeans quelque finesse.

Mais entre nous nous vivons sans tristesse
Sans mal penser, plus aises que prelats.
D'en (*de nous*) dire mal c'est doncques grand simplesse,
Car noble cueur ne cherche que soulas.

Bon cueur, bon corps, bonne physionomie,
Boire matin, fuyr noise (*querelle*) et tenson (*dispute*);
Dessus le soir, pour l'amour de s'amye,
Devant son (*de l'amie*) huys la petite chanson;
Trancher du brave et du mauvais garson,
Aller de nuyet, sans faire aulcun oultrage,
Se retirer, voyla le tripotage;
Le lendemain recommencer la presse.
Conclusion! nous demandons liesse;
De la tenir jamais ne fusmes las:
Et maintenons que cela est noblesse:
Car noble cueur ne cherche que soulas.

Envoy.

Prince d'amour, à qui devons hommage,
Certainement, c'est un fort grand dommage
Que nous n'avons en ce moment largesse
Des grans trésors de Juno la déesse
Pour Venus suyvre, et que dame Pallas
Nous vinst après resjouyr en vieillesse,
Car noble cueur ne cherche que soulas.

Au nom de Marot il faut joindre, pour l'honneur des Enfants sans-souci et comme un de leurs plus hauts titres à la noblesse du rire, celui de Gringore[1] qui fut aussi un des leurs. On ne doit pas oublier non plus d'y signaler un camarade et vraisemblablement cadet de Gringore, Jehan de l'Espine dit *Songe-creux* ou encore du *Pont-Alletz* parce que ses tréteaux voisinaient avec le *pont des alles*, sur lequel, jusqu'en 1719, on franchissait l'égout de la pointe Saint-Eustache[2].

1. Cf. t. I, p. 263.
2. Cf. E. Picot, *Recueil général*, etc., *op. c.*, t. II, p. 115 sqq., et Petit de Julleville, *Les Comédiens*, etc., *op. c.*, p. 167 sqq.

Ce dernier fut fameux entre tous, surtout sous François Ier, au triple titre d'acteur, d'auteur et aussi de sauteur, comme on a vu ; et le grave du Verdier nous dit de lui que « chef et maistre des joueurs de moralitez et farces à Paris, il a composé plusieurs jeux, mystéres, moralitez, satyres et farces, qu'il a fait reciter publiquement sur eschaffaut en ladite ville, aucunes des quelles ont esté imprimées et les autres non », ce qui porte à lui attribuer, et non à Gringore, la paternité des *Contredictz du Prince des Sotz, autrement dict Songecreux* (1529). Paris n'avait d'ailleurs pas le privilège exclusif d'être égayé par Pont-Alletz, comme le ferait croire le témoignage de du Verdier pris à la lettre : il promenait son heureuse *sottie* à travers les provinces, ainsi que l'attestent ces vers d'une requête de lui pour être tiré de la prison où l'avait fait jeter quelque intempérance de langue (vers 1529 ou 1530) :

> Or est ainsy qu'en diverses provinces
> Je suis allé pour resjouyr les princes
> De jeux plaisans, traduictz en joyeux verbes,
> Propos nouveaulx, non d'oultrageux proverbes,
> Comme avez veu, tant Anjou que Poitou,
> Auvergne aussy, partout, je ne sçay ou[1].

Au reste sa réputation de plaisant était passée en proverbe, si c'est bien à lui qu'il est fait allusion dans le passage du *Gargantua*, où il est dit que maistre Janotus « avait donné du passetemps, et plus fait rire que n'eust fait Songecreux ».

Nous avons parlé d'abord des Sots ou Enfants sans-souci, parce qu'ils apparaissent comme les continua-

---

1. Vers cités par Émile Picot (*Gringore et les Comédiens italiens*, op. c., p. 8) qui fait remarquer que *les Sots*, comme *les Confrères de la Passion* eux-mêmes, faisaient des *tournées*.

teurs directs des *fous* d'Église du haut moyen âge. Mais, par ordre d'importance et même d'ancienneté, à les en croire, les Basochiens auraient droit au pas — devant, parmi les confréries connues pour avoir rehaussé leurs fêtes professionnelles par des spectacles dramatiques.

Les clercs des conseillers, procureurs, avocats et greffiers du Parlement formaient la grande basoche qui avait, à son compte, souveraineté sur la petite. Celle-ci se composait des clercs des notaires, commissaires, procureurs et greffiers du Châtelet. Ces deux *basoches* (du latin *basilica*, maison de justice du roi) étaient d'ailleurs rivales en divertissements, comme en intérêts. Car tout n'était pas pour rire, à jour fixe, dans ces confréries. La première de leurs raisons d'être fut le souci des intérêts corporatifs : et ceux-ci, étant de tous les jours, stimulaient l'association et en resserraient les liens. La basoche avait d'ailleurs, outre son roi, toute une hiérarchie calquée sur celle du Parlement, avec des délégués dans les sièges du ressort, une juridiction sur ses membres et le droit de frapper une monnaie plus ou moins courante chez ses fournisseurs[1].

A ces deux corporations de clercs, il faut ajouter celle de la Chambre des Comptes, énigmatiquement appelée l'Empire de Galilée (de la rue de Galilée, derrière le Palais, ou de quelque galerie du susdit, en bas-latin *galilea*?), ayant son Empereur, comme la Basoche avait son roi. Elle était non moins avide que les deux autres de solenniser ses fêtes corporatives, réunions et revues

---

1. Cf. *Les Clercs du Palais, Recherches historiques sur les Bazoches des Parlements et les Sociétés dramatiques des Bazochiens et des Enfants-sans-Souci*, par Adolphe Fabre, Lyon, Scheuring, 1875; et, pour une spirituelle et vivante mise en scène de tout cela : *la Basoche*, opéra-comique en 3 actes, paroles de M. Albert Carré, musique de André Messager, Paris, Choudens, 1890.

ou *montres*, y compris la plantation du *mai* dans la grande cour du Palais, et d'en éviter la fadeur par maints « lardons de reproche, sans trop picquer », à l'envi des joueurs de la Basoche, avec l'ambition de « triompher par-dessus » elle. C'est encore la verve imagée de Marot, évidemment émule de la leur, qui nous renseignera, et fort joliment, là-dessus, dans sa ballade du *Cry du jeu de l'empire d'Orléans* (synonyme probable de l'*Empire de Galilée*) :

    Laissez à part voz vineuses tavernes,
    Museaulx ardans, de rouge enluminez ;
    Rajjeunissez, saillez de vos cavernes,
    Vieux accroupis, par aage examinez (*affaissés*) ;
    Voicy les jours qui sont determinez
    A blasonner (*satiriser*), a desgorger et dire ;
    Voicy le temps que supposlz de l'Empire
    Doivent par droict leurs coustumes tenir ;
    Si voulez donc passer le temps et rire,
    N'y envoyez, mais pensez de venir.

    Harnoys, chevaulx, fifres, tabours et trompes,
    Riches habitz et grans bragues (*braies*) avoir,
    Ce ne sont pas de l'Empire les pompes ;
    Leurs mots, leur jeu, c'est cela qu'il faut veoir :
    Qui vouldra donc des nouvelles scavoir,
    Qui ne sçaura des follies cent mille,
    Qui ne sçaura mainte abusion vile,
    Sans trop picquer l'en ferons souvenir ;
    Pourtant (*c'est pourquoi*), seigneurs de ceste noble ville,
    N'y envoyez, mais pensez de venir.

    N'ayez pas peur, dames gentes, mignonnes,
    Qu'en noz papiers on vous vueille coucher ;
    Chascun sçait bien qu'estes belles et bonnes
    On ne sçauroit à vos honneurs toucher.
    Qui est morveulx si se voyse (*s'en aille*) moucher.
    Venez, venez, sotz, sages, fols et folles.

> Vous, musequins (*petits museaux*)[1] qui tenez les escolles
> De caqueter, faire et entretenir;
> Pour bien juger que c'est de nos parolles,
> N'y envoyez; mais pensez de venir.
>
> ENVOY.
>
> Prince, le temps et le terme s'approche
> Qu'Empiriens par-dessus la Bazoche
> Triumpheront, pour honneur maintenir;
> Toutes et tous, si trop fort on ne cloche (*boite*)
> N'y envoyez, mais pensez de venir.

Les représentations qui, de bonne heure sans doute, formaient le principal attrait de ces fêtes de Basochiens de tout acabit, avaient lieu devant le grand Châtelet, dans la cour du Palais, ou dans sa grand'salle, sur la fameuse *Table de marbre* dont nous les voyons en possession, dès le temps de Charles VIII. Elles avaient lieu, le jeudi d'avant ou d'après les rois, le jour du *mai*, et à la grande *montre* de juillet. Leur annonce ne la cédait d'ailleurs en rien, pour l'éclat et le bruit, à ces réclames des mystères dont nous avons présenté le tableau[2]. Leur succès fut tel que Basochiens et Galiléens furent conviés officiellement à orner et égayer les *entrées* de princes et autres fêtes de circonstances. Ils y faisaient merveilles avec leurs superbes tableaux vivants, figurés « sans parler ne sans signer (*sans faire de gestes*) comme se ce feussent images eslevees contre ung mur », et leurs « danses, morisques, momeries (*mascarades*) et autres triomphes ».

Mais de ces *triomphes* le plus intéressant pour nous, et qui dut l'être aussi de bonne heure pour les contem-

---

[1]. Un mot que Larivey ne laissera pas perdre : « Voicy, mon beau capitaine, un beau présent que je vous fay, un beau *musequin* qui vous ressemble plus que mouche ». *Les Tromperies*, act. II, sc. VIII.

[2]. Cf. t. I, p. 73 sqq.

porains, c'était le spectacle de ces procès fictifs, plaidés aux jours gras, nommés de là « causes grasses », avant de l'être pour leur « haulte gresse », comme dit Rabelais. De ce genre — d'où sortit peut-être le *Pathelin* et auquel appartiennent littérairement les *Plaideurs* — la malice spéciale, sinon la tradition directe, ne s'est d'ailleurs pas entièrement perdue au pays de Basoche[1]. « C'est là, dit encore un auteur anonyme de 1634 en un style dont l'hyperbole sent son Basochien, où la Basoche est en triomphe, où le Mardi-Gras et Bacchus occupent chacun une lanterne pour écouter un plaidoyer si facétieux et si charmant, qu'on est contraint de confesser que tous les Zanni, les Pantalons, les Tabarins, les Turlupins et tout l'hôtel de Bourgogne n'a jamais rien inventé qui approche de mille lieues loin de cette facétie ».

La mise en scène de ces causes plaisantes, où la satire des mœurs et des conditions dut se donner carrière de si bonne heure et tout naturellement, fut-elle la cause qui achemina la Basoche, ses *fatistes* et *joueurs*, vers la représentation de farces plus ou moins moralisées? Il se peut : ce qui paraît sûr, c'est qu'ils y excellèrent et que leur humeur satirique se donnait carrière, sous la forme de chroniques salées qui ne prenaient pas pour bornes celles du royaume de Basoche, ni celles de la vie privée, du moins au témoignage de leur historien Pierre de Miraulmont (1584) : « Les clercs du Palais, dit-il, sur lesquels s'estend le pouvoir et autorité du roy de la Bazoche, jouoient

---

1. Cf. *Les Tribunaux comiques* de Jules Moinaux, Paris, Flammarion, éditeur, filialement continués par Georges Courteline (Georges Moinaux) dans ses étincelantes parodies et satires des formes et du formalisme judiciaires — du moins de ce qui en persiste encore de *moquable*, même après le Brid'oyson de Beaumarchais —.

publiquement jeux, quelques jours de l'année, par permission de la Cour; esquels ils rapportoient et representoient fort librement les fautes des supposts et subjectz du royaume de Bazoche; *et plusieurs autres plaisantes et secrettes galantises des maisons particulières, indifferemment, sans respect ny exception des personnes*; ce qui auroit meu quelquefois la cour, sur les plaintes d'aucuns, qui par aventure se sentoient *offensez en leur honneur et famille*, et scandalisez par ces actes et jeux publics, de leur faire défense de plus jouer sans congé ».

On a vu plus haut, à propos de la censure, comment le Parlement réprimait à l'occasion la pétulance des Basochiens. Au reste leur réputation devint de ce chef proverbiale : elle survécut même, semble-t-il, à leur fonction comique, car c'est vers cette même année 1584 où Miraulmont en parle déjà au passé, que nous lirons dans *les Contens* de Turnèbe : « Si je le mets en justice, un chascun se rira de moy, et, qui plus est, on me jouera aux pois pillez et à la bazoche » (a. III, sc. VII). En tout cas, si la satire dramatique des Basochiens était devenue intermittente au XVIᵉ siècle, pour cesser tout à fait au XVIIᵉ, celle des Enfants Sans-Souci ne faisait pas trêve, et, en 1585, du Verdier nous dit : « au temps passé, chascun se mesloit de faire des farces, *et encore les Enfants sans soucy en jouent et en récitent* ».

A la Basoche de Paris il faut joindre celles de province dont on compte deux bonnes douzaines. Nous savons que plusieurs d'entre elles, sinon toutes, se mettaient en frais de représentations dramatiques, et que celles-ci se donnaient souvent sur des chariots ambulants, comme les *pagents* anglais.

Parmi les Basoches provinciales qui se signalèrent

sûrement par leur goût des spectacles parlés, et non seulement mimés, on peut citer celle de Rouen d'où nous vient le précieux recueil, dit du manuscrit la Vallière, contenant 74 farces, sotties, moralités et sermons joyeux, dont les *Sobres-Sotz* joués au Palais de Justice, en 1536; et celles d'Avignon, de Bordeaux, de Chambéry, de Lyon. Nommons encore celle de Poitiers dont fut ce Pierre Blanchet qui, s'il n'a pu, comme on l'a avancé, composer le *Pathelin*, lequel fut joué avant qu'il eût dix ans, s'est du moins attiré une épitaphe de Jehan Bouchet, bien faite pour nous donner une haute idée de l'activité et de l'efficacité de ces théâtres des Basoches de province :

> Luy, jeune estant, il suyvoit le Palais,
> Et composoit souvent rondeaux et laiz;
> Faisoit jouer sur eschaffaulx Bazoche,
> Et y jouoit par grant art sans reproche
> En reprenant par ses satyrics jeux
> Vices publics et abus outrageux;
> Et tellement que gens notez de vice
> Le craignoient plus que les gens de justice.
> Ne que prescheurs et concionateurs (*harangueurs*),
> Qui n'estoient pas si grans declamateurs (*orateurs*),
> Et neantmoins par ce qu'il fut affable,
> A tous estoit sa presence agreable.

La renommée des Basochiens, comme auteurs et acteurs, fut donc trop grande et trop universelle pour avoir été usurpée. Elle fut même si durable que l'abbé d'Aubignac écrira : « Les Basochiens furent comme les premiers comédiens de ce royaume ».

On peut du moins dire, avec plus d'exactitude, qu'ils en avaient été, selon toute apparence, les plus féconds comiques. Ils comptèrent, en effet, parmi les leurs — outre les trente poètes que cite leur historien moderne¹, entre 1450 et 1600 — la plupart des auteurs de moralités, sermons joyeux, monologues, sotties et farces dont les noms nous restent, à savoir les Jean d'Abondance, les Pierre Blanchet, les Clément Marot, les Roger de Collerye, les André de la Vigne, pour ne citer que les plus connus.

Quant à l'honneur que leur fait d'Aubignac d'avoir été « les premiers comédiens » en France, nous avons déjà vu, et de près, quelles restrictions il convient d'apporter à cette assertion. Même dans le pur domaine de la comédie, les écoliers, sinon les Enfants Sans-Souci, pourraient leur disputer cette primauté².

Nous savons l'ancienneté de l'introduction de la langue vulgaire et des éléments comiques dans le drame par *les jeux scolaires*³. Leur tradition ne s'interrompit pas ; car on trouve en 1315, dans les statuts du collège de Navarre, l'interdiction devenue évidemment nécessaire, de jouer « tout jeu déshonnête » aux fêtes de Saint-Nicolas et Sainte-Catherine. Or nous savons qu'il ne s'agissait pas seulement de pièces où le latin bravait l'honnêteté, dans le goût des *Carmina Burana*. En 1426 et 1431, des moralités en français furent jouées à ce même collège de Navarre ; et, à Montpellier, en 1529, les étudiants de la Faculté de médecine jouèrent en langue vulgaire (*ydiomate communi*), voire en patois, une farce dont on a le titre : *la Résurrection de l'abbé*. Le 5 janvier 1470, la veille des Rois, la Faculté des arts formule, à l'adresse des étudiants en lettres, l'interdiction mitigée que voici et dont l'indulgence finale est caractéristique et digne d'elle : « Que nul écolier ne prenne

---

1. Cf. ci-dessus, p. 45, n. 1.
2. Cf. E. Cougny, *Des représentations dramatiques dans les collèges*, Collection des *Mémoires lus à la Sorbonne*, 1868, p. 415 sqq.
3. Cf. l'Introduction, p. 22.

l'habit de fou cette année, ni dans le collège, *ni hors du collège*, sous peine de punition grave et privation de deux années d'études, *à moins que ce ne soit pour jouer une farce ou une moralité* ». La moralité du *Nouveau Monde*, ce plaidoyer pour le rétablissement de la *Pragmatique de Bourges*, dont on se souviendra encore, en plein xvii siècle[1], et qui est bien curieux, s'il n'est « attique », sera joué par les écoliers encore, sous le regard de l'Université *plaisante* et complaisante :

> L'unziesme de juing en Attique,
> Mil cinq cens et huyt, soubz la t..nte
> De l'Université plaisante,
> En la place tres bien duysante (*appropriée*)
> Qu'est de Sainct Estienne nommée.

Mais, comme l'indique ci-dessus un passage de l'interdiction de 1470, les écoliers ne s'en tiennent pas à l'enceinte des collèges ou aux places du quartier latin et au public des amis de l'Université : nous les voyons jouer parfois pour le peuple et jusqu'au fond des provinces[2].

Les écoliers, outre leurs *vagants*, analogues aux *clercs vagants* ou *Goliards* du haut moyen âge, ont des contrefacteurs ; et des principaux protestent au début du xvi siècle, contre ces « mauvais garçons..., mesmement les escoliers qui demeurent hors des collèges », et jouent à tort et à travers « sous ombre des escoliers ».

Le nom d'*écoliers*, couvrait en effet, depuis longtemps,

---

1. Cf. ci-après, p. 140.
2. Cf. le précieux catalogue des représentations authentiques, dressé par M. Gustave Lanson, pour la période de 1540 à 1628, dans ses *Études sur les origines de la tragédie classique en France*, Revue d'Histoire littéraire de la France, Paris, Armand Colin, 1903, p. 102 sqq., notamment à la date de 1555, à Béthunes « devant la Halle », « par les enfants de la grande école de Saint-Barthélemy », « avant 1563 », dans les faubourgs du Mans, « par aucuns écoliers de la dite ville », etc.

des compagnies parfois fort mêlées, comme celle de 1392, à Angers, où l'on surprit, au témoignage de du Cange, parmi « Jehan le Bègue et cinq ou six autres escoliers ses compagnons, une fillette desguisée ». Écoliers authentiques ou non, ils étaient d'ailleurs aussi hardis que dans le reste, à défendre leur emploi d'acteurs intermittents contre tout venant. C'est avec eux, comme avec les Basochiens, que les bandes de comédiens de profession auront maille à partir : et parfois, comme à Poitiers, en 1600, on en viendra aux coups.

Mais, pour terminer sur les écoliers-acteurs par des souvenirs qui leur fassent plus d'honneur, nous rappellerons que Rabelais — avec de joyeux compagnons qu'il nomme (*Pantagruel*, l. III, ch. XXXI), et dont on retrouve les noms sur les registres de la Faculté — joua, en 1530, à Montpellier, la *Morale comedie de celuy qui avoit espousé une femme mute*, dont ce bon apôtre du rire dit : « Je ne riz oncques tant que je feis à ce patelinage ». Nous citerons encore Montaigne, lequel ne jouera, lui, à Bordeaux, que « ès tragédies latines de Bucanan, de Guerente, de Muret, qui se représentèrent en son collège de Guienne avec dignité *et l'en tenoit en maistre ouvrier* ». Mais nous retrouverons les acteurs de collège, quand nous aurons à montrer en eux les grands propagateurs du théâtre de la Renaissance[1].

Venons-en, pour finir, à ces comédiens de profession sur lesquels nous sommes peu renseignés, mais qu'il faut bien tâcher de démêler, dans la foule bigarrée des interprètes de la comédie médiévale.

Nous n'en trouvons guère d'authentiques avant la fin du XVe siècle; et encore faut-il compter comme tels les

---

[1] Cf. ci-après, p. 292 sqq.

joueurs de personnages aux gages des grands ou des villes[1]. On pourrait remonter plus haut, si l'on tenait pour comédiens de profession ces « menestriers de bouche » qui n'étaient pas que des musiciens, et ces « recordeurs de dictz » qui furent sans doute les rhapsodes du monologue, et que vise un édit de 1395, ou encore « ces farseurs » qu'associe aux ménétriers le *Sermon des maulx de mariage* et que nous avons vus, dans les miracles, comme le *Polet*, le *Volant* et la *Santelinete* du *Moine qui se maria*[2], se faire de fête un peu partout, car

> Feste ne vaut rien autrement
> S'il n'y a farce ou mommerie (*mascarade*).

Mais c'est vraisemblablement dans le sein des confréries, joueuses de pièces à l'occasion, qu'il faut chercher l'origine des comédiens de métier.

On sait déjà qu'une société de Parisiens qui jouaient à Saint-Maur-des-Fossés et devinrent, en 1402, les *Confrères de la Passion*, s'était vu interdire, en 1398 « que ilz ne facent ne se esbatent aucuns jeux de personages *par maniere de farces*, de vies de sains, ne autrement », sans le congé du roi[3]. Nous avons en outre les preuves que certains amateurs, voire même des compagnies d'écoliers, se risquèrent à promener leur talent de ville en ville.

1. Cf. ci-après les cinq « joueurs de personnages » du duc d'Orléans, pour les années 1392-1393, p. 100; Petit de Julleville, *les Comédiens*, etc., op. c., p. 326 sqq.; et sur les auteurs plus ou moins professionnels de mystères et de miracles, outre les Confrères de la Passion, notre t. I, p. 66 sqq.

2. Cf. t. I, p. 236 sqq... Quant aux *Santelinetes*, elles devaient être assez nombreuses et trouver bon accueil dans ces bandes nomades, car, au dire du badin de *la Réformeresse* :

> Musiciens, joueurs de farces
> Ils aiment les petites garces
> Plus qu'ils ne font leur créateur.

3. Cf. Petit de Julleville, *Les Mystères*, Paris, Hachette, 1880, t. I, p. 415 sqq.

Voici, par exemple, une troupe échouée à Chaumont, en 1541, où figurent messires Mathieu Michault, Jehan Fagotin, Laurent Beraud « prebstres », etc. Nous en citerons la requête à Messieurs de la ville, bien que ses auteurs n'eussent joué que des mystères, car on y voit déjà la vie de *cabotinage* qu'illustrera *le Roman comique* :

> Mesdits seigneurs, si vous plaist ordonner
> Ausdits joueurs, et que leur soit donné
> La dicte somme de dix livres cy mise.
> Vous en serez ung jour bien guerdonné (*récompensés*) ;
> Et si je faulx, vous plaira pardonner
> A ma plume qui a faict l'entremise.
> Regardez donc que très paouvres suppotz
> Sont tous destruitz (*empêchés*) de payer les impotz
> Et la deppence qu'ilz font aux taverniers....
> Et en sorte qu'ilz ont tout deppendu,
> L'autruy, le leur, et si, n'ont rien rendu.

Nous trouvons, à n'en pas douter, de vrais professionnels, d'abord parmi ces *Sots* dont nous avons dit les danses et sauts acrobatiques qui exigeaient évidemment un entrainement spécial. Ce sont de vrais comédiens de profession que des Enfants Sans-Souci tels que le fameux Jehan du Pont-Alletz, ou encore le comte de Salles « assez plaisant a veoir », et « Jehan Serre excellent joueur de farces », ce « tres gentil fallot » dont Marot nous dit, en l'épitaphe qu'il lui décerne :

> Or bref quand il entroit en salle
> Avec une chemise sale,
> Le front, la joue et la narine
> Toute couverte de farine,
> Et coiffé d'un beguin d'enfant,
> Et d'un hault bonnet triumphant,
> Garny de plumes de chappons,
> Avec tout cela, je respons
> Qu'en voyant sa grace nyaise,
> On n'estoyt pas moins gay ny aise

> Qu'on est aux champs Elysiens.
> O vous, humains Parisiens,
> De le pleurer pour recompense
> Impossible est, car quand on pense
> A ce qu'il souloit faire et dire,
> On ne se peult tenir de rire.

Et combien d'autres bons falots qui firent bien rire nos pères et n'eurent pas un Marot pour les sauver de l'oubli, ou un Ronsard, comme ce Mernable « joueur de farces » si gueux! témoin ces badins dont la curieuse farce du *Bateleur* déjà citée jette aux applaudissements du public les noms aujourd'hui si creux. Parmi « ceulx du temps jadis » :

> Vecy maistre Gilles des Vaulx,
> Rousignol, Briere, Ponget,
> Et Cardinot qui faict le guet;
> Robin Mercier, cousin Chalot,
> Pierre Reynault, se bon falot,
> Qui chans de Vire mectoyent sus....

et parmi « les vivants » :

> Bien, le badin de Soteville,
> Ou le celuy de Martainville.

dont Noel du Fail gardera un souvenir si vivant et si suggestif : « Comme j'ay veu à l'issue des farces de ce gentil, docte et facétieux badin, sans béguin, masque, ne farine, Martinville de Rouen, soit qu'en mesme chambre il eust si dextrement contrefait messire Maurice disant son bréviaire au fin matin, cependant faisant l'amour aux chambrières qui allaient au puits tirer de l'eau; ou le cousturier qui fit une cappe au gentilhomme d'un drap invisible, fors à ceux qui estoient fils de p...; ou bien qu'il jouast, aiant un couvrechef de femme sur sa teste et le devanteau du tablier attaché à ses grandes et amples chausses à la Suisse, avec sa longue et grosse barbe noire, jeune garse allant à l'eau, interrogeant sa compagne nouvellement mariée sur les points et articles de la première nuit de ses noces[1] ».

Voici encore « le badin aux lunettes », et Pierre Lepardonneur, le chef de ces cinq acteurs, « avec trois petits enfants chantres » que surveille de près, en 1556, le Parlement de Rouen, si indulgent aux *Connards* du cru, « *comme c'est la première fois* qu'une troupe se présente et joue en public moyennant salaire »; et Jacques Macron et ses « aultres compaignons joueurs de moralitez, histoires, *farces* et violles », qui font requête, en 1562, pour jouer à Amiens « l'Apocalypse et autres histoires, moralitez et *farces honnestes et non scandaleuses*, par tel espace de temps que bien leur sembleroit ».

Mais, avec ces derniers, nous arrivons à l'époque où les bandes de comédiens de métier vont pulluler, en dépit des défiances, censures et restrictions des Parlements, narguant les mépris bourgeois dont Jean Boucher, le même qui avait vanté les acteurs amateurs de la Basoche, se fera l'interprète et qui ne sont pas d'hier, comme on voit :

> Aussi ne veulx parler des gaudisseurs,
> Des detracteurs, lubricques et farceurs,
> Qui n'ont mestier aultre que farcerie.
> De telles gens ce n'est que mocquerie;
> Et bien souvent meurent ès hopitaux,
> *Après avoir gaudy* (pris ses ébats) *par mons et vaulx*,
> Par le deffault d'un petit de pecune.

D'ailleurs, nous retrouvons la même distinction dédaigneuse à l'égard des professionnels et de leur « vil

---

1. Sur ces thèmes des monologues, cf. E. Picot, *Romania*, op. c., p. 147 sqq., et notamment sur les *Chamberières*, ci-après, p. 202, n. 2.

salaire » qui ne les empêche pas de mourir « ès hôpitaux », chez le docte Muret, quand il fait jouer à Ferrare, à la demande du cardinal d'Este, le *Phormion* de Térence par des écoliers de famille noble : « Montez-vous sur le théâtre pour gagner votre vie, et pour donner à rire à des cuisiniers et à des bouchers ; faites-vous des grimaces ; dites-vous des paroles grossières ; vous battez-vous à coups de poings ; *puis exigez-vous du public, pour tout cela, un vil salaire : vous méritez le nom d'histrions ; vous en avez la réputation.* Rien de pareil chez nous[1] ».

Il est vrai qu'à la même époque, ce jugement hautain était corrigé par celui d'un autre savant, non moins qualifié que maître Muret, et qui décernait aux interprètes des moralités et des farces cet éloge global : « Ces genres sont promenés à travers les bourgs et les villes de la Gaule entière par de *merveilleux artistes (mirificis artificibus)* ». Cette opinion enthousiaste ne peut d'ailleurs être suspecte de partialité, car son auteur, un habitant d'Agen, n'est autre que le fameux Jules César Scaliger qui formulait impérieusement, d'après Aristote, cent ans avant Boileau, les règles strictes du théâtre classique, à naître[2].

Nous nous en tiendrons donc, pour finir, à cet accès d'admiration du père du néo-classicisme pour la foule inconnue de ces comédiens amateurs ou professionnels, dont le jeu suppléait si bien, parmi les provinces, aux insuffisances d'une mise en scène de hasard. Bonne

---

1. Cité par E. Cougny, *De la comédie politique dans les collèges*, Collection des *Mémoires lus à la Sorbonne*, 1863, p. 417.
2. Cf. *Julii Cæsaris Scaligeri Poetice*. Lyon, 1561, livre I, chap. x, p. 17 ; E. Lintilhac, *De J. C. Scaligeri Poetice*, Paris, Hachette, 1887 ; et *Un coup d'état dans la république des lettres, J. C. Scaliger fondateur du classicisme, cent ans avant Boileau*, Nouvelle Revue, 15 mai et 1ᵉʳ juin 1890.

et utile était leur besogne, puisqu'ils faisaient applaudir ainsi les ébauches de la comédie nationale à travers la vieille France, où Molière allait les retrouver vivaces. Ils y préparaient de loin un public à cet « ami du peuple en ses doctes peintures » qui n'hésitera pas, lui non plus — d'avance loué par Scaliger et blâmé par Muret — à faire, à l'occasion, « grimacer ses figures ».

CHAPITRE II

LA COMÉDIE MÉDIÉVALE DU XIIIᵉ AU XVᵉ SIÈCLE

Une farce-féerie : *Le Jeu de la Feuillée*, d'Adam le Bossu (1262?) — Un opéra-comique du même : *le Jeu de Robin et Marion* (1283-1285?). — Une farce du dernier tiers du treizième siècle : *Le Garçon et l'aveugle*. — Une moralité de la même époque : *De Pierre de la Broche qui dispute à Fortune par devant Reson* (1278?). — *La Farce de Mestre Trubert et d'Antroingnart* par Eustache Deschamps (fin du quatorzième siècle). — La moralité du *Dit des quatre offices* par le même.

Mettons-nous maintenant en face des textes, pour faire d'abord un inventaire critique de notre théâtre comique avant le XVᵉ siècle, c'est-à-dire avant l'époque où ses productions seront assez caractérisées pour pouvoir être classées par genres.

Le XIIIᵉ siècle nous offre, dans sa seconde moitié, quatre œuvres plus ou moins comiques qui, à des titres divers, sollicitent notre attention tout entière.

Le théâtre comique de la France a eu, comme son théâtre sérieux, l'honneur extraordinaire de commencer par une œuvre digne, à tout prendre, de ses plus glorieuses cadettes. En son genre, elle vaut l'*Adam*[1] et ne sera éclipsée que par le *Pathelin*.

Elle a pour titre : *Le Jeu d'Adam ou de la Feuillée*

---

1. Cf. t. I, c. II, p. 85 sqq.

(*Li Jus Adan ou de la Feuillée*), eut pour auteur certain [1] le trouvère d'Arras Adam le Bossu [2], et fut jouée en 1262 à Arras, aux calendes de mai (1ᵉʳ mai). Quant à affirmer qu'elle le fut, à une tenue du puy de cette ville dont le *prince*, Robert Soumeillon, y est accom-

---

1. Pour la réfutation de l'opinion qui ne voudrait voir en lui que « le sujet et non l'auteur de la pièce », et sur les circonstances de sa composition et de sa représentation, cf. Ernest Langlois, *Notes sur le Jeu de la Feuillée*, *Romania*, XXII, 1893, p. 384 sqq.

2. Nous hésitons à l'appeler : Adam de la Halle, ou encore, selon la graphie picarde : *Adan de le Hale*, l'identification des deux trouvères n'étant pas prouvée. Ce qui est sûr c'est qu'on l'appelait *le Bossu*, sans doute par quelque sobriquet patronymique, contre lequel il proteste :

On m'apele Bochu, mais je ne le sui mie.

Il serait né entre 1237 et 1240, à Arras, où son père était employé à la mairie. Il y aurait trouvé des protecteurs, et ce furent eux qui l'auraient envoyé étudier au monastère cistercien de Vaucelles (1250 à 1257?), s'il y alla jamais. Il aurait quitté l'école pour prendre femme, puis sa femme pour retourner à l'école pendant trois ou quatre ans (1262-1266?), à Paris, témoin son spirituel *Congé* et certaine chanson d'étudiant. Mêlé par ses satires aux troubles que causèrent dans sa ville natale de lourdes impositions de taxes, il aurait été exilé à Douai (1269-1272?). Vers 1272, son seigneur suzerain Robert, comte d'Artois, l'aurait distingué, mis à l'épreuve, attaché à sa personne, emmené en Italie, où il l'aurait cédé à son oncle, le comte d'Anjou, roi de Naples. Adam dit *le Bossu*, serait mort dans le sud de l'Italie, peut-être dans cette ville, vers la cinquantaine (1286 ou 1287).

Type accompli du ménestrel, il a composé : 36 chansons, dont une demi-douzaine lui fait honneur; 18 jeux-partis qui échappent rarement au verbiage et à l'enfantillage du genre; des ballades nombreuses, mais qui sont toutes perdues; d'autres poésies lyriques, dont les plus médiocres sont les motets et rondeaux, qui, devant être chantées, et sur sa propre musique, ne lui ont pas paru valoir la peine d'être mieux pensées, mais dont le *Congé*, le *Dit d'Amour* et les *Vers de la Mort* ajoutent quelque originalité de fond à cette ingéniosité de la forme, qui ne lui fait jamais défaut; une *Chanson du roi de Sicile*, à la gloire du féroce comte d'Anjou, qui fait plus d'honneur à son désir de servir la mémoire de son protecteur que la vérité historique, resta inachevée, mais promettait par la force de la composition et l'ingéniosité du coloris, que ce lyrique *courtois* aurait pu faire son épopée tout comme un autre.

Tous ses petits poèmes, selon le goût du temps, qui n'était pas bon, surtout les « canchons, partures (*jeux-partis*) et motés entés » et « balades, je ne sais quantes », où brille une virtuosité assez imaginative, lui valurent d'être mis hors de pair, comme clerc net et subtil, gracieux et noble, selon ce vers du *Jéu du pèlerin* :

Un clerc net et soustieu, grascieus et nobile.

Ce ne sont pas là ses titres de gloire : mais les deux pièces qui les lui valurent, surtout la première, avaient besoin d'être précédées de ces détails biographiques. Nous en avons mesuré l'étendue exceptionnelle aux nécessités spéciales de notre commentaire de sa première pièce.

modé à une sauce si amère ; et que le dit puy en aurait fait les frais, fourni le théâtre, pris les acteurs comme le poète, dans son sein, en joignant pour public à ses membres les amis et connaissances — y compris des dames, malgré la gaillardise extrême de certains passages —, c'est aussi risqué que les susdits passages.

Le Jeu de la Feuillée est ce que nous appelons une *pièce à tiroirs*, une véritable *revue*, où choses et gens sont jetés sur la scène, avec toute la liberté de l'ancienne comédie grecque. Les allusions et légendes dont l'Aristophane arrageois a farci sa pièce, ont trouvé des scholiastes[1], grâce auxquels elle apparaît avec une transparence suffisante dans son texte, sinon dans ses origines.

Elle s'ouvre par une sorte de prologue où le poète commence sa revue satirique par celle des siens et de lui-même. Il y apporte même une verve si outrancière qu'elle pourrait bien être un calcul, pour préparer le public à celle dont il va user envers autrui.

Il entre d'abord en scène, en exposant à ses compères que, s'il a changé d'habit, c'est pour revenir de femme à *clergie* et aller étudier à Paris. Il vient donc prendre congé d'eux tous, sans regretter le temps perdu à aimer loyalement, car s'il est désenchanté touchant l'objet de cet amour, encore se perçoit-il bien aux tessons quel fut le pot,

Encore pert il bien as tés quels li po fu.

Rikeu Auris *(Riquier Aurri)* lui objecte en vain

Onques d'Arras bons clers n'issi *(ne sortit)*.

---

[1]. Cf. Bahlsen, *Adam de la Hale's Dramen und das « Jus du Pelerin »*, Marbourg, 1885 ; A. Rambeau : *Die der Trouvere Adam de la Hale zugeschriebenen Dramen*, Marbourg, 1886 ; E. Langlois, *Notes sur le Jeu de la Feuillée*, *Romania*, XXII, 1893, p. 384 sqq. ; Henry Guy, *Essai sur la vie et les œuvres du trouvère Adan de le Hale*, Paris, Hachette, 1898.

il réplique par le livre du subtil Rikiers Amions, dont Hans, le mercier, lui dit qu'il n'en donnerait pas deux deniers. Là-dessus silence d'Adam qui nous laisse incertain sur le degré de l'estime où il tient son confrère, ce qui est un oblique et premier trait de satire. Il revient à son fait, proteste contre le peu de cas qu'on fait de ses propos, et déclare qu'il veut aller *atourner l'engien* (l'esprit) que Dieu lui donna :

> Puisque Diex m'a donné engien,
> Tant est que je l'atour a bien.

Il a « assé usé ses grègues céans ». Mais que deviendra la payse « li pagousse », dame Maroie, sa femme, lui crie Guillot le Petit? Elle est d'humeur suivante et quand Sainte Eglise vous a appariés, on reste attelé. Cette objection amène maitre Adam à faire, après une saillie des plus ordurières, une exquise confidence de la manière dont il fut pris. En nous contant la chose et que ce fut au printemps, le poète est mieux inspiré qu'il ne le fut jamais par le thème traditionnel des saisons, dans ses poésies courtoises :

> Amours me prist en itel point
> Où li amans li fois se point,
> S'il se veut contre li deffendre :
> Car pris fu (*je fus*) au premier boullon (*bouillon*),
> Tout droit en le varde (*verte*) saison,
> Et en l'aspreche de jouvent (*jeunesse*),
> Où li cose (*la chose*) a plus grant saveur,
> Car nus (*nul*) n'i cache (*cherche*) sen (*son*) meilleur
> Fors chou (*sauf ce*) qui li vient à talent (*à plaisir*).
> Esté faisoit bel et seri (*serein*),
> Douc et vert et cler et joli,
> Delitaule (*délectable*) en chans d'oiseillons,
> En haut bos (*bois*), près de fontenele
> Courans seur maillie gravele (*l'émail du gravier?*);

>   Adont me vint avisions (*la vision*)
>   De chali (*celle*) que j'ai à feme (*pour femme*) ore,
>   Qui or (*présentement*) me sanle (*semble*) pale et sore (*jaune*),
>   Rians (*lors riante*), amoureuse et deugie (*délicate*);
>   Or, le (*la*) voi crasse, mautaillie (*mal taillée*),
>   Triste et tenchans (*querelleuse*).

Comme Riquier s'émerveille de ce changement et l'attribue à la satiété, Maroie n'ayant sans doute pas tenu la dragée assez haute, maître Adam met l'illusion sur le compte de l'amour dont il fut oint et qui vous fait prendre truande pour reine. En vue de nous expliquer la fascination qu'il subit, il peint sa femme telle qu'il la vit par ce beau jour d'été si doux et si vert. L'excuse est belle, et le portrait est détaillé avec toute l'indiscrétion des *blasons* de la poésie courtoise ; c'est un hors-d'œuvre, mais un petit chef-d'œuvre, dont voici des traits :

>   Si crin sanloient (*ses cheveux semblaient*) reluisant
>   D'or, roit (*roides*) et crespé (*frisés*) et fremiant (*frémissants*) :
>   Or sont kéu (*plats*), noir et pendic (*pendants*).
>   Tout me sanle ore en li (*elle*) mué ;
>   Ele avoit front bien compassé,
>   Blanc, onni (*uni*), large, fenestrie (*comme une fenêtre?*)...
>   Puis si descendoit entre deus (*les deux yeux*)
>   Li tuiaus du nés bel et droit
>   Qui li donnoit fourme et figure,
>   Compassé par art de mesure
>   Et de gaieté souspiroit.
>   Entour avoit blanche maissele (*joue*)
>   Faisans au rire (*en riant*) Il foisseles (*fossettes*)
>   I peu nuées (*nuancées*) de vermeil...
>   En aprés fourchelé menton,
>   Dont naissoit li blanche gorgete (*petite gorge*)
>   Dusc'as (*jusqu'aux*) espaules sans fossete,
>   Onni (*uni*) et gros en avalant (*en descendant*)....
>   Or verrai au monstrer devant
>   De le gorgete en avalant ;

> Et premier au pis camuset (*poitrine bombée*),
> Dur et court, haut et de point bel,
> Entrecloant le rivotel (*enserrant le ruisselet*)
> D'amours qui chiet (*tombe*) en le fourchete (*estomac*), etc....

Le compère Riquier, émoustillé par cette description, qui exige des coupures, et dont il sent bien que tous les traits ne se sont pas si vite dénaturés chez celle qui en est l'objet, prétend, quoi que la prudence du mari avance, que si celui-ci laissait sa femme, elle serait encore bien de son goût. Sur quoi maître Adam, qui ne l'en « mécroit pas », revient au sérieux, au temps perdu et à la nécessité de le réparer, en courant apprendre à Paris.

Son père, maître Henri, l'excite à suivre ce sage dessein. Mais aux compères qui l'invitent à joindre de l'argent à ses bonnes paroles, et à son fils qui, plaisamment, réduit à quia, quia, ses doléances, il réplique par un étalage de la misère de sa bourse et des misères de son corps. Or voici justement un médecin, le *physicien*.

Avec ce personnage, la large satire entre en scène. Du premier coup il a diagnostiqué la maladie de maître Henri, qui est le mal qu'on nomme avarice. Il s'y connaît, ayant dans le pays une grosse clientèle qui en est atteinte. Il y compte, d'amont en aval, plus de deux mille malades dont le cas est désespéré, parmi lesquels plusieurs dont le mal a gagné la lignée, y compris ce hideux Haloi qui est « de lui-même homicide ».

> S'il en muert c'ert (*ce sera*) par s'ocoison (*son occasion*)
> Car il acate (*achète*) mort pisson (*poisson*).
> S'est (*aussi est-ce*) grans merveille qu'il ne crève.

Avec cette jactance et cette suffisance dont la tradition ira jusqu'au *Médecin malgré lui* — et en appuyant son diagnotic sur certaine incontinence qui sera l'objet de la première question du Sganarelle de Molière — notre *physicien* déclare à maître Henri que son cas pathologique, et celui de trois autres qu'il nomme, en cette même ville, a pour cause de « par trop emplir lor bouchiaus (*tonneaux, ventres*) ».

Survient une cliente. *Douce Dame*, qui a pareille apostume abdominale, mais avec cause différente. Là-dessus, même moyen de diagnostic, lequel sera d'ailleurs traditionnel chez les *mires* (médecins) de nos farces; explication aussi gauloise que naturelle de l'accident de la dame; protestations véhémentes d'icelle, plaisamment réfutées; aveu enfin de la coupable — une professionnelle dont nous avons là, d'après les commentateurs, le surnom bien connu — mais corsé d'une imputation de paternité effrontément dirigée contre maître Riquier, qui s'en défend, sans vouloir d'ailleurs qu'on en mène bruit, car dame Riquier est femme à croire « ce que point n'avient ».

Bien d'autres d'ailleurs sont comme elle et pires : par exemple la femme d'Ernoul de la Porte qui dévisagea des ongles et des doigts le bailli de Vermandois, cependant que *son baron* (son mari) est tenu « à sage qui se tait »; et *Margot aux Pommettes* et *Aélis au Dragon*, deux mégères combatives et bavardes, à tel point que Guillot se récrie :

> A! vrais Diex! aporte une estoile (*étole*)!
> Chis (*celui-ci*) a nommé deus anemis (*diables*);

ou encore la femme d'Henri des Argans

> Qui grate et resproe (*se hérisse*) c'un cas (*comme un chat*)

et tant d'autres enfin qui ont « cent diables ou (au) cors ».

La satire des sots succède à celle des méchantes femmes. Elle a pour occasion la venue d'un moine, porteur des fameuses reliques de saint Acaire d'Aspres, qui passaient pour guérir la folie et en face desquelles on mettra le roi Charles VI.

Voici donc venir le sot Walès qui, pour être aussi bon ménétrier que fut son père, consentirait à être pendu et décapité. Mais qu'il se hâte de baiser le reliquaire, car survient la « presse » des sots et de leurs amis apportant des dons, « deux estrelins (pièces de billon, *sterlings?*) », une mesure de blé. Parmi eux est un *dervé* (fou) fieffé qui va égayer médiocrement le dialogue de ses folies et fatrasies. Sans crainte de son père, ni des coups qui peuvent lui venir de Robert Soumeillon, nouveau prince du puy, il commence par dauber sur deux candidats aux suffrages de cette compagnie, se jouant plus volontiers aux dés qu'à la rime; puis sur maître Adam, ce Parisien qui, en sa cape, ressemble « à un pois noir », et auquel, en enfant terrible, il jette dans les jambes l'affaire des clercs bigames.

C'est ici comme la parabase de cette comédie aristophanesque. Le poète y plaide *pro domo*.

Rome appelait *bigames* les clercs qui s'étaient mariés deux fois ou qui épousaient une veuve, et, d'accord avec les échevins d'Arras, elle venait de les priver du droit à l'exemption de la taille. Ce fut un beau bruit en Artois et qui dura longtemps[1]. Or maître Henri est dans le premier cas des bigames car

Plus d'une feme avés eue;

lui dit maître Guillot. On voit l'enclouure. Aussi quel

---

1. Cf. H. Guy, *Adan de le Hale*, op. c., ch. v, p. 411 sqq.

emportement de maître Henri là-contre et quelle verve anticléricale !

> Certes, li meffais fu trop grans,
> Et chascuns le pape encosa (*mit en cause*)
> Quand tant de bons clers desposa...
> Comment ! ont prélas l'avantage
> D'avoir femes à renucier (*de rechange*),
> Sans leur privilege cangier (*changer*).
> Et uns clers si pert se franquise (*sa franchise des droits*)
> Par (*par le fait de*) espouser en sainte Eglise
> Fame qui ait autre baron (*mari*) !
> Et li fil à p..... laron,
> Où (*en qui*) nous devons prendre peuture (*modèle*)
> Mainent en pechié de luxure
> Et si goent (*se gaudissent*) de leur clergie !...

A la rescousse donc Plumus le clerc qui dira son fait au Pape, et Gilles de Sens, l'avocat, qui fera bon bruit, et Colard F...-sa-dame et Gilles de Bouvignies, deux bons notaires et qui sont une paire de bigames, et au besoin Marie-la-Jaie, la chicanière qui sait « plais assés » ! Toute cette scène a un élan remarquable, où sonne l'accent personnel. Elle est couronnée par un débordement des extravagances du fou.

Ici une pause qui forme une véritable division, quoi qu'on en ait dit. Celle-ci est marquée matériellement dans le texte par ce fait, auquel on n'a pas pris garde, que son dernier vers n'y rime pas avec le premier de la scène suivante : or c'est une infraction significative à une règle mnémonique du dialogue dans le théâtre médiéval dont nous avons déjà noté l'observation scrupuleuse dans *le Jeu de Saint-Nicolas* (antérieur à 1210), et qui ne souffre dans *le Jeu de la Feuillée* lui même qu'une autre exception, d'où nous tirerons d'ailleurs même argument en faveur des divisions réelles de la pièce[1].

1. Cf. p. 73.

Les dernières *fatrasies* du fou ont servi d'intermède à cette halte de l'action. Quand la *revue* se remet en marche, c'est avec une tout autre allure; et un ingrédient singulier va se mêler à son gros sel.

A la satire réaliste succède l'irréel du merveilleux, aux rudes compères de maître Adam le trio aérien des fées Morgue, Arsile et Maglore, sans que le tout cesse d'être une kermesse. Quelle surprenante fantaisie et combien digne d'attention!

Est-ce le cas de rappeler avec Perrault :

> Il n'est pas besoin qu'on vous die,
> Ce qu'était une fée en ce bienheureux temps,
> Car je suis sûr que votre mie
> Vous l'aura dit, dès vos plus jeunes ans?

Pas tout à fait, car ce sont ici des fées plus voisines des coquettes enchanteresses dont nos trouvères venaient de célébrer les charmes perfides et les passions capricieuses. Elles ont encore leurs noms si français que les romanciers de la Table ronde ont fait murmurer avec ivresse ou terreur à leurs Parthenopé de Blois et à leurs Artus — en attendant le Tasse et l'Arioste, Spencer et Shakespeare, sans oublier notre Quinault — ces noms enchanteurs que le naïf Wace s'en allait jeter éperdument à tous les échos de la mystérieuse forêt de Brocéliande.

Voici par exemple celle qui mène évidemment « la compagnie », Morgue, en qui nous retrouvons des traits de Morgane, la sœur ou cousine d'Artus, qui jalousa tant Geneviève qu'elle en persécuta Lancelot. Avec leur beauté proverbiale dont témoigne un lai de Marie de France :

> Dedenz ont la dame trovée
> Ki de biauté ressembloit fée,

nous allons reconnaître cette humeur fantasque et cette traditionnelle irritabilité dont éprouvèrent les effets, dès leur naissance, Obéron le Fayé et Ogier le Danois, avant maître Robert Soumeillon, le prince du puy d'Arras, et Adam le Bossu, lui-même, notre auteur.

Riquier Aurri a convié le moine à mettre en lieu sûr son reliquaire, à la présence duquel il attribue l'absence de « dame Morgue et sa compaignie » : car ces belles dames ont coutume de venir s'attabler là sous la feuillée, en cette nuit de fête du 1er mai — renouvelée des païennes *Floralia* — qui ouvre le printemps. Le moine obéit, en demandant de rester céans, pour voir la merveille. Puis, sur l'invitation de Riquier, tous se taisent et se tiennent cois.

> J'oi (*j'entends*) la maisnie Hielekin (*la suite d'Hellequin*)
> Mien ensiant (*à mon escient*), qui vient devant
> Et mainte clokete sonnant ;
> Si croi bien que soient chi près,

s'exclame Guillot. Ici un mouvement de terreur du garçon Rainnelet, car Hellequin est un génie dont la formidable suite mène exactement un bruit de tous les diables. Il y a de quoi ! Combien ont été glacés d'épouvante par cette chevauchée des « mânes des morts » que vit, horrible et torturée, Gauchelin dans la *Chronique de Normandie*, et qui grimace et fait rage dans le roman de *Fauvel*. Ce Hellequin — l'Erlkönig germain qui galope farouche à travers la nuit et le vent dans *le Roi des Aulnes* — à combien ne donnera-t-il pas le frisson, comme à la fiancée de Lénor, dans Uhland, avant de prêter à rire sous les traits de l'inoffensif Arlequin de la comédie, après avoir fait sourire dans *la Feuillée* ? Car maître Adam a bientôt fait de travestir cette étrange figure, de rassurer et de rasseoir ce petit ribaud de

Rainnelet, en lui annonçant l'approche des « beles dames parées ».

Elles sont devancées par Croquesos, le messager de Hellequin, qui vient plaisamment demander des nouvelles de leur arrivée à cette « vieille réparée » de Douce Dame et à Riquier, qui lui fait bon accueil, mais se tapit, dès que survient le trio des fées.

Croquesos veut faire à Morgue le message d'amour dont l'a chargé Hellequin : mais, moins pressée que lui, la fée le remet à tantôt, s'attable avec ses deux compagnes et devise avec Arsile de la beauté du lieu si « bel, clair et net ». Cependant Maglore estime que l'oubli d'un couteau dans son service lui fait injure. Morgue s'informant de ceux qui ont si bien préparé et dressé la table, Croquesos lui apprend que c'est maître Adam aidé de Riquier Aurri, manière délicate pour le poète de remercier l'ami qui a probablement fait les frais du spectacle. Il s'agit maintenant de payer l'écot. Morgue « donne en don » (suivant une tautologie populaire qui reviendra régulièrement dans la bouche des fées de Perrault) la richesse à Riquier, le don d'aimer comme pas un à maître Adam. Arsile décide ensuite de l'un qu'il sera un « joli et bon faiseur de chansons », de l'autre que « toute sa marchandise lui vienne à bien et multiplie ». Après ces dons appropriés, mais qui ne feront pour l'un et l'autre que porter de l'eau à la rivière, arrive le tour de Maglore. Son ressentiment du couteau oublié se donne carrière et, à la grande tristesse de Morgue et d'Arsile qui n'en peuvent mais, elle veut que Riquier soit pelé et n'ait « nul cheveu devant », que maître Adam « s'atruandisse en la compagnie d'Arras et s'oublie entre les bras de sa femme qui est molle et tendre ».

Morgue ayant alors reçu de Croquesos et daigné lire

le billet doux où Hellequin la « requiert d'amour », déclare qu'elle a le « cœur tourné ailleurs », à savoir vers un damoiseau qui porte un habit de drap vert rayé d'une raie vermeille et qui n'est autre que Robert Soumeillon, le prince du puy, dans lequel elle voit un preu, le plus preu du monde, comme il le montra à Montdidier. Or notre damoiseau, d'ailleurs généreux d'après les documents locaux, avait, en fait de prouesse, mesuré là le sol, son cheval s'étant abattu, entravé qu'il fut par Hellequin jalousement tapi dans la poussière. Croquesos et Arsile ayant dessillé les yeux de Morgue, celle-ci, beaucoup plus versatile que la Titania du *Songe d'une nuit d'été*, voit du premier coup à quel *Bottom* elle eut affaire, et retourne sa fantaisie amoureuse vers son Obéron, c'est-à-dire vers Hellequin. Mais, avant de quitter la place, nos fées se donnent le spectacle de la roue de fortune.

Le poète a pris le biais de cette allégorie traditionnelle[1] — dont son compatriote Jacquemard Gelée allait faire l'amère conclusion de *Renart le Novel* (1288) — pour dire son mot sur un petit coup d'État dont le palais du jeune comte Robert venait d'être le théâtre. S'attaquer nommément, comme il le fait là, aux favoris du jour et protester contre la disgrâce de ceux de la veille, c'était une audace grande. Il est vrai que maître Adam use d'un détour spirituel qui plaidait les circonstances atténuantes, au besoin. Aux questions de Croquesos, Morgue a répondu qu'il ne fait pas bon tout dire et qu'elle s'en dispensera. Mais Maglore se récrie qu'elle est courroucée, qu'elle n'épargnera personne; et c'est elle qui se charge de nommer ceux qui trônent en

---

1. Cf. p. 98, 119.

haut de la roue, à savoir Ermenfrois, Crespin et Jacques Louchard : « des avares » souligne Croquesos qui les reconnaît. Elle proteste aussi contre la disgrâce imméritée de Thomas de Bouriane qui est au bas de la roue, ainsi que Leurin le Canelaus, sur la basse posture duquel Arsile se permet une saillie des plus lestes, du moins si nous l'entendons bien ou plutôt mal.

Mais le jour approche et il se fait grand temps pour les fées « d'aller vers le pré, » où les attendent « les vieilles femmes de la ville ». C'est Dame Douce qui le leur rappelle et qui, ayant sur le cœur l'affront du début, veut se venger de certain homme condamné à passer par ses mains — comme il advint l'an passé à Jacques Pilepois et à Gilles Lavier, les fées aidant ainsi que sa fille Agnès et certaine mégère, la femme à Wautier Mulet —. On se dirige donc vers le pré, de compagnie, Dame Douce suivant les fées qui vont chantant :

Par chi va la mignotise (*mignardise*) par chi ou je vois (*vais*).

Ici nouvelle pause de l'action indiquée à nos yeux, comme avant la scène de féerie, par l'interruption du chevauchement des rimes à la réplique[1].

L'action va finir à la taverne, où se fait mener le moine qui a sommeillé pendant la féerie, quoiqu'il eût demandé à la voir. Il y retrouve une partie de la compagnie.

La chère y est maigre, car la cuisine est fondée sur un unique hareng. Mais il y a du vin, moins bon sans doute que dans la taverne du *Jeu de Saint-Nicolas* : aussi l'éloge en est-il infiniment moins lyrique, et l'hôte est-il seul à le faire. Cependant le moine s'est rendormi : il est d'ailleurs si tard que voilà matines. On décide de

---

1. Cf. p. 68.

lui mettre toute la dépense sur le dos et, à son réveil, on atteste en chœur que le compère Hane joua aux dés pour lui et perdit. L'hôte le prend de haut avec la dupe :

> Bien vous poist (*qu'il vous pèse*) et bien vous anuit (*ennuie*).
> Vous waiterés (*attendrez*) chaiens (*céans?*) le coc,
> Ou vous me lairez (*laisserez*) cha che froc :
> Le cors arés, et jou (*moi*) l'escorche (*l'écorce*).

Ainsi berné le moine laisse ses reliques en gage et va battre monnaie. Sans se laisser émouvoir par l'entrée du médecin qui, dans son zèle antialcoolique, prédit la paralysie à la ronde, la compagnie se remet à ricaner et à boire d'autant et à chanter en chœur, requise de ce faire « de par saint Acaire » par l'hôte qui est décidément un boute-en-train. Irruption du fou qui crie : au feu ! et recommence ses facéties médiocrement plaisantes, et sa gesticulation désordonnée de laquelle chacun s'emploie à garer pot et nappe. Cependant le moine est revenu payer les douze sous qu'il ne devait pas ; et tandis que la compagnie va pieusement baiser la châsse de Notre-Dame, il quitte le tripot jurant, mais un peu tard, qu'on ne l'y prendra plus, pour se rendre à Saint-Nicolas où l'on « commenche à sonner des cloquetes ». C'est la fin de cette folle nuit d'été et du jeu de maître Adam.

Telle est cette œuvre dont l'intérêt absolu ressort déjà de son analyse. Mais, en considérant son intérêt relatif, si grand qu'il soit, il faut, comme pour *le Jeu de Saint-Nicolas*[1], se garder des exagérations traditionnelles et ne pas accabler le trouvère arrageois de comparaisons prolongées avec l'auteur des *Oiseaux* ou encore avec celui du *Songe d'une nuit d'été*, dont certains

---

1. Cf. t. I, p. 258.

ont même avancé qu'il avait été le modèle. De pareilles comparaisons et assertions louent mal : faciles pour leurs auteurs qui en tirent des traits, et séduisantes pour le lecteur qui les croit sur parole, elles sont aussi écrasantes pour celui qui en est l'objet que déconcertantes pour le lecteur sérieux qui éprouve le besoin d'y aller voir.

Certes Charles Magnin, et après lui les critiques les plus réservés, étaient fondés à faire observer certains rapports entre cette comédie et celles d'Aristophane. Ceux-ci sont frappants, si l'on s'en tient à considérer que les faits sont tirés de la chronique locale, et pêle-mêle de la vie privée comme de la vie publique; que les gens y sont pris à partie, et sous leurs propres noms, ainsi qu'on l'a prouvé, documents de l'état civil et autres archives en mains; que le merveilleux s'y amalgame capricieusement avec le réel; que l'esprit le plus vif y est éclaboussé de l'ordure la plus sale; que la satire enfin y est directe, fangeuse, avec un tel accent personnel que nous avons laissé échapper une fois le mot de parabase. Mais il faut s'en tenir là; et, en face de la sécheresse et des gaucheries du dialogue et de l'action, des faibles esquisses de caractère, du merveilleux un peu bien puéril, de la grisaille du style trotte-menu et de la petite portée des traits de maître Adam, on doit se défendre d'évoquer l'élan dramatique, la prestesse scénique, la puissance caricaturale, la fantaisie ailée de la comédie aristophanesque et surtout ce style où les Grâces, au jugement de Platon, trouvèrent un sanctuaire indestructible. Soyons modestes, en notre patriotisme littéraire, pour le bien servir; et sentons, dès nos origines, la différence des choses que l'air de l'Attique et celui de la Grenouillère, selon le mot de Voltaire, ou des marécages de l'Artois, selon le cas, mettent dans la tête de Démosthène ou d'Omer Talon, d'Aristophane ou du Bossu d'Arras.

Il faut se garder non moins soigneusement de rapprocher la féerie de maître Adam de celle du grand William. Il y a autant de distance de l'une à l'autre que des caprices courts et si naïfs de dame Morgue à la coquetterie raffinée, perfide comme l'onde, brûlante comme le feu, de l'aérienne Titania; que des petites malices de Croquesos à l'*humour* de Puck, cette incarnation prestigieuse, ailes d'or et flèches de flammes, de la comédie shakespearienne.

C'est déjà bien joli, étant né malin et par suite enclin à la satire, que de s'être avisé de mettre cette malignité en action sur la scène, que d'avoir créé de toutes pièces l'ancêtre direct du vaudeville. Il est encore plus joli d'avoir utilisé une légende locale pour varier la *revue* aristophanesque, en lui donnant un cadre de féerie, et d'avoir fait sonner sur le théâtre les grelots fantastiques de la « maisnie Hielekin ». Près de ces deux inventions, on doit faire bon marché des autres plus ou moins originales : par exemple, si l'auteur du *Jeu de la Feuillée* a eu dans *le Jeu de Saint-Nicolas*, pour ses scènes de taverne, un modèle qu'il n'a pas égalé, peu importe puisqu'il n'en a pas eu pour le reste.

Il est pourtant bien difficile de croire que ce reste qui forme une sorte de comédie, à le bien considérer, et douée d'une vie déjà si dramatique, soit né de la seule fantaisie de son auteur. On est tenté de répéter avec Gaston Paris : « Il est permis de croire que nous avons perdu bien des compositions du même genre, sinon de la même valeur ». Mais où est la nappe profonde d'où, à la manière des puits de l'Artois, aurait jailli, il y a six siècles, dans le désert actuel de notre théâtre comique à cette époque, une gerbe de gaîté si vive et si drue? Elle est invisible ailleurs que dans l'esprit du poète artésien; et conjecturer son existence autour de lui, c'est diminuer gratuitement une gloire qu'il mérite sans partage hypothétique, sous les réserves et avec la prudence dans l'éloge que nous avons dites.

Non, Adam le Bossu ne fut pas l'Aristophane de la France; et nous attendrons d'arriver à Beaumarchais pour risquer cette appellation : mais il fut, en France, le plus lointain précurseur de celui-ci. Il y a même dans son cas cette particularité piquante que sa seconde œuvre n'est pas sans offrir quelques analogies de situation avec le Mariage de Figaro. Car l'auteur du Jeu de la Feuillée, non content de ce coup de maître, fit coup double, en écrivant ensuite le Jeu de Robin et Marion, tout aussi original et par de tout autres mérites.

On s'accorde à dire, en étayant cette opinion sur le Jeu du Pèlerin (Li Jus du Pèlerin) qui lui servit plus tard de prologue, que le Jeu de Robin et Marion (Li Jus de Robin et Marion)[1] a dû être composé pour le divertissement de la cour de Naples. La date de cette composition reste incertaine; mais elle se place vraisemblablement entre l'année 1283 où le poète vint dans cette ville et celle de 1285 où mourut le roi Charles d'Anjou. Quant à sa représentation à Arras, elle dut avoir lieu vers 1290, un an après le retour du comte d'Artois en cette ville.

Ces conjectures s'appuient notamment sur les allusions du Jeu du Pèlerin dont le héros conte qu'il revient

---

1. Cf. Ernest Langlois, Le Jeu de Robin et Marion, Paris, Fontemoing 1895 (780 vers), où une traduction savoureuse escorte le vrai texte, avec une introduction et des notes également diligentes et sûres.

de la Pouille, entre autres lieux, où vit le souvenir du
« subtil et noble clerc ». Il évoque sa figure, ses derniers moments et ses durables mérites, dans une sorte
d'oraison funèbre. Il sollicite de ses compatriotes, à
tous ces titres, pour son panégyriste, un accueil que,
malgré l'intervention du sage Royaut, Warnier et Guiot
lui refusent avec une grossièreté qui veut être comique.
Les Arrageois de la salle furent plus émus sans doute
que ceux de la scène, au souvenir de leur illustre ménétrier dont la *rue Maistre Adam*, où il avait habité, portera longtemps le nom. Notons au passage que la turbulence même de ce prologue est un signe de l'intensité de la vie de la pièce, à la représentation. Elle eut
d'ailleurs un succès durable, car il en reste trois manuscrits dont un est postérieur d'un bon demi-siècle à sa
représentation, fait sans précédent, pour notre théâtre,
avant l'invention de l'imprimerie[1].

La genèse de *Robin et Marion* vaut qu'on s'y arrête[2].

Il faut d'abord se rappeler ici celle de nos épopées.
Autour des aventures d'un héros soi-disant historique,
naissent des chansons qui volent de tous côtés sur les
lèvres des hommes. Puis elles s'attirent l'une l'autre
en essaim, se logent dans la mémoire plus hospitalière
d'un seul trouvère et s'agglutinant, pour ainsi dire,
dans sa cervelle plus pensante, en un tout épique, donnent l'essor à une geste. Or *le Jeu de Robin et Marion*
est né d'un phénomène tout à fait pareil à celui de
cette agglutination épique. Les chansons pastorales dites

---

1. Sur l'intérêt qu'avait le possesseur du manuscrit d'une pièce à n'en pas laisser prendre de copie, pour se constituer le monopole de sa représentation, et sur le succès qu'atteste conséquemment la pluralité des manuscrits, voir d'ingénieuses observations d'E. Langlois, dans son *Introduction au Jeu de Robin et Marion*, op. c., p. 25 sqq.

2. Cf. Joseph Bédier, *Les Commencements du théâtre comique en France*, Revue des Deux-Mondes, 15 juin 1890; et H. Guy, op. c., 2ᵉ partie, ch. vii.

pastourelles[1], les *bergerettes*, qui foisonnaient autour d'Adam d'Arras, s'amalgamèrent un beau jour dans sa tête bien faite. Seulement le « cycle de Robin et Marion » y cristallisa de par le tour de son esprit, en un poème dramatique, au lieu d'un épique. Nous n'y perdons pas.

Il puisa, à pleines mains, dans les *pastourelles* la matière de sa pièce ; et l'on en retrouve dans leurs recueils tous les épisodes, tels que le rapt de Marion, la lutte de Robin et du loup, qui y sont, pour ainsi dire, de style, la plupart des jeux, quatre chansons sur treize, celle d'Audigier mise à part, et les danses, y compris la *treske*[2] ou farandole finale.

Mais d'où lui vint l'idée de cette création dramatique? Du succès des jeux de bergers dans le drame liturgique? Il se pourrait. A cette hypothèse il en faut joindre une autre : celle d'une suggestion locale. En effet, les pastourelles du genre le moins conventionnel, celles qui — sous la virtuosité de leurs formes héritée des troubadours, et, à côté de leur thème des galanteries échangées entre la bergère et le poète — font le plus de place à l'idylle, c'est-à-dire aux tableaux champêtres, avec jeux rustiques, et à la peinture de la réalité d'après nature, sont en grande majorité picardes[3], comme notre auteur.

Enfin, pour en venir à un fait précis, nous avons une

---

1. Cf. *Altfranzösische Romanzen und Pastourellen* (*Romances et Pastourelles des XII*[e] *et XIII*[e] *siècles*), édition Karl Bartsch, Leipzig, Vogel, 1870.

2. On trouvera le mot et la chose dans l'édition Ernest Langlois, *op. c.*, vers 226 et n. 771 sqq. — Pour l'état de la question des danses à la mode du XIIIe siècle et leurs origines paysannes, Cf. Joseph Bédier, *Les plus anciennes danses françaises*, Revue des Deux-Mondes, 15 janvier 1906.

3. Cf. Gaston Paris, *La Littérature française au moyen âge*, 2e édition, Paris, Hachette, 1890, p. 178; et surtout A. Jeanroy, *Les Origines de la poésie lyrique en France au moyen âge*, Paris, Hachette, 1889, p. 44.

poésie qui, si elle n'a pas été le germe unique de la pièce, tant s'en faut, pourrait bien en avoir suscité l'idée. C'est la célèbre pastourelle de Perrin d'Angicourt, un des poètes attachés, comme maître Adam, à la personne de Charles d'Anjou. Le refrain du troisième couplet, lequel se chante encore dans l'Artois :

> Robins m'aime, Robins m'a,
> Robins m'a demandée, si m'ara[1],

se retrouve textuellement en tête de la pièce de maître Adam. On peut bien en induire qu'il l'a mis là pour payer délicatement sa dette à son aîné, outre que c'était un écho direct des fredons où les courtisans français du palais royal de Naples aimaient à retrouver l'accent de la mère patrie. C'est enfin pour leur mettre sous les yeux *la petite patrie* dont ils avaient les chansons à la bouche, que maître Adam se serait avisé de les porter à la scène.

Aux difficultés littéraires de l'entreprise s'ajoutaient celles qui venaient des personnes composant un public si spécial. Y joindrons-nous aussi, comme on l'a dit, celles que pouvait créer sa date, qui est le lendemain des tueries des *Vêpres siciliennes*, avec les répressions féroces, sous le poignard des séides de Jean de Procida? Nous ne pensons pas qu'il y faille insister, car notre pastorale venait peut-être faire ici une diversion voulue et qui était, plus qu'on ne croit d'ordinaire, dans les mœurs de nos *fervêtus*, quand ils quittaient le harnais de bataille[2] pour le pourpoint de soie et le manteau

---

1. Cf. édition Karl Bartsch, *op. c.*, pièce xxi, p. 295.
2. Cf. E. Langlois, qui signale, parmi les auteurs connus de pastourelles, les plus grands seigneurs, un Jean de Brienne, roi de Jérusalem, puis empereur de Constantinople; un Thibaut, roi de Navarre et comte de Champagne, etc... *Le Jeu de Robin et Marion*, *op. c.*, p. 22.

d'hermine, et le cri de guerre pour le fredon amoureux ou narquois. Ainsi feront les pastorales de Florian à la veille de la Terreur, ou *la Mère Angot* entre cette Terreur et Brumaire.

En revanche, il convient de signaler les difficultés qui tenaient à la nature de ce public de courtisans. Dans l'épisode fondamental des pastourelles, le gentilhomme qui conte fleurettes à la bergère est tantôt écouté, tantôt persiflé, *gabé* par elle, tantôt battant Robin, tantôt battu par lui et ses compères. D'employer le second thème il fallait bien prendre garde, devant une pareille assemblée. D'autre part, si la couardise de Robin était ignoble, sans revanche, comment en faire le personnage sympathique de tout le reste de la pastorale, ce principal objet du divertissement? Il fallait aussi du naturel : mais les jeux de bergers, dans les pastourelles, sont souvent d'une grossièreté extrême. Ce sont alors jeux de mains, jeux de vilains, avec fricassée de « museaux », mâchoires édentées et couteaux tirés qui n'épargnent même pas la peau de cette pauvre musette. Une telle rudesse de mœurs, qui n'était du goût ni du public, ni de l'auteur, devait donc être adoucie, mais sans perdre son sel ni tomber dans la fadeur et la fadaise.

Voyons comment maître Adam triompha de ces difficultés, dans l'exécution, et comment il réussit du premier coup à adapter à son public, comme à la scène, le genre de la pastorale dramatique qu'attendait une si longue et si haute fortune.

Marion ouvre le spectacle, en chantant l'amour de Robin et ses cadeaux qui entretiennent l'amitié :

  Robins m'aime, Robins m'a;
  Robins m'a demandée, si m'ara.

> Robins m'acata (*acheta*) cotelle (*petite cotte*)
> D'escarlate boine et belle,
> Souscanie (*robe ajustée*) et chainturelle (*ceinturelle*).
>   A leur i va[1]
> Robins m'aime, etc....

Entre le chevalier qui revient du tournoi et, trouvant « Marotte seulette, au corps gent », engage la conversation pour en arriver à conter *fleurettes*, selon le vieux mot que l'anglomanie a remplacé par *flirter*. Marion, qui le voit venir de loin, dit quel amour pour Robin et ses petits cadeaux la fait chanter. Elle répond, en faisant la niaise, par des calembours et calembredaines aux questions du chevalier sur le gibier d'alentour. Elle trouve qu'il manque de gaieté avec ses oiseaux à chasser et son oiseau de chasse, et que Robin en a bien plus avec sa musette.

Le chevalier, qui se voit *gabé*, va alors droit au fait : il propose à la belle de la prendre en croupe de son palefroi jusqu'au prochain bosquet. Marot fait une diversion plaisante dans le pur goût de celle des commères syracusaines de Théocrite, quand elles rabrouent le cavalier dont le cheval s'ébroue :

> Aimi! sire, ostés vo keval (*votre cheval*);
> A pau (*a peu*) qu'il ne m'a blechie (*blessée*) :
> Li (*celui de*) Robin ne regiete (*regimbe*) mie
> Quand je vois (*vais*) après se carue (*sa charrue*),

répond d'abord la madrée. Puis elle fait entendre nettement au chevalier qu'il perd sa peine. Notre séducteur se dépite alors et, revenant au sentiment de sa chevalerie :

> Cuideriés empirier de (*empirer, déroger avec*) moi,
> Qui (*vous qui*) si loinc getés me proiere (*ma prière*)?
> Chevaliers sui et vous bergiere.

---

1. Refrain vide de sens, onomatopée, comme le *dorenlot* des chansons du temps?

Il reprend donc son chemin, en se rengorgeant et fredonnant ce couplet :

Hui main (*ce matin*) kevaucoie lés (*près de*) l'oriere (*l'orée*) d'un bois
Trouvai gentil bergiere, tant belle ne vit rois.
Hé ! trairi deluriau deluriau delurelle,
Trairi deluriau deluriau delurot.

Cette première scène a, d'un bout à l'autre, une vivacité et un naturel exquis.

Marion, de son côté, lance à pleine voix un couplet auquel répond, en approchant, Robin, l'ami Robichon. Ce couplet offre un bien remarquable exemple de la vitalité de ces chansons des champs et des bois. Nous en avons retrouvé en effet le rythme et le refrain, syllabe pour syllabe (*baï léro léro lo*), dans les appels et propos si vivement cadencés, sorte de chronique du village, que se renvoient, par monts et par vaux, au déclin du jour, bergers et bergères de la Haute-Auvergne, avec cette alternance classique où se complaisait déjà la muse piémontaise de Virgile :

MARIONS.

Hé ! Robechon,
Leure leure va.
Car vien a mi (*à moi*)
Leure leure va.
S'irons jouer
Dou (*du*) leure leure va,
Dou leure leur va.

ROBINS.

Hé ! Marion,
Leure leure va.
Je vois a ti (*vais à toi*)
Leure leure va.
S'irons jouer
Dou leure leure va,
Dou leure leure va.

Dès que Robin a rejoint, Marion l'informe des galanteries du chevalier : sur quoi Robin se mettant en vigueur, comme fera Panurge une fois le danger passé :

> Mais se j'i fusse a tans (*temps*) venus,
> Ne jou (*moi*) ne Gautiers li Testus,
> Ne Baudons, mes cousins germains,
> Diavle (*les diables*) i eüssent mis les mains (*s'en seraient mêlés*).
> Ja n'en fust partis sans bataille.

Mais Marion le calme avec cette proposition : « faisons feste de nous » — en tout bien tout honneur s'entend —. On fait donc la dînette d'abord, dont voici des détails réalistes, dans le goût de Théocrite et de Virgile :

MARIONS.

> Ne t'en caut (*tourmente*), Robins, encore ai je
> Dou froumage chi en mon sain (*corsage*),
> Et une grant pioche de pain,
> Et des pumes (*pommes*) que m'aportas.

ROBINS.

> Dieus ! Com chis froumages est cras (*gras*) !.
> Ma suer (*sœur*), menjüe (*mange*).

Suit un jeu emprunté aux pastourelles, comme le refrain par lequel Robin y invite :

> Bergeronnette.
> Douche baisselette (*bachelette, fillette*),
> Donnés le mi, vostre capelet (*couronne*),
> Donnés le mi, vostre capelet.

Poussé au jeu par ce cri de l'enjouée Marion : « fais nous un pau (*peu*) de feste », Robin ne se le fait pas dire deux fois. Il amuse sa bergère par divers tours de danse qui paraissent s'agrémenter de tours de gymnastique, tels que ceux d' « aller du pied avant et arrière, faire le tour du chef, le tour des bras, etc. ». On devine quelle animation un bon danseur devait donner à cette scène, fouetté par les excitations de la bergère. Celle-ci demande enfin à Robin de « mener la treske » : mais il s'y refuse, parce que le chemin est trop frais et que ses « housel (houseaux) deskiré » le font peut-être se souvenir du vieux proverbe avisant qui a la culotte déchirée de ne pas monter au mât de cocagne. Marion insiste « par amour », en l'assurant qu'ils sont l'un et l'autre « bien-atiré (attifés) » comme cela. Il ira donc chercher tambour, musette à gros bourdon et bonne compagnie.

Il arrive tout essoufflé — on sait par quelle fiction scénique de chemin parcouru[1] — chez les cousins Gautier et Baudon, les met au courant et les amène bien armés, l'un de sa grande fourche, l'autre de son gros bâton d'épine. Voilà pour se battre, si le gaiant vient encore se faire de fête : mais, pour rire ensuite, on invite au passage Peronnelle (encore un nom pris au répertoire des pastourelles), une amie de Marion qui gardait là, tout près « derrière ces courtils par où l'on va au moulin de Roger ».

Mais tout cela a pris un temps, pendant lequel le chevalier, à la recherche de son faucon, est revenu près de Marion. Repris de sa fringale amoureuse, il recommençait à lui en conter : elle réussit à l'éconduire en le dépitant avec l'annonce de la venue de son Robichon. Celui-ci survient en effet, rapportant l'oiseau du chevalier, mais le tenant si mal qu'il est payé par un soufflet et une tape du propriétaire. Mis en goût de brutalité, le chevalier enlève alors Marion sur son cheval, au nez de Robin qui se lamente, comptant les coups reçus et en appelant aux cousins. Les voici ! Ils annoncent leur

---

1. Cf. t. I, p. 84.

approche par ce refrain, venu lui aussi en droite ligne d'une pastourelle antérieure d'Eustache de Fontaine, où c'est Marot qui la chante, étant déjà en croupe du chevalier :

> He ! resveille ti, Robin,
> Car on en maine Marot,
> Car on en maine Marot.

Nos braves sont avertis par Robin de la manière dont frappe le sire,

> Ch'est uns chevaliers hors dou sens.
> Si a une si grant espée !
> Ore me donna tel coléc (*coup*)
> Que je le sentirai grant tans (*temps*).

Ils décident de s'embusquer, en attendant les événements et l'occasion d'intervenir, car, dit Robin :

> Li cuers (*cœur*) m'est un pau (*peu*) revenus.

Avant qu'il lui soit revenu tout à fait, Marion a réussi gaillardement à se défaire du galant, ayant provoqué une troisième fois chez lui l'accès de dépit orgueilleux qui la délivre.

Pour se remettre d'une alarme si chaude, la compagnie ne songe plus qu'à se divertir, non sans avoir félicité Marion de l' « engin (*adresse*) » avec lequel elle échappa, et avoir attesté qu'il a fallu se mettre à deux pour retenir Robin qui, par trois fois, s'était élancé. Elle s'accroît de Huart qui survient avec sa *kevrette* (la cabrette, musette), et de Peronnelle.

C'est alors la série des jeux, et d'abord celui de Saint Coisne, où il faut se tenir de rire devant ses grimaces, sous peine de prendre sa place, et qui est devenu le jeu du Grand Mogol, dans les soirées bourgeoises et figures de cotillon. Suit celui des « rois et reines », du *Roi qui ne ment*, comme l'appellera Jean de Condé, en son fableau du *Sentier battu*, et qui est moins innocent : aussi le synode de Worcester l'avait-il interdit aux clercs (*Nec sustineant fieri ludos de rege et regina*, 1240); et il avait bien fait, si l'on en juge par l'impertinence de certaines questions que pose dans notre pièce Gautier, le roi tiré au sort des mains. Ces grossièretés ne paraissent d'ailleurs pas du goût de Marion, qui proteste, comme a déjà fait Robin, contre certain passe-temps scatologique proposé par Gautier — lequel a naguères fait courir le Tout-Paris qui s'amuse, moins délicat en cela que ce berger d'il y a six cents ans — :

> Que devant Marote m'amie
> Avés dit si grant vilenie!
> Dehait (*malheur*) ait par mi le musel
> A cui il plaist ne il (*et à qui il*) est bel!
> Or ne vous aviegne jamais!

Sur ces observations de Robin et cette moue de Marion, les questions posées par le roi à qui vient en sa cour se font plus honnêtes et les réponses aussi.

Mais il y a un loup dans cette bergerie, comme dans nombre de pastourelles : le voici qui emporte une brebis. Sus, Robin! Quelle occasion de prouver son courage! Il saute dessus :

> Gautier, prestés mi vo machue (*votre massue*);
> Si verrés ja bacheler preu (*un gas preux*).
> Hareu! le leu! le leu! le leu! .
> Sui je li plus hardis qui vive?
> Tien, Marote...

Et il rapporte la brebis tête-bêche. On la tâte, non sans des lazzis des plus rustiques. Le brave Robichon, ainsi réhabilité à nos yeux, comme à ceux de Marion, en reçoit sa récompense : c'est le droit à une étreinte qui est si passionnée que notre bergère la trouve un peu forte, tout en la recevant gentiment, car elle a été « octroyée » à Robin, avec le consentement pour rire du cousin Gautier. Celui-ci ne réussit pas d'ailleurs ses accordailles avec Perrette; mais il s'en console en pensant au bien qu'il a et qu'il énumère avec toute la fierté d'un rustaud.

Là-dessus une bombance dont on a tout le menu. La nappe sera le jupon de Perrette, plus blanc que celui de Marion, avec qui Robin se propose d'ailleurs de manger ferme et « bec à bec », dès qu'il aura ramené deux corneurs, ce qui n'est pas long.

Ici se rencontre[1] un épisode, qui est évidemment une interpolation[2], avec trois nouveaux personnages, Warnier, Ragaut et Guiot, importés tout vifs là — et aussi quelques vers plus loin[3] — du *Jeu du Pèlerin* et probablement par son auteur. Ils jurent, par leur âpre médisance, avec le ton de l'œuvre où le Bossu d'Arras s'est abstenu de toute satire, lui qui en mettait partout, ce qui n'est pas la moindre preuve qu'il ait donnée de la flexibilité et de la discipline instinctive de son talent.

Les corneurs arrivés, on se met à faire bonne chère, nos amoureux se passant « bec à bec » bons « morsels » et doux propos. Ce manège ne va pas sans quelques grossièretés du cousin Gautier, à qui Robin doit faire mettre bas les mains. Marion rabroue elle aussi le rustaud et ses plaisanteries épicées, ses *gabois*, ce dont il veut se consoler en débitant le fableau d'Audigier lequel est vraiment ignoble. Mais, au premier vers,

---

1. Édition Monmerqué, dans l'*Ancien Théâtre français*, Paris, Didot, 1842.
2. 70 vers, après le 598 de l'édition Ernest Langlois, op. c.
3. 18 vers après le 723 de la même édition.

— qui a du moins le mérite de nous offrir la seule notation qui nous reste de la mélopée des chansons de gestes [1] — Robin arrête cet « ordurier ménestrel ». Perrette fait diversion en proposant la *treske* que doit mener Robin.

Sur un baiser de Marion, celui-ci consent, mais non sans avoir exécuté, au son de la *chevrette* de Huard et des cornets de ses deux *corneurs*, un pas de deux, « la main au côté » avec Marion à qui « le cœur sautèle », en le voyant si beau danseur. Puis Robin ayant pris, pour « aller de meilleure volonté », le gant de sa mie dans sa main droite en lui donnant la gauche — tandis qu'elle forme la tresse en donnant sa droite à son voisin de gauche — prend la tête de la *treske*. Alors, au son de la musette et des cornets, la joyeuse farandole, ainsi tressée, prend son élan à travers champs, tout le long, le long du sentier qui côtoie le bois où le méchant chevalier voulut enlever Marion et où l'entraîne son Robichon, aux cris de joie de la bande :

PERONNELLE.

Dieus ! Robin, que ch' est bien alé !
Tu dois de tous avoir le los (*louange*).

ROBINS.

Venés après mi, venès le sentelle
Le sentelle, le sentelle lés (*près*) le bos.

Nous pouvons maintenant mesurer l'originalité de maître Adam.

D'un centon de pastourelles le trouvère artésien a fait une ample suite de tableaux dramatiques — véritables *idylles* au sens étymologique du mot — se succédant et

---

1. Cf. édition Langlois, *op. c.*, p. 154.

serpentant sur la scène avec la libre allure et l'enchaînement facile de la farandole qui termine la pièce. Les récits originels sont devenus des actes. Les propos plus ou moins obliques ont passé au style direct. L'églogue alternante, dans le goût de Virgile plus que de Théocrite, compassée et raffinée par les trouvères à l'école des troubadours, est devenue ici un dialogue tout à fait scénique, modelé sur l'allure et le ton de la réalité, autant et même mieux que ne le comportait le goût du temps. La pastourelle *courtoise* est devenue la pastorale dramatique : un genre est né.

Son vrai nom est l'opéra-comique, quoi qu'on ait pu dire là-contre. Pour le bien entendre, il suffit de se reporter aux pièces ayant ce titre qu'écriront, quatre siècles plus tard, pour les tréteaux de la foire, les fournisseurs français du théâtre dit italien, puis Lesage, enfin Favart, dans sa première manière. L'identité du genre saute aux yeux pour quiconque a seulement entrelu ces dernières.

Il fallait d'ailleurs pour *le Jeu de Robin et Marion*, comme aux opéras-comiques de la foire, des acteurs à tout faire. Le rôle de Robin, par exemple, demandait que le jongleur-acteur fût aussi un chanteur, doublé d'un danseur et même quelque peu acrobate, tels que seront Scaramouche ou Dominique. Nous remarquerons surtout, pour compléter la ressemblance, que, de l'avis des connaisseurs, Adam le Bossu renonçant ici à son savoir-faire de mélodiste, voire d'harmoniste comme en témoignent ses motets et rondeaux, s'est borné à mettre les chansons de son « jeu » sur des timbres populaires, comme le feront Lesage et d'Orneval et leurs émules, et Favart lui-même jusqu'à *la Chercheuse d'esprit*, inclusivement. Bien mieux, par fidélité à la vie pastorale qu'il voulait peindre d'après nature — autant que par imitation du procédé qui avait si bien réussi à l'auteur du roman de *Guillaume de Dôle* (fin du xiie siècle) et réussira à d'autres après lui, comme à son compatriote Jacquemard Gelée en son *Renart le Nouvel* (1288) — l'auteur du *Jeu de Robin et Marion* a inséré toutes vives, dans son texte, les paroles avec les airs de plusieurs chansons populaires [1].

Ce ne fut pas sa moins bonne inspiration. Elle ne témoigne pas seulement de la souplesse de son talent : elle aide à restituer sa vraie physionomie. Si *le Bossu d'Arras* fut un poète courtois, quintessenciant ses sentiments dans ses chansons, et prodiguant les banalités du genre dans ses *partures* (jeux-partis), c'était pour faire sa cour. Sous le pourpoint du ménétrier aux gages des comtes d'Artois et d'Anjou, battait un cœur de plébéien resté près du peuple où il puisa ses meilleures inspirations. La première lui était venue, à ses débuts, de l'âme bourgeoise de sa ville natale et lui avait dicté le premier chef-d'œuvre connu de cette satire dramatique, sous forme de chronique scandaleuse, qui sera le nerf de la farce nationale : la seconde jaillit du fond de l'âme paysanne de sa Picardie et lui fit créer la pastorale dramatique, si vivante sous l'inévitable convention. Là est le vrai maître Adam.

Elle a réellement bien mérité des lettres françaises, cette Picardie qui, à elle seule et en un siècle, produisait : le *Saint-Nicolas* [2], de Jean Bodel, la *Feuillée* et le *Robin et Marion* d'Adam le Bossu, ces trois « Jeux », ces trois promesses si hardies et si hautes des destinées de notre théâtre, singulier sujet d'orgueil national,

---

1. Cf. ci-dessus, p. 79, n. 2.
2. Cf. t. I, p. 248 sqq.

surtout si on songe que nous n'avons peut-être là que les épaves d'un vaste naufrage.

Il en est encore une autre bien remarquable, datant de la fin de ce même XIIIe siècle et écrite dans le dialecte, tout voisin, de la Flandre française. Elle vaut peu par elle-même, mais beaucoup par le genre auquel elle appartient et que, dans l'état actuel des documents, elle inaugure. C'est une farce, bien qu'elle n'en porte pas le nom, qui devance d'un siècle et demi ses cadettes et offre réellement la chose avant le mot.

Elle a pour titre : *Le Garçon et l'aveugle* (*Li garchons e li aweules*, 270 vers) et aurait été composée, d'après l'écriture du manuscrit et à dire d'expert[1], dans le dernier tiers du XIIIe siècle.

Elle met en scène un aveugle mendiant et vicieux qui est aussi rudement berné par son guide, un mauvais garçon, que le sera son confrère espagnol par le *picaro* Lazarille de Tormes, dans le roman qui a ce titre et sera le père de toute la littérature picaresque.

L'aveugle, d'abord seul, nasille la complainte professionnelle, en souhaitant le paradis à ceux qui lui feront l'aumône et que Dieu voit, s'il ne les voit pas, car il est bien aveugle. Mais il n'entend rien venir et se lamente de n'avoir même pas pour le guider sous les bonnes fenêtres — celles dont les mendiants du miracle de *Pierre le changeur*[2] supputent le rendement — un petit garçon.

En voici un justement et qui avertit l'aveugle de ne pas aller, en zigzaguant, se fourrer dans un cellier. On fait connaissance : l'aveugle propose au vaurien, de

---

1. Cf. Paul Meyer, *Jarbuch für romanische Literatur*, t. IV, p. 164, *Bibliothèque Nationale*, Inventaire Z 37225.
2. Cf. t. I, p. 215.

son nom Jehannet, de le prendre à ses gages pour être son guide à travers la cité de Tournay où ils vagueront, lui chantant, le garçon priant. Le marché est conclu, non sans débat ni persiflage de la part du jeune drôle; et le couple de compères se met alors à chanter et mendier, mais toujours dans le désert. La chanson pourtant est pleine d'actualité : le héros en est celui-là même sur lequel maître Adam allait entreprendre une épopée et qui devait être si rudement harcelé par Roger de Loria, Jean de Procida et ses Almoharaves :

> Deu roy de Setile (*Sicile*) diray,
>   Que Diex soit an l'aïe (*aide*)
> Qui cascun jour est en asay (*essai? épreuve?*)[1]
>   Contre la gent haïe.
>   Or a chevalerie
> Remandé par tout le mont (*monde*);
> Tout cil (*ceux*) qui nule cose n'ont
>   Iront à ost (*armée*) banie (*de son ban?*).

Le garçon se dépite et jure de ne plus se faire chien d'aveugle : pour le profit qu'on en a! Cédant à un accès d'amour-propre professionnel qui lui coûtera cher, l'aveugle conte alors que le métier a du bon : il lui a rapporté de quoi ne plus mendier jusqu'à la fin de ses jours et même de quoi faire pis,

> Tant ai je deniers assamblés !

Les confidences sont ici d'une nature à exiger des points de suspension, mais en voici des traits qui en indiqueront assez la nature.

En entendant l'aveugle parler d'or, le garçon se forge une félicité qui le fait se récrier de tendresse :

---

[1]. Godefroy (*Dictionnaire de l'ancienne langue française*, etc.) ne donne que *asaer* (*essayer*). Le mot n'est pas non plus dans le *Dictionnaire historique* de Lacurne de Sainte-Palaye.

> Diex! com grand feste
> Menrons (*nous mènerons*), car je sai bien de geste
> Canter, si vous en deduirai (*ferai le plaisir*).

Il sait d'ailleurs pourvoir à d'autres plaisirs, en véritable *triqueners* (*débrouillard*? Cf. *triquenique*, querelle) qu'il dit être :

> Et se mestier (*besoin*) avés je irai
> Tantost bele garce amener
> Qui n'aura pas pance ridée
> Mais blanche, et tenre (*tendre*) le viaire (*visage*).

Mais l'aveugle est pourvu, comme il s'en explique avec une verve ordurière, et les services du garçon deviennent inutiles de ce chef. Vexé sans doute, le drôle feint de se scandaliser des vilains propos de l'aveugle :

> Sire, vilainement parlés,
> Ne parlés plus si laidement!

Il s'éloigne, sous le même prétexte qui motivera la sortie intempestive de Sganarelle dans *le Médecin malgré lui*; puis, revenu en sourdine, il campe un soufflet à tout casser sur la joue de l'aveugle.

Qu'on se rappelle ici Lazarille mettant son aveugle juste en face d'un mur, et lui faisant prendre un grand élan pour franchir un ruisseau. C'est la même source de gaités, avec plaies et bosses, qui sont dans le goût populaire de tous les temps, depuis l'*Odyssée* et les railleries à l'adresse de Polyphème aveuglé, jusqu'à nos mystères[1]. Pour vérifier jusqu'au bout combien la tradition en est tenace dans les bas-fonds de la société et de l'âme humaine, on relira les railleries féroces du *Tortillard* des *Mystères de Paris* — un descendant direct

---

1. Cf. t. I, pp. 133 sqq., 193 sqq.

de notre *garchon* de Tournay — en face du formidable *Maître d'école* réduit à l'impuissance par la cécité.

Cependant le mauvais garçon a mis la gifle sur le compte d'un passant que scandalisaient les propos du grivois, et il lui indique le remède spécifique, la « fiente d'un cras poulain », dont un emplâtre le guérira, du soir au matin : les voilà redevenus bons amis. Le vaurien en profite pour se faire mener au logis de l'aveugle et renouveler l'offre de ses services spéciaux. Tope! et l'aveugle lui confie sa bourse pour y puiser à volonté de quoi faire la bombance, aller à la viande et ramener la bonne amie. On pense avec quelle discrétion maître Jehannet en use : il emporte la bourse et y joint même la *housse* (robe) dont il a su dépouiller sa victime. Puis il prend le large, non sans étaler aux yeux du public les mérites de son savoir-faire et accabler de ses railleries sa victime impuissante :

LI GARCHONS (*Le garçon*).

Seignor (*Messieurs les spectateurs*), ai-je bien mis a point
Cel aweule là qui n'a point
D'argent ne de houce ausi?
J'enport trestout sans nesun si (*aucun laisser?*)
Par foi! Il cuidoit (*croyait*) que je fusse
Si poures (*pauvre*) que je riens n'eüsse;
Mais du sien assés humerai
Et as compaignons en donrai
Tant que riens ne m'en demourra....

LI AWEULES (*L'aveugle*).

Ha! ha! Diex, com je suis destrois!
Où es li mors (*la mort*) qui tant demeure,
Que ne me prent? mais ains (*avant*) ceste eure,
Certes, demain atenderai (*le garçon*) :
Adont bien C cous li donrai
Foi que je doi m'amie Margue!

LI GARÇONS (sic).

Fi de vous! ou ne suis-je au large?
Je n'acompte I estront à vous;
Vous estes fel (*perfide*) et envious
Se n'estoit pour tes compaignons
Vous ariés ja mil millons
Mais pour laus (*los*?) seres desportés (*amusé*);
S'il ne vout siet (*sied*), si me sivés (*suivez*)!

Il ne faut pas montrer ici, ni plus loin, un goût trop dédaigneux, si l'on veut apprécier à sa juste valeur notre comédie médiévale. Que l'on consente d'abord à ne pas se choquer de grossièretés dont le goût durera d'ailleurs sur notre scène au delà de Molière, témoin les Italiens, la Foire et le *Théâtre de Société* du XVIIIe siècle. On reconnaîtra ensuite que cette saynète d'il y a six cents ans est un assez vif tableau des mœurs de la petite truanderie, dans le goût picaresque le plus pur; que son auteur avait de la verve et même de l'esprit, beaucoup plus notamment que n'en montrera, deux siècles plus tard, sur un sujet tout pareil, l'auteur du *Sourd, son Valet, et l'Ivrogne*; et que la farce française qui devait si bien finir, ne commence pas mal, surtout si l'on joint au *Garçon* et à *l'Aveugle* le premier et le dernier tiers du *Jeu de la Feuillée*.

Nous ne pouvons en dire autant des débuts connus de la moralité, dont l'avenir sera d'ailleurs beaucoup moins brillant.

C'en est une en effet que certaine pièce du même XIIIe siècle dont il nous reste à parler — si du moins on apporte dans cette définition un peu de la grande complaisance qu'il faut pour apercevoir une *sottie*, à côté de la farce bien caractérisée, dans le *Jeu de la Feuillée*[1] —.

---

1. Cf. Marius Sepet, *Origines catholiques du théâtre moderne*, Paris, Lethielleux, 3e partie, ch. II, et là-contre, H. Guy, *Adan de le Hale*, op. c., p. 462 sqq. et E. Langlois, *Bibliothèque de l'École des Chartres*, LXIV (1903), p. 638.

UNE MORALITÉ DU XIII° SIÈCLE.

Nous aurons d'ailleurs à revenir sur ce point de vue suggestif, quand nous serrerons de près la définition de ces genres dans le cours régulier de leur développement ultérieur[1].

Il s'agit d'une sorte de débat dramatique qui a pour titre : *De Pierre de la Broche qui dispute a Fortune par devant Reson*. L'objet du débat est la disgrâce de ce la Brosse qui, grand chambellan et favori de Philippe le Hardi, accusé de calomnie contre la reine Marie de Brabant et de complicité avec le roi de Castille alors en guerre avec le roi de France, fut pendu solennellement à Montfaucon, le 30 juin 1278.

Fortune et Pierre s'y donnent la réplique dans de vastes tirades formées de huitains sur deux rimes — et en octosyllabes, selon la règle constante de notre théâtre médiéval —. Un troisième personnage, dame Raison, est chargé de tenir entre eux « droite balance » et de rendre la sentence finale.

La pièce, dont le début est incomplet, commence par les plaintes que Pierre adresse à Raison contre Fortune, avec un pathétique qui n'est pas exempt de bel-esprit. Raison institue alors le débat entre les plaideurs. Fortune proteste d'abord contre l'ingratitude de Pierre qu'elle mit de pauvreté en longue richesse, et qui ne doit s'en prendre qu'à sa fausseté, s'il « vient en sa reverdure (*en son premier état*) ». Pierre réplique par des invectives à la Fortune « fausse et vilaine » :

Plus es muable que la mer!

s'écrie-t-il, et il la compare encore au scorpion

Qui oint devant et point derrière.

---

1. Cf. ci-après, p. 110 sqq.

Ses reproches ont moins de variété que de violence. La réplique de la Fortune est plus intéressante. Elle oppose la loyauté passée de Pierre qui était lors preux, bon et serviable, à sa fausseté et à son orgueil actuels :

> Or as esté com li chaiaus (*chiot, petit chien*)
> Qui runge les sollers (*souliers*) son mestre.

Suit l'allégorie traditionnelle de l'équilibre impossible sur la roue de Fortune que nous avons déjà vue dans le *Jeu de la Feuillée*[1], et retrouverons dans la moralité de *Bien advisé et mal advisé*[2] :

> Tu pooies (*pouvais*) trop bien savoir
> Qu'en ma roe (*roue*) s'a l tel art
> Qu'il i covient si droit seoir
> Que il (*on*) ne pende nule part ;
> Et qui pent, il l'estuet (*faut, est opus*) cheoir :
> Et tu pendis (se Diex me gart !)
> Vers le faus et lessas le voir (*vrai*) :
> Or t'en repentiras à tart.

Pierre renouvelle ses invectives sur un ton légèrement décroissant, avec sa plainte monotone sur l'inconstance de Fortune qui aurait dû le maintenir où elle l'avait mis, ou au moins le remettre où elle l'avait pris. Celle-ci insiste sur son argument fondamental, à savoir que Pierre est le seul auteur de ses maux et qu'elle n'a fait que tourner les choses, au branle fatal de sa roue, selon sa mission. Là-dessus elle prie par amitié Raison de rendre la sentence.

Celle-ci est dure. Fortune y est louée de s'être défendue « moult sagement », et son droit est reconnu de tourner tôt et vite. Pierre y est blâmé pour ses crimes : Droit l'a condamné par droiture à la peine qu'il « recevra sans tarder », en attendant la pénitence qui suivra la « terrienne » :

---

1. Cf. p. 72.
2. Cf. p. 119.

Mès la mort vient diverse et dure
Là où Diex vendra (*vicndra*) sans doutance.
Qui mal fet, ce dist l'Escripture,
Mal trovera : c'est ma creance.

Ce dialogue allégorique et moralisé — réunissant donc, comme on le verra, les caractères essentiels d'une *moralité* — a pu être porté à la scène. En songeant que ce fut à la veille du supplice, comme le donne à entendre sa fin, il nous fait même l'effet, en dépit de la froideur des personnages allégoriques, d'être singulièrement pathétique et même un peu farouche. Mais c'est là un effet de perspective qui tient à l'état de notre sensibilité et de notre imagination modernes. A cet âpre et sombre débat nous ne pouvons nous empêcher de donner pour décor de fond le gibet de Montfaucon avec le cercle des grands seigneurs, bourreaux de Pierre de la Brosse, qui viennent se repaître de son agonie et parmi lesquels nous retrouvons son ennemi juré, le protecteur du Bossu d'Arras, à savoir le comte d'Artois. Toutefois les ironies de Fortune et de Raison à l'adresse de Pierre déchu et sous la main de justice, purent paraître purement comiques au public d'alors. La perspective d'un gibet lui était familière et lui paraissait prêter à ricaner plus qu'à s'attendrir, témoin ces gaités macabres des scènes de bourreaux, que prodigueront nos faiseurs de mystères et à propos desquelles nous avons montré combien ce dilettantisme de tortionnaires avait le don évident de divertir l'auditoire[1]. Autre temps, autres nerfs.

L'absence de textes pour le théâtre comique du XIVe siècle doit être l'effet d'un hasard malheureux;

---

[1]. Cf. t. I, pp. 133 sqq., 193 sqq.

car ce théâtre a existé. Nous en avons vu les indices dans les censures mêmes dont il a été l'objet, et nous avons signalé la sève comique, vraiment débordante, des *Miracles de Notre-Dame*, dont un, *l'Empereur Jullien*, annonce formellement une farce intercalaire [1]. De cette absence déplorable tirent surtout leur prix deux productions médiocres d'Eustache Deschamps, de la fin du xive siècle, dont l'une au moins fut écrite pour être jouée.

Celle-ci a pour titre : *Cy commence un beau dit des quatre offices de l'ostel du Roy, c'est assavoir Panneterie, Eschançonnerie, Cuisine et Sausserie, a jouer par personnaiges* (494 vers)[2]. La mention finale « à jouer par personnages » ne se rencontre dans le titre d'aucun autre *dit*, ce qui ne signifie pas qu'on ne les jouât pas[3]. Pour celui-ci, on a même la bonne fortune de savoir les noms des acteurs qui auraient pu remplir les rôles de *Panneterie, Eschançonnerie, Cuisine* et *Sausserie*. Ce seraient — si le roi Charles VI, pour faire jouer, en guise d' « entremets » les quatre offices de son hôtel, les emprunta à son frère le duc d'Orléans, dans les comptes duquel ils figurent, avec leurs gages pour les années 1392 et 1393[4] — quatre de ces cinq « joueurs de personnages » qui avaient noms *Gilet Vilain, Hanequin le Fèvre, Jacquemart le Fèvre, Jehannin, Esturjon*.

Le sujet de la pièce est une de ces batailles gastronomiques dont nous verrons le chef-d'œuvre dans la moralité de *la Condamnation de Banquet*.

Eschançonnerie prétend au premier rang et étale la

---

1. Cf. t. I, pp. 189, 215, 217, 222, 231, 234, 236, 240.
2. Cf. l'édition des *Œuvres complètes de Eustache Deschamps*, par le marquis de Queux de Saint-Hilaire, Paris, Didot, t. VII, pp. 175-192.
3. Cf. ci-après, c. iv, p. 147, 158.
4. Cf. *Histoire littéraire de la France*, t. XXIV, p. 200 et non 219 comme dit

qualité et l'étendue de sa clientèle. Elle se fait rudement rabrouer par *Panneterie* qui lui dit son fait :

> Mais il n'est nul si mal egrun (*aigreur*)
> Comme de toy boire a jeun;
> On en devient paralitique....
> Tu faiz batailles et ryos (*riottes, disputes*);
> Uns saiges homs est par toy sos,
> Car il pert son senz par yvresse...,
> Tu es homicide et yreuse (*colérique*), etc....

La réplique d'*Eschançonnerie* est hautaine et tirée du même tonneau que sa vantardise. *Panneterie* lui riposte par l'exemple de la frugalité de jadis dont elle avait l'honneur,

> Mai li ancien
> De toy se passerent trop bien.

On s'échauffe et l'on en arrivait aux gros mots, quand survient *Cuisine* qui revendique « seignourie » pardessus les deux rivales :

> Il n'a (*n'y a*) riens de bon en la ville
> Dont je ne soye devanciere.

Aussitôt elle les met contre elle, et c'est à sa saleté qu'elles s'en prennent :

> Ton visaige est encharbonnez
> Et ta robe est orde et souillée,
> Et s'as (*si explétif, tu as*) la chemise mouillée
> De suour, de cresse (*graisse*) et d'ordure.
> Fy!

Sausserie vient alors faire valoir ses mérites apéritifs, brochant sur le tout :

> La cuisine vauldroit petit
> Se ne lui donnoye appétit.

Petit de Julleville, dans ses *Comédiens au moyen âge*, op. c., p. 325, ce qui a mis en défaut la sagacité ordinaire de W. Creizenach, *Geschichte*, etc., op. c., t. I, p. 390, n. 1.

Son orgueil exaspère ses trois rivales : les gros mots pleuvent, les coups vont en être et la dispute fait rage, sans devenir intéressante.

Un huissier met le holà, en menant les disputeuses devant le maître d'hôtel, qui appointe leur procès, en leur montrant combien chacune d'elles, prise à son service, est agréable en soi, et le devient encore davantage en s'aidant des trois autres :

> Souffise a chascun son estat :
> N'aiez plus ensemble debat,
> Departez vous (séparez-vous) en bonne paix.

Il est obéi :

> Tous quatre
> Nous le voulons, acors est fais.
> Chantons donques a chiere lie (visage gai),
> Sans plus debatre ne tenser (disputer) :
> Avec bonne compaingnie
> Fait il bon joye mener.

La seconde pièce du poète favori de Charles VI est intitulée : *Comment un homme en trouva un autre en son jardin, cueillant une amende, et dont il le fist mettre en prison, et du jugement qui en fut fait* : (628 vers)[1]. Elle se désigne plus brièvement et sans usurpation de titre par celui-ci : *La* FARCE *de Trubert et Antroingnart*, lequel n'est qu'à la table du manuscrit. Ces deux noms sont ceux des personnages qui y dialoguent, les trois autres qui sont allégoriques (*Baral, Hasart* et *Feintise*), bornant leur rôle à être les témoins de la partie de dés dont ils marquent les coups. On peut même douter que la pièce ait pu se jouer par personnages, car les noms de ceux-ci, souvent omis à la

---

1. Cf. *Œuvres complètes, op. c.*, t. VII, pp. 155-174.

marge, sont quelquefois indiqués dans le corps même du vers où ils comptent pour la mesure.

>Antroingnart, natif d'Antroingne,

une bonne ville en Sauloingne (*Sologne*), voulant faire un procès pour le vol d'une amande qu'il raconte longuement en un monologue initial, va consulter maître Trubert qui naturellement le pousse à plaider. En donnant les « quatre francs » de provision demandés, Antroingnart en a laissé voir vingt autres en son escarcelle,

>Du gaing du gieu de l'eschequier,

que guigne aussitôt maître Trubert, en vrai confrère de Pathelin. Il offre donc au prétendu *coquart* (dupe) de jouer au jeu qu'il voudra, « au drinquet a deus ou trois des », voire « à la vachette », seul jeu que sache Antroingnart, à son dire. Mais le dupeur se trouve avoir affaire à si forte partie, qu'il perd tout son argent, douze florins, puis ses habits, et ne s'arrête que juste au moment de perdre ses culottes.

Il s'avoue battu et demande quittance :

>Quitte moy, je te quitteray :
>Pour amende (*amande*) ne plaidoiray
>Jamais, pour noix ne pour noisette.

L'affaire s'arrangera au cabaret voisin, en humant *la purée septembrale*, et l'on s'y rend l'en chantant, maître Trubert en piètre arroi, comme on va voir :

>Alons humer de la purée (*de raisin*),
>En chantant! — Barat et Hasart
>Et Faintise avec Antroingnart,
>Ont maistre Trubert tunnelé (*pincé aux dés?*)[1]
>Qui a nicement appellé (*sottement provoqué*).

[1]. Nous n'avons trouvé le mot dans aucun lexique de vieux français, non plus que dans le *Glossaire du jargon au théâtre* de L. Schöne, Paris, Lemerre, 1888.

> Et pour ce va pandant l'apel
> Sanz cotte et pourpoint sur la pel,
> En chemise dessus et nus :
> Est d'Antroignart ainsi tenus.

Nous signalerons, au passage, la silhouette de l'avocat verbeux et vantard, plus riche de tours de métier que de scrupules de conscience, véritable précurseur de Pathelin et du *patelinage* :

> Ta cause sera soustenue
> Si fort et de si bon endroit
> Que je te feray de tort droit
> Et du droit la (*de la*) partie tort,
> Car je sçay une loy qui tort
> Arrebours le droit de chascun,
> Et si resçay bien pour aucun
> Une science qui redresse
> Le tort : no (*notre*) science est maistresse
> Du gouvernement de ce monde...
> Je feroie d'une massue
> Un espieu trenchant et agu;
> Je feroie par mon argu (*argutie*)
> Ce qui est noir devenir blanc...
> Je fais d'un prodomme (*prudhomme*) larron, etc., etc.

La morale de l'aventure invite encore à un rapprochement avec celle du *Pathelin*, car elle se borne, elle aussi, à cette constatation navrée : à trompeur, trompeur et demi :

> Oultrecuidance m'a tempté;
> Ma folour (*folie*) congnois desormais...
> Sanz cause et raison appelé
> Ne soit nul qui saige se cuide (*croit*),
> Car li sens en cuider se vuide
> Et tel cuide on nice (*niais*) et coquart (*facile à duper*),
> Qui scet assez ! par Antroingnart
> Est bien ceste chose avoirée (*avérée*)...

L'ensemble de cette pièce est d'ailleurs trainant et

aussi dépourvu de vie dramatique que le dit des *Quatre offices*, mais elle offre des traits de mœurs et de satire assez savoureux et dignes de la farce dont il ne lui manquait dès lors que le titre, comme à sa devancière, *le Garçon et l'Aveugle*.

Nous nous bornerons à rappeler le troisième titre d'Eustache Deschamps à figurer dans une histoire du théâtre, et qui est sa traduction de la fameuse pseudo-comédie de *Géta*[1] où la partie dialoguée, sinon la narrative, est rendue avec une certaine vivacité d'allure.

Tout compte fait, le bon élève de Guillaume de Machaut, esprit rassis, valait mieux dans l'*Art de dictier et fere chançons, balades et virelais*, que dans celui de faire jouer des *dits par personnages*. Maître Morel était, en ses vers, meilleur chroniqueur que dramaturge; et s'il trouvait le *Mirouer de vérité* en sa *maison des champs*, il le présentait gauchement sur la scène.

La demi-douzaine de productions dramatiques que nous venons d'étudier constitue tout ce qui nous reste, avant le XVᵉ siècle, de notre théâtre comique. Il dut y avoir là un naufrage immense, témoin les quarante *Miracles* tragi-comiques du XIVᵉ siècle, exhumés d'un seul coup par la découverte d'un unique manuscrit[2]. Cette considération donne un grand prix à ces épaves, en dehors de leurs mérites absolus qu'on a vus et qui sont fort inégaux.

L'intérêt qui s'y attache ainsi s'accroîtra encore d'une remarque importante qui nous reste à faire et que voici : dans le chaos de ces formes hybrides s'ébauchent, à n'en pas douter pour qui les connaît bien, les deux

---

1. Cf. ci-dessus, p. 11.
2. Cf. t. I, p. 184.

genres entre lesquels va se distribuer inégalement toute la comédie médiévale qui nous reste.

En dehors de la féerie épisodique qui y est enclavée, *le Jeu de la Feuillée* — si l'on y considère la prédominance de la moquerie directe, sous la forme qui sera si fréquente d'une chronique aussi scandaleuse que locale, avec ou sans ses épisodes de fous en scène ou à la cantonade, à guérir d'urgence — apparaît bien comme une de ces satires dramatiques, dont le vrai nom générique, avec ou sans sots parmi les personnages, sera la farce. *Le Garçon et l'Aveugle* et aussi *Maître Trubert et Antroingnart* sont de pures farces, offrant encore plus que *le Jeu de la Feuillée*, et tout au long, la chose avant le nom.

Quant à l'anonyme débat de *Pierre de la Brosse* et au dit des *Quatre Offices* d'Eustache Deschamps, ils ont déjà, par leur tournure allégorique et leurs personnages abstraits, les caractères essentiels de la *moralité*.

Il n'y a que *le Jeu de Robin et Marion* qui attendra plus longtemps sa postérité théâtrale. Mais il ne perdra rien pour attendre; et nous aurons beau jeu pour la montrer expressément dans la pastorale dramatique, sous sa forme d'opéra-comique, depuis les *divertissements* de Molière jusqu'aux *Noces de Jeannette*, en passant par *la Chercheuse d'esprit* et *Rose et Colas*, et toute la chantante et piquante et sémillante menuaille du genre dit « bien français ».

CHAPITRE III

LA COMÉDIE MÉDIÉVALE AU XVᵉ ET AU XVIᵉ SIÈCLE :
LES « MORALITÉS » COMIQUES

Notre classement des pièces en trois groupes et dans l'ordre suivant :
Moralités comiques; *Sermons joyeux* et *Monologues dramatiques*; *Sotties* et *Farces*.
Les *Moralités comiques*. — La satire morale : *Bien-avisé et Mal-avisé*; *la Condamnation de Banquet*; *les Enfants de Maintenant*; *Mars et Justice*; *l'Aveugle et le Boiteux*; — la satire sociale : *Église, Noblesse et Pauvreté*; *le Jeu du Capifol*; *la Croix Faubin*; *Charité*; *Chacun, Plusieurs, le Temps qui court, le Monde*; — la satire religieuse : *le Nouveau Monde*; *l'Homme obstiné*; *Hérésie et l'Église*; *le Pape malade*.

Le nombre des productions comiques du moyen âge dont nous allons parler, un peu flottant à cause de la nature hybride de certaines d'entre elles, peut être évalué à deux cent cinquante environ. Elles sont intitulées : *moralités, sermons joyeux, monologues, sotties* ou *farces*. Mais, pour les définir et les classer, il faut bien se garder d'être dupe ou esclave des titres qu'elles portent et emmêlent d'ailleurs, comme on verra.

Des trois groupes qu'elles forment dans le *Répertoire du théâtre comique en France au moyen âge*[1] — où M. Petit de Julleville les a diligemment énumérées d'après leurs titres, et peu ou prou analysées, dans l'ordre suivant :

---

1. Petit de Julleville, Paris; Léopold Cerf, 1886.

Moralités, Farces et Sotties, Monologues et Sermons joyeux — le premier et le troisième demandent à être revisés de plus près. On s'aperçoit alors que plus de la moitié des moralités ne peuvent vraiment pas entrer dans le répertoire du théâtre comique, si élastique qu'en soit la définition; et qu'il y a lieu, au contraire, d'élargir le troisième groupe, si l'on ne veut pas décider trop capricieusement que tel sermon joyeux ou tel monologue n'a pas pu être joué. On reconnaît enfin que seul le second groupe du *Répertoire* a l'homogénéité et la stabilité suffisantes, une sottie n'étant, après tout, qu'une farce jouée par des *sots*[1].

Nous allons donc étudier d'abord le premier groupe pour y restreindre le domaine de la comédie proprement dite.

Cet ordre nous est dicté par ce fait que les moralités, procédant directement du théâtre sérieux, comme nous l'avons montré[2], et participant à sa nature pour une bonne moitié, forment la transition naturelle aux genres purement comiques.

D'autre part, les sermons joyeux et monologues dramatiques devant nous apparaître, à de certains égards, comme des formes embryonnaires de la farce, nous les examinerons en second lieu.

Nous serons ainsi conduit tout naturellement à traiter, en troisième et dernier lieu, de la forme la plus vivace de notre comédie nationale.

Les moralités appartiendraient à un genre bien mauvais et auquel il faudrait donner l'exclusion, si l'on s'en tenait à la définition de Voltaire :

> Tous les genres sont bons, hors le genre ennuyeux.

---

1. Sur les *Sots*, cf. ci-dessus, p. 38.
2. Cf. t. I, p. 303 sqq.

De ce dernier sont, en effet, pour le lecteur de nos jours, bon nombre de moralités. Il faut s'être promis de tout lire pour aller, par exemple, jusqu'au bout de la lecture de : *Nature, Loi de rigueur, Divin Pouvoir, Amour, Loi de Grâce, la Vierge* et autres moralités du *Théâtre mystique de Pierre Du Val et des Libertins spirituels de Rouen*; du *Mundus, Caro, Demonia* de Pierre Sergent; ou de sa variante, à peine moins plate, sur le même thème : *l'Homme, le Ciel, l'Esprit, la Terre, la Chair*, par Guillaume des Autels; du *Lyon marchant* de l'énigmatique et subtil Barthélemy Aneau, etc.

Mais il ne faut pas oublier que les contemporains en jugeaient tout autrement.

Le goût du moyen âge était si vif pour les abstractions personnifiées, symbolisant et moralisant à outrance, que toute sa littérature en est imprégnée, quand elle n'en est pas le produit direct[1]. Les premiers modèles du genre se rencontrent dans la *Psychomachie* de Prudence et l'*Eglogue* de Théodule; et il aboutit à travers la métaphysique amoureuse des troubadours, à ce monument de la poésie allégorique qu'est le *Roman de la rose*. Un goût si prononcé ne pouvait manquer de se produire sous la forme dramatique, bien qu'elle y répugnât, dès qu'elle fut en passe de supplanter les autres genres.

Aussi le voit-on pointer d'abord dans certains dialogues vraisemblablement faits pour la récitation des jongleurs, comme le *Débat de l'Hiver et de l'Été* ou la *Bataille de Carême et de Charnage*[2], se faire jour avec une discrétion relative, dans les mystères, dès les jeux

---

[1]. Cf. E. Lintilhac, *Précis historique et critique de la littérature française*, Paris, André, 1894, t. I, c. iv.

[2]. Cf. Gaston Paris, *La Littérature française au moyen âge*, Paris, Hachette,

scolaires tels que le drame de *l'Époux* ou celui de *l'Antéchrist*[1], s'étaler enfin parmi les moralités dont nous avons déjà signalé les prototypes dans le dialogue vraiment scénique de *Pierre de la Broche qui dispute à Fortune par devant Reson*, vers le dernier tiers du XIIIe siècle, puis, un siècle plus tard, dans le *Dit des Quatre Offices* d'Eustache Deschamps. Là, l'emploi des personnages abstraits et allégoriques, relativement exceptionnel dans les mystères et miracles, est de règle. Il se propose évidemment de remédier à ce qu'une morale nue apporte d'ennui : le symbole fait passer le précepte avec lui. C'est ce genre que définit Thomas Sibilet, quand il distingue « une autre sorte de moralité, en laquelle nous suivons allégorie au sens moral..., sous feinte de personne attribuée à ce qui véritablement n'est homme ne femme[2] ».

La moralité se distingue aussi du mystère et du miracle, en ce qu'elle donne ses sujets pour fictifs, non pour historiques ou miraculeux — ce qui était tout un pour leurs auteurs, comme nous l'avons vu de reste —.

Mais elle s'en rapproche singulièrement par la gravité dominante, et souvent même soutenue jusqu'au bout, du sujet et du ton. Entre les manières de moraliser, elle a rarement choisi celle du rire. Des 59 moralités du *Répertoire comique* dressé par M. Petit de Julleville, on n'en trouve pas la moitié qui s'y puissent maintenir, si l'on en retranche, comme on le doit et comme nous l'avons

---

1890, § 110, 155 ; Marius Sepet, *Origines catholiques du théâtre moderne*, Paris, Lethielleux, 3e partie, c. 1.

1. Cf. t. I, p. 35 sqq.

2. Cf. *Art Poëtique françois pour l'instruction des jeunes studiens et encore peu avancés en la Poësie françoise*, Paris, 1548, p. 62 : *Bibliothèque Nationale*, cote : Inventaire Y e 1213.

fait : les moralités religieuses et édifiantes qui sont de purs mystères bibliques, telles que *Lazare, Marthe, Jacob, Marie-Madeleine*; la *Moralité et figure sur la Passion* par Jean d'Abondance; et celles que la part faite au surnaturel range naturellement à côté des *Miracles* du XIVᵉ siècle, comme *l'Assomption de Notre-Dame, les Blasphémateurs* ou *le Mirouer et Exemple moralle des enfants ingratz pour lesquelz les pères et mères se destruisent pour les augmenter, qui en la fin les descongnoissent*; enfin les six moralités profanes du genre pathétique où nous avons montré le dernier terme de l'évolution du théâtre sérieux vers le drame bourgeois[1]. Aussi le même Sibilet écrivait-il, en 1548 : « Nos *moralités* tiennent lieu entre nous de tragédies et comédies indifféremment[2] ».

Pour obtenir deux douzaines de moralités comiques, il y faut faire entrer une bonne douzaine de celles où, en dépit du dessein didactique et parénétique qui les classe à première vue dans le genre ennuyeux, on discerne le germe de la future comédie de mœurs et même de caractère.

Au bout du compte, le consciencieux auteur du *Répertoire comique* a si bien entrevu la nécessité de ce tri, sous le trompe-l'œil de la classification traditionnelle, qu'il est amené à écrire : « On trouvera, dans le chapitre suivant, l'analyse d'un certain nombre de moralités qui, par leur caractère édifiant, religieux ou pathétique, sont véritablement les types du genre. *Pour celles qui se confondent presque avec les farces et les sotties, nous n'avons pas cru pouvoir les distinguer, dans nos analyses, des sotties et des farces, sans nous*

---

1. Cf. t. I, pp. 57 sqq., 303 sqq.
2. Cf. *Art poétique*, op. c., p. 64.

exposer à d'ennuyeuses redites[1] ». N'était-ce pas avouer implicitement que « le genre » dont ces moralités sont « le type » est le genre sérieux?

Quant aux moralités vraiment comiques, elles sont appelées *moralités* à cause d'une certaine persistance de l'intention didactique et parénétique; et encore faut-il y regarder de bien près pour fonder sur cette intention une distinction — qui fuyait leurs auteurs eux-mêmes — entre les pièces intitulées « moralités joyeuses » ou « farces moralisées ».

Quoi qu'il en soit de ces dernières, il y avait lieu de préciser ces différenciations possibles entre les moralités édifiantes, didactiques, pathétiques d'une part, et les moralités comiques, d'autre part. Utiles, ainsi qu'on l'a vu[2], pour nos classifications du théâtre sérieux, elles le seront encore, quand nous aurons à expliquer pourquoi la tragédie apparaîtra aux Renaissants comme l'héritière présomptive de la moralité. Mais elles suffisent; et il n'y a pas lieu de subtiliser davantage sur des spécifications fuyantes, étrangères à l'esprit même des *fatistes* du temps.

Il importe bien davantage au dessein de cet ouvrage de signaler les principales moralités qui sont des ébauches de la future comédie de mœurs ou de caractère, ou qui ne diffèrent de la farce que par le titre.

Ces moralités étant essentiellement satiriques, nous les distribuerons en trois groupes, suivant que la satire qui y domine est morale, sociale ou religieuse. Nous signalerons comme les échantillons les plus caractéristiques de chacune de ces espèces : *Bien Avisé et Mal*

---

1. Petit de Julleville, *La Comédie et les mœurs en France au moyen âge*, Paris, Léopold Cerf, 1886, p. 50.
2. Cf. t. I, p. 303 sqq.

Avisé; la Condamnation de Banquet; les Enfants de Maintenant; Mars et Justice; l'Aveugle et le Boiteux, dans le premier groupe, celui de la satire morale; — *Église, Noblesse et Pauvreté; le Jeu du Capifol; la Croix-Faubin; Charité; Chacun, Plusieurs, le Temps qui court, le Monde,* dans le second groupe, celui de la satire sociale; — *le Nouveau Monde; l'Homme obstiné; Hérésie et l'Église; le Pape malade,* dans le troisième groupe, celui de la satire religieuse.

« Le Mystère de Bien Advisé et Mal Advisé » est une moralité qui touche au genre des mystères, conformément à son titre, par l'emploi du merveilleux chrétien, surtout par les *diableries* du dénoûment, et aussi par son ampleur, car elle ne compte pas moins de 8000 vers et de 57 personnages, y compris Dieu, quatre anges, cinq diables et quatre *diablotons*, outre les « troupes de petits diablotons ». Mais elle en diffère par la prédominance des personnages abstraits et une action tout allégorique qui en font une moralité caractérisée et même « la plus passable du genre », selon le jugement des frères Parfaict, exact à son dédain près. Elle en est en tous cas la plus dramatique, et aussi un des plus anciens échantillons, ayant été jouée certainement à Rouen en 1439, et probablement à Angers dès 1396.

A ces divers titres, nous allons l'analyser avec quelque détail, de manière à suggérer une idée suffisante de la conception et de la structure de cette sorte de pièces, lesquelles sont fort peu variées. Cela fait, nous pourrons porter toute notre attention sur les mérites propres à chacune des autres moralités, qui nous ont paru diversement caractéristiques du genre et de ses trois variétés principales.

Un prologue, dans le goût de ceux des mystères,

annonce le plan de la pièce et le dessein de l'auteur, proteste de son orthodoxie et d'une honnêteté poussée jusqu'à celle des costumes, demande modestement l'attention et une patience qui nous paraît avoir dû être parfois fort nécessaire :

> Séez vous chacun en son lieu,
> Afin d'entendre mieux le jeu.
> Pour Dieu, et nous vueillez paix faire;
> Chascun n'a que sa bouche à taire
> Et s'il y a aucunes faultes,
> Ne les vueillez pas tenir haultes;
> Peu de choses y gaigneriez
> Se de nous vous vous mocquiez;
> Car nous sommes bien peu habilles
> A savoir choses si subtilles,
> Mais pour toute la Compaignie
> (Quant est de moy, je vous emprie)
> Que vous prengniez pacience.

L'action est en partie double, faisant le va-et-vient entre *Bien-Avisé* et *Mal-Avisé*, de manière à alterner les effets de spectacle et de morale, avec une symétrie toute didactique. Elle est construite comme une verrière cloisonnée en diptyques, où les sujets se dérouleraient, sur le mode alterné et opposite, en se commentant par leur opposition même.

Bien-Avisé et *Mal-Avisé*, s'étant rencontrés à une croix de chemin, délibèrent — comme Hercule, entre le vice et la vertu, dans le mythe antique — sur la route à suivre, la dextre ou la gauche. « Adonc s'en vont, dit la rubrique de mise en scène, et trouvent *Liberal-Arbitre*, et *Mal-Advisé* fait semblant de dormir. » Pendant que *Mal-Avisé* fait l'endormi, pour ne pas écouter les conseils de *Franche-Volonté*, Bien-Avisé est conduit par elle à *Raison*, qui le mène à *Foi* : « Adonc Foy lui baille une Lanterne faite à XII petites fenestres, esquelles

sont les articles de Foy, et une chandelle ardente, et
luy dit en luy baillant la Lanterne:

> FOY.
>
> Je te donne cette lanterne,
> Afin que tu te voyes conduire, etc... »

Après une assez sobre homélie, *Foi* le mène consulter
Contrition qui lui explique comment elle apprête dans
un mortier, avec un pilon à deux têtes, les *Bonnes-
Œuvres*, la viande dont elle nourrit *Bonne-Fin*. *Bien-
Avisé* étonné trouve que c'est là une viande bien
creuse :

> Pour Dieu, dittes m'en plus à plain (*explicitement*):
> Bonnes œuvres l'avez nommée
> Ceste viande bien savourée?
> L'on mourroit bien emprès (*auprès*) de faim.

Contrition lui montre alors comment elle fait la sauce
de cette viande avec les larmes du repentir sincère, non
de celles que *Infirmité* verse, mais de celles qui
coulent des yeux d'*un Pauvre* à la vue des souffrances
d'*Infirmité*. *Bien-Avisé* veut en faire autant, mais il n'y
sera pas admis avant d'être allé à *Confession*. Il aura,
pour le guider vers elle, *Humilité*, après que celle-ci
qu'il n'a pas reconnue d'abord et à laquelle il a demandé
son chemin, sans porter la main à son chaperon, lui
aura reproché d'abord cette incivilité, puis fait quitter
ses habits précieux : « Adonc Humilité luy baille le vestement de Humilité, et Bien-Advisé le voit, et puis
Humilité regarde ses chausses semelées à grans pou-
lains (*polani*, à *la poulaine*) : et Humilité luy dit de
les quitter. Adonc il oste ses souliers, et ses chausses,
et se tient emprès (près du *parloir*) affin qu'il voye
tout le Jeu ».

Voilà le procédé, l'allure et le ton : le reste suivra dans le même goût.

Cependant que *Bien-Avisé* regarde le spectacle, c'est au tour de *Mal-Avisé* de le donner. Il prend à contresens ce qu'il voit qui vient d'arriver à *Bien-Avisé*, et quand *Franche-Volonté* lui propose d'imiter son compagnon, il se rebiffe, en montrant Humilité :

> Je voy là une male (*méchante*) fame,
> Qui a destroussé mon compaingz (*compagnon*) :
> Je seroye meschant, et infame
> Se me tiroye (*livrais*) entre ses mains.
> Afin de dire le parfait,
> Je vous jure bien et promet,
> Ung (*qu'un*) homme ne sçet ce qu'il fait,
> Qui en main de femme se met,
> Jamais je n'yray le chemin dextre.

Après qu'il a pris à gauche, *Franche-Volonté* le quitte et il va à *Témérité*. Chemin faisant, il reçoit les successifs et mauvais conseils de *Tendresse*, d'*Oysance* (*Oisiveté*), de sa sœur *Rébellion*, enfin de *Folie* qui lui propose liesse et bonne chère :

MAL ADVISÉ.

> Je te supplie, maine m'y donc.

FOLIE.

> Je te monstreray le chemin,
> Certes aussi droit comme jonc.

On s'adjoint *Hoquelerie* (*Débauche*), et l'on s'en va de conserve à la taverne que tient *Houlerie* (*Prostitution*). On y fait ripaille, on joue, on plume *Mal-Avisé* qui, ayant perdu plus que son avoir, battu, dépouillé de sa robe, va *se musser* (*se tapir*) dans un coin, tout penaud.

On pense si *Bien-Avisé*, témoin de tout ce spectacle,

s'empresse de suivre *Humilité* chez *Confession* qui, après l'absolution, lui montre la direction du logis de *Bonne-Fin*, en l'avertissant que, pour le surplus, il sera renseigné, chemin faisant, par plusieurs femmes. Sur quoi *Bien-Avisé* risque une remarque assez plaisante, et dont la seule inspection de la liste des personnages de la pièce montre la justesse :

> Saincte Marie! et tousjours femmes!
> Femmes à dextre, et à senestre!
> Beau très-doulx Dieu! et que peut être
> Oncques ne vis telles merveilles;
> Je ne sçay se je dors ou veilles;
> Je ne sçay se c'est songe ou faintie (*feinte*) :
> Sui-je au pays de Femmenie?

Voici donc *Occupacion* qui, habillée simplement, se tenant auprès d'une haie et faisant des nattes, le conseille et le renseigne; puis *Pénitence*, qu'il doit suivre jusqu'en une chambre, malgré ses appréhensions, pour y recevoir une correction. Il en est consolé, aussitôt qu'il l'a subie, par la vue de *Satisfaction* qui, dit la rubrique, « doit estre nue », d'une nudité symbolique qu'il faut prendre en bonne part, car le prologue nous a avertis qu'il n'y aura rien « contre la Foy ne contre la Loy »,

> Ou habit sur corps et sur teste,
> Qui nullement (*en rien*) soit malhonneste.

L'absence d'habits est donc comprise dans cette honnêteté générale. Ainsi l'entend *Bien-Avisé*, une fois le premier étonnement passé. Il est d'ailleurs dispensé de se mettre dans le simple appareil de *Satisfaction*, l'habit d'*Humilité* suffisant pour lui. Enfin, après avoir vu *Aumône* faire la charité à un pauvre, et celui-ci cacher sa bienfaitrice sur la demande de celle-ci, et à l'aspect de *Vaine-Gloire*, pour faire quitter la place à cette dernière venue. *Bien-Avisé* va trouver *Jeûne* et *Oraison*, les deux sœurs d'aumône : « Adonc Bien-Advisé se gette contre terre, faisant Oraison : et Mal-Advisé se leve de la place, où il était mussié *(tapi)* ».

C'est le tour de ce dernier d'occuper la scène. Il se précipite furieusement chez *Désespérance* qui lui promet de le conduire à *Malle-Fin*. Survient *Pauvreté-Involontaire* qui le saisit par le bras et lui fait revêtir son habit de misère. Suit *Mallechance* qui le mène à *Larcin*, lequel appelle à la rescousse, pour le conduire à *Malle-Fin*, ses acolytes déjà vus : *Tendresse, Oysance, Rébellion, Folie, Houlerie, Hoquelerie, Vaine-Gloire, Désespérance, Malle-Meschance*. Leur troupe, ayant lié *Mal-Avisé*, le conduit en chantant à *Honte* qui le livre à *Désespérance*, *Larcin* menant le branle à leur tête : « Adonc font une dance, et commence, et dit le Chante-Pleure, et les autres disent comme luy.

LARRECIN.

Mal-Advisé, Mal-Advisé,
Tu as en ton chemin trouvé
Poureté et Malle-Meschance ;
Tu souloyes *(avais coutume)* estre bien prisé.
Or es meschant et desguisé *(défiguré)*,
Et n'as plus nulle chevance *(avoir)*.
C'est le chemin d'Oysiveté,
Qui t'a mené à Poureté,
Et à Malle-Meschance....

Adonc Désespérance le lie *(sur l'ordre de Mauvaise-Honte)*, et puis le mainent devant Fortune, et Bien-Advisé se lièves *(lève)* de son Oraison ».

Ce dernier, son tour de jeu étant ainsi venu, va trouver successivement *Chasteté, Abstinence, Obédience, Patience, Prudence*, sous la conduite de *Confession* qui, escortée des vertus qu'il a suivies — comme *Larcin* l'avait été des vices suivis par *Mal-Avisé* — le mène au trône de *l'Honneur* « en chantant le *Veni Creator* », lequel lui donne, sur le désir qu'il en marque, le spectacle de « la Roüe de la Fortune ».

Ce spectacle que nous avons déjà rencontré dans *le Jeu de la Feuillée* et dans *Pierre de la Brosse*[1], et dont on sait quelle place il tenait dans le *Renart le Nouvel* de Jacquemart Gelée (1288), est ici offert, avec son symbolisme traditionnel, mais avec moins de pessimisme et plus de moralité. Il provoque les questions suivantes de *Bien-Avisé* à *Fortune* :

> Dame, or entens ma replique;
> Tu as ung visage angélique
> Et l'autre est espovantable;
> L'autre (*l'un*) est bel, gracieux, et friquc (*avenant*),
> L'autre est pire que ung Basilique (*basilic*),
> De la moitié, et plus doubtable (*redoutable*);
> C'est une chose esmerveillable,
> Si te supply, dy-moi sans fable,
> Que (*ce que*) telle chose signifie...

La réponse, touchant ce double visage de la Fortune, suit facilement. Survient *Mal-Avisé* que *Désespérance* a conduit au même spectacle et qui veut tâter du jeu de la *Roue de Fortune*. *Bien-Avisé* a le même désir, malgré ses vertus, ce qui vise sans doute à remontrer combien dame Fortune est tentatrice. Mais celle-ci met d'abord à la place de nos deux imprudents les quatre étranges personnages que voici : « Adonc viennent les quatre Hommes, qui signifient les quatre Estats du monde, lesquels sont appellez, le premier *Je régneray*, le deuxième *Je regne*, le tiers *J'ai regné*, et le quart *Je suis sans regne*; et puis

---

1. Cf. p. 72, 98.

sont desclairez en Latin, en ce petit verset qui s'ensuit :

<blockquote>Regnabo, regno, regnavi, sum sine Regno ».</blockquote>

Au branle de sa roue, Fortune précipite *Regnavi* et *Sine Regno*, sans souci de leurs malédictions, pour faire trôner provisoirement *Regnabo* et *Regno*. Les deux déchus, sur le conseil de *Bien-Avisé*, font taire leur rancœur pour aller se faire absoudre par *Confession*.

Non moins meurtri par *Fortune*, *Mal-Avisé* est conduit par *Désespérance* à *Male-Fin* qui, sur son aveu qu'il n'a nul remords d'avoir suivi la mauvaise voie, l'enrôle à sa suite : « Notez que Malle-Fin doit avoir grandes mammelles comme une Truye, et y doit avoir beaucoup de petits Diabletons qui la suivent tout ainsi comme les petits Cochons suivent leur mère ». Il est mis à mort par elle, ayant renouvelé l'aveu de l'absence de tout repentir : « Adonc Malle-Fin occist Mal-Advisé, et puis Mal-Advisé se doit mettre en guise de ame (*c'est-à-dire se couvrir d'un grand voile qui, blanc pour les Bienheureux, sera noir pour lui*) ».

C'est ensuite à *Regnabo* et à *Regno* de choir à leur tour et d'être livrés par *Male-Fin*, en guise de consolation, à *Mal-Avisé* qui les occit avec une joie satanique : « Adonc s'en vont tous chantant à Malle-Fin ». Suit une diablerie plaisante, dans laquelle les diablotons, fils de *Male-Fin*, hurlant après les âmes de *Regno*, *Regnabo* et *Mal-Avisé*, leur donnent la chasse. La scène alors se transporte en enfer où les trois damnés vont recevoir la bienvenue, à la mode du lieu.

Sur une table noire dont la nappe est rouge, on leur sert des viandes, parmi les cris de :

<blockquote>Saulce d'Enfer, saulce d'Enfer,
Aux serviteurs de Lucifer !</blockquote>

laquelle sauce est noire, comme bien l'on pense, le

tout étant soufré de manière à faire flamber plats et gobelets. Comme cette cuisine infernale n'est pas du goût de *Mal-Avisé*, non plus que de *Regno* et de *Regnabo* entre lesquels il est assis, les diables, après les avoir forcés tous à boire et à manger, jettent sur eux les restes, renversent la table « et tout ce qui est dessus par-dessus les poictrines des Mal-Advisez », les précipitent enfin par la gueule d'Enfer : « Adonc les Diables font une grande tempeste, et un grant bruyt, en les tourmentant, et desrompant (*rouant de coups*) ».

A cette diablerie, pour bien finir, et selon l'alternance suivie depuis le début de l'action, vient faire pendant un tableau paradisiaque.

Regnavi et *Sum sine Regno* ayant reçu la correction de *Pénitence* — que *Bien-Avisé* subit une fois de plus, pour la partager charitablement avec eux — puis tous trois ayant dit à la dame leur grand merci, ils montent au *Trône d'Honneur* et rendent leurs âmes devant *Bonne-Fin*. Celles-ci sont reçues de Dieu qui se les fait amener par des anges, au chant de l'*Iste Confessor* et des pieux cantiques dont retentit le ciel, cependant que l'Enfer hurle contre cette joie d'en haut, en faisant ainsi un contraste qui, d'après la rubrique, devait être heurté : « Adonc dansent les Ames de Paradis toutes ensemble, et chantent *Veni Creator*, et les Diables font grans tourmens en Enfers ». .

De ce contraste Bonne-Fin venait tirer la morale à l'adresse de *Mal-Avisé*, en montrant l'exemple des *Bien-Avisés* et concluant en ces termes :

> Faisons comme eulx sans faintise (*hypocrisie*),
> Et icy ne séjournons plus,
> Allons tous ensemble à l'Eglise
> Chantant *Te Deum laudamus*.

Telle est cette pièce de *Bien-Avisé et Mal-Avisé*, où la moralité moralisante est vraiment trop dominante pour que ses épisodes merveilleux la fassent ranger parmi les *Miracles*.

Une autre moralité qui a été souvent analysée comme le type du genre, et qui le mérite concurremment, est celle de *la Condamnation de Banquet*. Elle est l'œuvre de Nicolas de la Chesnaye, et fut insérée par ce docte professeur de droit civil et de droit canon, *utriusque juris*, dans un traité d'hygiène du corps et de l'âme, intitulé : *la Nef de santé, avec le gouvernail du corps humain et la condamnacion des bancquetz, a la louenge de diepte et sobriété, et le traictié des passions de l'ame* (1507), pour être jouée ou lue, au choix, « par maniere d'estude, de passe-temps ou bonne doctrine ».

Elle est aussi d'une belle étendue, comptant 3650 vers et 39 personnages, et ne le cédant de ce chef qu'à *Bien-Avisé et Mal-Avisé* ou encore à ces *Blasphémateurs* (5000 vers), que nous avons dû d'ailleurs ranger parmi les *miracles*.

Passetemps, Je-Boy-a-vous, Je-pleige (garantis)-d'autant, Gourmandise, Friandise et *Accoustumance*, « suppostz » de *Bonne Compaignie*, la *gorrière* (l'élégante), ont largement banqueté chez *Diner* où les maladies *Apoplexie, Paralysie*, etc., n'ont fait qu'apparaître à l'*Yssue* (dessert), « en figures hydeuses et monstrueuses, embastonnées », pour dire chacune leur menaçant couplet. Mais nos gaillards ayant continué la bombance chez *Souper*, les maladies « embâtonnées » ont, à sa requête, fondu sur eux d'un tel élan qu'ils sont réduits à fuir avec force plaies et bosses. Cependant la joyeuse bande des sept compagnons se reforme pour s'attabler encore chez *Banquet*.

Accourues à son appel, que voici :

> N'oubliez crochet, ne hocquet (*gourdin*),
> Et amenez vostre assemblée.
> J'ay desja prins mon biquoquet (*maillet*)
> Pour entrer en plaine meslée...
> Allons frapper a la volée,
> Sans leur estre misericors,
> A mort !

les maladies susnommées font pleuvoir sur eux un tel orage de coups que quatre de nos soupeurs restent sur le carreau.

Guidés par *Bonne Compagnie*, les moins éclopés portent leur plainte au tribunal de *Dame Expérience*. Celle-ci met *Diner* hors de cause et condamne *Souper* à la peine suivante, qui lui alourdira sa main trop leste à servir les mets :

> Poignetz de plomb pesans bien largement
> Au long du bras aura sur son pourpoint,
> Et du Disner, prins ordinairement (*à l'ordinaire*),
> De six lieues il n'approchera point.

Quant à *Banquet*, il est condamné à mort, livré à cette fin « la corde au col » à *Diète*, l'exécuteur des hautes œuvres, qui, avec *Sobriété* et *Saignée* pour aides, procède à son étranglement, en y mettant toutes les formes que de droit, y compris la confession. Le patient fait une fin édifiante et voici des traits de son amende honorable, outre ceux relatifs à la goinfrerie et à ses suites pathologiques et pharmaceutiques :

> BANCQUET *parle à genoulx devant le confesseur,*
> *en tournant le visaige au peuple.*
>
> J'ay tousjours fait quelque finesse :
> Devers le soir, en mes repas,
> J'ay fait dancer le petit pas

> Aux amoureux vers moy venus,
> Et puis, sans ordre ne compas,
> User des œuvres de Venus...
> J'ay fait assembler jeunes gens
> De nuyt, pour faire bonne chiere;
> Là sont gorriers (*élégants*), joliz et gens
> Là se treuve la dame chiere :
> Le galant taste la premiere,
> Comme pour la mener devant,
> Et puis on souffle la lumiere...
> Oh! je n'en dis pas plus avant.

La Condamnation de Banquet, malgré sa prolixité, n'est pas ennuyeuse à lire, vu la finesse de certaines allégories, maint trait d'esprit, la gaîté gauloise d'un rôle épisodique de *fol* et les réelles qualités du style. Si elle a été jouée, elle devait se tenir assez bien en scène, car, toute ralentie que soit l'action par les situations développées à satiété, celles-ci sont filées avec un certain art. Le genre une fois admis, cela devait aller aux nues et y alla sans doute, comme en témoignent six belles tapisseries de Flandre illustrant le sujet de cette pièce et qui se voient encore à Nancy.

Les Enfants de Maintenant sont un titre qui indique le sujet d'une autre moralité assez intéressante[1]. Elle n'est pas dépourvue d'intérêt, du moins dans sa première partie. On y voit, par le menu, comment les mères trop tendres, comme *Mignote*, et les papas trop complaisants, comme *Maintenant*, gâtaient leurs enfants, en les soustrayant aux sévérités d'*Instruction* et de *Discipline*, pour les laisser se mettre à l'école du pervers *Jabien* (*Déjà bien*) « le fils de Malle Adventure », où ils se font « refaire » au jeu par sa fille *Luxure*. Terrible est le châtiment de pendaison et de damnation

---

1. Pour une analyse complaisante de cette pièce, cf. Saint-Marc Girardin, *Tableau de la littérature française au XVIe siècle*, Paris, Didier, 1862, p. 334-345.

que *Perdition* inflige à l'un des *Enfants de Maintenant*, Finet l'incorrigible :

> Chascun sera de toy vengé,
> Car, avant le jour de demain,
> Je t'estrangleray de ma main
> A ceste grant chaine de fer,
> Et te mettray au puys d'enfer.
> Je garde l'entrée du gouffre,
> Où tu seras bouilly en souffre,
> En vif argent, en psalpaistre (*salpêtre*) ;
> Avecques dyables sera ton estre.
> Accompaigné des principaulx,
> Avec couleuvres et crapaulx,
> Entre ceans en la malheure.

Salutaire sera l'exemple que donne son frère *Malduict*, en se resaisissant et venant se mettre sous les verges d'*Instruction* et de *Discipline*.

A défaut d'intérêt plus vif, cette pièce a celui d'être un jeu d'écoliers, une moralité de collège. Nous en serions assez avertis par les propos « tres haultement latinés », qui s'y tiennent, avec citations de Boèce, *De Disciplina*, de « Cathon le saige », voire d'Aristote « en Ethique », si nous n'en avions pas l'indication formelle dans ce passage de la fin :

MALDUICT.

> Se le jeu n'est moralisé,
> Il y a cause excusant,
> Dont ne doibt estre desprisé,
> Car ce n'est que jeu d'enfant.

Une moralité qui donne, mieux que la précédente, la mesure de la verve et de la pétulance des écoliers, est celle de *Mars et Justice*, du moins dans sa seconde partie[1].

---

1. Cf. *Bibliothèque Nationale*, manuscrits fonds français, n° 24340 (21 feuillets).

La première la ferait ranger parmi les moralités du genre où domine la satire religieuse, car on y voit Mars, avide de conquérir la liberté de conscience, partir en guerre, à la requête des Protestants, dépouiller *Justice* qui a en vain *Bon Droit* pour elle, et faire un riche butin, aux dépens des deux partis. Mais la pièce continue et finit par une chronique scandaleuse des « amoureux passionnés », qui a toutes les pétulances gauloises du genre, et confine à la farce. Elle n'épargne pas plus les procureurs, les clercs et le clergé que les bourgeois.

Voici de ces traits lancés à pleine poignée :

> Et le prince des sotz.
> Le pauvre boullangier? — Ores est en repos,
> Sa femme toutefois la première à la danse
> Fut à la Saint-Benoist. — N'avoit donc souvenance
> Du Prince son mary? — Encor s'en souvenoit,
> Mais en dansant, son dueil passer elle vouloit...
> Ung beau advocat Lyonnois,
> Laissant ses livres et ses loix,
> Avec une belle espiciere,
> Gentille, mignonne et gorriere (*suivant la mode*),
> Aux faulxbourg Saint-Marcel alla...

Détachons-en encore ce tour conjugal joué au mari par une autre gaillarde, sous le couvert ou le prétexte de la loi du talion :

> Luy mesme au puy voulut descendre[1]. —
> Quelque avarice le vint prendre
> De se faire descendre là. —
> Mais sa femme au puy le laissa
> Pour s'en aller en quelque coing
> C...... au grenier au foing.
> Le mary de se tour s'ennuye,
> Tantos hault tantost bas s'escrie,

---

1. Se lit, mais difficilement, au verso du feuillet 15 sqq.

> La femme p..... il appelle,
> Laquelle faisant sa querelle
> Luy demande en telle manière :
> Dans la rue de la Plastriere
> Mon mary avez vous osté,
> Quoy n'avez vous point banquetté,
> En la rue Guérin Boisseau
> Avez vous trempé le boiau,
> Puis en la rue de Montmartre
> Ne vous a on point veu esbattre?

Decliquetout et *Bec affilé* surtout jasent terriblement par-devant *Rouge affiné*, qui met fin en ces termes à leur caquet enragé :

> Voila bien gentil *monachus*;
> C'est assez compté (conté) des abus,
> Des amoureux passionnés.
> Sus, sus, trompettes, sonnez !
> Allons disner, car il est temps
> Que nous prenions noz passetemps.

L'Aveugle et le Boiteux qui figure au *Répertoire comique* parmi les moralités, confine encore plus à la farce que *Bien-Avisé et Mal-Avisé* au mystère.

C'était une jolie donnée que celle de l'aveugle emportant sur son dos le boiteux, pour éviter, mais en vain, d'être guéris l'un et l'autre, au passage du corps de saint Martin, des infirmités qui les nourrissent sans « ouvrer ». Mais elle est médiocrement traitée. Le ton reste d'ailleurs celui d'une farce dont la grossièreté ne s'atténue qu'en la comparant à celle du *Munyer*, avec laquelle elle encadrait le mystère de Saint-Martin, à Seurre, en 1496, le tout étant l'œuvre d'Andrieu de la Vigne[1].

Parmi les moralités où domine la satire sociale, la

---

1. Cf. t. I, p. 78.

plus remarquable par sa virulence est celle de *l'Église, Noblesse et Povreté qui font la lessive.*

Elle fut jouée en tableaux vivants, avec couplets chantés ou promenés sur écriteaux, le dimanche gras de 1541, à la *montre* des *Connards* de Rouen, dont une douzaine fut, pour ce fait, arrêtée — leur abbé (Guillaume Lyenne) en tête — jugée vite et relâchée. Il y eut là une indulgence du Parlement tout à fait notoire : qu'on en juge.

Église, Noblesse et *Pauvreté* décident de faire en commun leur lessive, et voici comme les trois personnages se présentent au public :

L'ÉGLISE COMMENCE EN CHANTANT.

C'est moy, c'est moy qui suys la mere Église;
C'est moy, c'est moy qui faictz seule à ma guise;
Je saulve et damne à mon intention;
Religion est desoubtz moy commise,
Ipochrisie aveq papelardise,
Vérité, foy aveq ambition.
Puys j'ey apres symonie en devise.
Soubtz semblant de grand devotion.

NOBLESSE.

C'est moy qui suys noblesse la grand dame,
Qui n'ay jamais soulcy ne crainte de ame;
Soyt bien, soyt mal, comme il me plaict est faict;
C'est moy, c'est moy que cœur mondain enflame,
C'est moy qui faictz alumer feu et flamme;
Puys quand je veulx tout soudain est deffaict.

POVRETÉ.

C'est moy qui suys povrete simple et fresle;
C'est moy en qui famine, deuil se mesle,
Soulcy, travail et desolation,
S'esbaist-on (*s'étonne-t-on*) sy suis deffaicte et gresle;
La pluye et vent, la tempeste et la gresle
Ne sont toujours en consolation.

Église, aidée de *Religion*, d'*Ambition*, de *Vérité*, de *Simonie*, d'*Hypocrisie* et d'*Avarice*, assemblera, tordra, cuira le linge. *Noblesse*, aidée de *Richesse*, *Faveur*, *Rapine*, etc., le battra. *Pauvreté* l'étendra malgré ses plaintes :

> D'estendre, hélas ! j'ey les bras tous cases (*cassés*).
> J'ey pretendu estendre et entens,
> J'ey entendu, atendu et atens,
> Et sy pour vray nul chosse on ne me baille.

L'ÉGLISE.

> Tu estendra tousjours, vaille que vaille.

Pauvreté, tout en vaquant à sa besogne, entend faire l'inventaire édifiant du linge à lessiver, non sans protester certes et crier misère, mais si humblement ! Encore faudra-t-il, au bout du compte, qu'elle charge le tout sur son dos. Nous citerons quelques traits de ce dialogue singulièrement osé et suggestif, en son langage allégorique :

POVRETÉ.

> Que de drapeaulx (*draps*), vray Dieu, mon createur.
> Qu'eschanger voy a l'Eglise a present.

L'ÉGLISE.

> Ce sont drapeaulx dont l'on m'a faict present.

NOBLESSE.

> Qui est ce linge ainsi souillé ?

L'ÉGLISE.

> Symonye me l'a baillé
> Au change de deulx grans chevaulx.

NOBLESSE.

> Que font ces deulx aultres drapeaulx
> Tant remplys de polution ?

L'ÉGLISE.

Je les prins en religion,
Changeant prieuré en chapelle...

POVRETÉ.

L'Eglise, changes m'en autant.

L'ÉGLISE.

As tu amys ou force argent?

POVRETÉ.

De cela je suys indigent.,
Mais plaine suys du grand scavoir

L'ÉGLISE.

Sans argent ou n'en peult avoir...
Au temps present y se faut taire.

POVRETÉ.

Religion, ypocrite en ses fais,
Papelardant desoublz voix saincte tremble
Dont pour nourir moynes gras et refais,
Religion en tous pays asemble
Soublz chaste habit, son bien luxurieux.
De trop jeuner y sont peu amesgris;
Mais d'asembler sont tousjours curieulx;
Dedans leur cloistre y sont tant envieulx....
Pour asouvir leurs trop grans apetis,
Religion en tous pays asemble...
Car, pour afin d'avoir tousjours du bien,
Religion en tous pays asemble.

L'ÉGLISE.

L'église suys, qui d'eschanger faictz rage;
Je troche (*troque*), vens, je permute et atire;
Mere je suys qui ses enfans oultrage;
Doulce leur suys, et puys je les martire (*martyrise*),
Au feu les mes (*mets*), et puys je les retire.
Courtoyse suys, puys tout a coup estrange;
Par quoy on peult de moy ce propos dire :
L'église atire, et en tirant eschange.

Le linge sainct je charge, souile et gaste,
Et les deniers des povres je despens;
Et le prelat par argent fais en haste.
Je fais du mal, et puys je m'en repens;
Du mort et vif journelement je prens...

NOBLESSE.

Je ne veulx pas me souiler en la fange :
Lesses (*laissez*) le povre estendre et s'en debatre;
Car en batant je ne me faict qu'esbatre...
Noblesse bat et combat damoyselles,
Joyeusement par amoureulx desir;
Et s'y ne veult choisir que des plus belles,
Pour démener joye, soulas et plaisir,
Et s'y le povre est aulx champs a gesir,
Cherchant secours, lors respondra la dame :
Atens, atens, car tu as tout loisir.
Noblesse bat sans estre bastue dame.

POVRETÉ.

Noblesse bat sans estre bastue dame,
Au moins de moy qui ne m'en puys venger...

L'ÉGLISE.

On voyt beau temps venir apres la pluye.
Povreté, prens un peu de passetemps.
Sy je parviens a ce que je pretemps,
Je te feray estre au dessus du vent.

POVRETÉ.

On me repayt de promesse souvent;
Mais tout cela ne rent mais sens content.

NOBLESSE.

Quoy respons tu? veulx tu mouvoir content (*dispute*)?
Je te commande en tout temps de te taire.
L'eglise et moy laisse nous de tout faire.
N'ayes soucy fors que tousjours estendre;
C'est a l'eglise et a moy sur toy prendre,
Non pas a toy desus nous entreprendre...

L'ÉGLISE.

Seigneurs qui veult nostre moral entendre,
Les gens de bien ne tendons acuser,
Ne le malfaict ne voulons excuser;

> Mais seulement soubtz moral cler et ample
> Aucun pourra y prendre bonne exemple
> Et de malfaict en bien se coriger....

POVRETÉ.

> De vous n'aurai ge quelque office;
> Suis je payenne ou sarasine.

NOBLESSE.

> A tu auras en tout suplice
> Le brouet de nostre cuisine.

POVRETÉ.

> Ayes pitié de Povreté.

NOBLESSE.

> Puisque tousjours as povre esté,
> De nos (nous) deulx porteras le faix
> Sus l'eglise d'acors parfaix.
> En partant de ceste maison
> Disons deulx mos d'une chanson.

Le Ministre de l'Église, Noblesse, le Laboureur (Labeur dans le texte) et Commun ou le Jeu du Capifol offre une pareille hardiesse dans la satire et la même tristesse, avec plus d'amertume encore dans la résignation.

Au ministre de l'Église qui lui dit :

> Comme rien ne nous doibtz seler (celer),
> Car nous sommes les trois estas,
> Et sans nous mal yroit ton cas,
> Tu vois noblesse qui te garde.
> Qui tient espée et halebarde
> Pour debeller (combattre) tes ennemys;
> Tu voys labeur qui te regarde,
> Qui vin et blé te contregarde
> De peur qu'en terre ne soys mis;
> Puys en l'eglise suys commys
> A porter sacres vestemens,
> Pour te donner les sacremens,

Commun répond :

> Faire ne puys grans parlemens,
> Car ma bouche dire ne peult
> Ce que mon cœur dire ne veult,
> Par quoy j'ayme mieulx me taire.

Sur quoi Noblesse conclut avec une ironie hautaine :

> Tu feroys donq bon secretaire;
> Mais pour vivre joyeusement,
> Afin de parler librement,
> A quelque jeu nous fault jouer.

Et Commun d'accepter, naïvement :

> Je le veulx par esbatement.
> Afin de parler librement.

On jouera donc au *capifol* (de *cap* et *fol*, jeu de colin-maillard et de main chaude combinés); et, bien entendu, c'est *Commun* qui, ayant tiré le plus long des fétus dans la portée truquée par Noblesse, est d'abord la patiente. Notons quelques-unes de ses réponses à la question : *De qui te plains-tu?* après qu'on l'a frappée :

> De l'église,
> Dont son coup deguisse (*déguise*),
> Car c'est d'une main délicate,
> Et semble au fraper qu'elle frape
> Moins, son coup le cueur poinct et mort;
> Elle prend du vif et du mort,
> Tant que son honneur trop abaisse...
> Noblesse me blesse,...
> Non par noblesse proprement,
> Car noblesse vit noblement;
> Mais c'est par ses fins oficiers,
> Qui, pour amasser des deniers,
> Trouvent mile traditions,...
> Ils me font tenir en segret (*secret*)
> Pendant que mon bien on emporte.
> Puys l'un d'eulx cheulx moy se transporte,

> Qui vient veoir sy ma femme est belle...
> De labeur bien souvent je dignes (*daigne*),
> Et labeur vient souvent cheulx moy;
> En quelque lieu que je chemines,
> Labeur devant tousjours moy voy :
> Ne me veuilles plus travailler...

Quand *Labeur* prend la place de *Commun*, c'est pour renouveler des plaintes à l'unisson des siennes. *Commun* s'est risqué à le « fraper doulcement » : il est aussitôt repris, tandis que *Ministre* et *Noblesse* sont mis hors de pénitence; et alors quelle sympathie émouvante dans la plainte entre les deux pauvres souffre-douleurs :

> COMMUN.
>
> Aussy bien que moy ont touché
> Et sy ont dict que c'est a tort.
>
> LABEUR.
>
> Commun, prenons en Dieu confort;
> Car en ceste morte saison,
> Contre ecquite, droict et raison,
> De nous joueront a capifol
> L'un apres l'autre a leur plaisir.
>
> COMMUN.
>
> Jusque a mettre la hart au col,
> De nous joueront a capifol.

Dans *les Quatre ages* (d'or, d'argent, d'airain, de fer), c'est encore et surtout *Noblesse* et *Église* qui font les frais de la satire, laquelle est des plus âpres :

> L'AGE D'ARGENT.
>
> Je veulx la terre departir
> Aux plus forts.
>
> L'AGE D'OR.
>
> Les foybles que feront?

L'AGE D'ARGENT.

Les faybles les forts serviront...

L'AGE DE FER.

Prymyer, je veux metre en l'eglise
Symonye et papelardise.

C'est l'*Age d'or* qui tire la morale et fait la menace de « l'ire de Dieu »,

Si de bref ne changez vos mœurs.

Cette moralité est d'ailleurs assez bien écrite et doit être l'œuvre d'un clerc, à en juger par les traits de mythologie et d'histoire dont elle est émaillée.

Même amertune encore dans *la Croix Faubin* où le *Pain* et le *Vin* se révoltent, sans écouter *Patience*, en se voyant rançonnés par le souverain *Tout*, aidé de *l'Un* et de *l'Autre*, au point de manquer le premier du pain qu'il a semé, le second du vin de la vigne qu'il a taillée :

Je ne suis seullement repu
Que de pain d'orge ou d'avoine.
L'un de mes brebis prend la laine.
L'autre tient mon cellier ouvert
Pour boire vin a grosse aleine.

Battus et pillés sans justice, taxés insolemment de vilenie, ils se récrient :

Quand Pain et Vin seront faillis,
Qui est ce qui Tout soustiendra?

Mais il n'y a pas pour le pauvre monde que les maux qui lui viennent d'*Église*, de *Noblesse* et du *Souverain Tout* : et, non sans éloquence, la moralité de *Charité* fustige d'autres malfaiteurs.

Il y a par exemple les méfaits et parjures des avocats,

marchands et taverniers, et autres clients de *Tricherie*, fort bien connus d'elle.

> Regarde-moi ces avocats,
> Qui sont fourrez comme prelatz,
> Marchands de draps et taverniers,
> Et gens de quelconques mestiers,
> Marchands de vaches et de bœufs :
> Ils jureront Dieu pour deux œufs ;
> Le povre peuple en decepvant.
> Il n'est point marchand qui nement....
> Les advocatz font encore pis,
> Car ilz prennent de tous costez ;
> Il ne leur chault qui perde ou gaigne,
> Mais que force d'argent leur viengne...
>
>   Ces taverniers
> Qui ont les vins en leurs seliers (*celliers*),
> Où ilz mettent belle fontaine ;
> O (*avec*) moy ne perdent pas leur peine,
> Car le vin dure longuement
> Et en assemblent plus d'argent...

Il y a encore les mauvais fils qui, menés par les belles-filles, laissent mourir de faim leurs vieux parents :

> VIEILLESSE (*à jeunesse*).
>
> Tu dis vray ; je scay bien cela.
> Ta femme est de toy la maistresse ;
> Mais je vous ay baillé la gresse
> De quoy vous estes gros et gras ;
> Vous estes vestus de mes draps,
> Et je meurs de froit et de fain.
>
> JEUNESSE.
>
> Tenez ceste croste de pain...

La satire est plus anodine dans *Chacun, Plusieurs, le Temps qui court, le Monde*.

Elle y est dirigée contre le temps présent, fort dur

à « qui n'a argent en habondance ». Tout va de mal en pis, car *Chacun* dit :

> Le temps jadis estoyt bon, mais
> Tousjours il empire au demain.

Il se résigne en ces termes :

> Laisons ces propos ennuyeulx,
> Et prenons le temps comme il vient,

approuvé en cela par ce double proverbe de *Plusieurs* :

> Tant grate chievre que mal git.
> Et ne fut onc trop parler bon.

Mais voici *le Temps qui court* qui « passe par devant eulx en courant ». L'ayant happé avec leurs lacs, ils écoutent sa confession ; elle est cynique :

LE TEMPS.

> Et je sens guerre pululer,
> Bastre, exiller, tuer, piller...
> A force prens femmes et filles;
> Brusles chasteaulx, maisons et villes.
> Et bien que soys de bas lignage,
> Et que pour estre si volage,
> Escuyer ou baron me nomme,
> Sans rente faicz du gentilhomme.
> Force est que le bon homme en baille...
> En l'eglise prens mes esbas;
> En courant les benefices
> Je veulx dignites et ofices;
> Force pardons, bules faulceres (*fausses bulles*)...
> Du droict faictz tort et du tort droict....
> Mectre l'aultruy avec le sien;
> Prendre tousjours, ne donner rien,
> C'est la façon du Temps qui court.
> Or bref, et pour le fere court,
> Estre fier et ambitieulx,
> Cauteleux et maliciculx,

> Sans foy, amour, sans verite,
> Inventeur et plain de falace (*tromperie*),
> C'est ce que je veulx, las, que on face.

Mais — pour en venir à la satire religieuse qui d'ailleurs tient déjà une si large place dans les moralités à visées sociales — voici un témoignage tout à fait caractéristique et assez curieux des rancunes gallicanes contre l'abrogation par Louis XI de *la Pragmatique* de Charles VII. C'est la moralité du *Nouveau Monde*, attribuée à Andrieu de la Vigne (1508) et jouée très probablement par ordre du roi lui-même ou de ses ministres[1].

Il s'agissait de pousser l'opinion à soutenir Louis XII dans le dessein qu'il avait de rétablir *la Pragmatique*. *Bénéfice grand* et *Bénéfice petit* étant vacants, s'adressent pour être pourvus à *Pragmatique* qui, conformément aux vieilles franchises de l'Église de France, appelle à cet effet *Election* et *Nomination*. Mais cette correction de procédés va être troublée par *l'Ambitieux*. Celui-ci se concerte avec *Légat* qui ordonne à *Quelqu'un* (lequel ne peut être autre que le roi), de prendre les intérêts de *l'Ambitieux*, ce que ce dernier fait en ces termes :

> QUELCUN.
>
> Or sus tost donc, prenez la plume
> Escripvez ce que vous voudrez :
> Car qui qu'en parle, vous prendrez
> Les fruictz : c'est mon intention.
> Et mandez à Élection
> Que ne soit pas si enragée,
> Que à mon vouloir ne soit rangée...,

Au reste *Vouloir extraordinaire* est chargé de l'exécution de cette volonté souveraine. Malgré tous les « blancs

---

1. Cf. E. Picot, *Recueil général*, op. c., t. II, pp. 5 et 107.

signetz (*blancs-seings*) pour contrefaire les mandements »
dont *Légat* « tient boutique », et en dépit de ses politesses à *Election*, *l'Ambitieux* est obligé d'en appeler à
Vouloir extraordinaire qui s'écrie :

> A l'Ayde, au Roy, à l'Ayde, au Roy,
> Je vous arreste, et vous adjourne!

mais il ne peut venir à bout de *Pragmatique*, *Election* et
Bénéfice grand. Roués de coups *l'Ambitieux* et *Vouloir
extraordinaire* vont, sur le conseil de *Légat*, demander
à *Père sainct* d'envoyer « sa grand'fille Autentique et
Provision qu'on dit Apostolique ». Mais le voici luimême, qui « ressemble un Prestre », et avec son jargon
d'outre-monts, qui n'est pas la langue des bulles :

PÈRE SAINCT.

> Je tiengne presto lo mio bastonne.
> Cachato bene quel boccone,
> l'osco mathar questo heretico.

Cependant, *Pragmatique* résiste si fort à *Provision apostolique* et à ses acolytes, que la mêlée devient générale,
et qu'elle s'écrie, assommée sans doute du *bastonne* de
Père sainct :

> Ha! Dieu, ha! povre Pragmatique,
> Cil qui te debvroit maintenir,
> Premier te vueil faire mourir.
> Dieu je t'en demande vengeance.
>   (*Elle tombe à terre.*)

Là-dessus *Bénéfice grand* est uni par le légat à *l'Ambitieux* et *Bénéfice petit* à *Collation ordinaire*. Il ne
manque plus à la noce que *Nobis Nominavit*.

Une seule ressource reste à *Election* et à *Nomination*,

celle de s'adresser à *Université* leur aïeule[1]. Elles ne manquent pas d'y recourir; et *Université* ayant cité à son tribunal *Père saint*, *Légat* et *Quelqu'un*, les tance d'importance, renvoie à Rome les deux premiers avec *Provision apostolique*, et ose indiquer son devoir à *Quelqu'un*, en ces termes, où on remarquera l'appel final du gallicanisme au bras séculier :

> Droict et Raison, je vous commande,
> Que alliez sans que plus m'attendent,
> La Pragmatique sublever :
> Lever chault (*est urgent*), or pour approuver
> Ces faictz, mettez Election
> Au plus près de Grant Bénéfice.
> Près du Petit Nomination :
> Ainsi le veult Droict et Justice...
> Prince qui metz tous faictz en excellence :
> Ceste balance qu'est pleine d'insolence,
> D'un cop de lance, rens-la-moi toute étique,
> Remettant sus du tout la Pragmatique.

On devine avec quels applaudissements devaient être accueillies, sur la place Saint-Etienne-du-Mont, autour de « la tente » de l'Université, ces audaces de ses suppôts, se donnant carrière par ordre. Elles n'ont même pas perdu toute leur actualité : en tout cas, elles la gardèrent si longtemps qu'en plein XVIIe siècle, nous retrouverons une adaptation de la moralité satirique du *Nouveau Monde* à la cause de Rome, dans le roman allégorique, en latin, de Claude Barthélemy Morisot, *Peruviana* (1644)[2].

---

1. Pour la représentation de la pièce par les écoliers « sous la tente » universitaire, sur la place Saint-Etienne-du-Mont, cf. ci-dessus, p. 52.

2. C'est le contrepied de la thèse du *Nouveau Monde*, et non sa reproduction « très exacte », comme le croit M. Petit de Julleville (*Répertoire comique*, op. c., p. 89) qui n'a pas dû retrouver le texte, dans l'énormité du fatras latin de Barthélemy Morisot. On s'en convaincra, en se reportant au livre II, c. IX, pp. 110-113 de *Claudii Bartholomæi Morisoti Peruviana*, anno 1644 (*Bibliothèque Nationale*, cote Y c 210).

L'actualité fit aussi le succès de la plus célèbre, sinon de la plus intéressante des moralités, à savoir celle de *Peuple Français, Peuple italique, l'Homme obstiné, Punition divine, Simonie et Hypocrisie* — ou plus brièvement, dans les réimpressions modernes : *l'Homme obstiné* — que Gringore fit jouer, avec son *Prince des Sots*, dans la fameuse représentation du 24 février 1512, où il se portait au secours de la royauté contre la papauté. Mais la moralité paraît bien pâle près de la sottie[1].

Peuple Français et *Peuple italique* gémissent sur la guerre qu'ils se font et dont l'un paie les frais, si l'autre en subit directement les dévastations. Le premier accuse de traîtrise le second qui répond en rejetant la pire faute sur les Français ultramontains, du moins si nous entendons bien ceci :

> Il n'est rien pire, par ma foy,
> Qu'est un *François ytaliqué*.

Survient l'homme obstiné qui, n'étant autre que Jules II, devait entrer en scène, la tiare en tête, ce qui donnerait toute la mesure de la tolérance intéressée de Louis XII. En tout cas, il se présente en ces termes, dépouillés d'artifice :

> Mais qu'est-ce-cy? D'où me peult-il venir
> D'estre pervers et ne vouloir tenir
> Compte de Dieu, ne d'homme, ne de dyable?
> Je ne me puis de mal faire abstenir.

On y verra comment la vieille veuve *Pragmatica* — dont les deux filles *Electio* et *Nominatio* avaient engendré, après mariage et belle dot, l'une *Abus, Simonie, Impiété*, l'autre *Luxe, Ignorance et Dissolution* — est pilorié finalement par un bourreau du nom de *Concordat*. Ainsi liée au poteau d'infamie, *Pragmatique* y est dévorée par un lion que lâche *Concordat*, sur l'ordre du roi, résistant en cela à ses conseillers de par la force de sa piété personnelle (*ut erat religionibus deditus*), le tout pour la démonstration frappante de la puissance intangible du *Pontifex*.

1. Cf. ci-après, p. 185 sqq.

C'est en vain que « Pugnicion divine » du haut des cieux, « hault assise en une chaire et eslevée en l'air », le menace du châtiment dû à ses agissements par « conseil judaïque », ce qui est une allusion à Bonnet de Lates, son médecin juif et, disait-on, son conseiller favori : l'*Homme obstiné* la brave, appuyé sur *Simonie* et *Hypocrisie*, toutes puissantes chez les deux peuples. Le dénoûment est amené par *Démérites communes* qui vient dire à tous leur fait, et les sommer de se repentir. Chacun alors rentre en soi-même, à l'exception de celui qui, fidèle à son nom, s'obstinera jusqu'à ce que *Punition divine* frappe le coup dont elle le menace et que seuls ont suspendu les péchés de *Peuple Français*.

Outre les moralités d'inspiration gallicane, il y a celles où la satire est au service des querelles entre catholiques et protestants. Nous en citerons, pour finir, une de chaque camp.

Hérésie, Simonie, Force, Scandale, Procès, l'Eglise — ou plus brièvement depuis les rééditions modernes, *Hérésie et l'Eglise* — témoigne des alarmes du catholicisme devant les premiers assauts de la Réforme :

L'ÉGLISE.

L'eglise n'a plus de suport,
Je me voys destruicte et blasmee....
Symonye me faict la pique,
Scandalle de moy faulx raport...

L'Eglise est donc close avec précaution :

L'ÉGLISE.

Dieu a d'icy les clés emporté,
Puys, pour plus sceure sauvegarde,
Au roy les a baillés en garde,
Qui avec moy faict residence.

Ses ennemis veulent entrer au cri de : *Attollite portas*, *Simonie* avec une clé d'argent, *Hérésie* avec une clé « de fin fer d'Alemaigne », *Force* avec « une espée pour clef », *Procès* avec des clés « à double tour » et, au besoin, en crochetant la porte. Parmi ces assaillants figure « Scandalle puerille portant une clef de toutes pièces », à savoir un passe-partout fabriqué en famille, lequel donne, dès la bavette, accès à toutes les dignités de l'Eglise :

SCANDALLE.

Myeulx que par force ou par rigueur
J'en ouvre tout ce que je veulx...

L'ÉGLISE.

C'estoyt une clef amasée
D'amys aquys, cousins germains,
Et tous y avoyent mys les mains,
Ainsy que j'estoys avertye.

Contre toutes ces fausses clés l'Eglise proteste énergiquement et, invectivant les porteurs, les menace d'une sortie armée :

'Atendés, je m'en voys sortir.
Ou estes vous, secte mauldicte?

Du coup ils lâchent pied et *Scandale puéril*, tout confus, demande, au nom de tous, à être pris en miséricorde, ce qui est accordé.

Mais si l'Eglise est dolente, la Réforme est violente : *Le Pape malade* de Conrad Badius (fils de l'érudit Josse Badius et beau-frère de Charles Estienne[1]) en témoigne

---

1. Il y aurait incarné Sébastien Castellion, l'adversaire de Théodore de Bèze, dans le personnage de l'*Ambitieux*, complice éhonté de l'*Outrecuidé* et suppôt du diable. Cf. la thèse de Ferdinand Buisson, *Sébastien Castellion*, Paris, Hachette, 1892, t. II, « La pièce fut jouée avec l'autorisation du Conseil, dans la grande salle du collège » *ib.* p. 254. — Pour le texte. cf. *Bibliothèque Natio-*

ce dès curieusement et l'avis de « l'autheur au lecteur fidèle », où le premier dit qu'il se « délibère de bien gratter la rongne, mesmes de celuy qui se vante qu'il n'appartient à homme vivant de le reprendre, encore que sa vie soit comme un miroir de toute infamie et abomination ».

On y voit donc et d'abord le pape qui, fort mal en point,

> Consolé par sa mommerie,
> (J'enten Prestrise et Moinerie),
> A Satan seul a son recours.

De fait il l'appelle « mon ami ». Voici le ton :

SATAN.

> Ouy da, ce n'est qu'un peu de froid,
> Qui vous vient d'avoir mal couché,
> Ou celle qui y a touché
> N'avoit, peut estre, les mains nettes.

LE PAPE.

> Je n'en frequente que d'honnestes.

SATAN.

> J'enten de vostre chambrière?
> Mais tenez le vent de derrière,
> Car je crain par trop le sou-chantre.

LE PAPE.

> Hélas les reins! hélas le ventre!

PRESTRISE.

> Ma sœur, faisons luy un clystère
> D'un peu de graine de bréviaire :
> C'est la chronique passion.

nale, Inventaire Y a 35691 : *Comédie du pape, malade et dinant à la fin, où ses regrets et complaintes sont au vif exprimées, et les entreprises et machineries qu'il fait avec Satan et ses supposts pour maintenir son siège apostatique, et empescher le cours de l'Evangile, sont cathegoriquement descouvertes;* traduite *du vulgaire Arabic en bon Romman et intelligible,* par *Thrasibule Phénice* (1561, environ 1500 vers).

MOINERIE.

Mais plustost la décoction,
D'un *libera* gringuenoté (*fredonné*).
J'en ay un qui est bien noté
Et trottera dedans son corps,
Pour y faire de doux accords.

Le pape prend donc de *Prêtrise* une confession purgative dont Satan commente le résultat, en trouvant la matière louable :

Et pourquoy trouves-tu estrange
Que quelqu'un rende ce qu'il mange?
Il a tant mangé d'orphelins
En guise de bons poupelins (*poupons?*)
Et beu le sang de mainte vesve (*veuve*),
Que je m'esbahi qu'il n'en crève.

Le reste est à l'avenant. Puis la satire, tournant court, se dirige contre *l'Outrecuidé* qui est l'aventurier, deux fois renégat, Villegagnon, dont elle met en action les intrigues et l'outrecuidance papelarde.

CHAPITRE IV

LA COMÉDIE MÉDIÉVALE AU XVᵉ ET AU XVIᵉ SIÈCLE :
LES SERMONS JOYEUX ET LES MONOLOGUES DRAMATIQUES

Inventaire des *Sermons joyeux* et des *Monologues dramatiques*. — Les origines du *Sermon joyeux* et les prédicateurs burlesques. — Structure du sermon joyeux et ses effets dramatiques. — Les sermons à facéties *goliardiques* : *Saint-Nemo* ; *l'Invitatoyre bachique* ; *Saint-Hareng*. — Les sermons farcesques : sermons de *Saint-Billouart*, de *l'Endouille*, des *Fous*.

Les origines du monologue dramatique et les *Dits*. — Les monologues lyriques. — Les monologues de professionnels : *le Dit de l'Herberie*, *la Fille Batelière* ; *le Clerc de taverne*. — Les monologues d'aventures : *la Fortune d'amours* ; *le Varlet et les Nourrices* ; les deux mésaventures d'*Amoureux* attribuées à Coquillart ; *la Botte de foin* ; *le Résolu* ; le thème des soldats fanfarons et *le Franc Archer de Bagnolet*. — Les destinées du monologue dramatique.

Pour ne garder des moralités que celles qui rentrent vraiment dans le genre comique, nous avons dû réduire de moitié au moins le nombre de celles qui figurent au *Répertoire* de M. Petit de Julleville. En revanche il faut presque doubler celui des *Sermons joyeux* et des *Monologues* à comprendre de droit dans un catalogue suffisant du théâtre comique.

Si l'on n'admettait que ceux qui ont été certainement joués ou manifestement écrits pour l'être, on pourrait, avec l'auteur du *Répertoire*, faire descendre leur nombre à 25 *sermons joyeux* et à 15 *monologues*.

Mais on est tenté de porter ce nombre, avec un autre critique, non moins consciencieux[1], à 43 *sermons joyeux* et à une cinquantaine de *monologues*, si on considère ceux qui étaient jouables : et lesquels ne l'étaient pas, y compris ceux de Coquillart et de ses imitateurs, surtout devant un public complaisant, dressé de longue main par les jongleurs à trouver un spectacle dans toute récitation, notamment dans celles des « recordeurs de ditz » ? Enfin si l'on voulait prendre une moyenne prudente, on s'arrêterait avec un troisième et récent historien du genre à 34 *sermons joyeux* et à 32 *monologues*[2].

Pour nous, préoccupé ici comme partout, de bien caractériser les genres, en traçant leur histoire, nous examinerons la qualité de plus près que la quantité.

Le *sermon joyeux* doit venir en droite ligne de la fête des Fous, où il faisait certainement partie de la parodie du cérémonial et de la hiérarchie ecclésiastique. Il en était même le point central, celui où l'un des effrontés parodistes osait monter en chaire, pour y débiter un sermon dans le ton du reste.

Nous avons montré comment ce reste est né[3]; comment la langue vulgaire s'introduisit dans le texte sacré et vint le *farcir*, en vue de faciliter l'édification des fidèles, par exemple dans les *épîtres farcies* de saint Étienne et de Saint Thomas (XIIe siècle); comment enfin la verve indiscrète des clercs, surtout des *clercs vagants* ou *Goliards*, se glissa à la suite et s'épanouit

---

1. Cf. E. Picot, *Le monologue dramatique dans l'ancien théâtre français*, Romania, t. XV, p. 358 sqq.; t. XVI, p. 438 sqq.; t. XVII, p. 217 sqq.
2. Cf. M. des Granges, *De scenico soliloquio*, Paris, Bouillon, 1897, p. 4 sqq.
3. Cf. t. I, p. 34 sqq.

effrénée et ordurière, faisant vite de ces *farcitures*, vraiment pieuses à l'origine, une farce au sens le plus vulgaire du mot. Dès l'an 1227, le concile de Trêves ordonnait à tous les prêtres de ne pas permettre aux « clercs vagants, sottisiers, diseurs de trudaines (*trutannos*) de chanter aux messes des versets sur le *Sanctus* et l'*Agnus Dei*, parce que c'est un trouble grave pour l'officiant et un scandale pour les auditeurs »[1].

Nous avons vu le théâtre sacré subir parallèlement à la liturgie la même invasion de plus en plus profane, depuis le drame de l'*Epoux* qui reste édifiant, jusqu'à ces jeux scolaires dont la prodigieuse pétulance devient peu à peu rivale de celle de la fête des Fous.

Au reste le prédicateur burlesque de cette fête n'avait pas un grand effort à faire pour monter son sermon au ton voulu par la saturnale traditionnelle. On peut même dire qu'il n'avait eu parfois qu'à copier, en forçant un peu le trait, pour être obscène ou grotesque à plaisir, du moins si l'on en juge par certains sermonnaires du vieux temps.

Nous en donnerons deux exemples, parmi d'autres que l'on ne peut pas du tout citer[2]. Ils sont antérieurs d'un siècle aux bouffonneries surprenantes, mais point du tout inouïes, comme on va voir, des Maillard et des Menot (XVe siècle), lesquelles d'ailleurs feront école et longtemps après eux, tant le désir pieux de piquer l'attention des fidèles invitait à considérer l'homélie et le sermon comme susceptibles d'ornements égayés[3].

---

1. Sur les épaves de cette littérature goliardique, cf. notre t. I, p. 41 sqq., et M. des Granges, *op. c.*, p. 16 sqq.

2. Cf. M. des Granges, *op. c.*, p. 20 sqq., qui a pu citer davantage, écrivant en latin.

3. Sur les causes et la généralité de ce procédé parénétique, Cf. *Les Prêcheurs burlesques en Espagne* par le P. Bernard-Gaudeau, Paris, Retaux-Bray, chap. X.

Nous trouvons le premier de ces échantillons dans une grave explication de Gilles de Rome (XIVᵉ siècle) — religieux Augustin, fameux et fécond théologien — sur la glose *De Arca Dei*, où il est dit de la nature du Christ qu'elle est : *Una in duabus figura* (*une figure en deux*). Cela est clair à ses doctes yeux : n'y avait-il pas à l'intérieur de l'arche des êtres volants qui signifient sa divinité et des êtres marchant qui signifient son humanité; et dans les personnes de l'arche deux natures, la masculine et la féminine; et dans l'arche elle-même deux formes, puisqu'elle était large par le bas, étroite par le haut, etc...?[1] Nous prendrons notre second exemple dans Daniel de Paris qui, commentant le grand trouble de la Vierge, « quand elle vit l'ange dans sa chambre, sous la forme d'un homme, *et non por quen si ne li aportet il nul malvese parole* », laisse vraiment trop percer, sous l'habit du frère Prêcheur, l'humeur de l'espiègle gamin de la rue de Savoie qu'il avait été, lorsqu'il risque ceci, en chaire : « Or nos vierges d'aujourd'hui n'éprouvent pas un si grand trouble, quand un jeune gars leur insinue dans l'oreille tout autre chose qu'*Ave Maria* »[2].

S'il paraît certain que nos faiseurs de *sermons joyeux* prirent modèle, pour le ton, sur les sermonnaires burlesques des fêtes des Fous et de l'Ane, il est aussi probable que l'audace de se produire sur la scène leur vint de l'exemple donné par ces mystères, miracles et moralités, où nous avons rencontré tant de sermons en règle, sans compter parmi eux les tirades intercalaires et libres du *Fol*. Ces sermons placés parfois au début, le plus souvent à la fin, voire au milieu de ces

---

1. Cf. *Histoire littéraire de la France*, t. XXX, p. 501.
2. Cf. *ibid.*, t. XXVI, p. 425.

pièces du théâtre sérieux, comme des témoins tenaces de leurs pieuses origines, n'en furent pas moins les complices involontaires des profanations singulières qu'osèrent commettre pour rire nos auteurs de *sermons joyeux*.

L'essence de leur comique réside surtout dans le contraste que forme la gravité du texte sacré, cité à tort et à travers, avec le heurt brusque de gaudrioles qui vont jusqu'à l'obscénité la plus effrénée et à la scatologie la plus ordurière. Parmi ces énormités, on croit sentir çà et là une parodie de certains ridicules des prédicateurs du temps, de ce défaut, par exemple, qui est de tous les temps dans la chaire, et consiste à se jeter à côté du texte pour des développements qui n'y ont nul rapport[1].

Nos *sermons joyeux* ont d'ailleurs la structure consacrée des sermons, avec texte et développements par points.

Les effets scéniques qu'ils tirent du texte lui-même, consistent surtout à le dénaturer par l'insertion de vocables peu ou prou latins ou purement français, mais équivoques et assonnancés, gros de sens et de contresens. D'autres effets, et meilleurs, se tirent d'une habile entorse donnée au sens du texte pour le dépraver et y puiser des développements de tout acabit, au milieu desquels le retour imprévu de ce même texte produit de plaisants contrastes. Voici des exemples de ces deux procédés et de leurs effets.

Un *Sermon joyeulx pour rire* (Rouen? vers 1530) commence ainsi :

In nomine Patris prima
Et Fili(i) secunda,

---

1. Cf. M. des Granges, *op. c.*, p. 32.

> *Barbara pota baston;*
> J'ayme *regina Celorum.*
> *In hoc presenty opere,*
> Le sens d'un Caiton inspiré,
> Avec(que) l'engin d'une buche,
> Qui soyt desoublz ma capeluche!

Omnia subjesisti sub pedibus ejus, oves et boves. Hec verba generaliter (sunt) desimo capitulo.

> En l'abaye de Sainct Lo,
> Les carmes (et) le(s) augustins,
> Cordeliers, mesmes jacobins,
> Toutes en font mention...[1]

C'est médiocrement gai, mais voici qui l'est par trop. Roger de Collerye s'emparant du texte : *Audi, filia et vide* (Écoute et vois, ma fille)..., le fait débiter par « le Prescheur habillé en femme » et le commente en certain « Sermon pour une nopce », dont le titre même ne se peut citer décemment. L'avis à bon entendeur indiqué par le texte, et qui est ensuite donné en bon gaulois aux nouveaux mariés, devait égayer fortement le dessert du repas de noces où on le débitait.

Ces altérations ou dépravations du texte et parodies de la liturgie, d'abord assez innocentes, quand elles étaient l'œuvre de clercs en goguette, perdront d'ailleurs leur innocence et deviendront une arme aiguë aux mains des protestants[2], témoin *la chanson de la messe*, avec son refrain fameux dont on fait une chanson de guerre :

> Hari, hari, l'âne! Le prêtre se vêt,
> Hari bourriquet!

Quant au développement même du texte par le *sermon*

---

1. Pour tous ces textes, ceux des monologues compris, on trouvera les références dans la *Romania*, 1886-1888, Paris, Vieweg, *Le Monologue dramatique*, par E. Picot.

2. Cf. Ch. Lenient, *La satire en France au XVIᵉ siècle*, Paris, Hachette, 1866, notamment t. II, chap. III, § IV.

joyeux, les effets dramatiques qu'il produit sont fort inégaux, suivant que l'auteur s'en tient aux facéties traditionnelles des clercs ou qu'il rivalise avec la licence des farces. On pense bien que les plus scéniques et les plus plaisants d'entre eux, et de beaucoup, sont ces derniers.

De la première espèce, celle des facéties cléricales, sont évidemment ces litanies dramatiques des *Saint-Hareng, Saint-Oignon, Saint-Raisin*, etc., versifiées sans doute et assez platement d'après de vieux sermons joyeux en latin, comme on le sait au moins pour l'une d'elles qui est le type du genre.

C'est un sermon intitulé : *Les grans et merveilleux Faictz du Seigneur Nemo*.

L'idée de ce sermon vient d'une facétie fort ancienne et anonyme qui nous est parvenue sous la forme d'un sermon latin, *Sermo de Nemine*. On y exalte la toute-puissance de *Saint-Nemo* qui seul peut résister à Dieu : *Deus cujus irae resistere Nemo potest* (Dieu à la colère duquel peut résister Nemo). C'est une série de jeux de mots de cette espèce sur ce *Nemo* qui, en latin, signifie *Personne*, et qui ont pour ancêtre classique celui grâce auquel Ulysse échappe, dans l'*Odyssée*, aux poursuites de Polyphème qui le cherche sous le nom de *Personne* (*Oudeis*, en grec). L'auteur, choisissant donc les passages sacrés où entre le mot *Nemo*, montre plaisamment combien ce seigneur est d'importance, à grand renfort de calembours latins dont le sel, fait d'une irrévérence espiègle envers les textes, ne pouvait être savouré que par un auditoire de clercs. Ils sont dans ce goût :

Nemo fut, quant et les jours, faict :
Dies formabuntur et Nemo in eis...
Nemo ascendit in celum (Personne est monté au ciel)...
Nemo Deum vidit (Personne vit Dieu).

De la seconde espèce d'effets du sermon joyeux, ceux de pure farce, et parmi les plus licencieux, est le *Sermon de Billouart*, qui est pourtant l'œuvre du poète Jehan Molinet, chanoine de Valenciennes, et dont voici le début :

> *Introivit in tabernaculo ;*
> *Lacrimante recessit oculo....*
> Avant que plus parfond je touche
> A ceste predication,
> Nous ferons salutation
> En nous mectans sans nulz debatz
> Le c.. en hault, le chief en bas,
> Honnestement, sans faictz infames,
> Les hommes au-dessus des femmes,
> Disantz pour tous brimborions :
> *Deus des genitorions*
> *Introivit et cetera....*

Du même acabit, mais atteignant le comble, égal en obscénité et en ordure aux pires fabliaux, est « le *Sermon de l'Endouille* » dont nous ne pouvons dire rien de plus.

Que de pareilles priapées aient pu se débiter publiquement, il n'y a pas plus à en douter que pour la farce du *Munyer*[1], témoin ce passage des comptes de la municipalité de Cambrai, daté de 1538 : « Dix sous à Claude le Mausnier, ayant ce jour prêché sur un tonneau, en récréant le peuple ». Ce peuple n'avait rien à envier, comme épices, au public d'Aristophane, sinon le brusque coup d'aile du lyrisme attique au-dessus de la fange du ruisseau des halles.

Nous choisirons, entre les fadaises surannées des *sermons joyeux* sur le mode *goliardique*, et à côté des morceaux trop hauts en couleur des émules de nos *fableors*, deux spécimens qui puissent donner l'idée de l'une et de l'autre espèce, dans la note moyenne.

[1] Cf. ci-dessus, p. 34, 127.

L'Invitatoyre (chant de matines) *bachique* est à peine dramatique et caractérise bien la transition de la parodie débitée à la parodie jouée. Comme il est d'un ton à permettre la citation, ou à peu près, voici le premier et le dernier de ses six couplets :

VENITE POTEMUS.

Venite mes gentes tetines
Qui de nuyct alles aulx matines
Trouvés vous sous le *domyno o*.
Autant nonnains comme beguynes
Jubilemus, chantons les hymnes
Salutary nostro.
Je dy *in confessione*
Sy le vin est mistionné
Jubilemus ci y.

ECCE VINUM BONUM VENITE POTEMUS.

... Gloyre a Noé premierement
Et a Lot qui sy fermement
Beust apres ho o
Tant qu'il perdict l entendement
Et ses filles mesmement,
Fist le fredo
Ainsy qu'il est bacula.
Dieu nous doinct (*donne*) paix *in secula
Seculorum amen en.*
Venite potemus.

Parmi les *Saints* dont nous avons indiqué la burlesque litanie ci-dessus, un des moins plats est *Saint-Hareng*.

L'auteur, jouant sur les mots, met un hareng en parallèle avec Saint-Laurent et son martyre sur le gril. On voit le thème : voici des traits du développement :

Aussi, au milieu de la mer,
Entre Boulongne et Angleterre,
Où l'on ne trouve point de terre,
Fut prins le corps de sainct Harenc,
Qui souffrit pis que sainct Laurent :

> Martyré fut et mis à mort....
> Fut mis avecques des ongnons
> En ung grant pot par maintz morceaulx,
> Et fut happé de deux ribaux, etc...

La description de ses miracles orne sa légende, suivant la loi du genre, avec une vaste énumération des lieux de sa popularité à travers la France :

> Il fait des miracles souvent ;
> Il fait tousser assez de gens ;
> Chacun sçet bien que pas ne mens ;
> Il fait gaigner le tavernier....
> Il est congneu jusques à Romme ;
> Ainsi est-il en Engleterre,
> En Flandres et en plusieurs terres,
> En Bourgongne et en Auvergne....

La conclusion est :

> C'est grant pitié que saint Harenc
> Est martiré ainsi souvent...,
> Car souvent le faict-on rostir
> Sur le gril ou sur le charbon...
> Pour cardinaulx et pour evesques,
> Pour ribaulx et pour archevesques,
> Ne faut-il ja faire prière,
> Car tout va sen devant derrière.
> Mettons-nous trestous à genoulx ;
> A Dieu ne souviegne de vous ;
> Ne vous chault comme tout en aille,
> Dessus dessoubz, vaille que vaille.
> Dictes *amen* devotement.
> Fine (*finit*) le sermon sainct Harenc.
>   *Explicit.*

Les *sermons joyeux* où il est traité des femmes et de l'amour sont difficiles à citer, presque partout. La verve en est émule de celle des fabliaux. Au reste une véritable narration s'y intercale dans le sermon; et ils diffèrent des *monologues dramatiques* par ce seul fait que l'acteur présente l'aventure comme un *exemple* de son sermon et la raconte, au lieu d'en être le héros et de la jouer.

Par bonheur, en voici un, et le plus dramatique, dont une analyse prudente peut indiquer les mérites, sans offenser la décence. C'est celui des *Fous* qui commence par cette dédicace :

> A tous les foulx qui sont dessoubz la nue,
> Pour leur monstrer à saiges devenir,
> Moyennant ce, que, le temps advenir,
> Tous sotz tiendront mon conseil et doctrine ;
> Puis congnoistront clerement, sans urine (pour le *diagnostic*?),
> Que le monde pour sages les tiendra,
> Quand ils auront de quoy ; notez cela.

Le sermon procède d'abord à une énumération caractéristique des fous et sots, divisée en trois points qui sont de leurs qualités, quantité, manières d'être et d'agir.

Il y a là une verve qui n'est pas trop ordurière, du moins par comparaison ; et si certaine tirade contre la jalousie défie la citation, celle sur les galants y invite :

> Je trouve aussi à mon propos
> Une autre quantité de folz
> Qui s'en vont de nuyt par les rues,
> Estendant les colz comme grues,
> Et regardant par les fenestres
> S'ily verront point dedans les estres
> Celles de qui sont amoureux.
> Hélas ! pouvres sotz malheureux,
> N'estes-vous pas bien abusez,
> Foulx, estourdiz et incensez,
> D'estre, tant comme la nuyt dure,
> A la pluye, au vent, à froydure,
> Les dents cliquetans à la gorge
> Aussi dru que marteau de forge ;
> De chanter devez faire raige,
> Car vous gringotez (*fredonnez*) davantaige.

Risquons enfin cette autre citation qui achève la peinture de leur sottise :

> Ainsi chantant devant sa porte,
> Ta folye sottement deporte.
> Et par adventure l'amye
> Sera au lict bien endormye,
> Ou peult bien estre qu'elle aura
> Un aultre qui la........
> Au son de ta plaisante aubade.

Nous signalerons encore, dans le second point, le dénombrement des fous, ce thème fondamental des sotties :

> Or ça, *pro secunda parte*,
> Je trouve, *de quantitate*,
> Que *numerus stultorum est infinitus*
> A savoir....
> Les Lombars, selon leurs usages,
> Sont foulx par force d'estre saiges.
> Les Alemans sont au contraire;
> Ilz sont foulx par force de boyre;
> Maiz qu'ilz ayent bien mouillé la gorge,
> Ilz sont vaillans comme sainct George...
> Foulx de Paris sont si grant nombre
> Que aux aultres foulx portent encombre.
> Foulx Normans rians des oreilles
> A tant que c'est grandes merveilles...,
> Foulx Poytevins et Lymosins,
> Ce sont sotz rusez et bien fins!
> Car eulx, le fol contrefaisant,
> Ils mordent les gens en riant...
> Sotz d'Auvergne et de Bourbonnoys, etc...

Le troisième point *De modo eorum vivendi* (De leur manière de vivre), ne vaut pas les deux autres ; mais il est plus court, les deux premiers ayant apparemment épuisé la verve de l'auteur. La conclusion est :

> *Servit aut imperat pecunia collecta unicuique.*
> *Oratius in epistolis.*
> Or ça, seigneurs, grans et petis,

> Il est temps de vous dire adieu.
> Se j'ay rien dit, c'est tout par jeu ;
> Pourtant vueillez-moy pardonner.
> Au surplus vous vueil supplier
> Que ung chascun de vous à part soy
> Luy plaise de prier pour moy ;
> Je suis sot et vous estes foulx :
> Priez pour moy et je prieray pour vous.

Les origines du monologue dramatique ne sont pas aussi transparentes que celles du sermon joyeux, et il faut, pour les entrevoir, recourir à la critique conjecturale. Voici les hypothèses que permet l'état actuel des documents.

On est d'abord tenté de croire que le monologue s'est détaché purement et simplement du sermon joyeux. Celui-ci n'en diffère, en effet, que par l'emploi du texte et la division par points. Si on enlève ce texte et cette division, il reste un monologue de l'espèce de ceux où l'acteur narre son aventure et qui sera la seconde de notre classification.

Mais cette origine du monologue dramatique n'est pas assez ample pour expliquer son allure et ses variétés. Celle qui suit nous paraît plus satisfaisante.

Certains jongleurs, notamment ces « recordeurs de ditz » que vise un arrêt du Parlement de Paris, cité plus haut, débitaient au public de petites pièces de vers dont les sujets, après avoir subi les adaptations nécessaires aux mœurs du temps, venaient peut-être en droite ligne du répertoire de leurs ancêtres, les *joculatores* de la décadence romaine.

Nous en avons tout un petit trésor[1]. Outre les *débats*, *disputes* et *batailles* qui tendent au dialogue drama-

---

1. Cf. Gaston Paris, *La littérature au moyen âge*, op. c., § 103, 106, 109, 154.

tique — et si l'on se borne à celles de ces pièces qui se rapprochent du monologue — on y discerne deux des thèmes fondamentaux de nos monologues dramatiques. L'un est le mal et quelquefois le bien qu'on dit des femmes (Le *Blâme des femmes* qui eut un succès prodigieux, et sa contre-partie la *Bonté des femmes*; le *Dit des Cornettes*, le *Dit des femmes*, etc.). Le second et principal de ces thèmes est la peinture satirique et charlatanesque, très souvent piquante, des mœurs (le *Dit de la maille*, le *Dit du Lendit*, les dits des rues, des églises, des cris, des enseignes[1] de Paris), et en particulier celle des diverses professions, depuis les charlatans et les valets à tout faire jusqu'aux professionnels proprement dits, forgerons, boulangers, etc., dont un spécimen typique est *Les Ditz de Maistre Aliborum* (vers 1495), et dont le chef-d'œuvre est le *Ditz de l'Erberie* de Rutebeuf qui nous semble marquer le terme de l'évolution du genre vers le monologue dramatique.

On peut d'ailleurs montrer que ces *dits* ont inspiré directement nos faiseurs de *sermons joyeux* ou de *monologues* : le *martyre de Saint-Bacchus*, par exemple, œuvre du chroniqueur Godefroy de Paris (commencement du xive siècle) qui dit le martyre de la vigne, est le modèle évident du *Saint-Hareng* analysé plus haut.

Que ces *dits* aient été l'objet de récitations publiques, c'est ce que permettent d'affirmer ces adresses aux auditeurs :

>   Or vous dirai en quelle guise
>   Et en quelle manière vont.
>   Cil qui denrées à vendre ont...
>   En l'ouneur de marchandie
>   M'est pris talent (*besoin*) que je vous die...
>   Et par ce vueil ici proier (*prier*)

1. *Le Mariage des Quatre fils Aimon.*

> A trestoz les fevres (*forgerons*) qui sont,
> En quelque leu que il seront,
> Quand de cest conte *orront la fin*,...
> Bonne gent, l'autre jour dedans mon lit sonjoie....

De pareils passages où le récitateur se met en scène pour faire un appel à la bienveillance et à la bourse de l'auditoire, ont d'ailleurs ce mérite de nous montrer le *dit* faisant son premier pas vers la dramatisation. On en peut même citer un où le narrateur est devenu acteur, celui du *Salut d'enfer* :

> Hahai! hahai! je suis venus;
> Saluiz vous mande Belzébus,
> Et Jupiter et Appolin.
> Je vieng d'enfer le droit chemin;
> Noveles conter vous en sai...

Quant au dit de *l'Herberie*, n'est-il pas un véritable monologue tout prêt à monter sur les tréteaux des théâtres en plein vent? Certes il ne brûle pas les planches, comme le *Franc Archer de Bagnolet*, mais il n'est pas indigne de ce chef-d'œuvre et on sent très bien comment ceci engendra cela.

Une classification judicieuse[1] des monologues dramatiques consiste à en faire trois groupes, dans chacun desquels on retrouve d'ailleurs peu ou prou les trois sortes de personnages que leurs auteurs aiment à mettre en scène, et qui sont les amoureux, les charlatans et les soldats fanfarons[2].

Le premier groupe est celui des monologues où l'acteur vient conter à l'auditeur ses sentiments person-

---

1. Elle est de M. des Granges, *De scenico soliloquio*, op. c., chap. V.
2. Cf. E. Picot, *Nouveau Recueil de farces*, etc., Paris, Damascène Morgand, 1880, p. LXXI.

nels, surtout ses peines de cœur. Ceux-là découlent directement de la source lyrique si abondante. On en a pour types : *La femme mocqueresse mocquée* et *Une dame fort amoureuse d'ung sien amy* par Roger de Collerye. C'est pour ainsi dire la forme *courtoise* du monologue, le morceau choisi pour auditoire de château ou de puy.

Le second groupe est celui des monologues où l'acteur se livre à un étalage charlatanesque de son savoir-faire. Sûrement nous sommes là en présence de quelques-uns de ces thèmes fondamentaux qui avaient eu les honneurs des tréteaux populaires un peu partout, et qui furent revêtus, en divers temps et lieux, de la forme littéraire par la curiosité amusée de poètes à l'affût de la vie réaliste, comme ils l'avaient été déjà en Grèce ou en Italie par les Hérondas et les Plaute.

Du plus ancien type de ce groupe sont certainement les deux boniments du *Dit de l'Erberie* et de *la Goutte en l'aisne* — laquelle a un autre nom plus gaulois dans le corps du texte —.

Le *Dit de l'Herberie* où nous retrouverons, plus que dans le *Miracle de Théophile*[1], la verve de Rutebeuf, expose à peu près les mêmes choses, en deux parties, l'une en prose et l'autre en vers, chacune n'ayant pas besoin de l'autre pour être complète, particularité qui commande l'attention. Aurions-nous là, comme on l'a ingénieusement conjecturé, une première notation directe du boniment entendu au carrefour par le poète, puis versifié ultérieurement par lui[2]? Il est possible. Voici un échantillon de ce côte-à-côte de la muse pédestre puis ailé :

---

1. Cf. tome I, p. 178 sq.
2. Cf. M. des Granges, *De scenico soliloquio*, op. c., p. 58.

> Seignor, qui ci estes venu,
> Petit et grant, jone (*jeune*) et chenu,
> Il vos est trop bien avenu (*avez bien fait de venir*)
>   Sachiez de voir (*vrai*) :
> Je ne vos vueil pas decevoir,
> Bien le porrez apercevoir
>   Ainz (*avant*) que m'en voise (*aille*).
> Asseez vos, ne fetes noise,
> Si escotez, s'il ne vos poise (*pèse*),
>   Je sui un mires (*médecin*) :
> Si ai esté en mainz empires :
> Du Caire m'a tenu li sires
>   Plus d'un esté,....
> Or j'ai fet molt grant demorée....
> En Puille (*Pouille*), en Calabre, etc...

Bele gent, je ne sui pas de ces povres preecheors (*prêcheurs*) ne de ces povres herbiers qui vont par devant ces mostiers (*monastères*) a (*avec*) ces povres chapes maucosues (*décousues*), qui portent boistes et sachés, et si estendent un tapiz.... Ma dame si nos envoie en diverses terres et en divers païs, en Puille, en Calabre, etc....

La fille Bastelière, est de même venue, mais avec plus de vie dramatique et plus d'épices aussi. Chambrière d'un bateleur elle en a appris de belles à son école ; et elle les dit sans vergogne, parmi l'étalage de ses remèdes recueillis en roulant à travers tous les pays du monde. Après avoir interrompu son boniment pour faire l'exhibition d'un chien savant « vestu de quelque toylle de coulleur », elle remonte « sur une secabelle » pour le continuer, avec l'appel final à la poche, prête d'ailleurs à faire crédit :

> Se la personne estoyt gouteuse
> Ou desus la partye honteuse....
> Soudainement seroyt guerye
> Devant que partir de mes mains.
> Or ça, levés trestous les mains,
> Petis et grans, sans secrupules.

Puis vient la tourbe des hâbleurs, bons à tout.

propres à rien, dont le prototype parait bien être le dit provençal de *l'Homme qui sait tout faire* par Raimond d'Avignon (XIIIᵉ siècle), à savoir : *Watelet de tous mestiers* (vers 1500); *Maistre Hambrelin, serviteur de Maistre Aliborum, cousin germain de Pacolet* (1537, daté par une allusion à la querelle de Marot et de Sagon); *Varlet à louer à tout faire*, avec son digne pendant *Chambrière à louer à tout faire*, les deux par Christophe de Bordeaux, Parisien (vers 1575) etc....

Nous signalerons dans ce groupe un petit chef-d'œuvre : « *le Monologue d'ung Clerc de taverne* » (vers 1530 [1] ?)

Ce titre plaisant de *clerc de taverne* indique que nous avons affaire à un Parisien et de l'espèce qui s'appellera le garçon de café : car voici comment s'exprime sur les servants de taverne Artus Désiré en ses *Grans Abus et Barbouilleries des taverniers et tavernières* (Rouen, 1578) :

> Dedans Rouen *varletz* sont appelez
> Et à Paris nommez *clercz de taverne*.
> Clercz d'yvrongnerie, ordoux et v......,
> Les clercz du Diable où tout péché abonde
> Au demeurant les meilleurs filz du monde.

Notre héros est tout à fait conforme à cette définition. La description qu'il fait de lui-même, des tavernes à la mode, sans oublier leurs enseignes, des consommations et des attractions spéciales, y compris les caissières et servantes, est d'un crayon agile et précis, à plaisir :

> Tout premier (*d'abord*), si vous avez soif
> De boire une foys de vin,
> Pour gecter dehors le venin,

---

[1] Cf. *Recueil de poésies françaises des XVᵉ et XVIᵉ siècles*, par A. de Montaiglon et J. de Rothschild, Paris, Daffis, 1876, p. 46 sqq.

Ne reste que (*il n'y a qu'à*), pour en gouter
En cul de Taverne bouter.
Avez fain? Vous y mengerez;
Avez vous soif? vous y burez;
A-t-on froit? on s'i chauffera;
Ou chault? on s'i rafreschira.
En tavernes, pour abréger,
Vous trouverez boire et menger,
Pain, vin, feu et tout bon repos,
Bruyt de choppines et de potz,
De tasses d'argent et vesselle.
Et, quand on en part, on chancelle;
Et est on par foys si joyeulx
Que les larmes viennent aux yeulx
Plus grosses que pépins de poire.

Voici d'autres attractions pour pousser les chalands à la consommation :

Voy dea (*Oui-da*), qu'i est ung plaisir
D'estre servy pour son argent!
Aussi, se ung clerc n'est diligent
En tel cas, ne vault une maille.
Après y a, que je ne faille,
Belles mignonnes chamberières,
Qui, aux gens, par doulces manières,
Jectent regars et ris vollans
Pour attraire tousjours chalans.
Puis, sur le banc sont les maistresses...
   (*mq.* 1 *vers*)
D'aful (*affublements*) de teste, et de habitz.
— Aux doys dyamans et rubis, —
Tenans façon (*et*) tendns gestes
Tant habilles et (*tant*) honnestes,
Que ung homme, si n'estoit rusé,
Seroit tout soubdain abusé,
Tant sont de belle contenance.
D'aucuns y treuvent accointance
Par argent ou par ambassades,
Par amoureuses occulades (*œillades*);
C'est tout ung : de cela me tais.
Les marys (*des patronnes*) sont là toutesfoys:

MOEURS DE BRASSERIE AU XVIe SIÈCLE.

« Jen Geuffin (*Jeu-fin*), parlés à ces gens ».
« Il n'y a ame » — « Mettez les
« A Sainct Jehan, ou à Sainct Laurens.
« Soyez six (*sextuplez-vous*) ; pensez là-dedans,

Quelle verve ! Et ce qui mérite d'être bien noté au passage, c'est le trait : qui n'est rusé est vite abusé ; car notre *clerc de taverne* est moraliste aussi. Sa philosophie se hausse, comme celle de ses descendants, les garçons de nos cabarets à la mode, à s'égayer sous cape des clients que plument les coquettes attachées à l'établissement. Au reste *Jean Jeu-fin* a ses petits profits, de fil en aiguille, y compris la bagatelle, grâce à ses trois mains :

Si le clerc de là est abille
Il doit estre comme ung mercier,
Bien fourny de fil et de esguille,
Deux, trois escus à la coquille (*en bourse, pour prêter ?*).
De trois mains l'une à la sallière ;
Puis après à la chamberière,
Qui apporte force chandelles,
On avance pièce derrière,
Voulentiers la coustume est telle,
Et, se c'est une pipernelle (*pimpante*)
Qui vueille entendre la raison
On essaye s'elle est fumelle. —
En quelque coing sans grant blason (*bavardage*) :
Et puis, en vault pis la maison ?
Nenny : ce sont faitz de faisance,
Car, en tout temps, lieu et saison,
Chascun appete (*désire*) sa plaisance.

Bref, la taverne est le meilleur endroit pour faire bonne chère, sans subir le chipotage que la femme vous sert au logis :

Car rien n'y a qui y guerroye ;
Il souffist seullement que on paye.
Mais une femme, à ung hostel (*à la maison*),
Esmouvera plus de frestel (*fera plus de musique*),

> Pour ung peu de lart ou de beurre,
> Pour ung oygnon, (ou) pour du feurre (*paille*),
> Ty ty, ta la, tant de riotte (*criaillerie*)
> Qu'il semble qu'elle soit ydiotte,
> Hors du sens, ou dyabolicque;
> Mais en la taverne publicque,
> Tout y est beau, tout y est bon.

Notre gaillard finit par une réclame soignée à l'adresse des bons diners de frairies et de confréries qui se font ici ou là :

> Mais en cul de belle taverne :
> Comme aux *Trois maris*, au *Fardel* (*vin du Beauvoisis*),
> A la *Berge* ou au *Vert Hostel*,
> A la *Harpe* ou au *Pot d'Estain*.

Aussi le métier est bon pour les « taverniers d'entendement », comme pour les clercs à « trois mains ». Il n'a qu'un écueil, vouloir « voller de trop grans elles » : encore en est-on quitte, au pis-aller, pour déloger en « mettant la clé soubz l'huis ».

Il nous reste à parler d'un troisième groupe de monologues, celui où l'acteur raconte une aventure dont il a été le héros. Il ne s'agit pas là d'un récit intercalaire, comme ceux que les *facteurs* de *sermons joyeux* y glissaient, à la mode des prédicateurs joignant un *exemple* à la morale, mais bien d'une chose arrivée, d'une aventure toute fraiche d'où le personnage sort tout chaud tout bouillant, et qu'il nous conte, au hasard de la rencontre.

Dans ce groupe nous signalerons la *Fortune d'Amours* (vers 1460?), intitulée

> Sermon joyeulx d'ung Verd Galant
> Et d'une Bergière jolye.
> Que peut nommer chascun lisant
> D'amour la Fortune ou Follye,

qui est d'un joli tour et d'une délicatesse rare. Cette

pastourelle dramatique où la coquetterie de la bergère berne joliment l'entreprenant berger, fait contraste avec le « *Sermon joyeulx d'ung Despuc..... de nourrices* ». Son héros se définit : *Je suis qui romps les huis ouverts*; et la pièce ne dut pas sa célébrité qui paraît avoir été grande, aux mêmes qualités que *la Fortune d'Amours*, comme son titre suffit à l'indiquer.

Nous citerons encore : *le Ramonneur de cheminées*, aussi impertinent et que nous retrouverons dans une farce ayant même titre et même indicible sujet[1]; — « *Le Monologue de l'Amoureux qui, en poursuivant ses amours demoura trois heures à une fenêtre pendu par les bras et enfin se coucha dedans un baing, cuidant (croyant) se coucher en une couchette* » (vers 1460?); — et « *Le monologue de l'Amoureux qui par fortune fut pendu à une gouttière, puis à une perche, sous les robes d'une femme, et se sauva dedans le coffre aux hardes* » (vers 1460?) attribués l'un et l'autre à Coquillard; — enfin et surtout « *la Botte de foing* » de Coquillart et « *le Monologue du Résolu* » de Roger de Collerye, qui sont les perles du genre, avec l'anonyme et hors de pair *Franc Archer de Bagnolet*.

Le premier de ces trois monologues est intitulé aussi dans les premières éditions : *le monologue Coquillart*, comme s'il était le monologue par excellence de cet auteur. Il compte près de 500 vers et paraîtrait longuet à la scène : mais que de traits et portraits vifs ! Voici la maîtresse du héros :

> Avez vous point veu cy entrer
> N'a guères une godinette (*gentille*)
> Qui vient rire, esbatre, dancer?
> C'est une petite noirette,

[1]. Cf. ci-après, p. 403.

Non pas noirette, mais brunette,
Une mignonne tant sadine (*doucette*),
Une robe d'un gris (*espèce d'étoffe*) bien faicte,
D'ung fin gris changant, bonne myne,
La belle pièce à la poictrine (le *gorgias*)
Tissu cramoisy; large front,
Et du hault jusques au bondon (*bedon*)
Elle est assi droicte qu'un jonc?
Pardonnez moy (*excusez*), elle n'y est don?
Je cuidoye (*croyais*) qu'elle fust céans...
Mais elle, pouac! c'est une fée,
Ung bon petit corset bien prins,
Qui faict aussi bien la saffée (*saffre? friande*)
Que femme qui soit au pays :
Tousjours ung tas de peliz ris,
Ung tas de petites sournettes,
Tant de petitz charivaryz,
Tant de petites façonnettes;
Petits gans, petites mainnettes (*menottes*),
Petite bouche à barbeter (*babiller*) :
Ba, ba, ba font ses godinettes
Quand elles veulent racqueter.

Il se peint lui même à cheval, avec son air conquérant, sans oublier certain faux-pas de sa bête qui lui attira les quolibets d'un des « regardans », mais ne l'empêcha pas de tourner la tête à la dame qu'il cherchait des yeux tout à l'heure dans l'auditoire. Puis vient le récit de ses devis avec la dame et la chambrière, non sans quelque verbosité, mais avec quel entrain!

Nous devisames là de baves (*bavardages*)...,
Pour nous et à noz advantaiges (*nous avantageant*);
Et entre aultres pour tous potaiges :
Cestuy cy va, cestuy la vien.
Ceste là cestuy ci vault bien.
L'un ayme l'autre; l'autre ayme l'une.
L'une (est) blanche et l'autre trop brune...
On faict cecy; on faict cela.
On va par cy; on va par là.

DANS LE GRENIER AU FOIN.

> Par telz pointz et par telles choses
> On brouille, on clicquette (*claque*), ou noise (*dispute*).
> L'ung est couard, l'autre est hardy.
> L'ung veult lundy, l'autre mardy.
> L'ung est rusé, l'autre gruppé (*grippé, pris*).
> L'ung est fort et l'autre huppé (*vaniteux*).

Parmi ces baves survient le mari :

> J'ouyz ung bruit que on demenoit,
> Dont incontinent je glosay (*remarquai*)
> Que s'estoit Monsieur qui venoit.
> « Las! dit elle, s'il vous voyoit!
> — Qu'est-il de faire? — Le musser (*cacher*)....

La nuit passée ensuite dans le foin par le galant est vraiment dramatisée plus que contée, en ses péripéties burlesques, y compris la manière dont notre freluquet occupait sa cervelle à l'évent :

> Je ne savoye tenir manière (*posture*):
> Plus tost (*tantôt*) couché dessus ces bottes (*de foin*),
> Plus tost dessus la chenevière (*bottes de chanvre*),
> Plus tost je descrotoye mes crottes (*celles de l'accident de
> J'avoye les fantasis (*imaginations*) si sottes, [cheval?*])
> Que ceste nuict, de pointz en pointz,
> Je devisay plus de centz cottes[1]
> Et plus de cinquante pourpoins.
> Et sans remuer piedz ne poingz,
> Et tout en faisant bonnes mynes,
> En songeant de près et de loingz,
> Je me prins à dire matines.
> Et quand j'en eu bien dit deux lignes,
> Je me levay lors sur mes piedz,
> Et tout en ployant les eschines (*sous le comble*)
> Je voys (*vais*) regarder les clochiers.
> Je marquoye (*remarquais*) plus de cent moutiers
> Où ilz n'avoyent esté jamais...

Vraiment cela est peint, comme dira Mme de Sévigné

---

1. Cf. Régnier :
> *Méditant un sonnet médite un éresché.*
> (Satire II, vers 162).

lisant la Fontaine ; et le dénoûment est d'une légèreté charmante, que n'eût pas désavouée l'auteur des *Contes* :

> Je descens sans dire : Qu'est là ?
> Je trouvay ma Dame levée.
> Quand elle me vit, pour entrée
> Elle me bailla un soubriz,
> Et, pour dire vray, sa risée
> M'estoyt ung petit Paradis....
> Et me dist, sans plus de séjours,
> Pour toute resolution,
> Que son mary dedans huit jours
> S'en alloit en commission.
> Ainsi j'auray occasion
> D'aller à l'hostel à mon aise.
> « A Dieu, ma dame. — Or, à Dieu don »,
> Dit elle. Mais, ne vous desplaise,
> Elle est assez fine et maulvaise
> D'enquerir se j'en ay rien dict.
> Pourtant (*c'est pourquoi*), je vous pry qu'il vous plaise
> D'en dissimuler ung petit.
> J'en ay assez dit pour meshuy (*aujourd'hui*),
> Et n'en diray plus pour meshouen (*l'avenir*).
> Tabourin ! à mon appetit ;
> Branslez Le petit rouen (*menez le branle du...*).

Le monologue du *Résolu* a été certainement écrit par Roger de Collerye (commencement du xvie siècle) avec celui de *la Botte de foin* dans la mémoire. Son imitation rivalise heureusement avec le modèle par la légèreté et la virtuosité de l'exécution, sinon par la vérité des traits.

On jugera de l'allure plus fringante du récit par ce début :

> L'autrier (*avant-hier*) soir, mon œil guignoit
> Une mignonne fort humaine
> Qui contre moi se desdaignoit,
> Ou à tout le moins se faignoit,
> D'une face assez mondaine (*engageante*).
> Devant son huys je me pourmaine
> Soubz l'espoir de parler à elle.

Son mari vient qui se demaine
Et me dit : « Galant, qui vous meine?
« De ce quartier tirez de l'elle ».
Pour garder l'honneur de la belle
Je n'y faiz pas longue demeure.
Puis le mari à sa fumelle
Hongne (*reproche*), frongne, grongne, grumelle (*grommelle*)
Par l'espace d'une grosse heure...
Le mari brait, la femme pleure...
Après plusieurs autres redictes
Proferees par ledict mari,
Tost après se trouvèrent quictes
De leurs parolles trop despites (*dépitées*),
De quoy je ne fus pas marry.
Ung mot fut dict, dont je me ry,
Par la mignonne, fort propice,
Moult bien taillé et escarry
Qu'elle avoit aprins en Berry,
C'estoit ung mot de haulte lice....

Les épisodes calqués sur ceux de *la Botte de foin*, et notamment les devis avec la dame, offrent un raccourci qui est amusant à rapprocher du modèle : pourtant il y a trop de piaffe dans l'allure qui dépasse celle de la vérité dramatique, mieux suivie chez Coquillard.

Mais *le Résolu* et *la Botte de foin*, malgré leur agrément et leurs mérites scéniques, sont éclipsés par « *le Franc Archier de Baignolet* », lequel est un miracle de l'art en ce petit genre.

Par l'ingéniosité de la fable, par sa structure dramatique, par la verve du style et la largeur comique du caractère de son très plaisant héros, ce monologue va de pair avec le *Pathelin*, son contemporain, dont il fait paraître la perfection moins exceptionnelle. Rien ne prouve que Villon en soit l'auteur; mais comme on comprend les efforts de la critique pour en faire honneur à son génie, et nous ôter le réel chagrin d'en ignorer l'auteur! Il eut d'ailleurs un succès durable, et

Rabelais qui le citera de mémoire, tout comme le *Pathelin*, le mettra parmi les « beaulx livres de la librairie (*bibliothèque*) de Sainct Victor ». Il roule d'ailleurs sur ce thème des soldats fanfarons et autres bravaches, qui a été traité par la comédie de tous les temps depuis Plaute — et même depuis Aristophane — et que nous verrons bientôt continuer sa haute fortune avec les capitans de la comédie de la Renaissance.

Le *Franc Archer de Bagnolet* est le chef-d'œuvre de cette série. Il laisse loin derrière lui ses imitations les plus réussies, comme « le Gendarme cassé » attribué à Coquillart; ou encore « le Franc Archier de Cherré » de l'angevin Jehan Daniel, dit maître Mithou (vers 1524), poète-musicien, qui eut de la célébrité en son temps et paraît l'avoir méritée par son entrain, témoin ce début :

> Sang bieu (*de Dieu*)! qu'esse que j'ay ouy?
> Est-ce un tabourin de Suysse?
> Ouy, ou je suis estourdy.
> A coup, a cheval! la lisse (*lice*)!
> Il faut que mon harnoys fourbisse...
> Mais ou, diable, est ce tabourin?
> Escoutez : bededou, bededou, bededou...

ou encore cette fin :

> J'en ay encore le pourpoint,
> Chausses, corset et les despouilles
> De feu Gros Doux et de Tredouilles.
> Qui dict que je ne les ay pas?
> Si ay, par bieu (*Dieu*); els sont la bas,
> Cela est aussi vray que hystoire.
> Quoy! vous ne m'en voulez pas croyre?
> Et, par bieu, je les voys (*vais*) querir
> Bien tost! Je ne fais que courir.
> Attendez moy; homme ne bouge.

Mais ce petit chef-d'œuvre qu'est *le Franc-Archer*

de Bagnolet demande, pour être bien savouré, une explication préliminaire. Il faut d'abord savoir que les Francs-Archers étaient une milice irrégulière, créée en 1448, qui, après avoir bien servi d'abord, s'était montrée finalement incapable de résister aux troupes régulières et avait laissé tout prestige sur le champ de bataille de Guinegate. Or, si cette sorte de garde nationale ne brillait pas contre l'ennemi, elle se rattrapait sur le commun, sur le bonhomme, comme on disait alors, en le pillant outrageusement. De là des rancunes populaires qui prirent la forme narquoise dont nous avons encore les trois variantes intéressantes que l'on voit, outre le *Pionnier de Sœurdres*, perdu[1]. Le sujet portait bonheur en proportion de la vivacité du ressentiment qui en était l'origine.

Le franc-archer de Bagnolet, Perrenet (*Petit Pierre*) de son nom, fait son entrée en cornant à un cornet, sans doute pour défier tout venant ; mais nul n'entre en lice :

> Par mon serment, j'enrage
> Que je n'ay à qui me combattre !
> Y a-il homme qui à quatre....
> — Que dis-je. — quatre qui à moy vueille
> Combattre ? Vienne ! si se reveille !
> Velà mon gantelet pour gage,
> Par le sang bieu, je ne crains page,
> S'il n'a (*à moins qu'il n'ait*) plus hault de (*que*) quatorze ans.

Voilà le ton. Le héros confesse ses ridicules, sans les sentir ; et cet aveu involontaire fait avec le reste de ses vanteries un contraste immanent et qui vise à être plaisant. C'est une convention du genre qu'il faut d'abord admettre. Nous la retrouverons d'ailleurs jusque dans le *Dupont et Durand* de Musset, en passant par le Sosie

---

1. Cf. E. Picot, *Romania, op. c.*, 1867, p. 518 sqq.

d'Amphitryon, dont voici déjà le ton tel qu'il l'aura en face de Mercure battant :

> Et quand je me senty feru
> D'une bouteille, qu'il cassa
> Sur ma teste, or venez ça,
> Dis-je lors, *que chascun s'appaise*,
> Car je ne quiers faire noyse (*dispute*) :
> Ventre bieu, vivons ensemble !
> Posé soit ores que je tremble,
> Sang bieu, je ne vous crains maille ;

et même une fois les propres expressions :

> *Mais nous apaisâmes*
> *Nos courages et reculâmes.*

Notre bravache a enfilé un récit étourdissant de ses exploits, y compris les amoureux, et en remontant jusqu'au temps où il était page :

> A brief parler, j'estoye ainsy
> Mignon comment cest enfant sy.

Le fracas des batailles sonne en onomatapée belliqueuses dans la bouche de ce forceur de villes et de filles, qui fut de la suite des la Hire, des Xaintrailles et autres preux chevaliers :

> Et quant la bataille fut close
> D'artillerie grosse et gresle,
> Vous eussiez ouy (pesle) et mesle
> Tip, tap, sif, saf, à la barrière,
> Aux esles, devant et derrière ;

avec ce trait à contre-sens du reste, mais si plaisant en sa convention, et auquel Rabelais fera l'honneur de la citation :

> Je ne craignois que les dangiers,
> Ne n'avoys paour d'autre chose.

Mais un *cocorico* avait retenti (*Cy dit ung quidam :
Coquelicot!*), au début de sa tirade épique, et avait
même paru donner l'élan à son courage. Il faut donc
suivre ce bel élan :

> Or çà, çà, par où assauldray-je
> Ce cochet qu'ay ouy chanter?
> A peu besongner bien vanter.
> Il fault assaillir cest hostel.

Or qu'est-ce donc qui fait déchanter notre brave et le
réduit soudain à merci? Voici une rubrique qui nous en
avise : « Il doit avoir (*en quelque coin du théâtre*) un
espovantail de chanevière (*pour chennevière*) en façon
d'un arbalestrier, croix blanche devant et croix noire
derrière ». Quel coup de théâtre!

> Ha! le sacrement de l'autel!
> Je suis affolé; qu'esse cy?
> Hélas! monsieur, pour Dieu mercy?
> Hault le trait (*de l'arbalète*), que j'aye la vie franche!
> Je voy bien, à vostre croix blanche,
> Que nous sommes tout d'ung (*du même*) party.
> Dont (*d'où*), tous les diables, est-il sorty
> Tout seul et ainsi effroyé?
> Comment! Estes-vous desvoyé?
> Mettez jus, je gage l'amende,
> Et, pour Dieu, mon amy, desbende
> Là-hault ou au loing ton baston,
>   (*Adonc il advise sa croix noire*).
> Par le sang bien, c'est un Breton,
> Et j'ay dit que je suis Françoys?
> Il est fait de toy ceste foys,
> Perrenet; c'est un party contraire.
> Ha! mon seigneur, voulez-vous traire (*tirer*)?
> Vous ne sçavez pas que vous faictes!
> Je suis Breton, se vous l'estes :
> Vive sainct Denis ou sainct Yve,
> Il ne m'en chault, mais que je vive...

Et de tendre salade, épée; jacques (*cotte de mailles*),

ceinture et cornet à l'épouvantail à moineaux, en demandant confession, prière et l'épitaphe que voici :

> Cy gist Perrenet, le franc archier,
> Qui cy mourut sans desmarcher (*décamper*),
> Car de fuyr n'eust oncques espace,
> Lequel Dieu, par sa sainte grace,
> Mette ès cieulx, avec les ames
> Des francs archiers et gendarmes,
> Arrière des arbalestriers.
> Je les hay tous : ilz sont meurdriers,
> Je les congnois bien de pieça (*longtemps*).
> Et mourut l'an qu'il trespassa.
> Voila tous les motz; (ilz) sont beaulx.
> Or, vous me lairrez (*laisserez*) mes houseaulx....

Suit la confession :

> Je me confesse
> A Dieu, tandis qu'il n'y a presse,
> Vierge Marie, à tous les sainctz.
> Or, meurs-je les membres tous sains
> Et tout en (bon) poinct, ce me semble,
> Je n'ay nul mal, sinon je tremble
> De paour et de malle froidure,
> Et de mes cinq sens de nature.

Perrenet s'interrompt pour pousser des cris de terreur devant les gestes de menace que sa couardise prête au mannequin :

> Dea, ne desbandez (*tirez pas*), je m'en fuis!
> Hélas! je suis mort où je suis.
> Je suis aussi simple, aussi quoy (*coi*)
> Comme une pucelle...

Pourquoi le tuer? Il aime tant ses parents! Quant aux hécatombes de victimes que ses si grands coups ont faites, oyez ceci :

> J'ay tousjours honnoré mon père,
> En moy congnoissant gentilhomme
> De son costé, combien qu'en somme

LE DÉNOÛMENT.

> Sois villain et de villenaille.
> Et, pour Dieu, attendez que j'aille
> Jusques à amen. Miséricorde!
> Relevez un peu vostre corde,
> Serrez le traict, qu'il ne me blesse.
> Item, morbieu, je me confesse
> Du cinquiesme (*sacrement*), sequentement.
> Deffend-il pas expressément
> Que nul homme ne soit meurtrier?
> Hélas! monseigneur l'arbalestrier,
> Gardez bien ce commandement.
> Quant est à moy (*Pour moi*), par mon serment,
> Meurtre ne fis (onc)ques qu'en poulaille...

Cependant « chet l'espovantail » : mais tout chu qu'il soit, Perrenet le craint encore ; et il prend le public à témoin qu'il n'est pour rien dans cette chute. Il se risque enfin à tendre la main au faux arbalétrier pour gagner sa bonne grâce; et quand il voit à qui il avait affaire, c'est un beau retour de ses vantardises :

> Au fort, baillez-moy sà la main,
> Je vous ayderay à relever;
> Mais ne me vueillez pas grever,
> J'ay pitié de votre fortune.
> Par le corps bieu, j'en ay pour une!
> Il n'a pié ne main; il ne hobe (*bouge*):
> Par le corps bieu, c'est une robe!
> Plaine de quoy? charbieu, de paille.
> Qu'esse-cy, morbieu? On se raille,
> Se cuidé-je, des gens de guerre!
> Que la fièvre quartaine serre
> Celuy qui vous a mis icy!...
> On c'est bien raillé de toy, Pierre!
> Par la chair bieu saincte et benye,
> Se j'eusse bien sceu la folie,
> Vous eussiez eu l'assault bien viste,
> Car j'eusse secoux vostre pelisse!
> Par Dieu, si me disoit le cueur
> Que j'en viendroye à mon honneur,
> Voire, quelque paour que j'en eusse.

Sans doute il y a encore dans tout cela un degré de charge, le grossissement inhérent au genre et qui lui est nécessaire pour tenir la scène. Mais, outre la verve admirable du style, quelle agilité dans le trait et quelle vérité dans le portrait! Ce n'est qu'une caricature, mais se peut-il rien de plus vivant, de plus scénique même? Tout y est en action et tout y est fait de rien. Avec un compère pour faire *cocorico* à la cantonade et un mannequin dans un coin, un seul personnage donne la comédie, une comédie complète. On dirait d'une gageure et que l'auteur joue la difficulté. C'est un bien joli tour de force! D'un pareil monologue à la farce la plus dramatique et, nous tenons à le répéter, au *Pathelin* lui-même, il n'y a de différence que dans le nombre des personnages, et il n'y en a pas dans la perfection.

Ainsi le monologue avait mérité de partager la fortune de la farce sur la scène publique. Quand il en descendra, ce sera pour retourner à ses tréteaux d'origine, où son éternelle clientèle lui restait fidèle. Nous l'y retrouverons au XVIIe siècle avec les Bruscambille et les Tabarin, et au XVIIIe siècle, avec ces acteurs forains dont le principal fournisseur ne sera autre que Lesage. Il attendra là que les caprices de la mode lui recrutent, dans nos salons, un public pareil à celui de la belle société et des *puys* bourgeois du temps jadis, avec des interprètes tels qu'il n'en avait probablement jamais eus, et qui feront bien autant pour son succès que ses poètes à la douzaine.

CHAPITRE V

LA COMÉDIE MÉDIÉVALE AU XVe ET AU XVIe SIÈCLE :
LES SOTTIES ET LES FARCES

Définition et origines de la sottie. — Les deux espèces de sotties : *Les Menus Propos* et *le Prince des Sots*.
Définition et origines de la farce. — Le monologue dramatique, les fabliaux et la genèse de la farce. — La comédie médiévale au collège et Tixier de Ravisi. — Classement et énumération des farces suivant le triple objet de leurs satires : amour et mariage ; états et métiers ; politique, religion et mœurs. — Considérations sur la licence du genre.

Avant de considérer la farce proprement dite, il semble bien qu'on doive faire une petite place à part à un genre qui s'en distingue un peu, du moins par certaines de ses productions, et qui est la *sottie*.

Son caractère principal, tout extérieur, est d'être jouée par des *Sots*[1].

Mais il en est d'autres qui procèdent de celui-là et vont plus au fond. L'habit de folie paraît conférer à ceux qui le portent une sorte de privilège héréditaire, sinon d'immunité, dans le droit de tout dire. De ce privilège les *fous* avaient abusé dans l'église, comme d'autres *fous* en useront dans le palais des rois. Les *sots* le portèrent sur la scène. Coiffés du « chaperon à fol », qu'ornent des oreilles d'âne en guise d'excuse, la tête du sot

---

1. Cf. sur ces comédiens, ci-dessus, p. 38 sqq..

s'échauffe, en même temps que sa langue s'aiguise. Aussi peut-on noter dans la sottie un degré de plus dans la pétulance satirique et dans l'outrance farcesque. Nous avons vu d'ailleurs que les *sots*, à en juger par leurs exercices acrobatiques, exécutés comme intermèdes, — « passées de sots, clauses de sots » comme les dénomment les rubriques — avaient dû de bonne heure se recruter parmi des professionnels.

Or, si de ce dernier fait on rapproche cet autre que, dans deux ou trois programmes qui nous sont parvenus, la sottie est citée à part et en avant du sermon, de la moralité et de la farce, on est bien tenté de voir, dans ces sortes de pièces, avec leur nouvel éditeur[1], une parade jouée par des professionnels, comme *lever de rideau* de leurs *spectacles coupés*. A l'appui de ce point de vue, nous ajouterons que les *sots*, quand ils surgissent en scène, au cours du mystère ou de la moralité, n'y viennent que pour faire une *annonce*, comme dans *la Passion* de Troyes et le *Saint-Bernard de Menthon*, ou pour divertir par des intermèdes plaisants, comme dans *Sainte-Barbe* et *Saint-Christophe*. D'ailleurs, leurs plaisanteries sont alors aussi étrangères à l'action que les exercices de clowns auxquels ils se bornent, dans les cinq intermèdes grotesques de *la Passion* de Jean d'Abondance.

On est ainsi conduit à indiquer, dans le genre de la sottie, deux espèces.

Dans l'une se rangeraient les plus courtes et les plus plaisantes d'entre elles, celles dont les grossières facéties, autant que les traditionnelles acrobaties, auraient tout de même gêné les acteurs-amateurs des mystères.

---

1. Cf. E. Picot, *Recueil général des Sotties*, op. c., t. I, p. XI sqq.

parmi lesquels nous avons vu des prêtres et des bourgeois de qualité, voire des gentilshommes. Jouées par des comédiens de profession, elles auraient servi de simples boniments, de bagatelles de la porte, comme ces parades effrontées du xviiie siècle qu'a recueillies *le Théâtre des Boulevards*, si chères à Gueullette et qui feront accourir tout Paris aux foires Saint-Germain et Saint-Laurent[1].

Ce caractère de la sottie-parade est nettement marqué par un passage curieux de *la Réformeresse*. Là, un badin — parmi trois *Galants sans souci* « farceurs, rimeurs et rimaleurs », offrant ses services à ladite réformeresse qui est une personnification burlesque et remarquable des compagnies satiriques — s'entend dire par elle :

> Et vrayment je vous retiendray :
> Savés vous bien telle chanson?
> Y fault publier a plain son
> Les estas, qu'i nous viennent voir.

Au reste, les origines mêmes de la sottie, en ce qu'elles ont de distinct, la prédestinaient à cet emploi. Elle paraît bien en effet venir en droite ligne de ces *fatrasies* ou *fatrasseries* dont nous avons eu à signaler des échantillons sur la scène même des mystères, notamment dans le miracle d'*Un paroissien excommunié*[2]. Non contentes de donner naissance à ces véritables sotties, sous la forme lyrique, qui se débitaient dans les chambres de rhétorique — dont Baudet Herenc nous dit, dans sa Poétique (*Doctrinal de la Secunde Retorique*, 1432) que « tant plus sont de sos mos et diverses et estranges

---

1. Cf. *Théâtre des boulevards*, par Georges d'Heilly, Paris, Rouveyre, 1881, 2 volumes.
2. Cf. t. I, p. 234.

rimes et mieulx valent » — ces *fatrasies* engendrèrent aussi certains poèmes dramatiques, sorte de purée théâtrale, dite *des pois pilés*, longtemps fameuse sous cette appellation synonyme de bouffonnerie désopilante et un peu falote[1], dont on vient de découvrir un spécimen de plus et bien remarquable dans la *Sottie nouvelle de l'Astrologue* (Paris, 1498).

Quant à la seconde espèce de sotties, la grande, elle comprendrait les sottises étendues qui avaient les honneurs du spectacle intérieur, et étaient interprétées par les clercs de la basoche ou les membres des sociétés joyeuses. Elles pouvaient même empiéter sur le domaine de la moralité, comme la « *Sotise à huit personnaiges* » d'André de *la Vigne* (Toulouse, 1507?)[2]. Celles-ci ne se distinguaient guère des farces que par l'habit des interprètes et, à l'occasion, par un degré de plus dans la virulence agressive de la satire. Tenter un départ rigoureux entre les unes et les autres, serait bien conjectural et sortirait d'ailleurs du cadre de cet ouvrage[3].

Nous nous bornerons ici à choisir et à analyser deux sotties, donnant l'idée des différences qui peuvent caractériser chacune des deux espèces.

La sottie des *Menus propos* (Rouen, février 1461) est évidemment de la première, celle des parades.

Elle consiste, sans aucune action, en un simple entrecroisement de propos que trois sots s'adressent et dont on ne peut dire qu'ils les échangent : car les dits propos n'ont entre eux aucun rapport et constituent un

---

1. Cf. E. Picot, *Recueil général des Sotties*, op. c., t. I. p. 195 sqq.
2. Cf. E. Picot, *Recueil général des Sotties*, op. c., t. II, p. 1.
3. Si on en a la curiosité, on trouvera tous les moyens de la satisfaire, autant que possible, dans la savante édition des sotties que poursuit M. E. Picot : Cf. *Recueil général des Sotties*, op. c. : deux volumes déjà parus contiennent 18 sotties dont plusieurs inconnues jusqu'ici.

long coq-à-l'âne de 574 vers. Mais s'ils ne riment à rien, les couplets, généralement de deux vers, parfois de quatre ou même de six, riment du dernier vers de l'un au premier de l'autre, suivant cet enchainement mnémonique que nous avons depuis longtemps signalé[1]. C'est une enfilade de fatrasies émaillées de dictons, proverbes et *mots de gueule*. Leur saveur, en partie perdue pour nous, dut être vivement goûtée des contemporains, à en juger par le succès de la pièce dont témoignent ses éditions réitérées du XVIe siècle et les emprunts textuels que lui fera encore, quarante ans après, l'auteur du « *Sermon joyeulx d'ung fiancé qui emprunte ung pain sur la fournée à rabattre sur le temps advenir* »[2].

Quelques citations suffiront à donner une idée du ton et du mouvement :

> C'est bon manger que d'une heure,
> Entendés vous bien? de sanglier[3]...
> On prent voulentiers du couvent
> Le plus meschant pour estre abbé. —
> Dy moy! Que signifie *gabbé?*
> Il signifie deux fois menty. —
> Recullés vous, car j'ay senty,
> Par Dieu, aultre chose qu'à point...
> Le dyable d'enfer s'est vanté
> Qu'il nous fera beaucoup de bien. —
> J'aymeroye, par Dieu, mieulx ung *lien*
> La moitié que deux *tu l'avras*...
> Autant vault a dire Richart
> Comme Cardin ou Cardinot (*diminutif de Richard*). —
> Lequel chante mieulx, d'ung linot,
> A vostre advis, ou d'ung corbeau? —
> Quant une femme a le corps beau,
> Elle en est plus tost mariée...
> Que j'ay chiffré mainte leçon

---

1. Cf. ci-dessus, p. 68, 73.
2. Cf. ci-après, p. 382.
3. Sur le plaisant d'une construction ainsi équivoquée (*par mon serment, de laine* etc...) que Rabelais copiera (*Pantagruel*, f. II, ch. XII), cf. *Pathelin*, vers 252.

Tant que j'estoie estudiant! —
Les chiens si mordent en riant;
I ne s'i fait point bon jouer...
C'est ung grant tour d'abilité
Que bien faire le soubresault[1]...
A sept francz et demy le porc,
Combien seroit ce la vessie?...
On dit voulentiers que la glose
D'Orléans si destruit le texte. —
C'est une chose manifeste
Que piedz de beuf ne sont pas tripes. —
Quant je danse, je saulx, je tripes (*trépigne*?);
J'ay tousjours le c.. ortié (*piqué d'orties*)...
Je ne sçavroie adviser
D'une chose que j'ay ouye :
Car la mer s'en est enfouye.
Je ne sçay s'elle est loing ou près,
Mais les poissons courent après
Tant qu'ilz pevent a travers le boys...
Il est beaucoup plus de comperes
La moitié que de bons amis. —
Un silogisme en *disamis*
Si se ramaine en *celarent*...
Les aveugles des Quinze Vings
Ne doibvent rien en luminaire...
Comme se fera enterrer
Celuy qui mourra le derrain (*dernier*)?...

Si ces facéties ont eu pour auteur, ainsi qu'on le conjecture, Cardinot, — dont on y a vu le nom cité, et que nous avons déjà rencontré parmi les « bons falots » énumérés dans la farce du *Bateleur* — il était quelque peu clerc, comme on a pu le constater. A ces *trudaines* et proverbes, calembours et calembredaines, débités pour attirer la foule, il convient sans doute d'ajouter, outre le piment de certaines gauloiseries impossibles à citer, l'attrait de ces *danses et soubresauts* auxquels on vient de voir faire deux allusions par nos *sots*. Le tout compo-

---

1. Sur ce tour de professionnel du *sot*, cf. ci-dessus, p. 39.

sait bien le spectacle haut en couleur qui est de l'essence des parades de la porte; et nous avons dit combien celui qu'offraient les *Menus propos* avait dû être vivement et longtemps goûté, la pièce étant restée au répertoire des farceurs.

Nous choisirons le « *Jeu du Prince des Sotz et Mère-Sotte* » comme type de la seconde espèce de *sotties*, la grande, celle qui fait concurrence au reste du spectacle, notamment à la moralité.

Le Prince de Sots (661 vers) était la première des trois pièces de Gringore[1] qui composèrent le fameux spectacle du « mardy-gras l'an mil cinq cens et unze » (24 février 1512, nouveau style), avec la moralité déjà vue de *Peuple français, Peuple italique*, etc., et la farce perdue de *Dire et Faire* ou *Raoullet Ployart*. Cette représentation fut-elle donnée par Gringore, sur l'ordre du roi ou de ses ministres, comme l'avait été, le 11 juin 1508, celle de la moralité du *Nouveau Monde* analysée plus haut? Cela est fort plausible, car Louis XII faisait multiplier les factums contre Jules II, à propos de leurs querelles armées sur les rapports de l'Église et de l'État. S'il fut le grand ami de la liberté théâtrale que nous avons vu[2], c'est aussi parce qu'il y trouvait un moyen efficace de mettre de son côté l'opinion publique, exceptionnellement importante en de pareils démêlés qui, dans la vieille France, tournaient vite au cas de conscience pour tous.

D'ailleurs le privilège traditionnel de tout oser, sous l'habit de folie, allait permettre de pousser l'attaque à toute outrance, comme le demandaient les circonstances. De là sans doute, et selon une fine conjecture

1. Cf. t. I, p. 263.
2. Cf. ci-dessus, p. 27.

du dernier éditeur[1], l'importance exceptionnelle de cette sottie dans l'ensemble du spectacle de ce mardi-gras de 1512.

Elle fut précédée d'un *Cry*, pour la *montre*, selon le mode déjà décrit[2]. Le succès de celui-ci fut extraordinaire, comme en témoignent les imitations qu'il provoqua[3]. C'est pourquoi nous le citerons d'abord, et aussi comme une revue documentaire des suppôts de l'universelle sottise (*stultorum numerus infinitus*), selon la conception de nos faiseurs de sotties :

LA TENEUR DU CRY.

Sotz lunatiques, Sotz estourdis, Sotz sages
Sotz de ville, de chasteaux, de villages,
Sotz rassotez, Sotz niais, Sotz subtilz,
Sotz amoureux, Sotz privés, Sotz sauvages.
Sotz vieux, nouveaux, et Sotz de toutes ages,
Sotz barbares, estranges et gentilz,
Sotz raisonnables, Sotz pervers, Sotz retifz,
Vostre Prince, sans nulles intervalles.
Le Mardy Gras jouera ses jeux aux Halles.

Sottes dames et Sottes damoiselles,
Sottes vieilles, Sottes jeunes, nouvelles,
Toutes Sottes aymant le masculin,
Sottes hardies, couardes, laides, belles,
Sottes frisques (*fringantes*), Sottes doulces, rebelles,
Sottes qui veulent avoir leur picotin,
Sottes trottantes sur pavé, sur chemin,
Sottes rouges, mesgres, grasses et palles.
Le Mardy Gras jouera le Prince aux Halles.

Sotz yvrongnes, aymans les bons loppins, - [*ches*),
Sotz qui crachent au matin jacopins (*grosses pièces blan-*
Sotz qui ayment jeux, tavernes, esbatz.   [*complaisants*)
Tous Sotz jalloux, Sotz gardans les patins (*de leurs dames,*
Sotz qui chassent nuyt et jour aux congnins (*lapins*),

---

1. Cf. E. Picot, *Recueil général*, op. c., t. II, p. 108.
2. Cf. t. I, p. 73 sqq.
3. Cf. *Œuvres complètes de Gringore* par Ch. d'Héricault et A. de Montaiglon, Paris, Jannet, 1858, t. I, p. LXIX sqq.

LE PRINCE DES SOTS : L'EXPOSITION.

>Sotz qui aiment à frequenter le bas,
>Sotz qui faictes aux dames les choux gras;
>Advenez y, Sots lavez et Sots salles;
>Le Mardy Gras jouera le Prince aux Halles.
>
>   Mère Sotte semont (*avise*) toutes les Sottes,
>N'y faillez pas à y venir, bigottes;
>Car en secret faictes de bonnes chières.
>Sottes gayes, délicates, mignottes,
>Sottes doulces qui rebrassez vos cottes,
>Sottes qui estes aux hommes familières,
>Sottes nourrices, et Sottes chamberières,
>Monstrer vous fault doulces et cordiales;
>Le Mardy Gras jouera le Prince aux Halles.
>
>   Fait et donné, buvant vin à plains pots,
>En recordant (*rappelant*) la naturelle game,
>Par le Prince des Sotz et ses supotz;
>Ainsi signé d'ung p.. de preude femme.

Puis « s'ensuyt la sottie ». Elle s'ouvre par les propos de trois sots, desquels il appert que l'on a des torts envers leur Prince. Or celui-ci ne peut être, ne l'oublions pas, que le roi Louis XII, tant ici le royaume de *Sottie* se confond avec celui de France. Mais la mesure des fourberies dont il est victime, est comble,

>C'est trop jouer de passe-passe.

Et pourtant s'il endure,

>Aussy paye quant payer fault,

témoin certaines décapitations qui firent des cardinaux, c'est-à-dire « des rouges collets », à la manière de Grève s'entend. Cependant

>Le Prince des Sotz ne pretend
>Que donner paix a ses suppotz.

La cause de tout ce désordre est dans l'avidité universelle :

>Tout chascun a son prouffict tend,

Espagnols et Anglais, et surtout l'Église :

> Pour ce que l'Église entreprent
> Sur temporalité et prent...

Mais « en ces jours gras » le Prince des Sots veut « tenir ses grans jours » et on appelle sa cour,

> Tous les seigneurs et les prelatz
> Pour deliberer en son cas.

A cet appel, ses « suppôtz » descendent des étages — situés évidemment sur les échafauds du théâtre — où ils étaient juchés. Voici venir, avec de joyeux devis, d'abord une figure de connaissance, celle du Seigneur de Pont Alletz[1], l'un « de ses vrays sottelets » et qui est en passe de devenir un si fameux Sot; puis *le Seigneur de Joye* qui s'annonce ainsi :

> Me vecy auprès de la proye,
> Passant temps au soir et matin,
> Tousjours avec le femynin.
> Vous sçavez que c'est mon usage:

ensuite *le Prince de Nales* non moins vert-galant; et *le Général d'Enfance*, ami des jouets et du *lolo* :

> Hon! hon! Menmen! Papa! Tetet!
> Du lolo! Au cheval fondu!

et *le Seigneur du Plat*, et celui de *la Lune*, non moins falots. A ces suppôts du Prince des Sots viennent se joindre *l'Abbé de Plate Bource* et celui de *Frevaulx*, avec sa crosse et sa chape exquise,

> Aussi chaulde que vent de bise.

---

1. Cf. ci-dessus, p. 43.

La grande cour étant au complet, le Prince des Sots fait son entrée :

LE PRINCE DES SOTZ.

Honneur, Dieu gard, les sotz et sottes !
Benedicite, que j'en voy !

LE SEIGNEUR DE GAYECTÉ.

Ilz sont par troppeaux et par bottes.

LE PRINCE DES SOTZ.

Honneur, Dieu gard, les sotz et sottes

LE SEIGNEUR DE GAYECTÉ.

Arriere, bigotz et bigottes !
Nous n'en voulons point, par ma foy.

LE PRINCE.

Honneur, Dieu gard, les sotz et sottes !
Benedicite, que j'en voy !
J'ay tousjours Gayecté avec moy
Comme mon cher filz tresaymé.

Les abbés susnommés comparaissent alors devant le Prince et leur confession n'est pas édifiante ; aussi les Sots ne peuvent-ils s'empêcher de s'exclamer :

LE TROISIÈME.

Vos preslatz font ung tas de mynes,
Ainsi que moynes reguliers ;
Mais souvent dessoubz les courtines
Ont creatures femynines
En lieu d'heures et de psautiers.

LE PREMIER.

Tant de preslatz irreguliers !

LE DEUXIÈME.

Mais tant de moynes apostatz !

LE TROISIÈME.

L'Eglise a de maulvais pilliers.

Mais survient un personnage qui a encore plus son franc-parler.

LA SOTTE COMMUNE.

Par Dieu, je ne m'en tairay pas :
Je voy que chascun se desrune (*dérègle*).
On descrye florins et ducatz :
J'en parleray; cela repugne.

LE PRINCE.

Qui parle?

GAYECTÉ.

La Sotte commune.

LA SOTTE COMMUNE.

Et! que ay je a faire de la guerre,
Ne que a la chaire de saint Pierre
Soit assis ung fol ou ung saige?
Que m'en chault il se l'Eglise erre,
Mais (*pourvu*) que paix soit en ceste terre?
Jamais il ne vint bien (*le bien*) d'oultraige
Je suis asseur (*tranquille*) en mon village :
Quand je vueil je souppe et desjeune.

LE PRINCE.

Qui parle?

LE PREMIER SOT.

La Sotte commune

Pour le début, cela ne va pas mal, et la satire prend un assez bon train. Mais le prince ayant fait approcher *Sotte commune*, celle-ci « grummelle » de plus belle sur les menées des traîtres, le poison des Borgia, les schismes imminents, passant tout au fil de sa langue. Au reste cela ne tire pas à conséquence :

GAYECTÉ.

La commune ne sçait tenir
Sa langue.

LE TROISIÈME.

N'y prenez point garde :
A ce qu'elle dit ne regarde.

Mais voici un personnage de plus grande importance:
LA MÈRE SOTTE, *habillee par dessouz en Mere sotte et,
par dessus son habit, ainsi comme l'Eglise.*

Elle déclare d'abord son dessein, en se définissant
de pied en cap, dessus et dessous :

> Le temporel vueil acquerir,
> Et faire mon renom florir.
> Ha! brief, vela mon entreprise.
> Je me dis Mère Saincte Eglise,
> Je vueil bien que chascun le note,
> Je maulditz, anatematise;
> Mais soubz l'habit, pour ma devise,
> Porte l'habit de Mère sotte.
> Bien sçay qu'on dit que je radotte
> Et que suis fol en ma vieillesse;
> Mais grumeler (*gronder*) vueil a ma poste (*guise*)
> Mon filz, le prince, en telle sorte
> Qu'il diminue sa noblesse.

Et *Mère Sotte* délibère incontinent de la mise à exécution de ce dessein romain avec ses acolytes *Sotte Fiance*
et *Sotte Occasion*, sans oublier les conseils et prophéties de son « médecin juif, maistre Bonnet », déjà vu
dans *Peuple français et Peuple Italique*[1]. La morale tient
en un vers :

> La Bonne Foy? C'est le viel jeu.

Mère Sotte va donc jouer le nouveau et, à cette fin,
elle se fait amener ses prélats, auxquels elle révèle son
plan éternel :

LA MÈRE.

> Je vueil qu'on die a tous propos,
> Affin que acquiere bruyt et lotz (*loüange*),
> Que je suis Mère Saincte Eglise.
> Suis je pas en la chair assise?
> Nuyt et jour y repose et dors.

---

1. Cf. ci-dessus, p. 142.

SOTTE FIANCE.

Gardez d'en estre mise hors.

LA MÈRE SOTTE.

Que mes prelatz viennent icy!
Amenez moy les principaulx.

OCCASION.

Ils sont tous prestz, n'ayez soulcy,
Et deliberez, Dieu mercy,
Vous (*à vous*) servir comme vos vassaulx.

SOTTE FIANCE.

Croulecu, Sainct Liger, Frevaulx!
Ça, la Courtille et Plate Bource!
Venez tost icy a grant cource!

PLATE BOURCE.

Nostre mere!

FREVAULX.

Nostre asottee!

CROULECU.

Nostre suport, nostre soullas (*consolation*)!

PLATE BOURCE.

Par Dieu, vous serez confortee
Et de nuyt et jour supportee
Par vos vrays suppotz, les prelatz.

MÈRE SOTTE.

Or je vous diray tout le cas.
Mon filz la temporalité
Entretient, je n'en doubte pas;
Mais je vueil, par *fas* ou *nephas*,
Avoir sur luy l'auctorité.
De l'espiritualité
Je jouys, ainsi qu'il me semble;
Tous les deux vueil mesler ensemble.

SOTTE FIANCE.

Les princes y contrediront.

MÈRE SOTTE ET SES COMPLICES.

SOTTE OCCASION.

Jamais ilz ne consentiront
Que gouvernez le temporel.

LA MÈRE.

Veuillent ou non, ilz le feront,
Ou grande guerre a moy avront.
Tant qu'on ne vit onc debat tel.

PLATE BOURCE.

Mais gardons l'espirituel ;
Du temporel ne nous meslons.

LA MÈRE SOTTE.

Du temporel jouyr voullons.

Il y aura honneur et profit, bien entendu :

Vous avrez en conclusion
Largement de rouges chappeaulx.

Donc à l'assaut prochain, et

Frappez de crosses et de croix.

Tout le plan ainsi dressé, Mère Sotte va par-devers la noblesse pour lier partie avec elle contre leur commun prince. Mais sa tentative de corruption réussit moins bien ici qu'auprès du clergé. La noblesse entière, sauf peut-être le lunatique *Seigneur de la Lune*, résiste à son patelinage; et elle a beau prodiguer les caresses et dire: « Mes vrays enfans et mes dorlotz (*dorlotés*) », il n'est pas jusqu'au *Général des Enfans* qui ne se rebiffe :

LE GÉNÉRAL.

Je porteray mon moulinet,
S'il convient que nous bataillons,
Pour combattre les papillons (*ceux du pape*).

Alors changement de ton chez Mère Sotte qui se met sur le pied de guerre, comme on le voit par une exclamation de Pont-Alletz :

LE SEIGNEUR DU PLAT.

Et dea? quelle mousche la point?

LE SEIGNEUR DU PONT-ALLETZ.

Je n'entens pas ce contrepoint :
Nostre Mere devient gendarme.

LA MÈRE SOTTE.

Prelatz, debout! Alarme, alarme!
Habandonnez eglise, autel!
Chascun de vous se treuve ferme!

L'ABBÉ DE FREVAULX.

Et! vecy ung terrible terme!

L'ABBÉ DE PLATE-BOURCE.

Jamais on ne vit ung cas tel!

CROULECU.

En cela n'y a point d'appel,
Puis que c'est vostre oppinion.

SOTTE OCCASION.

El veult que l'espirituel
Fasse la guerre au temporel.

Il va pleuvoir des coups. En attendant, *la Commune*, postée à son enseigne, profite de cette occasion, qui n'est point si sotte pour elle, de lâcher quelques remarques incisives :

LA COMMUNE.

Bourgeois, laboureurs et marchans,
Ont eu bien terrible fortune.

LE PRINCE.

Que veux-tu dire, la Commune?

LA COMMUNE.

Affin que le vray en devise.
Les marchans et gens de mestier
N'ont plus rien : tout va à l'Eglise.
Tous les jours mon bien amenuyse;
Point n'eusse de cela mestier (*besoin*).

LE PREMIER (*Sot*).

Se aucuns vont oblique sentier,
Le Prince ne le fait pas faire.

LA COMMUNE.

Non, non, il est de bonne affaire.

Elle a le verbe haut et libre, et elle s'en vante :

Je dis tout, ne m'en chault se on m'ot (*ouit*);

et qui voudra mordre y morde.
Cependant Mère Sotte n'hésite pas plus à frapper par l'épée que Jules II qui, l'année d'avant, le 11 janvier 1511, étant presque septuagénaire, entrait dans la Mirandole par la brèche, armé de pied en cap :

LA MÈRE SOTTE.

Que l'assault aux princes on donne,
Car je veuil bruit et gloire acquerre,
Et y estre en propre personne.
Abregez vous sans plus enquerre!

LE SEIGNEUR DU PONT ALLETZ.

L'Eglise nous veult faire guerre,
Soubz umbre de paix nous surprendre.

LE SEIGNEUR DU PLAT.

Il est permys de nous deffendre,
Le droit le dit, se on nous assault.

LA MÈRE SOTTE.

A l'assault, prelatz, à l'assault!
Icy se fait une bataille de prelatz et princes.

Pendant cette mêlée, les commentaires vont leur train autour du Prince; et on pense s'ils sont gallicans!

LE PREMIER SOT.

L'Eglise voz suppostz tourmente
Bien asprement, je vous promctz,
Par une fureur vehemente.

LA COMMUNE.

En effet, point ne m'en contente :
J'en ay de divers entremetz.

LE PRINCE.

A ce qu'elle veult me submetz.

LE TROISIÈME (Sot).

Vous faire guerre veult pretendre.

LE PRINCE.

Je ne lui demande que paix.

GAYECTÉ.

A faire paix ne veult entendre.

LE TROISIÈME.

Prince, vous vous pouvez deffendre
Justement, canonicquement.

LA COMMUNE.

Je ne puis pas cecy comprendre
Que la Mere son enfant tendre
Traicte ainsi rigoureusement.

LE PRINCE.

Esse l'Eglise proprement?

LA COMMUNE.

Je ne sçay; mais elle radotte.

LE PRINCE.

Pour en parler reallement,
D'Eglise porte vestement,
Je vueil bien que chascun le notte.

LE DEUXIÈME (Sot).

Gouverner vous veult a sa poste (*guise*).

LE TROISIÈME.

El ne va poinct la droicte voye.

LE PREMIER.

Peult estre que c'est Mere sotte.
Qui d'Eglise a vestu la cotte,
Par quoy (*c'est pourquoi*) il fault qu'on y pourvoye.

LE PRINCE.

Je vous supplye que je la voye.

GAYECTÉ.

C'est Mere sotte, par ma foy.

Gaîté ayant montré à tous, en la découvrant, que *Mère Sotte* n'a d'Église que le costume et le harnais guerrier, il n'y a plus qu'à se remettre d'une alarme si chaude. Ce n'était que folie et c'est *Mère Sotte* seule qui en portera la peine : n'en parlons plus. Cependant *la Commune* ne peut se tenir d'en parler encore, car c'est elle qui paiera les frais de la guerre :

LA COMMUNE.

Et j'en suis, par saincte Marie,
Tant plaine de melencolie
Que n'ay plus escuz ne ducas.

LE DEUXIÈME (Sot).

Tays toy, Commune, parle bas.

SOTTE COMMUNE a compris et dit tout haut :

Affin que chascun le cas notte,
Ce n'est pas Mere saincte Eglise
Qui nous fait guerre, sans fainctise
Ce n'est que nostre Mere sotte.

Ce n'est donc rien, et la religion étant hors de cause, il n'y a de cas de conscience pour personne :

> LE TROISIÈME (Sot).
>
> Nous congnoissons qu'elle (Mère Sotte) radotte
> D'avoir aux sotz discention.
>
> LE PREMIER.
>
> El treuve Sotte Occasion
> Qui la conduit à sa plaisance.

Pourtant il ne faudrait pas trop s'y fier, et c'est la conclusion et la morale de la pièce :

> LE DEUXIÈME (Sot).
>
> Concluons.
>
> LE TROISIÈME.
>
> C'est Sotte Fiance.

Telle est cette sottie célèbre : on voit qu'elle mérite sa célébrité par l'ingéniosité réelle de la trame et par la vive allure de l'action, par le relief des figures égal à celui du style, et par la finesse autant que par l'acuité de la satire. Du *Prince des Sots* au *Mariage de Figaro* et même à *Tartuffe* la distance n'est pas infinie : en tous cas, la comédie nationale est sur la voie qui mène à l'un et à l'autre. Une pareille œuvre justifie donc l'éloge que Jean Bouchet fait de la sottie, quand il y voit la conseillère des rois, en ces vers des *Epistres morales et familieres du Traverseur* (1545) :

> En France elle (*la satire*) a de *sotie* le nom,
> Parce que solz des gens de grand renom
> Et des petits jouent les grands follies,
> Sur eschaffaux, en paroles polies,
> Qui (*ce qui*) est permis par les princes et roys,
> A cette fin qu'ils sçachent les derroys (*désarrois*)

> De leur conseil, qu'on ne leur ause dire,
> Desquelz ils sont advertis par satire.
> Le roy Loys douziesme desiroit
> Qu'on les jouast à Paris, etc...

Après ces échantillons de la petite et de la grande sottie que nous ont offerts les *Menus propos* et le *Prince des Sots*, nous ne pousserons pas plus loin nos distinctions entre les deux variétés, parmi la trentaine de pièces de ce genre qui nous est parvenue, et dont la première en date (*Sottie à trois personnages*, fragment) est de 1420 environ. Celles que nous avons indiquées suffisent pour jalonner, en l'espèce, l'évolution des genres comiques vers la farce qui en est le confluent et qui les absorbera tous.

En somme celui de la sottie ne parvint pas à acquérir une individualité bien distincte. Après avoir noté le costume spécial de ses interprètes, et peut-être un caractère plus agressif dans ses satires, mais qui est trop peu différentiel dans l'état actuel des documents, il reste vrai qu'on la peut définir une farce ou même une moralité jouée par des *sots*. Nous la laisserons donc, dans la suite, à son rôle de satellite inséparable de la farce, ne distinguant pas plus entre elles deux que ne faisait, en leur temps, Thomas Sibilet, quand il écrivait : « le vrai sujet de la Farce ou Sottie françoise sont badineries, nigauderies, et toutes sotties esmouvantes a ris et plaisir ».

La farce, sans autres distinctions oiseuses, a donc désormais droit à occuper toute notre attention, comme elle a occupé vraiment, en dernière analyse, et si on écarte le trompe-l'œil des titres capricieux, à peu près toute la scène comique du moyen-âge.

L'origine du mot est plus claire que celle de la chose.

Il vient du bas-latin *farsa* (de *farcire* farcir); et nous en avons vu plus haut, à propos des origines du *sermon joyeux*[1], le sens primitif qui était grave, puis le sens dérivé, qui fut plaisant.

La farce, ainsi que l'indique son nom, s'introduisit donc dans l'ensemble du spectacle, comme un hors-d'œuvre épicé, tantôt suivant le mystère ou la moralité, tantôt s'y mêlant incongrûment. Nous avons constaté plusieurs fois ce dernier fait, notamment dans le miracle de *l'Empereur Julien*[2].

Mais comment la farce se constitua-t-elle à l'état de genre dramatique? Vint-elle du développement du monologue, d'une distribution de la surcharge du rôle de l'acteur monologuant entre plusieurs autres qui l'allégeaient d'autant? Voici sur quels indices on peut fonder cette première et intéressante hypothèse[3].

Il y a telle farce où la pluralité des personnages n'est qu'apparente. Les divers rôles, n'y étant que juxtaposés, pourraient être tenus par un de ces acteurs — comme nous en voyons de si prestigieux sur nos scènes de genre — habiles à se travestir en un tour de main et de *portant*, ayant plusieurs registres dans la voix, le fausset aidant, et singeant à volonté les personnages de toutes conditions et des deux sexes. Pourquoi le fameux auteur-acteur acrobate Pont-Alletz, par exemple, n'aurait-il pas été capable de ces métamorphoses scéniques, comme l'étaient déjà sans doute ces bouffons italiens, rivaux triomphants de la troupe de Gringore de laquelle il faisait partie, comme le seront leur cadets les Scaramouche et les Dominique, et comme le sont de nos jours tels et tels de leurs succes-

---

1. Cf. ci-dessus, p. 147.
2. Cf. t. I, p. 190.
3. Cf. M. des Granges, *De scenico soliloquio*, op. c., chap. vi.

seurs français ou italiens qu'ils ne désavoueraient pas[1]?

Nous avons un échantillon certain du genre dans le « Monologue fort joyeulx, auquel sont introduyctz deux advocatz et un juge, devant lequel est plaidoyé le bien et le mal des dames » (1530? — 312 vers). Nous savons même le nom de l'auteur-Protée de ce temps-là, car il nous le donne lui-même, avec un détail sans malice de son jeu, précédant son exécution, dans le susdit *Bien et mal des dames* :

> S'il vous plaist de sçavoir mon nom,
> C'est *Verconus* que l'on m'appelle.

Mais l'intérêt essentiel étant ici dans le tour de passe-passe, le monologue avait vraiment mieux à faire pour remplir toute sa destinée dramatique, que d'engager contre la farce ce combat d'un contre trois : c'était d'abdiquer en sa faveur, en se mettant en dialogue et en échauffant son héritière de tout le feu de son action intensive et débordante.

Ainsi paraissent l'avoir compris certains de ses « fatistes ». Il nous reste en effet plusieurs farces telles qu'il serait aisé d'y reconstituer un monologue originel, dont l'unique acteur se serait ensuite mis en quatre, en trois ou en deux, pour nous mieux donner la comédie.

De ce genre seraient les farces suivantes : le très plaisant *Gaudisseur* où les propos contradictoires du même personnage, analogues à ceux que nous avons notés dans la bouche du Franc-Archer de Bagnolet, se sont distribués entre le *Gaudisseur* et le *Sot*, gagnant à ce dédoublement en plaisant ainsi qu'en comique; — le *Gentilhomme et son page* qui est bâti de même et provoque une remarque analogue; — « le *Sermon*

---

[1]. L'étourdissant et protéiforme *Fregoli* par exemple, à l'heure présente, ou tels et tels acteurs du boulevard, à l'occasion.

joyeux de bien Boyre, à deux personnages, c'est assavoir le prescheur et le cuysinier » qui se pourrait même, sans y rien changer, se jouer avec un seul acteur; — le *Conseil au nouveau marié* donné par un docteur qui détache les susdits conseils, s'en détachant ainsi lui-même, du monologue antérieur sur ce même sujet où le fiancé était seul à s'expliquer sur son cas et y suffisait du reste; — les *Cris de Paris* où le *sot* « crieur de Paris » intercale ses cris marchands, au petit bonheur, en guise de réponses qui veulent être malicieuses à des questions dont l'enfilade constitue une de ces revues satiriques propres au monologue; — le *Vendeur de livres* dont le prospectus, si curieux et précieux par ailleurs, suffirait peut-être à alimenter un monologue; — *La présentation des joyaux* qui comporte une observation de même sorte; — enfin *l'Aventureux et Guermouset*; *Colin fils de Thénot le maire* et *Messieurs de Mallepaye et de Baillevant*, tous trois sur ce même thème du *Soldat-fanfaron* que nous avons vu illustrer par le monologue du *Franc Archer de Bagnolet* et ses trois imitations[1]. Il y a d'ailleurs telle farce, celle de *Frère Guillebert*, où un *sermon joyeux* fait corps avec elle et en forme le début et sur un ton gaillard qui est à l'unisson du reste. Nous verrons enfin une farce ayant même titre et même sujet qu'un des monologues visés plus haut : *le Ramonneur de cheminées*; et ce n'est d'ailleurs pas la farce, avec son remplissage, qui est la meilleure des deux pièces[2].

---

1. Cf. ci-dessus, p. 173 sqq.
2. Cf. *les Ramonneurs*, ci-après, p. 405. A noter aussi que toute une tirade (44 vers) du *Caquet des Chambrières* (*Recueil des Poésies françoises*, par A. de Montaiglon, *op. cit.*, tome V, p. 79), se retrouve textuellement dans la farce grossière, mais curieuse, des « Chambrières qui vont à la messe de cinq heures pour avoir de l'eaue beniste ».

Un certain nombre de farces paraissent donc être l'aboutissement de monologues évoluant vers une forme plus dramatique.

Or, entre le jeu du *Garçon et de l'Aveugle* qui est du xiiie siècle — plus vieux par conséquent que le mot lui-même en son sens comique — et nos farces du xve siècle, nous n'avons rien en France que les parties plus ou moins *farcesques* des miracles du xive siècle ; et il nous faut aller rechercher certaines farces flamandes [1] pour rendre moins énigmatique cette énorme lacune dans l'évolution d'un genre si national. Cette considération donne la tentation de faire une large part dans les origines de la farce aux monologues dramatiques qui nous restent, et qui sont vraisemblablement, pour la plupart, des rédactions littéraires d'originaux plus anciens, empruntés au répertoire des jongleurs du haut moyen-âge.

En tout cas, ce qui est hors de doute, c'est qu'on retrouve dans la farce, au premier plan et avec les mêmes traits essentiels, les trois sortes de personnages qui avaient rempli *sermons joyeux* et *monologues* de leurs faits et gestes, à savoir les fiancés et maris plus ou moins anxieux et pour cause, les bravaches de bas ou de haut étage, et la valetaille à tout faire. De ce chef donc il y eut émulation, et probablement filiation, entre le monologue dramatique et la farce.

Peut-on aller plus loin dans les conjectures sur ces origines, et avancer que les fabliaux auraient fourni la matière première des farces dont les monologues avaient été la première forme dramatique ?

La grave objection contre cette seconde hypothèse, tirée de ce fait que, sur 150 farces environ qui sont con-

---

[1]. Cf. W. Creizenach, *Geschichte des neueren Dramas*, op. c., t. I, p. 401 sq.

servées, une demi-douzaine à peine se trouve avoir des sujets communs avec les 147 fabliaux qui nous restent[1], n'est pas sans réponse possible.

On peut faire observer que seuls auraient été adaptés au théâtre les fabliaux qui s'y prêtaient par leur contexture et que n'en excluait pas l'infamie de leur obscénité : car celle-ci a eu tout de même des limites sur la scène du moyen-âge, quoique le lecteur moderne ne s'en doute pas, en parcourant la farce du *Meunier* ou celle de *Frère Guillebert* par exemple. On s'en assure de reste, quand on essaie, par devoir professionnel de critique, la lecture de certains fabliaux que l'on ne peut pas même désigner ici. Ceux des fabliaux qui étaient dramatiques par destination, pour ainsi dire, ayant été adaptés à la scène par les farceurs, auraient continué à vivre sous la seule forme théâtrale qui était devenue celle à la mode. C'est ce qui expliquerait leur rareté dans les recueils imprimés, où n'eurent guère accès que ceux qui étaient restés en possession de la curiosité publique, sous la forme narrative, faute d'autre. Certes cette réponse est un peu spécieuse et ne détruit pas l'objection : elle l'atténue du moins. Mais ici encore il faut savoir ignorer et ne pas affirmer sans preuves, si tentantes que soient certaines hypothèses gratuites[2].

En achevant de définir les diverses productions de la comédie médiévale, il serait injuste de ne pas faire mention de ce fait certain qu'elles conquirent jusqu'à la scène des collèges.

Écrites d'ordinaire[3] en latin, et même en un joli latin, quand c'est maître Tixier de Ravisi (*Ravisius Textor*)[4] —

---

1. Cf. J. Bédier, *les Fabliaux*, Paris, Bouillon, 1893, p. 398.
2. Cf. W. Creizenach, *Geschichte des neueren Dramas*, op. c., t. I, p. 386 sqq.
3. Il y en eut aussi en français, voire en patois, cf. ci-dessus, p. 51.
4. Originaire de Nevers, professeur au collège de Navarre, puis recteur de l'U-

appelé par ses contemporains en style de collège *l'empereur du comique (rei comicæ imperatorem)* — qui tient la plume, elles ne rentrent pas dans le cadre de cet ouvrage ; et c'est dommage. Dans les *Dialogues* de cet aimable recteur, épave à peu près unique du théâtre scolaire, et qui gardèrent leur vogue locale jusqu'au milieu du xviie siècle, on reconnaîtrait sans peine : d'abord d'incontestables moralités d'une constitution identique, en leur latin, à celles que nous avons étudiées et qui moralisent parfois avec une éloquence bien pathétique et une énergie puisée aux sources classiques ; et aussi de véritables farces et sotties, où l'audace de la satire, rivale de celle de Gringore dont elle est la contemporaine, montre à merveille quelle était, dès sa naissance et jusque sur les scènes de collège, la force de l'opinion publique[1]. L'étroite parenté d'inspiration et de forme, au travesti classique près, entre les divers genres de la comédie médiévale, sur la scène publique et sur celle des collèges, sera suffisamment indiquée par ce passage du prologue d'un des dialogues dramatiques de Tixier de Ravisi, joué vers 1500, au collège de Navarre, et où on retrouvera, nonobstant le style de l'endroit, l'allure et le ton du *Cry* du *Prince des Sots* :

Je suis, dit *Môria (c'est-à-dire Folie, on pourrait traduire Mère Sotte)*, je suis *Môria* pour les Grecs ; les Latins m'ont donné un autre nom : ils m'appellent *Sottise*. Voyez-vous ces bavards dont la

niversité de Paris (1480-1524). — Cf. L. Massebieau, *De Ravisii Textoris comœdiis seu de comœdiis collegiorum in Gallia præsertim ineunte sexto decimo sæculo*, Paris, Bonhoure, 1878.

1. On en trouvera un tableau intéressant dans l'étude de M. E. Cougny, intitulée : *Des représentations dramatiques et particulièrement de la comédie politique dans les collèges*, qui a paru dans la collection des *Mémoires lus à la Sorbonne*, Paris, 1868, p. 409-460. Pour une étude plus sévère et des aperçus sur la comédie de collège, avant et après Tixier de Ravisi, Cf. L. Massebieau, *De Ravisii Textoris Comœdiis*, etc., op. c., chap. ii et v.

langue galope sous l'aiguillon d'une inépuisable impudence? Voyez-vous ces personnages qui chantent leur gloire et leurs ancêtres? Allons! saluez le sang des dieux.... Et ceux-ci, quel front! Chacun d'eux est un Virgile. Et ceux-là qui font de grands bras dans le vide, les grands Scipions ne leur vont pas au genou. Ils peuvent tous, ils en ont le droit, faire voile pour Anticyre où verdit l'ellébore.... Eh bien! tous suivent mes lois, les lois de Sottise; Sottise est leur maîtresse à tous. Voyez donc à applaudir cette reine cornue (*cornigera, allusion aux oreilles asines du chaperon de folie*). Sus! serviteurs de Sottise! Je suis heureuse, heureuse, quand mon peuple obéit à mes ordres »[1].

Mais il suffit d'avoir signalé ces excroissances latines — d'ailleurs si autochthones elles aussi — de nos genres comiques; et il faut en venir maintenant à la farce nationale, en bon français, pour nous y tenir.

L'âme de ces productions comiques, comme celle de toute la comédie médiévale, est la satire. Il sera donc conforme à leur nature de tenter de les classer d'après les objets de cette satire. On obtient ainsi des groupements assez nets, dans la cohue bigarrée des cent-cinquante farces qui nous restent en chiffres ronds.

Les objets principaux des « peintures ridicules », — comme dit le premier *placet* pour *Tartuffe* — où se sont essayés nos farceurs, sont : surtout les femmes et l'amour sensuel, le ménage et ses mésaventures; puis diverses conditions sociales et nombre de professions libérales ou manuelles; enfin, à l'occasion, la politique, la religion et les mœurs. Nous allons donc signaler d'abord les pièces les plus caractéristiques, en chacune de ces espèces. Nous choisirons ensuite, pour les examiner à part, les petits chef-d'œuvre de la farce où s'ébauchent le mieux ces manières de regarder et de traduire la vie qui seront essentielles à la comédie de Molière, le centre où tout tend et la farce plus que tout.

1. Cf. E. Cougny, *op. c.*, p. 417 et L. Massebieau, *op. c.*, p. 52.

Le groupe le plus riche est celui des farces qui exercent leur verve sur les maux du mariage[1] : *La Cornette; le Cuvier; les Femmes qui font refondre leurs maris; les Malcontentes; Deux maris et leurs deux femmes; La Mère, la Fille, le Témoin, l'Amoureux, l'Official; le Nouveau Marié; l'Obstination des Femmes; le Pèlerinage de mariage; le Savetier, Marguet, Jaquet, Proserpine et l'Hôte; le Troqueur de maris,* etc.

A ces farces sont étroitement liées celles qui mettent plus spécialement en scène certaine mésaventure conjugale où nos pères ne trouvaient guère qu'à rire, et qui faisait dire philosophiquement par Rabelais que *cocuaige est compagnon de mariaige,* et dans lesquelles nous voyons, en effet, nombre de cocus rarement imaginaires et médiocrement vengés, à l'ordinaire : *Colin qui loue et dépite Dieu; Un Gentilhomme, Lison, Naudet, la Damoyselle; Georges le Veau; Frère Guillebert; Lucas, le Bon Payeur, Fine Mine et le Vert galant; Messire Jean, le Badin, sa mère et le curé; Le Poulailler* (à quatre personnages, surtout le même à six), etc.

Aussi la farce est-elle encore plus misogyne que le reste de la littérature médiévale (à deux exceptions près : *Deux Amoureux récréatifs et joyeux,* de Clément Marot; et *Deux filles, deux mariées,* etc., de Marguerite de Navarre), comme en témoignent : *La Cornette; le Cuvier; les Femmes qui aiment mieux suivre Folconduit; le Pont aux ânes; Robinet Badin, la Femme veuve,* etc., *le Savetier Calbain,* etc.

Le second groupe, par ordre d'importance en quan-

---

[1]. Nous citerons les farces dans l'ordre alphabétique, pour faciliter leur recherche dans le *Répertoire du Théâtre comique en France au moyen-âge,* par M. Petit de Julleville, Paris, Léopold Cerf, 1886, où on trouvera des analyses et les renvois aux textes.

tité, est celui où la satire s'exerce contre les divers états et métiers. Il y en a contre les nobles plus ou moins paillards, gueux ou avides : *Un gentilhomme et son page;* les deux *Poulaillers; Les Deux Savetiers;* — contre les fiers-à-bras de tout étage : *L'Aventureux; Colin, fils de Thenot; Trois Galants et Phlipot; Deux Galants et Santé; le Gaudisseur et le Sot; Marchebeau; Messieurs de Mallepaye et de Baillevent;* — contre les professions libérales : *Science et son clerc, Anerie et son clerc; Maître Mimin étudiant; la Mère, le Fils, lequel veut être prêtre, et l'Examinateur; Pernel, la Mère et le Maître; le Vilain et son fils;* — contre les petites gens de petits métiers : *Un aveugle; Un chaudronnier,* etc.; *le Chaudronnier, le Savetier et le Tavernier* (une des plus courtes, 199 vers); *le Couturier; Frère Philibert; Maître Mimin goutteux; le Marchand de pommes, l'Appointeur,* etc.; *le Médecin, le Badin,* etc.; *le Médecin qui guérit toutes sortes de maladies,* etc.; — enfin contre les gueux : *le Pardonneur, le Triacleur et la Tavernière; le Pâté et la Tarte; le Porteur d'eau,* etc.

En troisième et dernier lieu — et bien que les traits de satire politique, religieuse ou morale, soient épars dans toutes les farces — on peut distinguer plusieurs d'entre elles où ces traits sont plus serrés.

Ce sont pour ceux relatifs à la politique : *les Gens Nouveaux; Malbec,* etc.; *Marchandise, le Berger, Métier,* etc.; *Peu-d'acquêt,* etc.; *Métier, Marchandise,* etc.; *Pattes-Ouaintes; Peuple François, Joyeuseté,* etc.; *La résurrection de Jenin Landore;* — pour ceux relatifs aux querelles religieuses : *Le Maître d'école, la Mère,* etc.; *La Mère de ville,* etc.; *les Théologastres; le Voyage de Frère Fecisti;* — pour ceux relatifs à la satire générale des mœurs : *les Chambrières; Mieux-que-devant; le Monde, Abus, les Sots; les Pauvres Diables; le Rapporteur; Science et son clerc, Anerie et son clerc; les Sobres Sots et les Scieurs d'ais; les Veaux.*

Toutes ces farces doivent être lues, sous peine d'ignorer d'où monte directement la sève de notre comédie nationale, et d'en comprendre imparfaitement la plupart des chef-d'œuvre. Il y a là les extraits de naissance de la grande comédie classique, comme du théâtre forain de Lesage. Sans doute Sibilet rencontrait le mot juste quand il écrivait : « Nos Farces sont vrayement ce que les Latins ont appelé Mimes ou *Priapées*[1] ». Mais connaît-on vraiment l'atticisme d'Aristophane et l'urbanité de Plaute, si on ne les a lus à certains endroits du texte qui défient la traduction en français? Ces bas côtés de leur nature sont encore de son essence : et s'il n'y a pas de grands hommes pour leurs valets de chambre, c'est que ceux-ci ont des âmes de valets.

Certes il faut avoir, pour lire ces farces trop peu connues, l'âge de la pleine moustache : car il y a beaucoup de *priapées* et beaucoup de scatologie. La muse de nos pères (comme celle de Shakespeare d'ailleurs, même quand elle parle par la bouche des jeunes filles) a ce penchant invincible au gros mot, caractéristique de certains états nerveux, que les hommes de l'art appellent la *coprolalie*. Mais la licence est ici bien moins dans les choses que dans les mots : et la brutalité même de ceux-ci est une sorte de sauvegarde contre celles-là. Nos farces scandalisent souvent le lecteur moderne, mais elles n'échauffent que ses oreilles. C'est ce

1. Cf. *Art Poétique François pour l'instruction des jeunes studiens et encore peu avancez en la poésie Françoise*, Paris, 1548. p. 64, Bibliothèque Nationale, Inventaire réserve Ye 1213.

que les farceurs donnent eux-mêmes maintes fois à entendre, quand ils risquent pour leur excuse ce dicton qui sera si courant dans *le Théâtre des Boulevards*, où il est moins sincère : *Paroles ne puent point*. Oui, nos farceurs, pour qui ne les condamne pas sans les avoir lus, ont encore plus que la Fontaine le droit de bénéficier de la distinction qu'il fait, dans la préface de ses contes, entre le romanesque troublant et le gaulois hilarant, entre cette « douce mélancolie » qui est « une grande préparation pour l'amour » et cette « gaieté » qui « passe légèrement »[1].

Nous devons insister là-dessus, en conscience, dans l'intérêt de ce petit trésor de l'esprit français que sont nos farces, et qui a droit à moins de dédain sinon à plus de visiteurs.

Avec leurs auteurs on est entre hommes d'éducation médiocre, mais on n'est pas en mauvaise compagnie : et il s'y dépense tant d'esprit ! On y entend tenir, à la bonne franquette, le dos à la cheminée du fumoir, trop de devis salés : mais quoi ! c'est la tradition gauloise, pure au moins de toute hypocrisie, celle qui est aussi vieille que *le Roland* — témoin certains passages du *Pèlerinage de Charlemagne* (xie siècle), où il y a déjà bien de la malice, et si alerte, si indigène ! — On n'y surprend pas du moins, dans les mauvais coins, de ces propos suspects où s'aiguise réciproquement la perversité des lecteurs de ce polisson de Crébillon fils et de ses petits-fils, en passant par le cynique Restif de la Bretonne et l'infâme marquis de Sade. Si quelqu'un fait le geste de s'offenser de ces *propos de haulte gresse* et de ces *mots de haulte lice*, on reste, après tout et presque toujours,

---

1. Ce n'est pas le nu qui est obscène, disait énergiquement Ingres, c'est le troussé.

en droit de le rappeler à la sincérité par la saine apostrophe de Dorine à Tartuffe :

Certes je ne sais pas quelle chaleur vous monte !

Risquons-nous donc à y regarder d'aussi près que le permettent les bienséances modernes et que l'exige, dans une histoire, le devoir de ne pas remplacer l'éloquence des citations congrues par celle des dissertations en porte-à-faux.

CHAPITRE VI

LA COMÉDIE MÉDIÉVALE AU XVᵉ ET AU XVIᵉ SIÈCLE :
LES PETITS CHEFS-D'ŒUVRE DE LA FARCE

La farce et les mœurs: *Les Bâtards de Caulx; Robinet Badin; le Porteur d'eau; Maître Mimin étudiant; le Pont-aux-ânes; l'Obstination des femmes; George le Veau.* — La farce et la peinture des caractères : *le Cuvier; la Cornette.* — La farce et l'art du dialogue : *Messieurs de Mallepaye et de Baillevent; la Pippée; Le Marchand de pommes; l'Aventureux; Deux filles; Deux Amoureux récréatifs.*—La farce et la technique de l'action : *Naudet; le Poulailler.* — Le chef-d'œuvre : *Pathelin.*— Conclusion sur le théâtre comique du moyen-âge.

Nous allons maintenant examiner de plus près la foule très mêlée des farces. Nous nous attacherons surtout à montrer comment s'y élaborait la formule de la comédie nationale, quelle vie y fermentait, et en quoi certains de nos farceurs furent, à tout prendre, dignes de leurs plus illustres successeurs.

Nous procéderons à cette recherche, en nous plaçant successivement au point de vue de la peinture des mœurs et des caractères, de la technique du dialogue et de celle de l'action.

Dans la farce la peinture des mœurs est au premier plan. Il n'y a pas moins d'une douzaine de pièces où elle s'offre en ébauches des plus suggestives. En voici des échantillons qui mettront, ce nous semble, en goût du reste.

L'avidité et l'insolence de l'aîné dans les familles à l'endroit de ses cadets sans avoir, ceux que l'on appelait *les Bâtards de Caulx*, sont marquées de traits vifs et âpres dans la pièce qui a pris cette appellation proverbiale pour titre.

L'ESCOLLIER (un des cadets).

Pour exalter vostre renom,
Mon frere, vous debvès sçavoir
Qui (*qu'il*) fault penser de nous pourvoir,
Ou se (*ce*) vous seroyt vitupere (*blâme*).

HENRY (l'aîné).

Ma fois, voyere (*voire* : c'est un Normand)

LA MÈRE.

Mais enfans, y fault parfaire
Ensemble le mieulx qu'on pourra.
Votre frère vous pourvoyra,
Mais qu'il ayt son bien recueilly.

COLIN.

Sommes nous plus batars que luy?
Jamais n'en gaigne un denyer.

LA MÈRE.

Mes enfans, c'est le coustumyer (*droit*)
Qui est faict passé trois cens ans,
Pour et afin que les plus grans
Vivent ensemble sans discors.

LA FILLE.

Il avoyt bien le deable au corps,
Qui ceste loy institua ;
A l'un tout le bien il donna,
Et les aultres n'ont rien tretous.

L'ESCOLLIER.

Voyere, et sy (*aussi*) on voyt tous les coups,
Que le plus fol de son lignage
Aura tousjours cest avantage
Et heritera devant tous.

HENRY (l'ainé).

Feray un pourpoinct de velours
Puysque mon pere est trespassé.

COLIN.

Sa, sa, c'est asés tracassé,
Il ne fault poinct tant de blason (*commentaires ironiques*).

LA MÈRE (à l'ainé).

Mon filz Henry, c'est la raison
De son (*du père*) profit vous faictes.

Henry se met à distribuer des riens à ses cadets, selon la loi de ce proverbial « partage de Montgomery, tout d'un costé et rien de l'autre » que nous trouverons dans *la Comédie des Proverbes*, et dont le Duchat nous apprend qu'il vient lui aussi de l'exercice du droit d'ainesse, en ce même pays normand de Caux. Notre ainé procède à cette distribution, avec une verve railleuse, un *blason*, qui les met hors d'eux, et il y a de quoi :

LA MÈRE.

Mon filz aîné, sans plus enquerre (*enquérir*),
Voecy nostre escollier ton frère,
Afin qu'il pryc Dieu pour ton père,
Mi dieulx, il fault qu'il soyt titré (*titularisé*),
Ausy un peu mieulx acoustré
Sur (*au prix de*) quelque pièce de terre.

HENRY (*ironiquement*).

Ma mère, sans plus enquerre,
N'en parlez plus, y (*il*) sera faict.

L'ESCOLLIER.

Dictes le moy donc où sera faict,
Devant que departes (*pour étudier à Paris*) d'icy?

HENRY.

Et sur les vatines d'Ansy (va-t-en d'ici?)[1]
Il y a des terres asés.
Et sy nos brebis ont asés
De layne, vous ne fauldrés poinct
A recouvrer le beau pourpoinct.

L'ESCOLLIER.

Vrayment me voycla bien en poinct;
Et ne tiendras tu non plus compte
De tes amys que tu le montre?

COLIN.

Par le sang bieu, se je t'encontre
De nuyct ou de jour, a l'escart,
Je te donneray bien ta part
Qui (*telle qu'il*) te fauldra porter coucher.

La mère se range du parti des cadets et tire la morale :

LA MÈRE.

Entre vous qui voullés aquerre
Des biens mondains à vos enfans,
Faictes leur pars en vos vivans,
Pour éviter entre eulx la guerre.

Voilà, d'après nature, quel était l'effet du droit d'aînesse dans la petite bourgeoisie de la vieille France : sur les sentiments qui fermentent, dans les familles, autour d'un héritage, notre moderne *Testament de César Girodot* n'est ni plus âpre, ni plus suggestif.

Entrons avec *Robinet Badin* et *la Femme veuve*, dans une autre maison qui a perdu son chef.

Ici ce n'est plus à un aîné sans cœur qu'ira le magot, mais à un lourdaud de valet que la veuve amoureuse fera monter au lit du maître défunt. Elle a commencé

---

1. Nous conjecturons ce sens par analogie avec celui de ce proverbe : « Donner une prébende dans l'abbaye de Vatan » *Comédie des Proverbes*, a. II, sc. III.

par s'assurer cyniquement que le drôle est bon à tout faire. Un regret pourtant est jeté au pauvre défunt, mais par-devant la commère du voisinage et pour la forme :

LA FEMME.

A! la benigne creature
Que c'estoyt et tant secourable;
Un chascun l'avoyt agréable;
Je crains bien à changer de pire.

Mais on sait devant qui on parle, et le scrupule est vite levé :

LA COMMÈRE.

Ne craignés pas qui (qu'il) vous empire,
Tousjours irés de mieulx en mieulx.
Robinet est asés joyeux,
Tournant vite comme une meulle.
Ce n'est rien c'une femme seulle,
Ma mye, un chascun la deboulte (rebute).

LA FEMME.

Raison veult que je m'y reboulte.
Car Dieu m'en a ammonestée,
Car dès la premyère nuyctée
Qu'on sonnoyt pour le trespassé
Dont le deuil n'estoyt pas passé,
Je ouys bien de nostre maison
Les cloches disant en leur son,
Insessament se me sembloyt
Pren ton valet, pren ton valet.

ROBINET.

C'est moy, c'est moy, c'est moy.

C'est le droit de nature, hélas! et, comme dira l'auteur de *la Matrone d'Éphèse* :

Mieux vaut goujat debout qu'empereur enterré.

Voici encore, et à propos de noces, un autre goujat

et qui date certainement de plus loin que *la Farce du porteur d'eau* (1632) où on le rencontre.

Celui-là veut se marier dans son monde, lequel est vraiment peint au vif, dans ses propos courants, comme dans sa conception du mariage. Le trait final, alors que le porteur d'eau s'est dérobé au moment de la noce (d'où peut-être le proverbe : « qui paiera les violons? »), ne sera pas perdu pour l'auteur des *Précieuses ridicules* :

LES VIOLONS.

Je voullons de l'argent.

LES CONVIEZ.

Je ne vous devons rien.
Comment, mort diable!
C'est chose admirable,
Je sommes dupez.

LES VIOLONS.

Par le grand Dieu ce n'est pas tout,
Je ne voulons pas de discours.
Or sus qui est qui nous paira?

La sottise pédantesque de Thomas Diafoirus a sa devancière, y compris les *Baiserai-je, papa?* dans *Maître Mimin étudiant*.

En voici le plaisant héros, tout rassoté par l'*estude* et les verges du magister, devant sa fiancée :

LE MAGISTER.

Il semble qu'il ayt l'engin (*esprit*) rude;
Mais il brusle et art (*flambe*) en l'estude,
Et parle aucunes foys si hault,
Que mon sens et le sien y fault (*s'y perd*)...

LUBINE (*sa mère*).

Au moins baise-la, entens-tu,
Tant tu sçais peu d'honneur?
Maistre Mimin la baise.

Baisas.

*Couchaverunt a neuchios,
Maistre Miminus amitus,
Sa fama tantost maritus,
Facere* petit enfanchon.

RAULET (*son père*).

Le gibet ait part au laton (*latin*)!
Magister, que veult-il dire?

LE MAGISTER.

C'est une fantasie pour rire;
Les mots sentent un peu la chair.

Heureusement cette fiancée est une dégourdie qui sait comment l'esprit vient aux sots devant une belle fille:

LA FIANCÉE.

Or dictes: M'amye, ma mignonne.
MAÎSTRE MIMIN respond si (*ici*) cler.
Or dictes m'amye, ma mignonne.

LA BRU (*la fiancée*).

Mon cueur et m'amour je vous donne.

MAÎSTRE MIMIN.

Mon cueur et m'amour je vous donne.

LA BRU.

Et à magister, de cueur fin.

MAÎSTRE MIMIN.

Nennin (*nenni*), magister c'est latin.
Je n'ose parler que françoys
Pour ma mère.

LA BRU.

A-il belle voix?
Parle-il de bon entendement?

RAULET.

C'est miracle!

RAOUL MACHUE.

C'est mon (*ça mon!*), vrayment.

Pour la conduite à tenir vis-à-vis des femmes acariâtres et rétives à la besogne, dans le ménage, il y a deux écoles.

De la première, tout comme le Sganarelle du *Médecin malgré lui*, est le Mari du *Pont-aux-ânes*. Ayant vu comment Martin bâton fait merveilles pour mettre l'âne au trot gaillard, à la montée du pont, il en tire la recette à l'usage de sa ménagère :

LE BOSCHERON (à son vieil âne).

Et sus, Nolly, tire avant, tire...

LE MARY.

Le bon vieil asgne craint les bas (*bâts*).
Tant ainsi que fait nostre femme.

LE BOSCHERON.

Et da, hay, de par Nostre Dame,
Sus, Nolly, si (*explétif*) te metray paistre.

LE MARY.

El ne faist non plus pour son maistre
Que ma femme feroit pour moy.

LE BOSCHERON (Il frappe).

Et hay, de par le dyable, hay!
Tout aussi bien vous yrez.
Puisque j'ay ce baston de houx,
Je vous frotteray les costez;
Trottez, Nolly, trottez, trottez
Vous avez trouvé vostre maistre.

LE MARY.

Vertubieu, comme vous frottez!

LE BOSCHERON.

Trottez, Nolly, trottez, trottez.
Gens mariez, notez, notez...

LE MARY.

Et ne fault-il que boys de haistre
Pour frotter des costez sa femme?...

LA FEMME.

Hélas! hélas! les rains, le dos!
Au meurdre sur ce trahistres Ganes (*Ganelon*)!

LE MARY.

Dya, j'ay esté au pont aux asgnes;
Je sçay comment il fault les conduire...

LA FEMME.

Vos chausses seront descrotez,
Et si vous chaufferay le baing...
Nobles dames qui avez soing (*souci*),
Vous povez par cecy noter,
Le pont aux asgnes est tesmoing :
Besoing (*Nécessité*) fait la vieille trotter.

De la seconde école, celle de Georges Dandin, est le Rifflart de *l'Obstination des femmes* qui a bien ses raisons de chanter :

Gens mariez ont assés peine
A bien considérer leur cas.

En vain il se prend de bec et d'ongles avec sa femme, à propos de l'oiseau à mettre en cage, pie ou coucou, il en sera réduit à une piteuse et plaisante capitulation :

RIFFLART.

Certes, Finette, je t'en croy.
Or dy doncques, et je t'en prie,
Que ma caige est pour une pie,
Car je l'ayme bien, entens-tu?

LA FEMME.

Et par Dieu c'est pour ung coqu;
Jamais ce propos ne lairray (*quitterai*).

RIFFLART.

Au fort tout luy accorderay.
Je n'y voy point meilleure voye;
Le sang bieu, avant la turoye (*tuerais*)
Qu'elle change ceste opinion...

LA FEMME.

Femmes n'ont jamais le bec clos,
Et ce n'est pas de maintenant.
En ta caige certainement
Je mettray ung jolis coqu.
Or dy, me l'apporteras-tu,
Où se je l'iray achepter?

RIFFLART.

J'ayme mieulx le vous apporter;
Car j'en trouveray mieulx que vous.

Mais celui qui est le plus et le mieux de cette école des maris qui filent doux, n'en pouvant mais, c'est George le Veau. Au début de la farce qui porte son nom, il exhale ses remords en ces termes :

    Ha, se j'eusse sceu, j'eusse sceu,
    Et si j'eusse bien apperceu
    La plus que très fière arrogance,
    La glorieuse oultrecuydance
    De ma femme, et son fier maintien,
    On m'eust beaucoup de foys dit rien
    Devant que je l'eusse esté prendre.
    Quoy dea, tousjours me vient reprendre.
    Au couché, au boire, au manger,
    Disant que suis ung estranger,
    Et me demande qui je suis.
    Qui je suis respondre ne puis;
    Je n'en eus oncq rien en mémoire,
    Puisqu'il est trait, il le fault boire
    Et l'avaller tout doulcement.

Aussi pourquoi a-t-il épousé « une fille de maison », car dame le Veau en est une, tout comme la fille de M. de Sotenville :

LA FEMME.
Mais croire on ne peult le tourment
Que a une fille de maison,
A qui on donne sans raison
Ung badault sans nulle science ;
Chargée en sens ma conscience
D'avoir dit ouy seullement.

Il essaie bien de se rebecquer :

GEORGE LE VEAU.
Escoutez.

LA FEMME.
Quoy ?

GEORGE LE VEAU.
Si la cervelle
Me monte au dessus des cheveulx,
Il y aura bruyt.

LA FEMME.
Je le veulx.

Et il n'en mènera pas large « le povre homme » ! Et comme George Dandin, George le Veau dont « le cerveau s'effondre », bien loin de lui monter au-dessus des cheveux, devra subir toutes les mésaventures coutumières, en pareil cas. Dame *Alyson*, non moins impitoyable et pire coquette qu'Angélique, les infligera cyniquement à ce « fils de bœuf », aidée à cela par certain curé galant, très galant envers elle « sa rose », et par le clerc du susdit, au nom très clerc, *Ganymèdes*.

Mais sur ce thème favori des maux du mariage et du compagnon que Rabelais lui donne pour inséparable et fait rimer avec lui, la farce s'est si bien escrimée qu'elle a atteint, par-delà les types traditionnels, jusqu'à l'expressions des caractères. Nous en signalerons deux vivantes esquisses dans le Jaquinot du *Cuvier* et dans l'héroïne de *la Cornette*.

Jaquinot commence par une lamentation qui fait pendant à celle de George le Veau :

> Le grand dyable me mena bien
> Quand je me mis en mariage;
> Ce n'est que tempeste et orage,
> On n'a que soucy et que peine.
> Tousjours ma femme se demaine
> Comme ung saillant (*sauteur*), et puis sa mère
> Affirme toujours la matière (*en litige*).
> Je n'ay repos, heur, ne arreste;
> Je suis ploté (*houspillé*) et tourmenté
> De gros cailloux sur ma servelle.
> L'une crye, l'autre grummelle;
> L'une maudit, l'autre tempeste.
> Soit jour ouvrier ou jour de feste,
> Je n'ay point d'aultre passetemps;
> Je suis au renc des mal contens,
> Car de rien ne fais mon proffit.
> Mais par le sanc que Dieu me fist,
> Je seray maistre en ma maison,
> Se m'y maitz.

Mais dans la résolution finale pointe le caractère. Jaquinot guette donc l'occasion de ressaisir l'autorité usurpée par l'association de sa femme et de sa belle-mère, car il trouve le cas fort laid, comme il dira après y avoir porté remède :

> Aussi je veulx certifier
> Que le cas est à femme laid
> Faire son maistre varlet,
> Tant soit-il sot ou mal aprins.

En attendant, il aiguise sa résolution, comme on le voit nettement à ses remarques revêches, tandis que, sous

la dictée impérieuse des deux mégères, il écrit sur
« ung roullet » (rouleau de papier, puis *rôle*) tout le
détail des services qu'elles lui imposent :

LA FEMME.

Or mettez là, sans long blason (*discussion*),
Pour éviter de me grever (*fatiguer*),
Qu'il vous faudra tousjours lever
Premier pour faire la besongne.

JAQUINOT.

Par Nostre Dame de Boulongne,
A cest article je m'oppose.
Lever premier! pour quelle chose?

LA FEMME.

Pour chauffer au feu ma chemise...

LA MÈRE.

Après, Jaquinot, il vous faut
Boulanger, fournier (*enfourner*) et buer (*lessiver*)...
Or escripvez donc, Jaquinot :
Boulanger.

LA FEMME.

Fournier.

LA MÈRE.

Buer.

LA FEMME.

Bluter.

LA MÈRE.

Laver.

LA FEMME.

Et cuire etc.

JAQUINOT.

Bien laver les...

LA FEMME.

Drapeaulx breneux
De nostre enfant en la rivière

LE CUVIER : SA PÉRIPÉTIE.

JAQUINOT.

Je regny goy (*Jarnibieu, Je renie Dieu*)! la matière
Ni les mots ne sont point honnestes.

LA FEMME.

Mettez-le, hay, sotte beste;
Avez-vous honte de cela?

JAQUINOT.

Par le corps bieu, rien n'en sera,
Et mentirez, puis que j'en jure.

LA FEMME.

Il fault que je vous fasse injure;
Je vous batteray plus que plastre.

JAQUINOT.

Hélas! plus je n'en veulx debatre.
Il y sera, n'en parlez plus.

Aussi quand le rôlet est plein « jusqu'à la rive », la patience du pauvre mari est-elle au même point et son parti est-il pris : il a signé pour avoir la paix, mais il s'en tiendra strictement aux conditions stipulées. Au delà d'elles et dans le besoin, si pressant soit-il, va-t'en voir s'il vient :

JAQUINOT.

Corbieu, je suis bien coquillart (petit *coquart*, niais)
D'estre ainsi durement mené...
Le voila signé; or tenez.
Gardez bien qu'il ne soit perdu;
Si je debvois estre pendu,
Dès à cette heure ay proposé
Que je ne feray aultre chose
Que ce qui est à mon rolet.

En conséquence, lorsque sa femme est chue dans le cuvier et qu'elle l'appelle à l'aide, c'est avec un impertubable sang-froid qu'il parcourt le rôlet pour voir si l'acte de sauvetage y est prescrit :

> Tout mon papier est escuré (*récuré*);
> Mais je vous prometz, sans long plet (*plaid*),
> Que ce n'est point à mon rolet.

Avec quelle explosion féroce de la rancune amassée, il proteste contre les « mon doulx amy! » de la mégère, apprivoisée par la détresse :

> Amy! mais ton grand ennemy;
> Te vouldroye avoir baisé morte.

Comme il garde sa tête pour dicter les clauses de la capitulation, parmi les appels doucereux de la femme qui perd pied dans le cuvier et les injures de la mère impuissante à la tirer de là :

LA FEMME.

> Et sà, la main, mon doulx amy,
> Car de me lever ne suis forte...
> Las, aydez-moy.

LA MÈRE.

> Meschant infame,
> La laisserez-vous mourir là?

JAQUINOT.

> De par (*Pour ce qui est de*) moy elle y demourra
> Plus ne vueil estre son varlet.

LA FEMME.

> Ayde-moy.

JAQUINOT.

> Point n'est au rollet.
> Impossible est de le trouver.

LA MÈRE.

> Dea, Jaquinot, sans plus resver,
> Ayde-moy à lever ta femme.

JAQUINOT.

Ce ne feray-je sur mon âme,
Se premier (*d'abord*) il n'est promis
Que en possession seray mis
Desormais de estre le maistre.

LA FEMME.

Si hors d'icy me voulez maistre,
Je le promectz de bon couraige.

JAQUINOT.

Et si ferez?

LA FEMME.

Tout le mesnaige
Sans jamais rien vous demander,
Ne quelque chose commander,
Se par grant besoing ne le fault.

Dans *la Cornette*, le chef-d'œuvre de l'inconnu « bazochien et notaire de Pont Saint-Esprit » qui signe Jehan d'Abundance (1544), le caractère principal, celui de l'héroïne, est tout à fait remarquable pour la précision et la sûreté avec laquelle les traits sont tracés et appuyés.

Tout en devisant de son dévergondage secret avec son confident Finet, et de la manière dont elle fait servir les cadeaux galants de certain chanoine à « l'appointement » de certain mignon, elle nous apprend d'abord qu'elle sait l'art de mettre son vieux mari au point de prendre des nues pour des peaux de veau :

LA FEMME.

Femmes sçavent une oraison
Pour endormir marys...
Finet, si je luy avois dict,
En parlant à luy, que les nûes
Fussent peaulx de veau devenues,
Il le croiroit.

FINET.

Saincte Marie !
Cependant vous estes nourrie,
Maistresse, de cannes et chapons

LA FEMME.

Voilà comme nous eschapons,
Entre nous, femmes de gens vieux.

Puis nous la voyons à l'œuvre :

LA FEMME.

Là je m'en voy pour bonne guise
Donner du vent de ma chemise
A mon vieillard sans qui diffame.
Bonsoir, mon mary.

LE MARY.

Ha ! ma femme.

LA FEMME.

Vous n'escrivez plus, baisez-moy.

LE MARY.

Hé, folle, folle !

LA FEMME.

Tant d'esmoy
Ne nous est au corps profitable.

LE MARY.

Tu as le cœur si charitable
Que la larme me vient aux yeux.

LA FEMME.

En bonne foy, j'aymerois mieux
Estre morte que vous.

LE MARY.

Ma mye,
Pour moy je ne le voudrois mie
Vous estes en vostre jeunesse,

LA FEMME.

Ah! mon amy[1] vostre sagesse,
Vostre bonté et vostre sens
M'ont mis au cœur ce que je sens :
Plaisirs et pensée amoureuse,
Dont je me tiens la plus heureuse
Femme, qui onc espousast homme,
Depuis Paris, jusques à Rome.
Dieu à mon cas a bien pourvu.
Mon mary, vous avez tant vu,
Tant reçu de bien et d'honneur,
Que Dieu le souverain Seigneur
Vous a ci tres-bien guerdonné (*récompensé*).

LE MARY.

Il est vray, mais il m'a donné
Un trésor qui est sans diffame,

LA FEMME.

Et quel trésor?

LE MARY.

C'est vous, ma femme
Car je connois qu'estes certaine (*sûre*),
Prude femme et non point vaine,
Pour vouloir quelques faux tours faire...

LA FEMME.

A! Dieu m'en gard toute ma vie!
Car jamais je n'en eus envie.
Mon amy, vous en avez garde (*êtes à l'abri*)
De ce coup, car quand je regarde
Vostre face qui est si pleine
D'honneur, je serois bien vilaine
Et digne d'estre mise en pièces.

C'est Béline elle-même : c'en est la câlinerie cynique et encore plus canaille.

---

[1]. Cf. ici et plus bas (*Ma fillette!*), *Le malade imaginaire*, a. I, sc. vi : *Béline* Qu'avez-vous, mon pauvre mari? — *Argan* : Venez-vous en ici à mon secours. — *Béline* : Qu'est-ce que c'est donc qu'il y a, mon petit-fils? — *Argan* : Ma Mie! — *Béline* : Mon ami, etc...

Les neveux, héritiers redoutables qu'il faut déferrer d'urgence, sont servis en un tour de main et avec un art consommé :

LA FEMME.

Je ne vous ennuyrai jamais,
Ne dics chose qui vous ennuye;
Mais j'ay peur que je vous ennuye
Si je vous dis je ne scay quoy.

LE MARY.

Or, dis.

LA FEMME.

Jehan, je n'ose,

LE MARY.

Pourquoy ?
Ma fillette ?

LA FEMME.

Ce n'est pas chose
Qui soit de grand prix, mais je n'ose
Par peur de vous fascher.

LE MARY.

Non, non.
Me fâcher ! n'avez ce regnon (*renom*).

LA FEMME.

Cela ne vault pas le mot dire.

LE MARY.

Or, dis tout ce que tu veux dire,
Et ne mens ne mot ne demy.

LA FEMME.

Ce sont vos parens, mon amy,
Qui cuident avoir trop de sens,
Qui dient...

LE MARY.

Et quoy ?

LA FEMME.

      Sont innocens.
Les prendrez-vous à désagré?

LE MARY.

Nenny.

LA FEMME.

   Je vous en sçay bon gré.
Ils sont marys (*fâchés de l'avoir dit*), n'en parlons plus

LE MARY.

Je le sçauray.

LA FEMME.

     Sans le (*sans parler du*) surplus
Qu'ils ont dict de moy, c'est tout un (*du même sac*).

LE MARY.

De vous, ma mie, y a il aucun
Qui ayt sur vostre honneur touché?

LA FEMME.

Mon honneur! bien seroit mouché
Et puny qui l'oseroit dire,
S'il ne vouloit à tort médire.

LE MARY.

Je soubstiendray jusqu'à la mort
Que jamais ne me fîtes tort.
Je le prends sur ma conscience,
Mais comptez-moy de la science (*du beau savoir*)
De mes parents, ça, je le veux,
Qui sont-ils?

LA FEMME.

    Deux de vos nepveux,
Qui cuydent estre bien apprins.
Il est vray qu'ils ont entreprins
De venir parler en secret
A vous, disant qu'ils ont regret
De voir ainsi vostre cornette (chaperon à *cornes*, d'où l'équivoque),
Et dient qu'elle est deshonnette,
Vilaine.

LE MARY.

Ils s'en rompent la teste.
Se meslent ils tant de mon faict?
Ha! je sois maudict et deffaict,
Si jamais vers moy ont crédit!

LA FEMME.

Ne dites pas qui vous l'a dict,
Et ne vous en déconfortez;
Ils ont dict que vous la portez,
Leurs propos disant ainsi, là,
Qu'elle va deça et delà,
Devant, derrière et de travers,
Et à l'endroit et à l'envers;
Mais sans mentir mot ne demy,
El' vous faict très bien, mon amy,...

Le caractère du mari ainsi retourné est vivant aussi, dans cette autre maitresse scène de l'entrevue des neveux et de leur oncle qui fut préparé, comme on l'a vu, à les recevoir de la belle manière :

LE PREMIER NEPVEU.

Bonsoir, mon oncle, où est ma tante?
Estes vous seul?

LE MARY.

Vous le voyez.

LE DEUXIÈME NEPVEU.

Dieu vous garde.

LE MARY.

Bien vous soyez.

LE DEUXIÈME NEPVEU.

Où est ma tante?

LE MARY.

El' n'est céans.

FINET.

Ces gens-là ne sont pas sciens (*savants*).
N'osent leur propos entamer.

LE PREMIER NEPVEU,

Oncle, vous devez présumer
Que nous quérons vostre prouffit
Et vostre honneur.

LE MARY.

    Il me suffit.
J'entens déja vostre propos.

LE DEUXIÈME NEPVEU.

Escoutez.

LE MARY.

Donnez-moy repos.

LE PREMIER NEPVEU.

Ne vueillez nostre cas dédire.

LE MARY.

Je sçay bien ce que vous voulez dire.

LE DEUXIÈME NEPVEU.

Jamais on ne vous en parla.

LE MARY.

Elle ira deçà et delà,
Devant derrière et à travers
En dépit de vostre visaige.

Oui, comme dit la luronne à son compère Finet, après que le tour est joué, le tout ayant été conduit avec la maturité de sens qu'elle indique :

> Elle est très fine, la finesse :
> Ne penses tu qu'en ma jeunesse
> J'ay faict bons tours et à parens?

En vérité l'auteur du *Malade imaginaire* n'avait plus qu'à prendre son bien chez celui de *la Cornette*.

Or, le dialogue vaut ici les caractères, comme on a pu le remarquer, au passage.

Mais les chefs-d'œuvre de la farce, à ce dernier point de vue, sont : *Messieurs de Mallepaye et de Baillevent*; — *Verdier, Rouge-Gorge*, etc., ou *la Pippée*; — *Le Marchand de Pommes*, etc.; — *Deux filles*, etc.; — *Deux amoureux*, etc.; — *L'Aventureux*, etc. Quelques échantillons vaudront mieux ici que tous les commentaires.

Mallepaye et Baillevent débute ainsi :

MALLEPAYE.

Hé! Monsieur de Baillevant.

BAILLEVANT.

    Quoy
De neuf?

MALLEPAYE.

  On nous tient en aboy *(croit aux abois)*.
Comme despourveux, malureux.

BAILLEVANT.

Si j'avoye autant que je doy,
Sang bieu! je seroye chez le roy,
Un page après moy :

MALLEPAYE.

    Voire deux.

BAILLEVANT.

Nous sommes francs;

MALLEPAYE.

    Adventureux.

BAILLEVANT.

Riches;

MALLEPAYE.

  Bien aisés.

BAILLEVANT.

Planturcux;

MALLEPAYE.

Voire, de souhais (*désirs*).

BAILLEVANT.

C'est assez.

MALLEPAYE.

Gentilz hommes.

BAILLEVANT.

Hardis.

MALLEPAYE.

Et preux.

BAILLEVANT.

Par l'huys (*Derrière la porte close?*).

MALLEPAYE.

Du joly Souffreteux[1]

Héritiers.

BAILLEVANT.

De gaiges cassez (*aux gages*)....

Ce feu de conversation, cette sorte de virtuosité dans l'art de jongler avec les répliques renvoyées du tac au tac, comme l'est un volant d'une raquette à l'autre, se soutient jusqu'au bout, en tour de force et sans un raté, peignant d'ailleurs au vif :

BAILLEVANT.

Nous sommes deux si beaulx gallans.

MALLEPAYE.

Fringans;

1. De l'Abbaye de Sainte-Souffrette, sans doute : Cf. ci-dessus, p. 40.

BAILLEVANT.

Bruyans;

MALLEPAYE.

Allans;

BAILLEVANT.

Parlans :

MALLEPAYE.

Esmeuz de franche volunté.

BAILLEVANT.

Aagez de sens.

MALLEPAYE.

Et jeunes d'ans.

BAILLEVANT.

Bien gays;

MALLEPAYE

Assez recréans :

BAILLEVANT.

Povres d'argent.

MALLEPAYE.

Prou de santé...

MALLEPAYE.

Servons marchans pour la pitance,
Pour *fructus ventris*, pour la pance.

BAILLEVANT.

On y gaigneroit ses despens.

MALLEPAYE.

Et de fonsser?

BAILLEVANT.

Bonne asseurance;
Petite foy, large conscience...

Pareille verve de style, moins en cascade mais de source aussi vive, se retrouve dans la *Pippée* (*Verdier*, *Rouge-Gorge*, etc.) :

JAUNE BEC.
Qu'esse a dire?

PLAISANT FOLLIE.
Vous estes pris,
Pris à la pippée jolie.

CUIDER.
Vous en aurez ains (*avant*) que partir!

JAUNE BEC.
Plumé! me voullez vous routir (*rôtir*)?
A Dieu! comment vous me tatez!
Hay!

PLAISANT FOLLIE.
Souffrez.

JAUNE BEC.
Vous me gastez.
Le sang bieu de moy! je m'enfume,

PLAISANT FOLLIE.
Em preu (En premier, *et d'une!*)

CUIDER.
Et deux.

JAUNE BEC.
Vous me gastez.

Rien n'est plus naturel, ce nous semble, — sans s'offusquer, bien entendu, ni ici ni ailleurs, des équivoques sales et autres gauloiseries traînées dans le ruisseau des Halles — que le dialogue du *Marchand de Pommes*.

Voici, d'après nature, une scène de marché, avec crêpage de chignons, entre commères, et le hola amusé du marchand :

LE MARCHANT.
Quoy! dictes vous qui (*qu'ils, les œufs*) sont couvys (*couvés*)?
Vous mentez, c'est chose certaine;
Tendés (*vos tabliers*), vous en aurés l'etraine.
Venés moy voir une aultre foys.
En preult (*premier*) et deulx.

LA DEUXIÈME FEMME.

Contes bien.

LE MARCHANT.

Et troys.
Y portent leur chuere avant eulx.
Vos tabliers sont bien estroys.
Tendés; en preult et deulx et troys.

LA PREMIÈRE FEMME.

Des pommes vous avés le choix.

LA DEUXIÈME FEMME.

Et le choys vous avés des eulx...

LE MARCHANT.

Servie ne seriés (*sauriez*) estre ensemble,
Targés (*tardez*) un peu.

LA PREMIÈRE FEMME.

Servye seray.

LA DEUXIÈME FEMME.

Ausy serai ge, ce me semble.

LA PREMIÈRE FEMME *remettant les eulx* (œufs)

Et moy, quoy?

LE MARCHANT.

Je m'en passeray.

LA DEUXIÈME FEMME.

Ausy bien que vous feray.

LA PREMIÈRE FEMME.

Sy de ma main je vous atains!

LE MARCHANT.

La! la!

LA DEUXIÈME FEMME.

Je vous avanceray.

LA PREMIÈRE FEMME.

Et quoy?

LA DEUXIÈME FEMME.

Ma main desus vos crains.

LA PREMIÈRE FEMME.

Qui, vous?

LA DEUXIÈME FEMME.

Guères je ne vous crains...

La vivacité et l'esprit sont grands dans *L'Aventureux* :

GUILLOT (*L'avantureulx*).

Je scay de jouster la manyère,
Mais arme moy bien par derière,
Et que mon harnoys soyt bien clos.

GUERMOUSET.

Quoy! voulés vous tourner le dos?

L'AVANTUREULX.

Nenin pas, mais quand nous fuyons,
Y fault craindre les horions.
Autant devant comme derière.

Les *Deux Filles*, à défaut d'intérêt dramatique, sont remarquables aussi par la vie du style. Marguerite de Navarre s'y est surpassée en gentillesse malicieuse, en gaité spirituelle et sans grossièreté. Le joli *tenson* dramatique!

LA SECONDE FILLE.

Car qui amour ha dans son cœur enclose,
Il trouvera liberté son lyen,
Et ne scauroit desirer autre chose.

LA PREMIÈRE FILLE.

Mieux me vaudroit tenir la bouche close,
Que soustenir qu'il vault mieux à un cœur
D'estre vaincu, que d'estre le vainqueur
De ceste amour, que vous louez si fort.

LA SECONDE FILLE.

Comme vaincu? Mais il en est plus fort.
Car le cœur seul, sans amour, n'est que glace.
Amour est feu, qui donne lustre, et grace,
Vie, vertu, sans qui le cueur n'est rien...

LA SECONDE FEMME (jalouse).

   Votre mal n'est qu'au corps.
Il est bien doux, puisqu'il est par dehors.
Car vous n'avez peine, que d'escouter.
S'il vous failloit dans vostre cœur gouster
L'amer morceau, que je mache à toute heure,
Vous diriez bien, que si je plains, et pleure,
J'ay bien raison...
Il est bien vray, que le corps seul me laisse.
Son corps sans cœur augmente ma tristesse.
Plus j'en suis près, moins j'y prens de plaisir...
En fièvre suis : mais mon seul médecin,
Qui me pourroit du tout guarir, me tue...
Et moy, que mon mary desprise,
Seray-je point de vous apprise?

LA VIEILLE.

Ouy, vrayement : c'est bien raison.
Vous voulez estaindre un tyson
Avant la nuit : mais mieux vaudroit
Le laisser bruslant, que tout froid.
Vostre mary plein de feu vif,
S'il ayme ailleurs d'un cœur naïf
C'est vray signe qu'il n'est pas mort...
Le voudriez vous sur le tapis,
Tout le long du jour couché?
Et son œil à plaisir bouché,
Sans pouvoir nulle beauté voir?
Car la loyauté vous tourmente,
S'il est amant; soyez amante...

Mais la palme est ici à Marot, dans ses *Deux amoureux récréatifs et joyeux* (1541), non seulement pour la qualité du style et celle de l'esprit, mais aussi pour l'habileté de la coupe dramatique dans le dialogue.

On en jugera bien vite. Voici d'abord nos deux galants *gorriers* courant à l'accolade et aux petites nouvelles de la littérature et du monde où l'on s'amuse :

LE PREMIER AMOUREUX.

Ilé, compagnon?

LE DEUXIÈME AMOUREUX.

Hé ! mon amy?

LE PREMIER AMOUREUX.

Comme te va?

LE DEUXIÈME AMOUREUX.

Corps bieu, beau soir.
Je ne te le daigneres dire
Sans t'acoler su ceste eschine,
De l'autre bras que je t'eschine
De fine force d'acolades.

LE PREMIER AMOUREUX.

Et puys?

LE DEUXIÈME AMOUREUX.

Et puys?

LE PREMIER AMOUREUX.

Rondeaux, balades,
Chansons, disains propos menus,
Conte moy qu'ils se (*ce qu'ils*) sont devenus;
Se faict il plus rien de nouveau?...

Écoutons-les encore entrant en confidences sur leurs amours, et menant, de cette verte allure, le train de la conversation:

LE PREMIER AMOUREUX.

Pour ce jour là que fus tu?

LE DEUXIÈME AMOUREUX.

Pris

LE PREMIER AMOUREUX.

Quel visage eus-tu d'elle.

LE DEUXIÈME AMOUREUX.

Gris.

LE PREMIER AMOUREUX.

Ne te rist elle jamais?

LE DEUXIÈME AMOUREUX.

Poinct.

LE PREMIER AMOUREUX.

Que veulx tu estre à elle?

LE DEUXIÈME AMOUREUX.

Joinct.

LE PREMIER AMOUREUX.

Par mariage ou aultrement.
Lequel veulx-tu?

LE DEUXIÈME AMOUREUX.

Par mon serment!
Tous deulx sont bons, et sy ne scay;
Je l'aymerois mieulx a l'essay...

Et le reste du dialogue est à l'avenant, espiègle et fringant, scénique à souhait.

Considérées sous le rapport de l'action, les farces sont, il faut bien l'avouer, médiocres et le plus souvent insignifiantes. Ce n'est pas par cette partie de l'art qu'elles brillent : car elle y est en enfance presque partout. Cependant, outre le *Pathelin*, une demi-douzaine d'entre elles méritent d'être mises hors de pair, et remarquées pour leur construction et leurs mérites scéniques.

On a pu voir plus haut que l'art de filer une scène est fort remarquable dans *la Cornette*. *Le Cuvier*, en la petitesse de sa péripétie unique, est parfaitement conduit. Avec un simple rajeunissement de style, ces deux farces ont subi l'épreuve de la scène moderne et y ont paru fort divertissantes[1] — surtout la seconde, l'intérêt de la première étant moins neuf, après tant de variantes sur le même sujet, depuis la Béline de Molière —.

Le contraste est l'essence du rire, et nos farceurs paraissent l'avoir fort bien senti. Nous avons vu quels effets ils avaient tiré des traits de caractère vivement contrastés, dans le *Franc archer de Bagnolet* et dans la *Cornette* notamment. Ils se sont avisés aussi de chercher des effets particuliers dans le contraste des situations.

Deux farces nous paraissent même tout à fait remarquables sous ce rapport.

L'une est assez connue, c'est celle de *Naudet* (*Un Gentilhomme, Lison, Naudet, la Damoyselle*). Naudet c'est Figaro mari d'une Suzanne qui le tromperait avec le comte, ce dont il se vengerait avec la comtesse. Les effets contrastés jaillissent très plaisamment du parallélisme des scènes où le drôle rend œil pour œil, dent pour dent. Malheureusement leur ton et leur réalisme ne permettent pas de pousser l'analyse jusqu'où il faudrait, pour en indiquer toute la saveur.

Voici comment la situation est posée :

LA FEMME commence.

Ne suis je pas bien estorée (*dépourvue*)
D'avoir espousé un tel homme?

---

1. *La Cornette*, rajeunie par M. Jacques Normand, a été jouée à la Porte-Saint-Martin, le 11 mars 1877; *le Cuvier* de M. Gassies des Brulies l'a été au *Théâtre d'application*, le 20 juin 1888, et celui de MM. Eugène et Édouard Adenis, à l'Odéon, le 21 janvier 1897, où nous l'avons vu remporter un très franc, très significatif succès de rire.

NAUDET.

Quoy? est ma chemise dorée?
Da, da, s'el est j'en suis marry.
Sçavez-vous de quoy je me ry?
De Monsieur de nostre villaige
Qui va de nuict en varouillage¹.

LA FEMME.

Et que sçavez-vous, meschant homme?

NAUDET.

Que je sçay? Hau, la voicy bonne
Que je sçay? qui le sçauroit?
Je le vey (*vis*).

LISON (la femme).

Et quand, quand?

NAUDET.

     Hersoir

LISON.

Et où, où?

NAUDET.

  Soubz le pingnon,
Là debout, de nostre maison,
Où il estoit et (*avec*) une fille.

LISON.

Et sçais-tu bien que c'estoit-ille?

NAUDET.

Oy, oy, tous deux je les congnois.

LISON.

Veulx tu dire que c'estoit moy?

NAUDET.

Tout beau, tout beau, je n'en dictz mot.

---

1. En argot moderne : *radrouillage*, même mot que *garrouage*, c'est-à-dire comme rôde un *loup-garou*.

LISON.

Je te prometz, ma foy, s'il te ost (*entend*),
Qu'il te fera mettre en prison.

NAUDET.

Et je n'en parle pas, Lison...

Mais le fait n'est que trop certain, comme nous allons l'apprendre de reste, alors que Naudet aura été éloigné par le gros « Monsieur du village » qui le charge de diverses commissions. Le gentilhomme l'envoie en effet promener son cheval qui s'ébroue et lui fait vider l'étrier au plus vite, puis chercher du vin, avec mission de rapporter « de celui qu'il aime le mieux », enfin remettre des lettres à la damoyselle, la propre femme du galant. Au cours de ces diverses missions, Naudet fait des rentrées intempestives qui dérangent fort nos amoureux. La dernière le renseigne d'ailleurs pleinement sur l'étendue de sa mésaventure dont il est fait l'oculaire et gaulois témoin.

Il n'y a plus qu'à s'en venger. Si la damoyselle voulait tâter du plaisir du talion? Or, elle ne demande pas mieux ; et la vengeance est complète de part et d'autre. Naudet ne laisse d'ailleurs aucun doute là-dessus au galant seigneur, dès que celui-ci réintègre le logis conjugal. Que faire? Le meilleur en pareilles affaires n'est-il pas de n'en rien dire au dehors?

LE GENTILHOMME.

Hou, hou, ma femme, estes-vous telle?...
Du choix j'en donnerois un oignon
De Lison ou ma damoyselle,
De ma damoyselle et Lison.
N'en parlons plus et nous taison.

Cecy est neufve nouvelle.
Tenir me veulx à la maison,
Puisqu'on vient à ma damoyselle
Pendant que je suis à Lison.

NAUDET.

Ma foy, monsieur, sans trahison,
Je ne vous donnerois un p..
Pour estre Monsieur ou Naudet.
Mais il n'est pas bon d'estre ensemble
Naudet et monsieur, ce me semble.
Ce vous seroit grand deshonneur
Qu'on fist ung Naudet de monsieur.
Quand de Naudet tiendrès le lieu,
Naudet seroit monsieur, par Dieu.
Gardez donc vostre seigneurie,
Et Naudet sa naudeterie,
Se tenez Lison ma femelle,
Naudet tiendra ma damoyselle.
Ne venez plus naudetiser[1],
Je n'iray plus seigneuriser.
Chascun à ce qu'il a se tienne,
Et, affin qu'il vous en souvienne,
Croyez-moy qu'il fault, mon amy,
A trompeur trompeur et demy ;
Pourtant, que plus ne vous advienne.

C'est un rien que cette farce, sans doute, mais de ce rien l'auteur a fait quelque chose et qui est déjà préparé, agité, filé et contrasté avec une réelle adresse.

L'autre farce que nous tenons à signaler pour l'intérêt des situations et l'art de leur enchaînement, est celle du *Poulailler* (*Le Poulier*) à *six personnages*, « assavoir deux Gentilshommes, le Mounyer, la Mounyère et les deulx femmes des deulx gentilshommes ».

1. Cf. *Tartuffe*, a. II, sc. III :
    Non, vous serez ma foi, *Tartuffiée* ;
Amphitryon, a. III, sc. X :
    Et l'on me *des-Sosie* enfin
    Comme on vous *des-Amphitryonne*.

UN CHEF-D'OEUVRE DU GENRE : *LE POULIER*.

C'est, à nos yeux, de toutes nos farces la plus riche en effets de théâtre, après le *Pathelin*, bien entendu, dont elle atteint d'ailleurs la moitié de la longueur, très exceptionnellement (743 vers). Même aujourd'hui ces effets sont sûrs et *porteraient*, comme on dit. On pourra s'en assurer par une lecture faite à haute voix, mais à huis-clos, entre honnêtes gens n'y cherchant qu'à savoir de quelle force comique était capable la gauloiserie de nos pères, quand elle était sans frein. Que cette pièce ne soit pas plus connue, et qu'elle ait été laissée dans le tas par les inventaires critiques de notre comédie médiévale, voilà, ce nous semble, une des preuves les plus évidentes du peu de lecteurs qu'elle a, même parmi ses historiens, ou de l'insuffisance de leur attention[1]. Ceux qui iront y voir, estimeront avec nous que c'est dommage.

A l'appui de notre dire, nous allons donc, autant que possible, c'est-à-dire trop peu, donner une idée de la pièce, dont le sujet d'ailleurs est le même que celui du conte des *Rémois* dans La Fontaine et vient de loin.

Comme dans *Naudet*, il s'agit de la revanche du vilain ou du bourgeois inquiété par les beaux seigneurs du voisinage dans son domaine conjugal. Le mari qui

---

1. Nous devons excepter F. Génin dont un passage de sa préface du *Pathelin* (Paris, Chamerot, 1854), p. 99, indique qu'il eut à la lecture une impression assez vive des mérites du *Poulier*; et aussi M. Alphonse Royer, chez qui nous en rencontrons une analyse, *Histoire universelle du Théâtre*, Paris, Franck, 1869, tome I, p. 457 sqq. Mais Cf la brève notice du *Répertoire comique*, de M. Petit de Julleville, op. c., p. 220, où le « redoublement méthodique » des scènes est considéré comme faisant longueur, alors qu'il nous paraît inaugurer si curieusement cette sorte de jeu de ricochets, de *carambolage* dramatique si cher à nos plus experts vaudevillistes. — Le sujet de la pièce se retrouve, au dénoûment près qui est plus piquant en notre farce, dans le conte des *Rémois* de La Fontaine : Cf. l'édition des Grands Écrivains, Hachette, tome V. L'auteur de la notice, qui suit ce thème depuis le conte sanscrit où la belle Upakoça est le prototype de notre meunière jusqu'aux *Feintes infidélités* de Sédaine, en passant par le fabliau de Constant du Hamel, n'oublie que notre *Poulier*.

se venge est ici un de ces meuniers dont la corporation a, dans nos farces, une réputation de malice bien établie. Il est vrai que le nôtre est secondé par une de ces « spirituelles femelles » dont sera la Suzon de mons Figaro : et c'est là un rapprochement qui s'impose, ainsi qu'on va voir.

Autour de la belle meunière rôdent deux gentilshommes, deux cousins, *M. de la Hannetonnière* et *M. de la Papillonnière*, aussi sots d'ailleurs que leur descendant direct le *M. de la Dindonnière* de Regnard. Ils se disputent ses faveurs, comme il ressort de leur entretien par lequel s'ouvre la pièce.

Mais entrons au moulin avec la meunière :

LA MOUNYÈRE, *entre en chantant.*

O va la Mounyère o va o va la Mounyère.

Cette gaîté paraît intempestive au meunier qui est sous le coup d'un procès et ne pourra se faire faire droit, faute d'argent. Voilà bien de quoi se désespérer ! se récrie la meunière,

Il n'est pas dict que l'en (*on*) se tue.
Vous voulez vous pendre ou defaire ?
Nostre Dame ! laisez moy faire,
J'auray de l'argent promptement.

Suit une consultation entre le mari et la femme qui rappelle celle de l'exposition de *Pathelin* :

LE MOUNYER.
De l'argent ?

LA MOUNYÈRE.

Voyre finement.
Il n'est finesse qu'on ne face.

LE MOUNYER.

Et belle dame ! que je sache
Comment argent pouriez atraper ?
Je serés tant aise de veoir
De l'argent pour a mon cas pourvoir :
Des escus vingt, trente ou quarante.

LA MOUNYÈRE.

Nous en aurons plus de cinquante
Ausy rouges que seraphins.
Mais y fauldroit que fusions fins
Et que ne disions mot de rien.

LE MOUNYER.

Par la mort ! je feray bien
Argent pour le fin atraper,
En doibtz tu aulcuns a piper
A ton entente ou jobelin (duperie de *jobards*?)[1]

LA MOUNYÈRE.

Les maistres de nostre moulin
Sont fort amoureulx de mon corps.
Sy vous faignyez aler dehors
Envyron vingt jours ou un moys
Nous aurions des escus de poys
En leur faisant la ruze acroyre.
Et puys revenés sur vostre erre (*errement*)
Quand de l'argent serez muny.
Jamais un regnard prins au ny
Ne fust si peneulx (*penaud*) qu'i seront.
Posible qu'i nous donneront
De nostre moulin les louages
Aveques tous les arierages
Qu'on leur debvons du temps pasé.

LE MOUNYER.

Par la mort bieu ! c'est bien pencé !
Que doys je faire pour complaire ?

---

1. Sur le sens de *jobelin*, Cf. *Le Jargon et Jobelin de François Villon suivi du Jargon au théâtre*, par Lucien Schöne, Paris, Lemerre, 1888, p. 11.

> LA MOUNYÈRE.
>
> Dormez vous et me laisés faire.
> Je suys de langage pourveue.

Survient l'un des galants. La meunière a tôt fait de l'engluer, avec des demi-résistances pour tenir la dragée haute :

> LA MOUNYÈRE.
>
> Comment avés vous pris l'esbat
> De venir à ceste heure icy !
>
> LE PREMIER GENTIL HOMME.
>
> Ouy car je suys à demy transy
> Sy de vous ne suys secouru.
> A peu que n'en ay encouru
> La mort par le dieu de nature.
>
> LA MOUNYÈRE.
>
> Se me seroyt une laidure
> Et une honte difamable
> Que d'estre trouvée variable
> Au desonneur de mon mary.
>
> LE PREMIER GENTIL HOMME.
>
> Vous me faictes le cœur mary
> Et me rendés du tout confus.
> Sy vous faictes de moy refus
> Dictes le moy. Je m'en iray.
> Mais par la mort ! je vous feray
> Du desplaisir et de l'ennuy.

On remarquera que, même avec une meunière, le gentilhomme a le ton de sa qualité, à la menace finale près, laquelle en est aussi d'ailleurs. Puis la dame du moulin met droit le propos sur l'embarras d'argent. Là-dessus offre galante de la forte somme pour Lucas, le meunier, moyennant quoi notre gentilhomme pourra revenir sur les cinq heures, en l'absence du susdit, sûr, en apportant bon souper, de trouver au moulin bon gîte et le reste.

Même manœuvre de la fine mouche avec le second galant à plumer qui a succédé au premier, même générosité provoquée à l'adresse de Lucas, même promesse au payeur de faire « chère papale » et avec le dessert escompté, entre « six et sept ».

Chaque galant vient à son heure, avide d'en avoir pour son argent. Mais, le meunier étant bien et dûment averti par elle, la meunière se met d'abord en besogne.

Le premier de nos coureurs de guilledou, *M. de la Papillonnière*, est dérangé au moment qu'il faut par le second, non moins hardi, pressant et plein de flammes, *M. de la Hannetonnière*, qu'au bruit de son approche il prend pour le mari. La meunière le cache alors dans le poulailler où vient bientôt le rejoindre son rival, non moins bredouille, qu'a dérangé à son tour et réduit à la cache commune le meunier en personne. Entre temps, le poulailler ayant vue sur la chambre du rendez-vous, *M. de la Papillonnière* avait eu de quoi endêver à l'aise, en ayant sous les yeux le spectacle de *M. de la Hannetonnière* lui succédant à son nez dans les privautés préliminaires de la fine meunière.

Voilà donc nos deux galants, l'un et l'autre encagés et juxtaposés, à portée d'échanger leurs impressions, pourvu que ce soit à voix basse, car le meunier et son gourdin leur inspirent conjointement une terreur grande : et ils attendent ainsi les événements, sur lesquels ils ont, de leur poulailler, une vue directe. Ceux-ci vont être aussi surprenants pour nos « regardants » — comme les appelle plaisamment La Fontaine, en ses *Rémois* — que divertissants pour les spectateurs.

Notre meunier raffine sa revanche et, non content d'avoir empoché les *flipus* (*philippus*) et écus des deux

hobereaux et de manger le souper qu'ils apportèrent —
en un double et involontaire pique-nique — à leur nez et
avec sa propre femme, il y veut avoir la leur. La meunière, qui est « de langage pourveue », se charge de
l'entremise, et voici venir « ma damoyselle dame de
la Papillonyère » décidée par cette langue dorée et qui
s'attable avec Lucas. Celui-ci se montre éperdûment
galant, et pousse l'aventure à toute outrance, pendant
que la complaisante meunière est allée faire même
ambassade près de Madame de la Hannetonnière. Quel
spectacle pour le premier mari qui voit tout, de ses
propres yeux voit! Il commence par se démener et irait
jusqu'à faire un bruit qui le perdrait avec son compagnon, si celui-ci ne le rappelait à la prudence nécessaire,
avec une brusquerie assez drôle en la circonstance :

LE MOUNYER (à la première Damoyselle).

Ofence Dieu! A! ce n'est rien.
D'aultres que nous l'ofencent bien.
Lesés moy gouster de l'amorse.

LE PREMIER GENTIL HOMME.

Elle fera la male bose (*bosse*)!
Traistre! meschant! meseau (*lépreux*) rendu!

LE DEUXIESME GENTIL HOMME.

Tant de foys je t'ay deffendu
Mort bieu! que tu ne dye un mot.
Si c'est yvrongne icy nous ost (*ouit*)
Qui est maintenant à son aise
Y nous pourroict bien par sainct Blaise!
Faire mourir de mort infâme.

LE PREMIER GENTIL HOMME.

Quoy! y le veult faire a ma famme.

LE DEUXIESME GENTIL HOMME.

Et bien! combien as tu perdu?

Ce qui sera tout à fait plaisant, et même comique, c'est quand Madame de la Hannetonnière, attablée à son tour avec le hardi meunier, offrira à son propre mari une occasion identique de pratiquer la même prudence que celui-ci prêchait si bien à son compagnon de poulailler et d'infortune. Les rôles se renversent très drôlement, et c'est à lui d'être prêché, mais en vain, car il a plus de tempérament et qui l'emporte :

LA DEUXIESME DAMOYSELLE.

Alon don! je m'y acorde.

LE DEUXIESME. GENTIL HOMME.

Nostre dame! miséricorde!
Y tient ma femme se meschant.

LE PREMIER GENTIL HOMME.

Par Dieu! vous quicterez se chant
Ou j'estrangleray vostre gorge.
Y l'a faict une heure d'orloge
A la myenne et tu m'as faict taire.

LE DEUXIESME GENTIL HOMME.

Et il la tient.

LE PREMIER GENTIL HOMME.

Qu'i veulx tu faire?

LE DEUXIESME GENTIL HOMME.

A! mes amys misericors!...

LE PREMIER GENTIL HOMME.

Vous nous voulez faire tuer.
A ceste heure vous vous tairés.

LE DEUXIESME GENTIL HOMME.

Par la mort bieu! vous mentirés.

LE PREMIER GENTIL HOMME.

Sy ferés vous par la vertu!
Et comment! Je me suys bien tu.

LE DEUXIESME GENTIL HOMME.

Au meurdre!

LE PREMIER GENTIL HOMME.

A l'aide!

LE DEUXIESME GENTIL HOMME.

Que ferai ge?

LE PREMIER GENTIL HOMME.

Tu te taira.

LE DEUXIESME GENTIL HOMME.

Plus tost mourai ge.
A l'aide! messieurs je suys mort.

LE PREMIER GENTIL HOMME.

Pourquoy deable crye tu sy fort?...

LE MOUNYER.

Il y a quelque un a nos poulles;
Par la mort bieu! je m'en voys voer.

LA DEUXIESME DAMOYSELLE.

Adieu! Mounyer.

LE MOUNYER.

Jusque au revoir
Ma Damoyselle grand mercys.
Quelque bon jour de sens rasys
Nous ferons chere plus meilleure.

Ainsi trahis par les cris affolés de *M. de la Hannetonnière* — moins patient que le second *Rémois* de La Fontaine, ce qui est bien plus plaisant — nos deux cousins en seront quittes d'abord pour « quitter et décharger »

UN CHEF-D'OEUVRE DU GENRE : *LE POULIER.*

au malin meunier l'un des cent-un écus, l'autre des six-vingt *philipus* qu'ils lui prêtèrent, à de si mauvaises fins et qu'ils ont si mal atteintes. Puis ils devront tout avouer et formuler eux-mêmes la morale de l'aventure, ce qui achèvera de la tirer au clair, ainsi que la psychologie de ses deux héros, pour les spectateurs exigeants sur la vraisemblance :

LE MOUNYER.

Si dirés vous bon gré mal grey.
Combien que vous soyés faschés.
Pour quoy vous estes vous cachés
Finement avec ma poulaille?

LE PREMIER GENTIL HOMME.

Craincte de vous.

LA MOUNYÈRE.

Et ne vous chaille (*ne vous échauffez pas là-dessus*

LE MOUNYER.

Taisés vous. Je les veulx ouyr.

LE DEUXIESME GENTIL HOMME.

Chascun de nous pensoyt jouyr
De vostre femme folement.

LE PREMIER GENTIL HOMME.

Vous avés eu bien finement
La jouyssance des deulx nostres.

LE MOUNYER.

Par monsieur sainct Tibault l'apostre
Contre vous deulx auray debat.

LE DEUXIESME GENTIL HOMME.

Nous avons couroult pour esbat.

LE PREMIER GENTIL HOMME.

Pour joyee avons melencolye.

LE MOUNYER.

L'homme amoureulx faict maincte folye.

LE DEUXIESME GENTIL HOMME.

Nous avons couroult pour esbat.

LE MOUNYER.

Vous voela donq prins au rabat.
Dont c'est a vous grosse folye.

LE DEUXIESME GENTIL HOMME.

Nous avons couroult pour esbat.

LE PREMIER GENTIL HOMME.

Pour joyee avons melencolye.
Quand amour un homme fol lye
Y perd sçavoir et contenance.

LE MOUNYER.

Je pren congé de l'assistance
Sy peu que mon sçavoir contient
Et dictz pour toute récompence
Qu'à trompeur tromperye lui vient (*riposter*).
Et pour resjouir nos esprys
Une chanson je vous suplys.

Ce n'est pas médiocrement gai. Il y a surtout dans cette farce du *Poulailler*, outre la verve du style et la netteté des traits de caractère, une marche progressive de l'action, un art de préparer et de doser les effets en partie double, pour les porter graduellement à leur comble, qui nous ont paru mériter une attention particulière et qu'on aurait dû leur accorder plus tôt.

Nous avons naturellement gardé pour la fin l'œuvre où se trouvent réunis, et au plus haut degré, les mérites que nous venons de glaner à travers les meilleures farces : la notation exacte des mœurs, l'esquisse vivante des caractères, la verve et la coupe dramatique du dialogue, une action conduite avec art. Cette œuvre est le *Pathelin*, « Maistre Pierre Pathelin[1] ».

Voici d'abord, en guise d'argument, une analyse de la pièce qui en « représente au naïf » tout le sujet, quoique son auteur s'en défende modestement. Elle suppléera, par sa saveur, à l'insuffisance inévitable de nos citations et aura en outre le mérite de nous faire entendre le son de ces gaîtés dans une tête bien faite du XVIe siècle. Nous l'empruntons à Estienne Pasquier (*Recherches de la France*, livre VIII, chap. 59, éd. Feugère, tome II, p. 125 sqq.) :

Je trouvay sans y penser la Farce de maistre Pierre Patelin, que je leu et releu avec tel contentement, que j'oppose maintenant cet eschantillon à toutes les comédies Grecques, Latines, et Italiennes[2].

L'Autheur introduit Patelin, advocat maistre passé en tromperie, une Guillemette, sa femme, qui le seconde en ce mestier, un Guillaume, Drapier, vray badaut (je dirois volontiers de Paris, mais je ferois tort à moy-mesme), un Aignelet Berger, lequel discourant son fait en lourdois, et prenant langue de Patelin, se faict aussi grand maistre que luy. Patelin se voulant habiller de neuf, aux despens du

1. Nous la citerons, — sauf le titre qui est bien *Pathelin* dans les premières éditions, l'orthographe *Patelin* n'ayant prévalu qu'au XVIe siècle — d'après l'édition de F. Génin (*Maistre Pierre Patelin*, Paris, Chamerot, 1854) qui divise judicieusement ses 1599 vers en 21 scènes, et reproduit d'intéressantes illustrations qui sont du XVe siècle « hormis le décor composé d'après la pièce ». Sur sa date probable, qui est aux environs de 1470; sur l'ignorance où on doit rester prudemment de son auteur qui ne peut pas être Pierre Blanchet, puisque la pièce existait quand il n'avait que onze ans, non plus qu'Antoine de la Salle qui en aurait eu au moins soixante-dix à son apparition ; sur la fantaisie de l'attribution gratuite à Villon ; sur les éditions et imitations, Cf. le *Répertoire du théâtre comique* par M. Petit de Julleville, op. c., p. 191 sqq., et aussi l'introduction de F. Génin (*Patelin et la vieille comédie*), toutes réserves faites sur la paternité d'Antoine de la Salle, p. 29 sqq.—Outre l'adaptation connue du *Pathelin* par Jean Reuchlin, en 5 actes et en vers latins, jouée à Heidelberg, le 31 janvier 1497, nous citerons celle qui l'est moins et que fit, en vers latins aussi et en France (1512), le juriste Alexandre Connibert, sous le titre de *Veterator* (Cf. Wilhelm Creizenach, *Geschichte*, etc., op. c., t. II, p. 68). Ses prétendues élégances la rendent bien pâle auprès de son modèle : mais nous la mentionnons comme une preuve de plus de cette pénétration de notre comédie médiévale jusque chez les humanistes, à joindre à celles que nous a offertes la comédie de collège (ci-dessus, p. 204 sqq.).

2. Cf. un jugement analogue mais plus mesuré d'Henri Estienne ci-après p. 296.

Drapier, complote avecques sa femme de ce qu'il avoit à faire. De ce pas il va à la foire où, feignant de ne recognoistre bonnement la boutique du bon Guillaume, après s'en estre asseuré, il s'abouche avecques luy, raconte l'amitié qu'il avait porté à feu son père, les bons advis qui estoient en luy, ayant dès son vivant predit tous les malheurs depuis advenus par la France, et tout d'une suitte lui represente sa posture, ses mœurs, sa manière de vivre, en fin que Guillaume luy ressemblait en tout, de face et de façons. Et ainsi l'endormant sur le narré de ceste belle histoire, il jette l'œil sur ses draps, les considere, les manie ; nouvelle envie luy prend d'en acheter, encores que venant à la foire il n'y eust aucunement pourpensé, commence de les marchander. Guillaume luy loüe hautement sa marchandise, les laines estans grandement encheries depuis peu de temps, demande vingt-quatre sols de l'aulne. Patelin luy en offre vingt : Guillaume est marchand en un mot, et ne veut rien rabatre du prix. A quoi Patelin condescend, et en leve six aulnes, tant pour luy que sa femme, revenans à neuf francs qui disoient six escus. Il est question de payer; mais il n'a argent sur soy, dont il est bien aise car il veut renoüer avec luy l'ancienne amitié qu'il portait à son pere; le semond de venir manger d'une oye qui estoit à la broche, et qu'il le payeroit. Combien qu'il poisat au marchand de n'estre payé sur le champ comme estant d'une nature défiante, si est-ce que, vaincu des importunitez de Patelin, il est contrainct de s'y accorder.

Patelin emporte son drap, lequel à l'issuë de là, parlant à part soy, dit que Guillaume luy avoit vendu ce drap à son mot, mais qu'il le payeroit au sien; et en cela il ne fut menteur. Car estant de retour en sa maison, sa femme, bien estonnee, lui demande en quelle monnaye il entendoit le payer, veu qu'il n'y avoit croix ny pille chez eux. Il luy respond que ce seroit en une maladie, et que deslors il s'alloit aliter, afin que le marchand venant, Guillemette le payast de pleurs et larmes. Ce qui fut faict. Le bon Guillaume ne demeura pas longtemps sans s'acheminer chez Patelin, se promettant de faire un bon repas avant que d'estre payé :

   Ils ne verront Soleil ny Lune
   Les escus qu'il me baillera,

disoit ce pauvre idiot; en quoy aussi il dit vérité. En ceste opinion, il arriva gay et gaillard en la maison de Patelin, où pensant estre accueilly d'une mesme chere, il y trouve une pauvre femme infiniement esplorée de la longue maladie de son mary. Plus il hausse sa voix, plus elle le prie de vouloir parler bas, pour ne rompre la teste au malade, et le supplie à jointes mains de le laisser en recoy.

Qui me payast (replique l'autre) je m'en allasse. Ce temps pendant, Patelin vient aux entremets, qui dit mille mots de resverie. Je vous prie d'imaginer combien plaisant est ce contraste. Car, pour dire la vérité, il m'est du tout impossible de le vous representer au naïf. Tant y a qu'apres une longue contestation le marchand est contrainct de s'en retourner en sa boutique, bien empesché lequel des deux avoit resvé, ou luy, ou bien Patelin. Retourné qu'il est, il trouve que ce n'estoit resverie de son costé, et qu'il y avoit six aulnes de tare en sa pièce de drap. Au moyen de quoy, il reprend sa premiere voye chez Patelin, lequel, se doutant du retour, n'avoit encore desemparé son lit. Là c'est à beau jeu beau retour; chacun joüe son personnage à qui mieux mieux; mesme Patelin pousse de sa reste. Car, en ses resveries, il parle cinq ou six sortes de langages, Limosin, Picard, Normand, Breton, Lorrain. Et sur chaque langage Guillemette fait des commentaires si à propos, pour montrer que son mary estoit sur le point de rendre l'ame à Dieu, que non-seulement le drapier s'en depart, mais à son partement supplie Guillemette de l'excuser, se faisant accroire que c'avoit esté quelque diable transformé en homme qui avoit enlevé son drap. Et deslors tourna toute sa colère contre son Berger Aignelet, qu'il avoit fait adjourner, afin de luy rendre la valeur de quelques bestes à laine par luy tuees, faignant qu'elles estaient mortes de la clavellee. Ne se promettant rien moins que de lui faire servir d'exemple en Justice.

Le jour de l'assignation, Aignelet se presente à son maistre, et avec une harangue digne d'un Berger, luy racompte comme il avoit esté à sa requeste, le priant de le vouloir licentier et renvoyer en sa maison. A quoi son maistre ne voulant entendre, il se résout de prendre Patelin pour son conseil, lequel, après avoir entendu tout le fait, où il n'y avoit que tenir pour lui, est d'advis que, comme s'il fust insensé, quand il seroit devant le juge, il ne répondit qu'un « Bée » à tout ce qui luy seroit demandé, qui estoit le vray langage de ses moutons; et que, joüant ainsi son personnage, Patelin luy serviroit de truchement, pour suppléer le deffaut de sa parole. Le Berger meschant comme est ordinairement telle engeance de gens trouve cet expédient très bon, et qu'il n'y faudra d'un seul point. Sur cela Patelin stipule une et deux fois d'être bien payé de luy au retour des plaids, quand il auroit gaigné sa cause; et le Berger aussi luy répond une fois et deux fois qu'il le payeroit à son mot, comme il fit. La cause est audiancée; là se trouvent les deux parties, et mesmement Patelin, qui tenoit sa teste appuyée sur ses deux coudes, pour n'estre si tost aperceu du drapier; lequel au-paravant que de l'avoir envisagé, propose articulément sa demande mais soudain qu'il eut jeté l'œil sur lui, il perdit esprit et contenance tout ensemble, meslant par ses discours son drap avecques ses moutons. Et Dieu sçait comme Patelin en sçeut faire son profit pour montrer qu'il avoit le cerveau troublé. D'un autre costé, le berger, n'ayant autre mot à la bouche qu'un « *Bée* », Monsieur le Juge se trouve bien empesché. Mesmement qu'il n'estoit question que de moutons en la cause, néantmoins le drapier y entremesloit son drap; et *luy enjoint de revenir à ses moutons*. En fin, voyant qu'il n'y avoit ny rime ny raison d'une part et d'autre, il renvoye le deffendeur absous des fins et conclusions contre luy prises par le demandeur.

Il est maintenant question de contenter Patelin, qui commence de gouverner le berger, luy applaudit et congratule du bon succez de sa cause, qu'il ne restoit plus que de le payer, le somme et interpelle de luy tenir parole; mais à toutes ses sommations, le berger le paye seulement d'un *Bée*. Et à vray dire il luy tint en cecy sa promesse: car il avoit promis de payer Patelin à son mot, qui estoit celui de *Bée*. Ce grand personnage se voyant ainsi escorné par son client, vient des prières aux menaces; mais pour cela il n'advance de rien son faict, n'estant payé en autre monnoye que d'un *Bée*.

> *Que Bee! (dit Patelin): l'on me puisse prendre*
> *Si je ne feray venir*
> *Un sergent; mesavenir*
> *Luy puisse s'il ne l'emprisonne!*

A quoi le Berger luy respond :

> *S'il me trouve, je luy pardonne.*

Et en ce vers est la closture de la farce; dont on peut dire pour fin de compte, qu'à trompeur, trompeur et demy.

Rien n'est plus achevé que le premier des trois épisodes principaux qu'on a pu distinguer dans le *Pathelin*, dès l'analyse qui précède, à savoir : le marchandage du drap; la mystification du drapier; le débat en justice. C'est ce qu'il nous faut d'abord montrer, avec un détail suffisant.

Au logis de l'avocat sans cause Pathelin, il n'y a ni denier ni maille. Ce n'est pourtant pas par manque de sens naturel, ni par excès de scrupules chez le maître de céans, comme nous l'apprenons par l'édifiante conversation qu'il tient au lever du rideau, avec dame Guillemette, sa femme. Les caprices de la clientèle ont fait tout le mal :

GUILLEMETTE.

Mais on ne vous tient pas si saige
Des quatre pars comme on souloit.
Je vy que chascun vous vouloit
Avoir pour gangner sa querelle ;
Maintenant chascun vous appelle
Par tout advocat dessoulez l'orme (*qui y attend*).

Cependant les deux robes du ménage sont plus rases qu'étamine. Que vaut donc la science de Pathelin, clame Guillemette ? Elle va le voir. C'est du drap qu'il faut ? Elle en aura ; elle n'a qu'à dire son choix :

PATHELIN.

Quel couleur vous semble plus belle,
D'un gris vert, d'un drap de Brucelle,
Ou d'aultre ? Il le me fault sçavoir.

GUILLEMETTE.

Tel que vous le pourrez avoir :
Qui emprunte ne choisit mie.

PATHELIN (*en contant sur ses dois*).

Pour vous deux aulnes et demie,
Et pour moi trois, voire bien quatre....

L'action, ainsi posée, se met en marche. Pathelin entre en campagne, avise la boutique du drapier Joceaume et met le siège devant une pièce de drap. La jolie scène ! Quel naturel et déjà quelle psychologie dramatique ! Ce sont d'abord des travaux d'approche, une manœuvre en zig zag, avec force propos désintéressés sur le train des affaires et de la marchandise, sur le défunt père de Joceaume — dont celui-ci est le portrait

« tout poché », des oreilles, du nez, de la bouche, des yeux et de ce « menton forché », — voire sur la bonne Laurence, la tante, qui fut si belle et à qui Joceaume ressemble du « corsaige ». Au drap maintenant! On l'effleure de la main, puis d'un propos vite quitté, sans peser, sans rester. Pourtant on y revient par voie de propos « entrelardés » : il est si attirant ! On avait mis de côté quatre-vingts écus pour « retraire une rente « (*racheter une rente qu'on sert*), ce coquin de drap en aura bien vingt ou trente! Qu'y faire? C'est, chez Pathelin, comme une envie de femme enceinte :

> Brief, je suis gros de ceste pièce.

Devant une envie si déclarée et quatre-vingts écus disponibles derrière, Joceaume a perdu toute prudence :

LE DRAPPIER.

> Or bien,
> Il convient aviser combien
> Vous en voulez. Premierement
> Tout est à vostre commandement
> Quant que il en y a en la pille (*pile*) ;
> Et n'eussiez vous ne croix ne pille.

Alors Pathelin de tirer sur l'hameçon — auquel a si bien mordu Joceaume — en battant en retraite pour la frime et en marchandant ferme, avec l'âpreté éveillée d'un payeur au comptant. Enfin « vecy ung denier » qui rend l'affaire conclue. Reste à ne pas payer, rubis sur l'ongle, les six écus du prix. Joceaume les trouvera au domicile de Pathelin. Il y a loin sans doute, et puis faire crédit en étrennant, c'est mauvais : mais quelle oie à manger, en perspective, chez l'acheteur ! Aussi ce dernier emporte-t-il le drap qui lui fait une « belle bosse » sous l'aisselle.

La rentrée au logis est triomphale, comme il convient, et notée avec quelle verve, quel relief!

PATHELIN.

En ay je?

GUILLEMETTE.

De quoy?

PATHELIN.

Que devint
Vostre vielle cotte hardie (*robe collante, démodée*)?

GUILLEMETTE.

Il est grand besoin qu'on le die!
Qu'en voulez vous faire?

PATHELIN.

Rien, rien!
En ay je? Je le disoie bien.
Est il le ce (*ceci*) drap cy?

(*Il découvre le drap caché sous sa robe*)

GUILLEMETTE.

Saincte dame!

Pour mieux jouir de son triomphe, en le savourant par le menu, Pathelin, avec la fable du renard et du corbeau à l'appui, fait à Guillemette le détail de sa manœuvre, et l'avive par un commentaire qui redouble pour le spectateur le plaisir qu'il prit à la voir exécuter.

Et maintenant à l'action! Car si le plus fort est fait, il reste fort à faire. Il ne s'agit de rien moins que d'éconduire Joceaume qui va venir « braire » pour avoir son dû. Pathelin fait la leçon à Guillemette qui tremble un peu, en souvenir du samedi où on le « pilloria », lors d'un premier démêlé avec la justice. Mais bast! il faut laisser cette « baverie » et courir à la parade du coup qui vient.

Ici des scènes de pure farce et où, pour faire rire plus fort, le plaisant vient renforcer le comique.

Ce sont celles où Pathelin fait le malade, secondé à merveille par cette bonne pièce de Guillemette, et réussit à renvoyer Joceaume chez lui, voir si son drap y est. Avec quel art la *scène à faire* est coupée en deux par la sortie affolée et la brusque rentrée du drapier, tandis que notre couple de larrons se pressait un peu trop de s'applaudir du succès ! Mais Pathelin se ressaisit vite et ce péril croissant fait croître sa verve.

Alors c'est le grand jeu ! En avant toutes les ressources de la farce ! Et voici le torrent des tirades jargonnées en *lourdois* et en *patelinois* qui roule, entraîne et expulse le drapier. Qui diable y résisterait ? Nos fripons peuvent alors *se gaber* et s'applaudir à l'aise, en se congratulant de tout ce *jobelin* qui s'appellera désormais le *patelinage*;

PATHELIN (*sautant à bas du lit*).

Avant ! vous ay je bien aprins (*appris*)?
Or s'en va il, le beau Guillaume.
Dieux ! qu'il a dessoulez son heaulme
De menues conclusions !
Moult lui viendra d'avisions (*visions*)
Par nuyt, quant il sera couché.

GUILLEMETTE.

Comment il a esté mouché !
N'ay je pas bien fait mon devoir ?

PATHELIN.

Par le corps bieu, à dire voir (*vrai*),
Vous y avés tres bien ouvré.
Au moins avons nous recouvré
Assez drap pour faire des robes.

Mais si le couple est parvenu à ses fins, il n'en est pas de même de l'auteur qui est loin d'avoir épuisé sa donnée. Il noue aussitôt une seconde action qui doit vite rejoindre la première, s'y enlacer pour former une troisième et dernière partie où seront ainsi portés à leur comble les effets alternatifs de plaisant et de comique.

Joceaume rentré chez lui, y ruminait sa mésaventure et tirait « dessous son heaume » de fort menues *conclusions* — comme dit, en style du Palais, notre auteur, quelque basochien, sans doute — quand il y reçoit la visite de son berger *Laignelet*, insigne et effronté voleur de ces moutons de la laine desquels notre drapier fait du drap si étoffé et si mal payé. On pense si Laignelet est bien reçu par le marchand et renvoyé, pour la suite de la conversation, au tribunal où il est assigné afin d'être jugé sur ses voleries.

Notre infidèle gardeur de moutons va donc chez Pathelin, pour lui donner sa cause à plaider. Elle est détestable : le vol qualifié est aussi certain que ses récidives, et avoué par l'inculpé à l'avocat. Tout mot lâché par lui devant le juge ne pourrait être qu'un aveu. Mais Pathelin, qui est homme de ressources, a trouvé la seule défense possible et le seul mot à dire : Laignelet fera la bête à laine devant le juge, comme lui-même a fait le fou délirant devant Joceaume; et il ne répondra que *Bê!* Au tribunal maintenant.

C'est la scène culminante, le coup de maître du basochien de génie qui fut le père anonyme de *Pathelin*.

Les deux actions s'y rejoignent et s'y enlacent admirablement, mettant aux prises les héros de l'une et de l'autre avec Joceaume, en la bourgeoise personne et en la pauvre tête duquel leur nœud commun va prendre ses plis et replis. Elles s'y croisent si bien qu'il s'y perd et c'est là le dernier effort de la verve inventive de l'auteur. Mais, quelle que soit l'outrance de la charge, elle reste vraisemblable, tant la gradation des effets fut habilement préparée et conduite.

L'idée du drap impayé dont la présence du voleur fait une obsession pour le volé, vient à la traverse des moutons assassinés et disparus dont le même volé avait d'abord en tête d'expliquer le vol au juge. Comment pourrait-il ne pas s'embrouiller, passionné comme il l'est, et ballotté par le va-et-vient affolant de ces deux idées fixes? Comment le juge pourrait-il y voir goutte et démêler ce *brouillamini*? C'est admirablement gai, risible en *crescendo*, filé en perfection et de quelle langue verte et drue!

LE JUGE.

Et taisez vous! Estes vous nice (*niais*)?
Laissez en paix ceste assessoire
Et venons au principal.

LE DRAPPIER.

Voire,
Monseigneur, mais le cas me touche.
Toutesfois, par ma foy, ma bouche
Meshuy ung seul mot n'en dira.
Une aultre fois il en ira
Ainsi qu'il en pourra aler;
Il le me convient avaler
Sans mascher. Ore, je disoie
A mon propos comment j'avoie
Baillé six aulnes..... doy je dire
Mes brebis — je vous en prie, sire,
Pardonnez moy. — Ce gentil maistre,
Mon bergier, quand il devoit estre
Aux champs... il me dit que j'auroie
Six escus d'or, quand je voudroie....
Dy je, depuis trois ans en ça,
Mon bergier m'enconvenança

Que loyaument me garderoit
Mes brebis, et ne m'y feroit
Ne dommaige, ne villenie....
Et puis maintenant il me nie
Et drap et argent plainement.

(A Pathelin).

Ah ! maistre Pathelin, vrayment
Ce ribault cy m'embloit les laines
De mes bestes, et toutes saines
Les fesoit mourir et périr
Par les assommer et férir
De gros bastons sur la cervelle....

(Au juge).

Quant mon drap fut soubz son esselle,
Il se mit au chemin grant erre,
Et me dist que j'allasse querre
Six escus d'or en sa maison.

LE JUGE.

Il n'y a ne rime ne raison
En tout quant que vous rafardez (*refardez, replâtrez*).
Qu'est cecy? vous entrelardez
Puis d'ung, puis d'aultre : somme toute,
Par le sang bieu, je n'y vois goutte!
Il brouille de drap et babille,
Puis de brebis, au coup la quille (*à la queue leu leu*)!
Chose qu'il die ne s'entretient.

Et quelle prestesse chez Pathelin à profiter des coq-à-l'âne apparents du pauvre homme, pour « retourner le vers » et esquiver les questions à brûle-pourpoint!

LE DRAPPIER (*au juge*).

Regardez, sire, regardez!
Je luy parle de drapperie ;
Et il respont de bergerie!

(A Pathelin).

Six aulnes de drap, où sont-elles,
Que vous mistes soubz vos esselles?
Pensez vous point de les moy rendre?

PATHELIN, *plaidant*.

Ha! sire, le ferez vous pendre
Pour six ou sept bestes à laines?
Au moins, reprenez vostre alaine;
Ne soyez pas si rigoureux
Au povre bergier douloreux,
Qui est aussi nu comme ung ver!

LE DRAPPIER.

C'est tres bien retourné le ver!
Le diable me fist bien vendeur
De drap à ung tel entendeur!
 (*Au juge*.)
Dea, monseigneur, je lui demande....

LE JUGE.

Je l'assoulz de vostre demande,
Et vous deffendz le proceder.
C'est un bel honneur de plaider
A un fol! (*Au bergier*.) Va t'en à tes bestes.

LE BERGIER.

Bê!

La pauvre tête du drapier se perd et il y a de quoi :

LE DRAPPIER.

Ha, je vois (*vais*) voir en vostre hostel.
Par le sang bieu, se vous y estes!
Nous n'en debatrons plus nos testes
Ici, se je vous treuve là.

PATHELIN.

Par nostre dame, c'est cela!
Par ce point le scaurez vous bien.

Le dénoûment est rapide, comme il convient, et couronne délicieusement ce crescendo de gaîté, quand Laignelet avec son *bê* à toutes fins « rigolle » Pathelin qui réclame ses gages et doit à son tour « manger de l'oie ».

Tel est ce chef-d'œuvre de la comédie médiévale. Sa

construction est faite de main d'ouvrier. Dans son étendue (1599 vers), qui est double de celle des plus longues farces que nous ayons — leur longueur moyenne étant d'un acte, comme le faisait déjà remarquer Charles Estienne[1] avant du Verdier — et avoisine celle d'une comédie classique en cinq actes, elle offre deux actions entrelacées dont les scènes sont filées et les péripéties amenées avec une adresse et une ingéniosité telles qu'il semble que l'auteur y fasse montre de cette sorte de virtuosité qui consiste à jouer la difficulté. Quant au dialogue, il vaut l'action et ajoute à la vivacité et à la fermeté de son allure par sa coupe dramatique, son esprit alerte, sa langue si savoureuse, ses vers si bien frappés qu'ils passaient en proverbes. La vie et le relief des caractères, de celui de Laignelet, de Joceaume et de Guillemette, comme de Pathelin, surtout la sagacité de l'observation, la malice et la verve des traits, la sobriété et la juste proportion des développements, la mesure jusque dans la fantaisie la plus débridée en apparence, achèvent d'assurer la portée des effets au théâtre, sans qu'ils perdent rien de leur agrément à la lecture[2]. Enfin par une bonne fortune presque unique, les grossièretés inhérentes au genre — à l'exception de trois ou quatre mots gras dans la scène de la fièvre, si haute en couleur — ont disparu, épurées par l'auteur au rayon de son génie.

Sans doute la morale, dans le *Pathelin*, laisse à dé-

---

[1]. Cf. ci-après, p. 277 : « .... De sorte que pour notre comédie vulgaire n'avons retenu qu'un acte simple de leur comédie nouvelle... »

[2]. A l'imitation ingénieuse — mais alourdie par une intrigue postiche d'amour, selon la recette classique — de Brueys et Palaprat (1706), a succédé l'adaptation de M. Edouard Fournier qui a pour titre : *La vraie farce de Maître Pathelin* (mise en 5 actes et en vers modernes, Paris, Dentu, 1881) qui fut jouée au Théâtre-Français en 1872, reprise en 1881 et 1891, et reste au répertoire sur la scène de Molière.

sirer. C'est celle qui est courante dans la farce et que Naudet notamment formulait ainsi :

> Croyez-moy qu'il fault, mon amy,
> A trompeur trompeur et demy.

La pièce consiste en un ricochet de fourberies dont les auteurs, échappant à la justice légale, ne sont punis que par d'autres fourbes et ne le sont ni tous, ni assez. Mais quoi ! Le tout est à l'image d'un temps où l'exemple de cette absence de scrupules et de cette morale du succès venait de haut, du roi qui était Louis XI et de ce ministre à tout faire, Commynes, qui écrivait, par expérience : « Nous sommes affaiblis de toute foy et loyaulté les uns envers les aultres ».

Le théâtre comique du moyen âge, plus heureux que son théâtre sérieux, a donc abouti à un chef-d'œuvre complet et qui soutient la comparaison avec tous ceux dont s'illustrera la comédie moderne : car rien n'est plus comique que la scène du marchandage et de la conquête du drap, rien n'est plus plaisant que les deux scènes où le drapier est éconduit, rien n'est à la fois plus plaisant et plus comique que celles du débat devant le juge et du dénoûment.

Au reste, si grands que soient les mérites réunis dans le *Pathelin*, ils ne constituent pas la sorte de réussite unique et miraculeuse que l'on dit d'ordinaire.

Certes, de maintes scènes faciles à trouver dans les farces que nous avons signalées, où la vie fourmille et où souvent l'art dépasse l'instinct — notamment du *Poulailler*, du *Franc Archer de Bagnolet*, de la *Cornette*, du *Cuvier*, de *Naudet*, du *Prince des Sots*, sans oublier le *Jeu de la Feuillée* — au *Pathelin*, la distance est grande, mais elle n'est pas infinie. On voit même très bien, ce nous semble, comment son auteur avait pu la franchir d'un élan génial, de même que nous verrons comment la comédie nationale a pu évoluer du *Pathelin* jusqu'à *Tartuffe*.

C'est même à le faire voir que devra surtout nous servir l'histoire de la farce. Aussi avons-nous insisté à dessein sur les citations qui prouvent à quel degré ce genre a cette sorte de mérite qui vient de nous servir à excuser le dénoûment du *Pathelin* et qui est de présenter, en son réalisme intrépide, un miroir du temps aussi fidèle qu'expressif. On a pu remarquer d'ailleurs combien il était aisé de tirer de l'ensemble de la comédie médiévale, ainsi qu'on l'avait fait aussi des fabliaux[1], un tableau vivant de la société qui s'en est délectée.

Cette peinture courante des mœurs du temps et parfois aussi des caractères des hommes est, en dernière analyse, l'intérêt suprême, impérissable, et qui devrait être plus connu, de tout ce théâtre comique du moyen âge et surtout de sa forme la plus vivante, la farce.

---

1. Cf. d'une part Petit de Julleville, *La Comédie et les Mœurs en France, au moyen âge*, Paris, Léopold Cerf., 1886, du moins les chapitres iv, v et vi ; et, d'autre part, pour l'exécution plus ample du même dessein à l'aide des fabliaux, Victor le Clerc, *Histoire littéraire*, t. XXII, p. 69-261 ; et aussi Ch. V. Langlois *Revue Bleue*, 22 août et 5 septembre 1891.

CHAPITRE VII

LA COMÉDIE RÉGULIÈRE : ORIGINES ET REPRÉSENTATIONS

Le plan de *la Pléiade* : l'imitation des modèles et l'appel aux puissances. — Les *archétypes* Térence et Plaute : leurs lecteurs au moyen âge ; leurs traducteurs et commentateurs à la Renaissance. — Les humanistes et auteurs français, théoriciens de la comédie : Josse Badius, J.-C. Scaliger, Charles Estienne, Pelletier du Mans, Jean de la Taille. — La comédie régulière en Italie, de Pétrarque au groupe des modèles de Larivey ; et son influence sur nos comiques de la Renaissance.
Les conditions de la scène, en France, et l'appel aux puissances. — Le monopole des Confrères. — Le public et la scène à conquérir. — L'exemple pratique des Italiens : la représentation de la *Calandra* ; les comédiens italiens à la cour et à la ville, et leur répertoire. — Les novateurs et leur apprentissage technique : le *fiasco* des Argonautes. — Une *première* triomphante à la cour et à la ville.
Division naturelle de l'histoire de la comédie de la Renaissance en deux périodes. — Démonstration par le catalogue des représentations authentiques. — Nécessité de pousser l'histoire de la seconde période jusqu'à 1629.

La création de la comédie régulière fut une des ambitions de la Pléiade. Cette ambition était plus que légitime : elle était nécessaire. En littérature, le théâtre est la capitale, et une révolution n'a cause gagnée que quand elle y a fait une entrée triomphale. Il en a été et il en sera longtemps ainsi, par tous pays, chez les modernes. C'est ce que l'on devait voir, notamment, en Allemagne, autour de Lessing, comme en France, autour de Hugo.

La Pléiade aperçut fort bien cette nécessité de sa tactique, comme le montre ce passage du fameux manifeste de 1549 : « Quant aux Comédies et Tragédies, dit du Bellay à tout bon entendeur, si les Roys et les Républiques les voulaient restituer en leur ancienne dignité, qu'ont usurpée les Farces et Moralitez, je seroys bien d'opinion que tu t'y employasses; et si tu le veux faire pour l'ornement de ta langue, tu sçais où tu en doibs trouver les archétypes. » C'était, avec le cri de guerre, le plan de victoire. En d'autres termes, on évincerait les vieux genres, avec l'aide des bons modèles pour écrire des comédies, et avec celle des puissances pour les faire jouer.

Avant de raconter comment on tenta l'entreprise, il importe de déterminer les conditions dans lesquelles cette tentative allait se produire.

Où étaient ces « archétypes » que devaient d'abord copier les novateurs? Et les copies une fois faites, où était la scène pour les encadrer? Une réponse précise à ces deux questions ne montrera pas seulement la genèse de la comédie de la Renaissance; elle servira à expliquer son histoire, dans ses deux phases principales.

Ces *archétypes*, comme dit du Bellay en son idéalisme platonicien, étaient d'abord les comédies de l'antiquité.

A vrai dire, on n'avait pas attendu la Renaissance pour les lire. Les six comédies de Térence et les huit premières de Plaute n'avaient pas cessé d'avoir des lecteurs parmi les clercs du haut moyen âge. Le premier surtout apparaissait dans l'école comme un bréviaire de morale pratique. Ce caractère traditionnel lui servira même de passe port jusqu'à la Renaissance où la traduction de Gilles Cybile offrira tout Térence.

> Où il y a mainte sentence,

et où *le Grant Thérence* d'Antoine Vérard fondera sa réclame sur le même article :

> Ne craignez point à acheter ce livre,
> Car maints propos décents y trouverez.
> Sentencieux, que chacun peut ensuivre,
> Là sont cachés, comme bien prouverez.

Le moine Gerbert — le futur et premier pape français — qui avait pu lire l'auteur des *Adelphes* dans le beau manuscrit, si précieusement illustré[1], de l'abbaye de Saint-Denis, le cite couramment comme un trésor de morale. Quant à Hroswitha, nous avons vu[2] qu'elle n'avait écrit ses *comédies* que pour christianiser les effets de la lecture trop ardente de celles de Térence, dans les couvents du xe siècle.

La langue archaïque de Plaute le rendait moins accessible aux clercs. Cependant — sans compter l'anonyme *Querolus* qu'on lui attribua si longtemps et qui était si lu — nous avons eu à signaler[3], parmi les curieuses et licencieuses élégies dramatiques des xiie et xiiie siècles, la célèbre *Birria et Géta*, qui est une imitation de l'*Amphitryon* par Vitalis de Blois.

Mais de ces lectures assidues et de ces gauches imitations des comiques latins, dans le haut moyen âge, nous n'avons à retenir que le fait d'une orientation générale vers eux de la curiosité des lettrés. Il nous faut chercher ailleurs l'origine de l'influence directe de la comédie antique sur la nôtre.

---

1. Cf. ci-dessus, p. 17, note 3.
2. Cf. ci-dessus, p. 10.
3. Cf. ci-dessus, p. 11.

Ici, comme dans tous les autres genres, ce sont les humanistes qui avaient ouvert la voie par leurs traductions et commentaires.

Dès 1500, l'*Amphitryon* de Plaute est traduit par Jean Meschinot. L'*Andrienne* de Térence suscite trois traductions, une en vers par un anonyme (1537), une en prose par Charles Estienne (1542), et une autre attribuée, sans preuves, à Bonaventure des Périers (1565). *Le Grant Térence tant en rime qu'en prose* est édité en 1539 (Paris, le Bret).

Quant à la définition du genre comique, elle commence à s'éclaircir, après avoir été si obscure au moyen âge — comme celle du tragique d'ailleurs — qu'on n'attachait ni à l'un ni à l'autre genre l'idée de la représentation scénique et que Dante appelait son poème une *comédie*, à cause de son dénoûment heureux.

Les commentateurs anciens de Térence, et dissertateurs sur le genre comique, sont imprimés avec son texte, Donat en 1472 et Diomède en 1476. Les indications de l'*Art poétique* d'Horace pour l'histoire du genre et celles de Vitruve pour la mise en scène, commentées par les Serlio et autres architectes de théâtres[1], achèvent de ressusciter la comédie antique dans l'imagination des lettrés.

Il reste à imiter cette comédie dont on comprend enfin le sens. On a le mot, il faut la chose.

La formule de cette imitation, avec la division classique en scènes et en cinq actes, s'esquisse dans les commentaires que les humanistes et les auteurs lettrés ajoutent à ceux des Donat et des Diomède, avec une

---

1. Cf. Gustave Lanson, *Note sur un passage de Vitruve et sur l'origine de la distinction des genres dans le théâtre de la Renaissance*, dans la *Revue de la Renaissance*, Paris, 1904, p. 72 sqq.

ardeur des plus diligentes. En tête du *Térence* de Jodocus (*Josse*) Badius (1504), l'objet de la comédie est défini : une reproduction de la condition privée et civile sans péril de mort (*privatæ civilisque fortunæ sine periculo vitæ comprehensio*)..., avec des personnages de condition moyenne, en un style moyen (*de mediocribus personis et in mediocri stilo*). De ce même objet de la comédie une définition moins ambitieuse et qui s'appliquera à toutes les pièces italiennes ou francisées, depuis Pierpaolo Vergerio jusqu'à Larivey et Odet de Turnèbe, se lit dans la traduction par Belleforest du commentateur Polydore Virgile : « En la comédie, on traite les amours et ravissements des vierges et pucelles ». Enfin le docte J.-C. Scaliger, en sa *Poétique* (1561), légiférera sur la comédie comme sur le reste, en la définissant par trois éléments constitutifs qui sont : une intrigue affairée (*poema negotiosum*), un dénoûment heureux (*exitu lætum*), un style familier (*stylo populari*)[1].

Ces théories plus ou moins impérieuses des humanistes prenaient corps dans certaines préfaces d'auteurs lettrés. Nous signalerons d'abord celle de Charles Estienne, en tête de l'importante *Comédie du Sacrifice ou les Abusés*, traduite de *Gl' Ingannati* (1531), œuvre collective des « professeurs de l'Académie vulgaire sénoise (*de Sienne*), nommez *Intronati* »[2], qui en avaient tiré eux-mêmes le sujet des *nouvelles* de Bandello, une source bien connue de Shakespeare. C'est une épître

---

[1]. Cf. Eugène Lintilhac, *De J.-C. Scaligeri Poetice*, Paris, Hachette, 1887, p. 26.

[2]. Nous n'avons pu nous procurer l'édition de 1543 que signale E. Chasles dans sa *Comédie en France au XVIᵉ siècle*, Paris, Didier, 1862, p. 44, mais nous avons eu sous les yeux celle-ci : *Les Abusez*, Paris, Groulleau, 1548, Bibliothèque Nationale, Réserve, Yd 1127.

adressée au dauphin qui sera Henri II. Elle forme une préface curieuse au manifeste de la Pléiade. Elle en devance non seulement l'appel aux puissances pour rétablir le bon ordre sur la scène comique en proie à la barbarie, mais aussi les dédains à l'endroit de notre comédie médiévale, qu'elle écrase d'une comparaison enthousiaste avec les « archétypes » latins et italiens. Voici quelques traits de cette ébauche des prochaines théories néo-classiques et belliqueuses de la Pléiade.

> Je ne puis assez louer, Monseigneur, la coutume des anciens en leurs comédies qu'ils appeloient nouvelles, et la façon de disposer et poursuivre leurs sens et arguments en icelles pour donner récréation aux auditeurs. Laquelle manière, si jusques à nous ce jourd'hui estoit parvenue, je ne crois point que ne fussions aussi heureux en ce cas qu'ils étaient : considéré que notre langage, tant pour exprimer que pour aorner et décorer quelque chose, n'est de rien pour le présent inférieur au leur, combien que, pour la plupart, du leur soit descendu. Mais à ce que maintenant j'en aperçois, notre rude vulgaire a fort syncopé sa manière ancienne en matière de comédie.... De sorte que pour notre comédie vulgaire n'avons retenu qu'un acte simple de leur comédie nouvelle : n'ayant encore observé la manière de faire et suppléer ce qui facilement sans exprimer se pourroit entendre : qui est un des points en quoi les anciens facteurs mettoient plus de peine. Dont est advenu qu'en plusieurs de nos comédies ne se trouve sens, rithme, ne raison, seulement des paroles ridicules, avec quelque badinage, sans autre invention ne conclusion. Les aucuns ont bien pris et retenu le mal que les anciens commettoient en leurs satyres, comédies vieilles et tragédies, quand, sous ombre de personnes lascives, taxoient les plus grands et notables, mêmement s'ils parlaient de quelques personnes civiles, ne se gardoient de les nommer par noms et surnoms ou en bailloient telles signifiances qu'il n'y avoit celui des auditeurs qui ne l'aperçut facilement, et telle fois est advenu que le personnage de qui l'on parloit estoit en présence, ce qui ne se pouvoit faire sans trop grande impudence et témérité. Au moyen de qui l'on a vu advenir grand scandale. Autres, imitans les tragédies, ont fait moralités et semblables choses, avec telle grâce et tel ornement d'antiquité que rien ne se peut dire semblable sinon la couverture, et se taxoient des supérieurs.

Cette partie polémique qui vise à faire place nette,

est suivie d'une théorie de la comédie classique et de sa continuité d'action, selon la formule d'Horace :

> Toutes comédies estoient divisées en cinq ou six actes, et le plus communément en cinq; chacun acte soutenoit sens parfait. Parquoi à la fin d'iceux, pour recréer les assistants, se foisoient divers et plusieurs ébattements, puis rentroient aux autres actes. Et quand deux personnes ou trois avoient devisé et tenu propos ensemble et que l'on se retiroit, ou qu'il en venoit un autre en nouveau propos, ils appeloient cela une scène. De sorte que chacun acte, selon la variation des personnages et devis qu'ils tenoient, estoit aussi divisé en cinq ou six scènes pour le moins. Et par ce moyen jamais ne demeuroit sur l'échafaud personnage qui n'y fut nécessaire, ou pour parler, ou pour écouter les autres à quelque intention. Qui est une des choses en laquelle plus nous faillons et que plus je trouve inepte en nos jeux et saintes comédies.

Cet éloge des anciens a enfin pour corollaire celui de leurs imitateurs italiens, ses modèles, que Charles Estienne connaît assez bien, à une confusion près entre l'Arétin et l'Arioste[1].

> Je veux, dit-il, vous donner à connaître la grâce que les anciens eurent à bailler récréation en leurs comédies; car de ce, Monseigneur, je veux ascertainer que cette présente comédie jaçoit que (*quoique*) des anciens n'ait été faite, mais de bons et modernes esprits Sénois, studieux de toute antiquité et honnêteté, faisant de leur langage tuscan une profession et académie qu'ils nomment *Intronati*, toutefois en lisant, j'espère que la trouverez telle que si Térence même l'eust composée en italien, à peine mieux l'eust-il su dicter, inventer ou se déduire.
> Du langage, je m'en tais : toutefois que pour vulgaire italien, je pense que c'est le meilleur qu'oncques fut prononcé. Et quant au reste, ne croirai jamais que touchant l'invention et déduction à l'imitation ancienne, nul des poëtes modernes, soit italiens ou français jusques à présent en ait faites la pareille. J'y mettrai Pietro Aretino avec sa *Cortesane* et plusieurs autres, Pietro Ariosto (*sic*) avec sa

---

1. Sur la traduction et les impropriétés d'attribution de Charles Estienne ici, cf. E. Chasles, *op. c.*, p. 40 sqq., et P. Toldo. *La Comédie Française de la Renaissance*, dans la *Revue d'Histoire littéraire de la France*, Paris, Armand Colin, 1897, p. 379 sqq.

Lena et son *Mareschal* (sic: *il Marescallo*, est de l'Arétin), et son *Negromant*, et semblables facteurs italiens. Et quant aux français, j'y mettrai *Patelin* avec sa Guillemette et son drapier (combien que soit chose aussi bien composée pour notre temps que l'on sache trouver), Coquillart avec son *Plaidoyer*, Crétin avec son *Thibault Channevotte*, et plusieurs autres facteurs français. Bien est vrai que la plupart des Italiens que j'ai nommés et semblablement tous nos Français se sont contraints aux rithmes de leur langue, comme aussi les anciens ont toujours fait à leurs nôtres. Mais les bons personnages compositeurs de cette comédie voyant que le vers ôte la liberté du langage et propriété d'aucunes phrases ont beaucoup mieux aimé faire réciter leurs comédies en belle prose (pour mieux montrer l'effet et sens d'icelles) que de s'assujettir à la rithme.

Ces conseils allaient être suivis, comme on verra — sauf le dernier, celui d'écrire la comédie en prose, qui attendra que Jean de la Taille d'abord, en ses *Corrivaux*, et Larivey surtout viennent prouver son excellence —. Nous en avons déjà rencontré l'écho dans Sibilet (1548). En voici la suite à signaler, par delà le manifeste de la Pléiade, dans Jacques Peletier du Mans[1] (1555) :

La comédie a été dite par Live Andronique, le premier serviteur des comédies latines, le miroir de la vie, parce qu'en elle s'introduisent des personnes populaires : desquelles il faut garder la bienséance, selon la condition et état de chacune. C'est à savoir qu'il faut faire voir bien clairement l'avarice ou la prudence des vieillards, les amours et ardeurs des jeunes enfants des maisons ; les astuces et ruses de leurs amies ; la vilenie et deshonnêteté des maquereaux ; la façon tantôt sévère, tantôt facile ; l'assentissement et vilainie des parasites ; la vanterie et braveté d'un soudart retiré de la guerre ; la diligence des nourrices, l'indulgence des mères.

La comédie a trois parties principales, sans le prologue. La première est la proposition du fait au premier acte ; laquelle est appelée des Grecs protasie. Et en elle s'explique une partie de tout l'argu-

1. Cf. *L'Art Poétique départi en deux livres*, Lyon, Jean De Tournes, 1555, Bibliothèque Nationale, Réserve Ye 1215. — N'étant pas en présence d'un texte de pièce, nous rajeunissons ici comme pour celui de Charles Estienne, sa dure orthographe, dont on aura un échantillon suffisant par la dernière phrase citée.

ment, pour tenir le peuple en attente de connaitre le surplus. La seconde est l'avancement ou progrès que les Grecs appellent épitasie. C'est quand les affaires tombent en difficulté et entre peur et espérance. La troisième est la catastrophe, soudaine conversion des choses en mieux. Dont je ne parlerai plus au long, car les comédies de Térence sont entre les mains de chacun. Lesquelles sont élégantes, subtiles et accommodées à la vie. En quoi dissimulerons, pour cette heure, le jugement de Quintilien, lequel n'approuve pas grandement les comédies faites des latins : attribuant toute la naïveté et grâce au seul atticisme.... Toutefois, si nous advisons que la comédie est expressément introduite pour complaire au peuple (non pourtant sans artifice et jugement) et qu'elle se doit accommoder aux conditions des temps et des hommes présents, nous trouverons celle de Térence grandement telle; fors paraventure, *le Formion*, laquelle autant qu'il me semble, est moins belle que les cinq autres, tant au style qu'à l'argument, joint qu'elle ne termine pas en assez joyeuse fin comme requiert l'essence de la comédie.

Plaute est facétieux quasi jusqu'à la scurrilité[1]; autrement propre et élégant.... Nous n'avons point encore vu en notre français aucuns écrits qui eussent la vraie forme comique; mais bien force moralités et telles sortes de jeux auquel le nom de comédie n'est pas dû. C'est un genre de Poème bien favorable et qui aurait bonne grâce, si on le remettoit en son état et dignité ancienne.... La comédie et la tragédie ont de commun qu'elles contiennent chacune cinq actes, ni plus ni moins. Au demeurant, elles sont toutes diverses. Car au lieu des personnes comiques, qui sont de basse condition, en la tragédie s'introduisent Rois, Princes et grands Seigneurs. Et au lieu qu'en la comédie les choses ont joyeuse issue, en la tragédie la fin est toujours luctueuse et lamentable, ou horrible à voir.... La comédie parle facilement et comme nous l'avons dit populairement.

Citons encore ce curieux passage du même Pelletier, qui conclut là-dessus : « Il an a été bien nouvelemant fete une par Etiene Jodele Parisien, de laquelle j'è oui seulemant le bruit. Ce ganre de Poême, s'il et antrepris aportera honneur a la Langue Francoese. »

Nous trouverons enfin le couronnement de ces théories

---

1. Chapelain, lui aussi, reprochera à Molière sa *scurrilité* — c'est-à-dire d'avoir *fait grimacer ses figures*, pour mettre en français le mot avec Boileau qui est tout aussi injuste d'ailleurs sur la chose —

de lettrés, disciples des humanistes, dans deux passages intéressants de Jean de la Taille. Nous tirons le premier du *Prologue* des *Corrivaux* (1562) et le second de son *De l'art de la tragédie*, en tête de *Saül le Furieux*, dédié à Henriette de Clèves[1].

Il semble, messieurs, à vous voir ainsi assemblés en ce lieu, que vous soyez venus pour ouïr une comédie ; vrayement, vous ne serez point deceus de votre intention. Une comédie pour certain vous y verrez, non point une farce ny une moralité : car nous ne nous amusons point en chose ne si basse ne si sotte, et qui ne monstre qu'une pure ignorance de nos vieux Français. Vous y verrez jouer une comédie faite au patron, à la mode et au pourtrait des anciens Grecs, Latins et quelques nouveaux Italiens, qui premiers que nous ont enrichi le magnifique et ample cabinet de leur langue de ce beau joyau : Une comédie, di-je, qui vous agréera plus (si vous estes au moins admirateurs des choses belles) que toutes (je le diray librement) les farces et moralitez qui furent oncques jouées en France. Aussi avons nous grand désir de bannir de ce royaume telles badineries et sottises, qui comme ameres espiceries ne font que corrompre le goust de nostre langue, et vous monstrer au parangon d'icelles le plaisir et la douceur qu'a une comédie faite selon l'art, comme est ceste cy : et qui n'a moins de grâce en nostre vulgaire, que les Latines et Italiennes au leur. Aussi me puis-je bien vanter que nostre langue pour le present n'est en rien inférieure à la leur, tant pour bien exprimer nos conceptions que pour enrichir et orner quelque chose par éloquence. Nous savons bien qu'il y aura quelques-uns qui avec un hochement de teste et froncement de sourcil ne feront pas cas de comédie, comme chose trop commune (ce leur semble) encor qu'elle soit rapportée à l'art d'un Térence. Asjoutant que c'est à faire à gens de basse et vile condition que de faire des jeus pour donner passe temps aux austres. A ceux-là on respondra si d'avanture ils méritent reponse qu'ils ne scavent que c'est d'une comédie faite selon l'art, et qu'on en joue bien rarement en France de telle sorte : d'autant que les Plautes, les Térences et les Ariostes y sont rares, lesquels, bien qu'ils fussent grands personnages, n'ont dédaigné de faire tels jeus.... Au reste elle (*cette comédie*) vous representera comme en

---

1. Cf. *Œuvres poétiques de Jehan de la Taille*, Paris, Federic Morel, 1573, Bibliothèque Nationale, Inventaire Réserve Ye 1818.

un miroir le naturel et la façon de faire d'un chacun du populaire, comme des vieillards, des jeunes gens, des serviteurs, des filles de bonne maison et autres. Escoutez donc soigneusement tout ce qu'on y dira....

Seulement vous adviseray-je qu'autant de Tragédies et Comédies, de Farces et Moralitez (où bien souvent n'y a sens ny raison, moins des paroles ridicules avec quelque badinage) et autres jeus qui ne sont faits selon le vray art, et au moule des vieux... qui ne deussent servir de passetemps qu'aux varlets et menu populaire et non aux personnes graves. Et voudrois bien qu'on eust banny de France telles ameres espiceries qui gastent le gout de nostre langue et qu'au lieu on y eust adapté et naturalisé la vraye Tragédie et Comédie qui n'y sont point encore à grand'peine parvenues, et qui toutefois auraient aussi bonne grâce en nostre langue françoise qu'en la Grecque et Latine....

Mais tout compte fait, cette influence des humanistes français paraît avoir été bien mince en comparaison de celles qui vinrent d'Italie s'exercer dans le même sens.

Nous y rencontrons d'abord, et une fois de plus celle du délicieux inspirateur de notre *Grisélidis*[1], de Pétrarque. Plaute eut en lui un lecteur passionné qui le cite de mémoire. Térence avait eu l'honneur d'être copié en entier de sa main et imité dans une comédie qui s'est perdue[2]. A en croire son ami Boccace, il avait même surpassé son modèle dans cette comédie, intitulée *Philologia*, qui aurait été ainsi le premier en date des essais comiques de nos humanistes d'après l'antique — comme fut le premier de leurs essais tragiques cet *Eccerinis* d'Albertino Mussato qui, vers l'an 1314, avait transporté d'un si bel enthousiasme l'Université et la ville entière de Padoue —.

Il n'est pas jusqu'à Aristophane qui ne trouve des

---

1. Cf. t. I, p. 293 sqq.
2. Cf. W. Creizenach, *Geschichte*, etc., op. c., t. I, p. 530.

lecteurs au delà des monts. Un des plus fervents précurseurs de la Renaissance, Leonardo Bruni d'Arezzo, y devance d'un siècle et demi, par sa traduction des *Acharniens*, celle du *Plutus* par le chef de notre Pléiade et celle des *Oiseaux* par un de ses caudataires Pierre le Loyer[1].

En ce même XVᵉ siècle, et dès le dernier tiers du XIVᵉ, tout un groupe de fins lettrés — dont est le même Bruni d'Arezzo avec sa *Polyxène* — suit les traces de Pétrarque, en écrivant des comédies ingénieusement imitées des anciens, dans un latin aussi joli et un peu moins impertinent que celui de leurs devanciers, les comiques élégiaques des XIIᵉ et XIIIᵉ siècles. Ce sont notamment le *Paulus* (vers 1370), « comédie pour corriger les mœurs des jeunes gens (*comedia ad juvenum mores corrigendos*) », de l'historien Pierpaolo Vergerio; — le *Philodoxeos* d'Alberti (ce prototype des Renaissants omniscients, comme Michel-Ange et Léonard de Vinci, qui cumulait les talents de peintre, de sculpteur, d'architecte et de poète), œuvre si adroite qu'Alde Manuce le Jeune, dupe d'un stratagème de l'auteur, l'imprimera en 1588 comme étant d'un ancien; — l'*Hypocrite* (*De falso hypocrita et tristi*), un curieux ancêtre de Tartuffe, avant le *fra Timoteo* de *la Mandragore* de Machiavel, œuvre du juge Ranzio Mercurino, etc.[2]...

Or ces comédies eurent des éditions réitérées — notamment celles de la *Polyxène* de Bruni d'Arrezo pour laquelle on n'en compte pas moins d'une dizaine, au début du XVIᵉ siècle —. Elles durent influer beaucoup sur

---

1. Cf. ci-après, p. 341 sqq.
2. Cf. Chassang, *Des essais dramatiques imités de l'antiquité au XIVᵉ et au XVᵉ siècles*, Paris, Durand, 1852, ch. III, § II; et W. Creizenach, *Geschichte*, etc., op. c., t. I, liv. VIII.

les grands et les petits comiques qui suivirent, depuis l'Arioste et Machiavel, sans oublier l'Arétin, jusqu'au groupe de ceux que traduira Larivey, en passant par les auteurs des deux traductions des *Suppositi* (*Les Substitués*) de l'Arioste — antérieures à celles de la Pléiade, ainsi que *les Abusez* de Charles Estienne — et qui furent données, l'une par Jacques Bourgeois, sous le titre de : « Comédie très élégante, en laquelle sont contenues les amours d'Erostrate fils de Philogone de Catanie et de Polymnestre, fille de Damon, mise d'italien en rime françoise » (Paris, Marnef, 1545), l'autre par Jean-Pierre de Mesmes, avec le texte italien juxtaposé, sous le titre de : « La Comédie des Supposez de M. Louis Arioste, en italien et en françois » (Paris, Groulleau, 1552).

Les œuvres des deux premiers sont assez connues; et nous aurons a en reparler à propos de leurs imitateurs français. *La Mandragore* surtout est célèbre, en dépit ou à cause de l'impertinence de son sujet, lequel d'ailleurs se tient à merveille en scène, à huis clos, bien entendu. Quant aux autres, vu l'étendue de leur influence sur nos comiques du XVIe siècle et par eux sur les destinées de la comédie régulière en France, ils devront être lus des critiques plus attentivement qu'ils ne l'ont été jusqu'ici, quand ceux-ci seront soucieux de remonter aux sources autant qu'il le faut[1].

Nous nous bornerons présentement à une remarque générale, sauf à revenir sur ce sujet, quand les rapprochements nécessaires entre les imitations et les modèles nous le commanderont.

---

1. On trouvera de précieuses indications là-dessus dans P. Toldo, *La Comédie française de la Renaissance*, dans la *Revue d'Histoire littéraire de la France*, années 1896-1900 (cinq articles), à propos de chaque traduction ou imitation française, et notamment année 1898, p. 239-264 : *Ce que la comédie italienne offrait d'éléments comiques*.

Nos comiques de la Renaissance, devancés à l'école des anciens, depuis près de deux siècles, par les Italiens, furent séduits outre mesure par ces derniers. Les imitations de ces devanciers parurent si brillantes qu'on en fut ébloui au point de ne plus voir les modèles anciens qu'à travers elles, et même de ne plus regarder qu'elles. De là la rareté des copies d'après l'antique et la quantité relativement grande de celles d'après les Italiens, où la traduction pure et simple l'aurait trop emporté sur l'adaptation si, comme nous le verrons, le goût servile de leurs auteurs n'avait été pour ainsi dire nationalisé malgré eux par la farce nationale qui se glissait au cœur de leurs œuvres, en vertu de sa vitalité aussi souple qu'irréductible. Quant aux comédies qui ont des titres à l'originalité dans l'invention du sujet, leur petit nombre a encore été réduit par les dernières recherches[1]. Il devient même probable qu'une collation assez diligente de leur texte avec celui de tout le répertoire antérieur de la comédie italienne le réduirait à si peu que rien.

Mais nous n'avons à indiquer ici que les modèles des œuvres qui datent, sans viser à prouver par le menu qu'il en est où l'imitation ne fut pas un esclavage, comme s'il s'agissait de l'*Etourdi* en face de l'*Inavvertito* et de la demi-douzaine de ses autres sources. Cela serait d'ailleurs hors du cadre de cet ouvrage et hors de proportion avec son objet. Ce qui importe en effet, dans une histoire générale de notre comédie, ce n'est pas de doser avec minutie les influences qu'ont subies nos comiques de la Renaissance, c'est d'y signaler la source de celles qu'ils exerceront sur l'éclosion de

---

1. Cf. P. Toldo, *La Comédie française de la Renaissance*, op. c.

nos chefs-d'œuvre. Cette étude comparée ne s'imposer a à nous que pour Larivey, car son théâtre, vu de ce biais, a une importance telle que, faute de l'avoir faite, on a commis des méprises préjudiciables à la vérité et à la clarté des origines de la grande comédie classique.

Examinons maintenant la seconde question que soulevait le manifeste des novateurs dont nous avons pris texte au début de ce chapitre. Où trouver la scène hospitalière aux nouvelles œuvres, avant d'avoir pu et pour pouvoir évincer ces farces et moralités que l'on qualifiait d'usurpatrices?

L'appel aux puissances que nous avons vu renouveler par du Bellay, après Charles Estienne, était en effet bien nécessaire. Sans elles, le théâtre était matériellement imprenable.

A l'Hôtel de Bourgogne qu'on aura beau appeler « une retraite de bateleurs grossiers et sans art », il avait sa citadelle, défendue par le monopole des Confrères[1]. Celui-ci venait justement de leur être confirmé « tant en la ville et faux bourgs, que banlieue de Paris » par le célèbre arrêt du Parlement, en date du 17 novembre 1548 qui, tout en leur faisant défense de jouer « le mystère de la Passion de Nostre Sauveur, ne autres mystères sacrez », les autorisait seuls à jouer « autres mystères profanes ». Ils ne s'en privaient pas — parmi leur répertoire de moralités et de farces, dit des *Pois Pilés*[2] — et ils défendaient leur monopole, avec plus ou moins de succès, mais *mordicus*, contre tout venant, comédiens italiens ou forains, quitte à le négocier à des troupes de passage, comme ils firent dès 1578. Ce n'est qu'aux environs de 1600, après que ce monopole aura

---

1. Cf. t. I, p. 68 sqq.
2. Cf. ci-dessus, p. 41 et ci-après, p. 389.

été confirmé derechef par un arrêt du 28 novembre 1598 — renouvelant d'ailleurs les réserves de 1548, malgré les permissions intermittentes des rois durant ce demi-siècle — que les pauvres hères qu'étaient devenus les Confrères le céderont à des troupes d'interprètes des nouveaux genres dramatiques. Bien entendu ce sera à beaux deniers, ainsi qu'ils feront tour à tour avec des Italiens ou des Français, voire avec des Anglais, comme ce Jehan Sehais, leur premier concessionnaire (25 mai 1598) après leur abandon définitif de la scène de l'Hôtel.

Ainsi le répertoire comique du moyen âge avait conservé son théâtre privilégié à Paris. Farces et moralités s'étaleront à l'aise aux *Pois Pilés* jusqu'à la fin du XVIe siècle et même par delà, comme elles faisaient à travers les provinces, avec la vogue dont le docte J.-C. Scaliger nous a été un témoin si considérable[1] et que nous allons préciser plus loin, à l'aide du catalogue même de leurs représentations authentiques. Et quelle vogue, en effet, ne faut-il pas qu'ait eue le trio comique des « farceurs de la maison comique de Bourgogne », pour que Saint Amand y fasse encore, en plein XVIIe siècle dans son *Poète crotté*, cet écho enthousiaste :

> Adieu, bel hostel de Bourgogne,
> Où d'une joviale trogne
> Gaultier, Guillaume et Turlupin
> Font la figue au plaisant Scapin....[2]

---

[1]. Cf. ci-dessus, p. 58.

[2]. Cf. Petit de Julleville, *Les Mystères*, op. c., t. I, p. 435 sqq.; Eugène Rigal, *Alexandre Hardy*, Paris, Hachette, 1889, p. 128 sqq.; *Le Théâtre français avant la période classique*, Paris, Hachette, 1901, ch. IV : *Le Répertoire de l'Hôtel de Bourgogne*. — Aux documents trop rares sur ce sujet, joignons-en un que nous avons rencontré en feuilletant le *Code de la police au XVIIe siècle*. C'est un texte qui montre que les Confrères, en négociant leur privilège, restaient tenus de maintenir les clauses de leur cahier des charges envers les *Sots* (Cf. ci-dessus, p. 38 sqq.) : Cf. Collection Delamarre, le *Code de la police au XVIIe siècle*, t. II, fonds français, n° 21558, fol. II, Bibliothèque Nationale : *Arrêt du Parle-*

C'est ce qu'il faut bien se garder de perdre de vue dans l'histoire de la comédie jusqu'à *Mélite* (1629), car le fait est intimement lié à celui de cette vitalité de la farce dont nous aurons à tirer d'importantes et assez neuves conséquences.

On devine par là combien il était tentant pour la comédie de prendre à la farce et à la moralité leur public. Celui-ci pouvait aller jusqu'à trois mille personnes, témoin le nombre de ceux qui, à Neufchâtel en Normandie, viendront assister à la pièce de *Roméo et Juliette* — que le comédien, valet de chambre du roi, Châteauvieux, s'était avisé de tirer de Bandel (*Bandello*), tout comme Shakespeare — ainsi que le constate ce procès-verbal : « Les lundy et mardy gras de la dite année 1581 fut jouée la tragédie de Roméo et Juliette, au chasteau du dit lieu.., laquelle fut représentée et tenue la plus belle qui se soit vue depuis longtemps, avec la musique et les instrumens, et y assista tous les deux jours plus de trois mille personnes, chacun étant libre d'y entrer et de sortir »[1]. Sans doute ce public se dérobait aux novateurs et on avait eu de fâcheux mécomptes. En 1502, à Metz, une comédie en latin « nommée Térence » ayant été imprudemment jouée à portes ouvertes, le

---

ment qui maintient le prince des Sots, chef de la Sottise de l'Hôtel de Bourgogne, dans la possession de sa principauté et des droits qui en dépendent ; 19 janvier 1608.

1. Cf. le catalogue, dressé par M. Gustave Lanson, des représentations authentiques de pièces de tous genres des environs de 1540 à 1628, *Etudes sur les origines de la tragédie classique en France*, dans la *Revue d'Histoire littéraire de la France*, année 1903, p. 206. — Quant au titre de *tragédie* pour cette *Roméo et Juliette*, il ne tire pas à conséquence. Sur les confusions de titres qu'amène alors le chaos des genres, voir, dans le *Répertoire comique*, de Petit de Julleville, des exemples caractéristiques au n° 38 : *Tragique comédie française de l'Homme justifié par foi*, laquelle est une moralité ; — au n° 53 : *Moralité de paix et de guerre mise et rédigée en forme de comédie* ; — et, en sens inverse, la *moralité de Carême prenant*, de Claude Bonet (1599), n° 15, où est introduit l'Arlequin de la *comédie italienne*, avec son idiome natal.

« menu peuple » agacé de n'y rien entendre, envahit la scène et en chassa brutalement les acteurs qui en furent réduits à faire applaudir leur latin à huis-clos, le lendemain, « devant gens d'église, seigneurs et clercs[1] ». La tragédie classique sera d'ailleurs tenue longtemps aux mêmes précautions, car nous relevons cette remarque significative dans le journal d'un témoin oculaire d'une représentation à Saint-Maixent, à la date du 22 mai 1583 : « A l'après-dîner fut jouée aux écoles la tragédie de Cléandre, fort bien, *et y eut silence parce que le commun peuple n'y entra* ». Mais, en s'y prenant mieux, en ne tentant pas d'obliger le commun peuple à subir le latin ailleurs qu'à la messe, sans murmurer, et en ayant bien soin d'habiller Térence à la française « pour l'ornement de la langue », on pouvait entreprendre la conquête de ce public si enviable pour les novateurs, et d'ailleurs si nécessaire aux progrès de leurs nouveautés.

La difficulté principale venait donc de la résistance de ceux qui détenaient la scène, bien plus que de celle du public : la Pléiade l'espérait du moins. En tout cas, en face d'un privilège si vigilant à Paris, et d'une telle hostilité éventuelle en province, nos faiseurs de comédies faisaient bien de demander aux rois « et aux Républiques », c'est-à-dire aux municipalités, de leur ouvrir des scènes plus hospitalières, ne fussent-elles que de circonstance. Ainsi firent-ils, comme nous le constaterons à propos de leurs représentations connues. C'est dans les collèges et les châteaux, sur des tréteaux d'un jour, qu'ils devront combattre le bon combat pour la renaissance de la comédie antique, sans le gagner

---

1. Cf. Petit de Julleville, *La comédie et les mœurs*, op. c., p. 330.

d'ailleurs, mais non sans servir utilement — à leur manière et de fait à leur insu — la grande cause si légitime de la comédie nationale.

En cela encore l'exemple des Italiens s'offrait à eux et venait ajouter à l'espèce de fascination qu'exerçaient les œuvres d'outre-monts. Cet exemple fut même si proche qu'on est tenté d'y voir une suggestion directe.

C'est en effet, à la veille même du manifeste de la Pléiade, le 27 septembre 1546, que fut donnée à Lyon, pour l'entrée du roi Henri II et de la reine Catherine de Médicis, la fameuse représentation de la plaisante et leste *Calandra* du cardinal Divizio di Bibbiena. Elle y fut jouée par des comédiens appelés exprès de Florence par la colonie lyonnaise de leurs compatriotes, les grands marchands et banquiers italiens, qui formaient avec leurs confrères allemands et suisses la riche corporation de « Messieurs des Nations ». La décoration, avec ses savants effets de perspective, conforme aux règles de l'art des grands architectes commentateurs de Vitruve [1], fut exécutée par maître Nannoccio. Il y avait, entre autres ornements, des statues en terre cuite dorée, faites par maître Zanobi, venu lui aussi tout exprès d'Italie [2]. Les comédiens reçurent d'ailleurs en don du roi cinq cents écus d'or, auxquels la reine en joignit trois cents. Dans ces conditions et dans ces circonsances, la représentation eut un éclat qui dut parler haut aux imaginations.

Ce n'était pas d'ailleurs la première fois que les comédiens italiens passaient les monts. Dès le temps de François Ier et à son appel, ils avaient appris le chemin

---

[1] Cf. ci-dessus, p. 275, note 1.
[2] Cf. Armand Baschet, *Les comédiens italiens à la cour de France*, Paris, Ollm, 1882, p. 6 sqq.

de la France qu'ils prirent certainement au plus tard en 1520, et qu'ils ne devaient plus cesser de suivre pendant trois siècles. Nous avons déjà eu à faire allusion à leurs démêlés avec Gringore[1] et nous avons la preuve que ces bouffons l'emportaient alors, dans la faveur du roi, sur nos plus fameux farceurs. Ainsi Jehan du Pont-Alletz sera subordonné à « maistre André, italien » pour les fêtes de l'entrée de la reine Éléonore, en 1530[2].

Les Italiens auront aussi maille à partir avec les Confrères de la Passion, à partir de cette année 1571 où leur troupe dite des *Gelosi*, la seconde du nom et la plus illustre, vint égayer Charles IX à Blois. Dès le soir de leur arrivée, dans la salle même du château où se sont tenus les États, « toute tapissée d'une riche tapisserie à personnages rehaussée de fils d'or », ils donnent une de leurs comédies; et ils y alterneront avec la comédie politique, en attendant, pour plus tard, en la même ville, la tragédie du meurtre des Guises. Quel public, quel décor et quel succès! « Il y avait là la plus grande foule, dit une relation officielle. Ils ont fort diverti le roi et toute la cour ». Or ce roi n'était pas facile à divertir, étant Charles IX.

Au reste les comédiens venus d'Italie ne donnaient pas seulement le divertissement de la *commedia all'improviso*, c'est-à-dire de la comédie sur simple canevas, — à *l'improvisade* comme on dira au XVIIIᵉ siècle — et de ses fameux lazzi[3]. A leurs « commedies et saults » dont parlent les documents du temps, ils joignent aussi

---

1. Cf. Émile Picot, *Pierre Gringore et les comédiens italiens*, Paris, Damascène Morgand, 1878, p. 26.
2. Cf. E. Picot, *Pierre Gringore et les comédiens italiens*, op. cit., p. 25.
3. C'était la revanche des bouffons italiens contre les farceurs français dont les Georges Alione et les d'Asti avaient d'abord imité et même traduit de très près les pièces en vogue. Cf. Émile Picot, *Pierre Gringore et les comédiens italiens*, op. c., p. 24.

des comédies écrites, du genre soutenu, des *commedie sostenute*.

Nous en relevons quatre représentations aux dates suivantes[1] : en 1555, la *Flora* d'Alamanni, devant Henri II, sa sœur Marguerite et Catherine de Médicis; en 1584, à Paris, chez le duc de Joyeuse, la *Fiammella*, de l'acteur-auteur Rossi; en 1585, devant la reine-mère et la cour, l'*Angelica* de Fabritio de Fornaris, autre acteur-auteur, titulaire de l'emploi de capitan dans la troupe[2]; en 1589, le mardi gras, à l'hôtel de Reims, devant Catherine de Médicis, au témoignage de Brantôme « une fort belle comédie en italien », de Cornelio Fiasco. capitaine des galères.

Les novateurs eurent donc sous les yeux, outre les modèles des comiques italiens, ceux de leurs comédiens et des succès de ceux-ci à la cour — et même à la ville contre les Confrères —.

Comme acteurs, après avoir été eux-mêmes leurs propres interprètes, ils devront recourir de bonne heure à des écoliers et à des amateurs « plus ou moins propres à cet office », ainsi que dit Jean de la Taille. Comme metteurs en scène, ils auront des mésaventures dont témoigne curieusement cette représentation ratée de la mascarade symbolique des *Argonautes*, entreprise par Jodelle, pour le compte de la ville de Paris recevant Henri II, le 12 février 1558 : Orphée y attira à lui deux *clochers*, au lieu des *rochers* commandés au décorateur, ce qui fit perdre à Jason la tête et au poète — qui jouait lui-même le rôle — la faveur du roi. Même quand on n'en était pas réduit à avoir pour *impressario*

---

1. Cf. Gustave Lanson, *Catalogue;* op. c., *Revue d'Histoire littéraire*, année 1903, pp. 195, 209, 211.
2. Cf. Armand Baschet, *Les comédiens italiens*, op. c., p. 91.

un principal de collège, ce qui était l'ordinaire, ainsi qu'en témoignent ces vers d'un sonnet de Guillaume le Breton à Galand, principal du collège de Boncour :

> Maintenant à Boncour mon *Adonis* j'envoie,
> Afin que sur la scène on l'écoute, on le voie.

la mise en scène laissait singulièrement à désirer, sans doute. Elle devait souvent être assez conforme à ce que nous en dit Perrault, du moins pour sa misère : « La scène formée comme aujourd'hui d'un plancher continu, n'avait point de coulisses : trois morceaux de tapisseries, dont deux tendus latéralement et le troisième dans le fond, décoraient et déterminaient l'espace occupé par les acteurs [1] ».

Certes, on y était loin des attrayantes perspectives et des vastes scènes — où s'encadrait si naturellement la vie au dehors, dans la comédie italienne, avec quelque silhouette de monument, campanile, clocher ou dôme d'église ou faite de palais, suffisant à localiser l'action — qui faisaient l'orgueil des grands théâtres italiens de Ferrare, de Florence, de Rome et autres capitales de l'art et à la construction desquelles ne dédaignait pas de s'employer l'art des Raphaël, des André del Sarto, des Vasari, émules du fameux perspecteur Bastiano dit Aristote, pour sa maîtrise, en l'espèce.

---

[1]. Cf. Germain Bapst, *Essai sur l'Histoire du théâtre : La mise en scène*, etc., Paris, Hachette, 1893, p. 144 sqq., et les réserves et indications d'Eugène Rigal, *Le Théâtre Français*, op. c., p. 243 sqq. et c. I: et surtout dans l'*Histoire de la Langue et de la Littérature française*, Paris, Hachette, 1897, du même. t. III, c. vi, p. 318, et les gravures des pages 264, 296 ; enfin, et toujours du même auteur, *La mise en scène dans les tragédies du XVI° siècle*, Paris, Colin, 1905, p. 73-74. On regardera aussi, avec intérêt, les amusantes illustrations des *Abuses* (Paris, Groulleau, 1548, Bibliothèque Nationale, Inventaire réservé Yd 1127), faites de figures juxtaposées sur fond blanc, sans décor, sur le même plan, en rang d'oignons, comme celles, d'après l'antique, du manuscrit de Térence cité plus haut, p. 17. n. 2.

A l'illusion des décors on suppléa d'abord par celle de l'enthousiasme, comme en témoigne le récit fait par Estienne Pasquier de cette double *première* à la cour et à la ville : « Ceste comédie (*la Rencontre*) et la Cléopâtre furent représentées devant le roy Henry à Paris en l'Hostel de Reims avec un grand applaudissement de toute la compagnie : et depuis encore au collège de Boncourt où toutes les fenestres estoient tapissées d'une infinité de personnages d'honneur, et la Cour si pleine d'escoliers que les portes du collège en regorgeoient. Je le dis comme celuy qui y estoit présent, avec le grand Tornebus[1] en une mesme chambre. Et les entre-parleurs (*acteurs du dialogue*) estoient tous hommes de nom : car mesme Remy Belleau et Jean de la Péruse jouoient les principaux roullets ». La représentation de la comédie et celle de la tragédie devant le roi ont même un tel succès, l'une portant l'autre, que, au témoignage de Brantôme, Sa Majesté donna à l'auteur qui devait mourir si misérable, cinq cents écus et « lui fist tout plein d'autres grâces, d'autant plus que c'estoit chose nouvelle et très belle et rare », du moins en France.

Nous examinerons bientôt dans quelle mesure la comédie susdite méritait d'être ainsi fêtée et payée. Mais avant de voir à l'œuvre les comiques de la Pléiade et leurs successeurs immédiats, il nous reste à les distinguer comme il faut les uns des autres.

En effet, la comédie régulière nous paraît traverser deux phases distinctes, au XVIe siècle.

Elle tente d'abord et de prime saut d'évincer la farce de la scène, en lui prenant son public; et elle échoue.

---

[1]. Ce grand savant, voisin d'Estienne Pasquier à cette première des premières de la comédie régulière, aura pour fils Odet de Turnèbe, l'auteur du chef-d'œuvre du genre, à la Renaissance. Cf. ci-après, p. 376 sqq.

Rendue plus modeste par cet échec, elle borne ensuite son public à un cercle étroit de lecteurs, en se préparant à acquérir les qualités qui lui sont nécessaires pour disputer la scène à la farce, puis à la pastorale, ou du moins pour la partager avec elles : et elle n'y réussira pas dans les limites du xvi⁰ siècle. Mais nous suivrons son évolution jusqu'au moment précis où elle commencera à y réussir, ce qui nous mènera presque jusqu'au second tiers du siècle suivant.

Le fait de ces deux phases distinctes, qu'indiquaient déjà les textes et les préfaces des auteurs, se confirme si on interroge le catalogue des représentations publiques entre 1540 et 1628, qui vient d'être dressé si utilement[1].

Nous n'y relevons en effet, entre 1552 et 1600, qu'une demi-douzaine de représentations certaines de comédies régulières, et toutes antérieures à 1568, à savoir : en 1549, au collège de Coquerel, le *Plutus* traduit par Ronsard (*fgm.*); — en 1552 et en 1553, les doubles représentations, à la cour et dans des collèges, d'*Eugène* et de *la Rencontre*; si toutefois cette dernière pièce est distincte de la première; — en 1558, au collège de Beauvais, *la Trésorière* de Grévin; — en 1561, au même collège et du même auteur, *les Esbahis*; — enfin, en 1567, le 28 janvier, à l'Hôtel de Guise, devant le roi, *le Brave* de Baïf.

Les autres représentations dont le catalogue fait mention ne peuvent être rapportées avec certitude à la production de *comédies régulières* en français. La

---

1. Ce très précieux catalogue qui coupe court à bien des dissertations en porte-à-faux sur les origines du théâtre classique, vient d'être établi par M. Gustave Lanson : *Études sur les origines de la tragédie classique en France*, dans la *Revue d'Histoire littéraire* op. c.; année 1903, p. 192 sqq.

préface des *Corrivaux* de Jean de la Taille nous avertit de l'usurpation fréquente du titre de comédie : « Si on m'allègue qu'on joue ordinairement assez de jeux qui ont nom de comédies ou tragédies, je leur redirai encore que ces beaux titres sont mal assortis à telles sottises, lesquelles ne retiennent rien de la façon et du style des anciens ». C'est avec cette réserve qu'il faut lire, par exemple, l'arrêt du 22 juin 1582, permettant aux clercs de jouer sur la table de marbre du Palais « une tragédie et une comédie ». Au reste le terme de « comédie » était devenu un titre d'honneur qui en explique l'abus par les auteurs, comme on le voit par ce passage curieux du *Dialogue du langage françois italianisé* d'Henri Estienne : « Avez-vous lu cette farce (*le Pathelin*) de bout en bout?... — Oui, mais il y a longtemps. Toutefois, il me souvient encore de plusieurs bons mots, voire de maints bons et beaux traits, et de la bonne disposition conjointe avec l'invention gentille; tellement qu'il me semble que je lui fais grand tort en l'appelant une farce, et qu'elle mérite bien le nom de comédie; aussi bien, pour le moins, que plusieurs de celles que jouent ceux qui, pour le jourd'hui, s'appellent *comedianti* ».

Ainsi *le Pape malade* de Thrasibule Phénice (Conrad Badius)[1] est, comme nous l'avons vu plus haut[2], une pure moralité, malgré son titre de comédie. Était-ce bien aussi une comédie que *la Joyeuse*, jouée à Poitiers en 1561, au témoignage de la Croix du Maine, ou une des pastorales dont son auteur Nicolas de Montreux émaillait le fatras de ses interminables *Bergeries de Juliette*[3]?

---

1. Le fils de Josse Badius, l'éditeur de Térence cité p. 276.
2. Cf. p. 143 sqq.
3. Sur cet auteur de pastorales, cf. Jules Marsan, *La Pastorale dramatique en France*, Paris, Hachette, 1905, pp. 166 sqq., 187 sqq.

Qu'étaient ce *Capitaine Boursoufle* et ce *Jodès*, « comédies » de Cosimo della Gamba, dit « Chasteau-Vieux » auteur de « la tragédie » de *Roméo et Juliette* citée plus haut[1], et valet de chambre de Charles IX ? A la récitation qu'il en fit devant son maître joignit-il souvent celle des comédies dans le goût de la Pléiade ; et quelle est là-dessus la portée de ce vague témoignage de Vauquelin :

> Mais les Italiens exercez davantage
> En ce genre eussent eu le laurier en partage
> Sans (*sauf*) que nos vers plaisants nous représentent mieux
> Que leur prose ne fait cet argument joyeux.
> Grevin nous le tesmoigne, et cette *Reconnue*
> Qui des mains de Belleau naguères est venue,
> Et mille autres beaux vers, dont le brave farceur
> Chasteau-Vieux a montré quelquefois la douceur ?

Le catalogue enregistre aussi des représentations de comédies ou des passages de « joueurs de comédies » aux dates et lieux suivants : 1565, Bayonne ; 1571-1572, Cambrai ; 1574, Collège du Plessis ; 1577, Dijon ; 1578-1579, Cambrai ; 1581, Amiens et Saint-Maixent ; 1582, Saint-Maixent ; 1588, Troyes ; 1598-1599, Tournai ; 1599, Tournai. Mais quelles étaient ces comédies ? Ce titre, déjà si équivoque sur une pièce imprimée, devait l'être encore plus sur une annonce. Quant aux « joueurs de comédies », la mention de leur passage ne signifie pas qu'ils avaient joué des comédies régulières, suivant la formule nouvelle. Nous voyons, par exemple, qu'à Amiens, en 1581, c'est une *Histoire de Tobie* qui a été représentée par « *les joueurs de comédie* de la paroisse Saint-Jacques ».

De ces remarques on peut conclure que la comédie de la Renaissance ne fut jouée que dans le premier élan

---

1. Cf. p. 288.

de la Pléiade, et sur la scène indulgente des collèges et de la Cour, une demi-douzaine de fois en tout, en quinze ans et à Paris. Même si l'on y joint une douzaine de représentations obscures de comédies inconnues, à travers les provinces, au long d'un demi-siècle, on voit que cette hypothèse gratuite ne change rien au fait sur lequel nous venons d'insister, pour confirmer notre division en deux périodes de l'histoire de la comédie de la Renaissance.

La première ira donc de l'*Eugène* de Jodelle au *Brave* de Baïf, ne comptant que quinze années (1552-1567). La seconde comprendra le dernier tiers du xvi° siècle, avec les six premières comédies de Larivey pour centre et celle des *Contens* d'Odet de Turnèbre pour chef-d'œuvre. Mais nous n'aurons garde de clore cette première période de l'évolution de la comédie régulière avec le xvi° siècle. Ce serait poser une borne dans le vide et laisser en suspens le sens de cette évolution. On verra d'ailleurs, plus loin [1] et en détail les raisons logiques et impérieuses de pousser jusqu'à Mélite (1629), dès ce volume.

1. Cf. ci-après, p. 347 sqq.

CHAPITRE VIII

LA COMÉDIE RÉGULIÈRE DE JODELLE A LARIVEY

Eugène et le problème de sa dualité : en quoi la pièce continue la
farce et inaugure la comédie. — *La Trésorière* et *les Esbahis*
de Jacques Grévin. — *Le Négromant* et *les Corrivaux* de Jean
de la Taille. — *Le Brave* et *l'Eunuque* d'Antoine de Baïf. — *La
Reconnue* de Remi Belleau. — La comédie régulière en province :
Le Muet insensé et la *Néphélococugie* de Pierre le Loyer; *la Fidélité
nuptiale* de Gérard de Vivre. — Fin de la période militante de la
comédie de la Renaissance.

La Pléiade, pour son coup d'essai dans la comédie,
voulut-elle un coup double? Y eut-il une première comédie d'Étienne Jodelle (1532-1573)[1], intitulée *Eugène*,
jouée une fois à la Cour, devant le roi Henri II, une
autre fois dans un collège (1552, septembre ou octobre);
et puis une seconde comédie du même intitulée *la Rencontre*, jouée avec sa tragédie de *Cléopâtre* à l'Hôtel de
Reims, devant le roi, ensuite au collège de Boncour
(1553, janvier ou février)? Ou bien, suivant l'opinion
courante, n'y eut-il qu'une seule et même comédie du

---

[1]. Ce fut le bohème de la Pléiade et qui prenait pour devise : *Jamais l'opinion
ne fut mon collier*. Il mourut, à quarante ans, dans la misère, avec cette dure
épitaphe de Pierre de l'Estoile, en son *Journal*: « duquel la vie ayant esté sans
Dieu, la fin fut aussi sans luy ». Il avait une idée de son mérite qu'il ne taisait pas,
et l'ombrageux Ronsard aurait voulu, dit-on, qu'on brûlât ses ouvrages, ayant
sur le cœur ce propos que rapporte Pasquier : « Un Ronsard a le dessus d'un
Jodelle le matin, l'après-diner un Jodelle l'emportera sur un Ronsard ». Pour une
judicieuse appréciation de l'homme envers lequel le mérite de l'auteur vaut au
moins l'indulgence, Cf. E. Chasles, *La comédie au XVI° siècle*, op. c , p. 26 sqq.

même Jodelle, intitulée *Eugène ou la Rencontre*, jouée avec sa *Cléopâtre* à l'Hôtel de Reims (1552, septembre ou octobre; ou encore 1553, janvier ou février), puis au collège de Boncour, bientôt après? La première hypothèse est la plus probable[1]. Elle a le mérite de concilier les divers témoignages; mais elle ne permet pas l'affirmative.

Ce qui est sûr, c'est que la pièce qui nous reste sous le titre d'*Eugène* — qu'elle ait ou non l'énigmatique sous-titre de *la Rencontre*, qu'elle ait été jouée à la fin de 1552 ou commencement de 1553, avec ou sans la *Cléopâtre*, par l'auteur et ses amis — est la première en date des comédies régulières et que nous devons la considérer de près, comme telle[2].

Cette tentative inaugurale des novateurs est d'ailleurs plus originale en sa gaucherie que celles qui la suivirent jusqu'aux *Contens* d'Odet de Turnèbe, exclusivement; et ce n'est pas seulement par sa date qu'elle mérite une assez large place dans l'histoire de notre théâtre.

Le prologue constate d'abord que l'on boude le genre comique :

> Assez, assez, le poëte a peu voir
> L'humble argument, le comicque devoir,
> Les vers demis (*familiers*), les personnages bas,
> Les mœurs repris, à tous ne plaire pas.

Certes, l'auteur est capable de gagner les suffrages de ceux qui « de face sourcilleuse » n'ont d'attention que

---

1. Elle est de M. Gustave Lanson, *Études sur les origines de la tragédie classique en France*, dans la *Revue d'Histoire littéraire*, année 1903, pp. 189 et 195. Là-dessus, cf. aussi W. Creizenach, *Geschichte des neueren Dramas*, op. c., t. III, p. 81 sqq.

2. La plupart des textes des comédies que nous allons citer, se trouvent dans l'*Ancien Théâtre François*, édition Viollet le Duc, Paris, Jannet, 1855-1856, t. IV à IX. Dans le cas contraire, nous indiquerons l'édition.

pour le sérieux et pour la fureur tragique. Mais il veut le suffrage du populaire comme celui des délicats; et d'ailleurs toujours fut égal entre les deux genres « le vieil honneur ». Il est temps d'éprouver là-dessus le goût national :

> Or pour autant qu'il veut à chacun plaire,
> Ne dédaignant le plus bas populaire,
> Et pource aussi que moindre on ne voit estre
> Le vieil honneur de l'escrivain adextre
> Qui brusquement traçoit les comédies,
> Que celuy-là qu'ont eu les tragédies;
> Voyant aussi que ce genre d'escrire
> Des yeux françois si long-temps se retire,
> Sans que quelqu'un ait encore esprouvé
> Ce que tant bon jadis on a trouvé.

Au reste le sujet est original comme le style et ne doit rien à Ménandre, encore moins au fatras des folâtres faiseurs de moralités :

> L'invention n'est point d'un vieil Ménandre,
> Rien d'estranger on ne vous fait entendre,
> Le stile est nostre, et chacun personnage
> Se dit aussi estre de ce langage;
> Sans que brouillant avecque nos farceurs
> Le sainct ruisseau de nos plus sainctes sœurs,
> On moralise un Conseil, un Escrit,
> Un Temps, un Tout, une Chair, un Esprit,
> Et tels fatras, dont maint et maint folastre
> Fait bien souvent l'honneur de son théâtre.

C'est un essai sur les traces des anciens, « retraçant la voye des plus vieux », pour donner aux Français le courage d'oser plus et mieux. Sans doute le ton s'y élève au-dessus de celui de la comédie latine, mais c'est une nécessité de notre langue, si faible encore qu'elle ne se peut soutenir seule :

> La langue, encor faiblette de soymesme,
> Ne peut porter une foiblesse extrême.

Et puis qu'aurait-on à gagner à la comédie « en sabots » ?
Les personnages de la pièce nouvelle

> Sont un peu plus qu'un rude populace :

mais ce degré d'élévation relative dans leur ton ne coûtera rien à la vérité, car ils sont

> Au reste tels qu'on les voit entre nous.

Le poète ne franchit d'ailleurs pas « du comicque la loi », car « les comicques vieux »

> Plus haut encor ont fait bruire des Dieux :

tel Plaute en son *Amphitryon*. Il faudra enfin excuser la modestie de la mise en scène. Si le théâtre n'est pas « en demy rond », ce n'est pas faute de savoir, c'est faute d'avoir, car ce luxe est jeu de prince ;

> Veu que l'exquis de ce vieil ornement
> Ore se voit aux princes seulement.

Quant à la musique d'entracte,

> Mesme le son qui les actes separe,
> Comme je croy, vous eust semblé barbare,
> Si l'on eust eu la curiosité
> De remouller du tout (*copier en tout*) l'antiquité.

Enfin, si le public s'étonne de ne pas encore avoir ouï « l'argument de ceste fable », c'est que le poète a laissé aux personnages le soin de l'expliquer eux-mêmes, dès la première scène :

> Je m'en tairay ; l'abbé me tient la rène,
> Qui là dedans devise avec son prestre
> De son estat, qui meilleur ne peut estre,
> Ja, ja, marchant, enrage de sortir,
> Pour de son heur un chacun advertir ;

> Et se vantant, si sa voix il débouche,
> De vous brider désire par la bouche ;
> Et qui plus est, sous la gaye merveille
> De derober vostre esprit par l'aureille.

Après ce « prologue » à la cavalière, tour à tour insinuant et agressif, où la profession de foi littéraire sert à piquer une curiosité dont elle définit l'espèce, la pièce commence. Nous remarquerons tout de suite qu'au décasyllabe succède l'octosyllabe traditionnel de cette même farce qu'on ambitionne de détrôner, comme si on voulait d'abord lutter avec elle à armes égales.

La première scène est entre « Eugène abbé et Messire Jean, Chappelain ». L'abbé est un gaillard qui fait à son confident une profession de foi épicurienne, sur le thème du *carpe diem (cueille le jour d'aujourd'hui)* du bon Horace :

> Il faut se contenter du bien
> Qui nous est présent, et en rien
> N'estre du futur soucieux.

A cela, comme à tout, messire Jean dira *amen!*

> O, grand Dieu, qui dit onques mieux!

L'abbé est prolixe dans l'étalage de sa condition dont il fait ressortir l'excellence par rapport aux autres, mais il nous renseigne curieusement sur les avantages de l'état de clergie :

> Tant qu'il semble que ramassez
> Tous les plaisirs se soyent pour moy.
> Les roys sont sujets à l'esmoy
> Pour le gouvernement des terres ;
> Les nobles sont sujets aux guerres ;
> Quant à justice, en son endroit,
> Chacun est serf de faire droit !

Le marchand est serf du danger
Qu'on trouve au pays estranger;
Le laboureur avecque peine
Presse ses bœufs parmy la plaine.
L'artisan, sans fin molesté,
A peine fuit sa pauvreté.
Mais la gorge des gens d'église
N'est point à autre joug submise,
Sinon qu'à mignarder soymesmes,
N'avoir horreur de ces extrêmes,
Entre lesquels sont les vertus;
Estre bien nourris et vestus,
Estre curez, prieurs, chanoines,
Abbey, sans avoir tant de moines
Comme on a de chiens et d'oiseaux;
Avoir les bois, avoir les eaux
De fleuves ou bien de fontaines,
Avoir les prez, avoir les plaines,
Ne recognoistre aucuns seigneurs,
Fussent-ils de tout gouverneurs,
Bref, rendre tout homme jaloux
Des plaisirs nourriciers de nous.

Et de préciser :

Le feu léger
De peur que le froid outrager
Ne vienne la peau tendrelette;
Le linge blanc, la chausse nette,
Le mignard pignoir d'Italie,
La vesture à l'envi jolie,
Les parfums, les eaux de senteurs,
La cour de tous vos serviteurs,
Le perdreau en sa saison,
Le meilleur vin de la maison
Afin de mettre à val vos flumes (*humeurs*)..
On est saoul, on se met en jeu
Et puis s'on sent venir le feu
De la chatouillarde amourette,
Soudain en la queste on se jette,
Tant qu'on revienne tous taris
Par ces pisseuses de Paris

Nous y voilà : et, « puisqu'à l'amour on est venu », l'abbé met le propos sur « ceste Alix mignarde et jolie » qui règne sur son cœur depuis le temps

> Que Henry, magnanime roy,
> A mené ses gens avec soy
> Jusques aux bornes d'Allemagne,

— détail militaire non inutile à la suite, comme on verra — cette Alix enfin pour qui, dit-il à son confident de chapelain :

> O serviteur fidelle
> Tu me vaux une m..........

Il l'informe donc que pour « couvrir l'honneur » de la belle, il l'a fait épouser à « Guillaume le bon lourdaut », en la dotant de trois cents écus, à titre de cousinage; moyennant quoi il peut satisfaire sa passion avec une discrétion qui ne se retrouve pas dans la peinture qu'il en fait. Messire Jean applaudit ferme à cette petite combinaison de son vicieux maître! L'abbé et son chapelain concluent sur « le long discours de cette chose », en deux points, comme au sermon :

> Deux poincts tous seuls je te propose :
> La peur que j'ay que ce sottard
> Decœuvre la braise qui m'ard,
> Et la peur que j'ay qu'en ma dame
> Ne s'allume quelque autre flame.

Mais que messire Jean y remédie, comme on le lui indique :

> Pour le loyer de ton office
> Je te voüe un bon bénéfice,

affirme Eugène.

Resté seul, messire Jean qui a tout pris sur soi, exhale avec une amère philosophie, son sentiment sur

> Ce brave abbé, tant bien pourveu,
> Moins en l'Église qu'en follie,

et sur la dame de ses pensées, au demeurant une dessalée. Elle fut en effet à un Florimond, homme d'armes, lequel avait jeté sur elle son dévolu, parce que Hélène, la propre sœur de l'abbé, avait longtemps subi « son pourchas » sans le recevoir jamais « au dernier point de grâce ». Le capitaine avait entretenu la belle jusqu'à son départ pour la campagne d'Allemagne et, ce dit-on, avec un grand zèle,

> Mais qui veut bien aymer, ne face
> Aux Parisiennes la chasse.

Parmi ces propos, messire Jean achève de peindre au naturel son maître et lui-même, ainsi que le secret de son jeu qu'il qualifiera plus loin de *patelin* :

> Et puis nostre abbé, nostre brave
> Fol, masqué d'un visage grave,
> Ce sot, ce messer coyon, pense
> Avoir eu seul la jouïssance,
> Et l'a mise en son mariage.
> Afin qu'il feist un cocuage
> De mary et d'amy ensemble.
> Mais je vous prie, que vous semble
> Des morgues que je tiens vers luy?
> S'il dit ouy, je dis ouy;
> S'il dit non, je dis aussi non;
> S'il veut exalter son renom,
> Je le pousseray par ma voix
> Plus haut que tous les cieux trois fois.
> Aussi je fais un ameçon
> Pour attraper quelque poisson.

> En la grand'mer de bénéfices,
> Sont mes estats, sont mes offices,
> Et qui n'en sçait bien sa pratique
> Voise (*aille*) ailleurs ouvrir sa boutique.

L'auteur avait raison dans son prologue : ce début, longuet comme le remarquait le héros lui-même, n'en forme pas moins une exposition supérieure à tout argument préliminaire, amusante par les traits de mœurs, déjà vivante par les propos et le naturel des personnages, fort claire et ouvrant bien la perspective sur ce qui va suivre.

L'acte s'achève par un tableau en action du ménage de Guillaume et d'Alix, lequel vient plaisamment animer le spectacle. Il n'a qu'un défaut, mais qu'il importe de remarquer, celui de pécher contre la liaison des scènes, étant simplement juxtaposé au reste, selon la poétique facile de la farce.

La balourdise de ce benêt de Guillaume, qui se félicite de son heureuse fortune d'avoir une « femme tant parfaite », est plaisante, comique même ; et il est dommage de n'en pouvoir citer tous les traits, dont les plus savoureux viennent en droite ligne de la source la plus gauloise de nos farceurs :

> Sa beauté tout le monde enflamme,
> Car je voy bien souvent passer
> Maints amourets que trespasser
> Elle fait en les regardant ;
> Mais aucun n'y va prétendant,
> Accablé dessous sa vertu ;
> Moymesme je suis abattu
> Bien souvent de sa chasteté ;
> Elle me dit d'un sainct courage ;
> Escoute, mon mignon, contemple
> Du bon Joseph la Saincte exemple,
> Qui ne toucha sa saincte-Dame.

Cependant la fine mouche écoute et commente à la cantonade les épanchements de son « badaut » qu'elle a mis au point de tout voir sans rien croire. Ses commentaires, à l'adresse du public, sont d'une impertinence parfois indicible, mais on en peut citer ceci :

>Seroit perte s'il estoit lièvre;
>Les cornes luy séent fort bien...
>O! que je sens un doux martyre!
>Je creve icy quasi de rire,
>Je ne sçaurois m'y arrester;
>Mais je vois (vais) ores l'accoster.

Ainsi fait-elle, et voici les affaires sérieuses, car c'est elle qui tient la bourse :

ALIX.

De quoy parlez-vous, mon mary?

GUILLAUME.

Ha! nostre femme, Dieu vous gard!
Je meure si vostre regard
Ne m'a servy d'allegement
Contre mon facheux pensement.

ALIX.

Quel pensement?

GUILLAUME.

Le creancier
M'a fait ore signifier
Qu'il veut que je paye aujourd'huy.

ALIX.

Aujourd'huy! c'est un grand enuy;
C'est donné bien peu de respit.
Il n'en faut point estre despit,
Il faut prendre patiemment
Ce que nostre Dieu justement
Pour nos commises nous envoye.

Nous noterons au passage le ton hypocrite de la dame : elle va bien de pair avec son amant et le « factotum » du susdit, messire Jean, qui vient à la fin de l'acte pour faire chez Guillaume son joli métier.

Vraiment ce premier acte dut amuser, et il n'a pas cessé d'être amusant. Si la suite avait tenu tout ce qu'il promet, la comédie classique aurait eu débuté par un coup de maître. Du moins fit-elle, à tout prendre, un meilleur début que la tragédie.

Le deuxième acte se dépense en conversations, et l'action ne s'y met en marche qu'à la dernière scène.

Il s'ouvre par une tirade où Florimond, le brave, narre sa campagne et fait un tableau contrasté et satirique de la vie des camps et de celle de Paris, cette « Capoue » dont « la friandise tue » les courages. Le morceau est long, mais il ne dut pas paraître tel aux auditeurs, tout chauds encore des alarmes du « camp d'Allemagne ». Survient Arnauld « homme de Florimond », non moins prolixe que son maître dans les nouvelles qu'il apporte et qui sont relatives à la guerre :

ARNAULD

L'empereur remasche son ire
Et grinçant les dents s'encourage,
Tant qu'on diroit, voyant sa rage,
Et son appetit de vengeance,
Qu'il est tousjours en celle dance
Qu'il faict à l'envers sus un lict.

FLORIMOND.

Ou est-il ore ?

ARNAULD.

A ce qu'on dit
Il a desja le Rhin passé

FLORIMOND.

Seroit-il bien tant insensé
De venir mettre siège à Metz?

ARNAULD.

On lui serviroit de bons mets,
Et si n'y feroit pas grand tort.
Car, outre le nouveau renfort,
Les braves gens qui sont dedans,
Le feront mieux grincer les dents
Que jamais il ne feist encor.

FLORIMOND.

Pour le moins il ne tient à l'or,
Qui est le nerf de toute guerre,
Qu'il ne prenne toute la terre
Que ceste année avons fait nostre.

ARNAULD.

Il attendra fort bien à l'autre,
Et à l'autre an encor après;
Je pense qu'il vient tout exprès
Pour Thionville envitailler.
Mais vous ne faites que railler,
Vous sçavez le tout mieux que moy.

FLORIMOND.

Je m'enquiers seulement à toi
Pour voir si ce qu'on dit de luy
Accorde à cela qu'aujourd'hui
On m'a par missives mandé.

Cette chronique belliqueuse s'agrémente de traits de satire. A qui donc les plaisirs de Paris « ville mignarde et belle », sinon à ceux

Qui n'ont point esté paresseux
De maintenir le droit de France,
Opposant leur vie à l'outrance
De ces aiglons imperiaux,
Après tant et tant de travaux?

Certes à eux revient de droit le contentement de volupté,

> Non pas à ces pourceaux nourris
> Dedans ce grand tect (*porcherie*) de Paris,
> Qui n'oseroyent d'un ject de pierre
> Eslongner les yeux de leur terre...;
> Non à ces petits mugueteaux
> Ces baboüins advocasseaux,
> Qui pour deux ou trois loix roüillées
> De je ne scay quoy embroüillées,
> Chevauchent les asnes leurs frères,
> Avec leurs contenances fières,
> Meslans la morgue italienne,
> Afin qu'un gros sourcil s'en vienne
> Les demander en mariage.
> Ha, ventrebleu, quel badinage!
> Non pas, dy-je, à ces mercadins (*mercantis, calicots*),
> Ces petits muguets citadins,
> Ces petits broüilleurs de finances,
> Qui en banquets et ris, et danses,
> En toutes superfluitez
> Surmontent les principautez.
> Mais quand est de nos gentilshommes,
> Qui est le propos où nous sommes,
> Bien qu'on croye toutes bravades
> Rendre les courages plus fades,
> Si celuy-là qui est plus brave
> Entendoit le battement grave
> D'un tabourin quasi tonnant,
> Ou bien d'un clairon estonnant,
> Il seroit mieux encouragé
> Et plus tost en ordre rengé.

On pense si ces mâles accents avaient de l'écho autour de Henri II, devant qui ils sonnaient si haut.

La conclusion du tout et qui s'exprime en termes fort réalistes chez le maître et chez le valet, c'est, en attendant la reprise des travaux de Mars, de vaquer à ceux de Vénus, « la bonne Alix » aidant. Arnauld ira donc aux nouvelles de la belle et bonne, en éclaireur avisé.

Son maître attendra le résultat, en la posture d'amoureux peu transi que voici :

> Et ores que je suis ocieux (*de loisir*),
> A nostre Dame m'en iray,
> Où pendant me pourmencray,
> Faisant la cour à mes pensées.

Sans aucune liaison de scènes, Hélène nous vient alors conter son amour pour Florimond, la rigueur qu'elle lui tint et la consolation qu'il trouva avec Alix, « cette maraude, cette caigne » dont elle sait tout le manège, y compris la manière dont la gaillarde « enamoura » l'abbé son frère et la suite :

> O quel horreur ! quel cocuage !

Elle s'en est tue devant lui, mais l'heure est venue de ne lui rien celer; car elle a aperçu Florimond et s'alarme du danger que court l'abbé dont elle dit, à ce propos,

> J'ayme mon frère mieux que moy.

Après ce monologue dépourvu d'artifice, entre ce frère si aimé qu'elle met au courant, et qui témoigne de sa peur, avec force gros mots à l'adresse de dame Alix. Il y a ici de la vivacité dans certains traits et dans la coupe du dialogue :

EUGÈNE.

Qu'y a il donc ?

HÉLÈNE.

N'aymez vous pas ?

EUGÈNE.

Et que vous allez pas à pas !
Me voulez vous prendre au filé ?

HÉLÈNE.

Vous me l'aviez tousjours celé.
Mais je l'ay bien sceu nonobstant;
N'aymez-vous pas Alix, pourtant?
Sauvez-vous du prochain danger.

EUGÈNE.

Qu'est-ce donc? Faut-il tant songer?

L'acte finit sur cette scène qui commence à nouer l'action : il était temps.

Le troisième acte est rempli par les fureurs de Florimond et les alarmes réfléchies d'Eugène. Il est assez animé. On y entend d'abord les imprécations et les rodomontades d'Arnauld qui a découvert le pot aux roses :

> Mais j'en renie tous les cieux,
> Si je ne fais tomber en bas
> Tant de jambes et tant de bras,
> Que Paris en sera pavé.

Aussi a-t-il déjà fait un fier vacarme chez Guillaume, devant ce spectacle :

> Ils estoyent assis aux deux coins
> De la table, et au bout d'enhaut
> Un gros maroufle, un gros briffaut (*glouton*).
> Dont messire Jean est le nom.

Mais il y faut revenir dare-dare avec son maître, mis par lui au courant, et parmi quel flot d'injures et d'immondices à l'adresse des coupables! Non moins que son valet, le capitaine est, comme bien on pense « gros de donner des coups ».

La scène qu'ils viennent de quitter dans ce beau dessein est occupée alors par messire Jean qui a tiré ses grègues, en proie à la frayeur que le cadet de Gascogne venait d'inspirer au trio :

> Et, meslant son gascon parmy,
> Nous faisoit pasmer à demy.

Le récit détaillé que ce couard de chapelain fait de la scène à l'abbé et à sa sœur porte à son comble leur terreur. Nous y noterons la peinture de la parade qu'a prise l'hypocrite Alix devant le terrible Gascon :

> Toute tremblante, elle a rendu
> Ces responces : Eh bien, Arnauld,
> La plus saincte plus souvent fauld ;
> Mais on appaise de Dieu l'ire
> Quand du deffaut on se retire.
> L'abbé, mon cousin, me voyant
> En paillardise fourvoyant,
> M'a mise avec cet homme cy.

La pauvre femme ! Cependant Eugène, sa sœur et son piteux confident se retirent dans la maison, « pour mieux esplucher cest affaire ». Il n'était que temps.

Florimond rentre en scène, rossant d'importance dame Alix qui appelle en vain à l'aide et, au cours de ses lamentations désespérées, tire du tout une conclusion plus morale que sa conduite !

> Mais, las ! il faut que chacun pense
> Que tousjours telle récompense
> Suit chacun des forfaits qui traine
> Pour s'acquerre sa propre peine.

Le quatrième acte s'ouvre, par un monologue de Guillaume qui vise à être plaisant et y réussit. Rien n'a dessillé les yeux du benêt : il en est encore à l'étonnement, sans rien comprendre :

> Hélas, qui eust ceci pensé ?
> Je ne le croy pas ; offensé

M'ont en cela ces gens de guerre,
Et pendant deçà delà j'erre
Que l'on bat ma pauvre innocente.
Suis-je tant sot que je ne sente
Quand je suis tousjours avec elle
Si elle m'est tant infidelle ?
Mais quoi ! elle a ja confessé
Que Dieu elle avoit offensé
Avec Monsieur le gentilhomme ;
C'estoit de grand peur, ainsi comme
Ceux-là que l'on gesne au palais,
Confessent des forfaits non faits.
Je ne scay, je n'en scay que dire,
Sinon que rendre mon mal pire,
D'autant plus que j'y penseray.

Le bonhomme est bien tel que le définissait Alix : il est complet. Là-dessus vient brocher l'affaire du créancier qui a appris que Florimond avait, pour reprendre son bien, emporté les meubles de la maison de Guillaume. Eugène, sa sœur et le créancier vont chercher au logis un moyen d'arriver à composition, ce qui laisse la scène libre pour Florimond et son acolyte.

La fureur du terrible couple, non encore apaisée, s'exhale en propos des plus comminatoires. Arnauld offre ses services, en vrai *bravo* :

ARNAULT.

Tout seul demain je m'en iray,
Et nostre abbé je meurdriray.
Si je fuy, ignorez le cas ;
Si je suis pris, dites que pas
N'estiez de ce faict consentant...
J'aime mieux seul mourir, que tant,
En vous voyant souffrir, souffrir.

FLORIMOND.

Vrayment, c'est bravement s'offrir.

Ils sortent pour « dégorger leur ire », et « occire » qui de droit, tandis que sur leurs talons rentre leur future victime, l'abbé toujours acoquiné à son Alix. Ayant eu par messire Jean un avant-goût de ce qui va fondre sur lui :

>Premièrement estonné m'ont
>Avec leurs mots, comme estocades,
>Cap de dious, ou estaphilades,
>Ou autres bravades de guerre.

il rêve pendant l'entr'acte à la parade nécessaire.

Il l'a trouvée, au cinquième acte. Il en fait confidence à messire Jean qui se dit un tel tombeau des secrets que

>Une chose à moy récitée,
>C'est comme une pierre jettée
>Au plus creux de la mer plus creuse.

Voici donc la chose sans vergogne :

EUGÈNE.

>Pourquoy je veux prier ma sœur
>Que sans offense de l'honneur,
>Elle le reçoyve en sa grace.
>Et joüissant elle le face.
>Son honneur ne sera foulé,
>Quand l'affaire sera celé
>Entre quatre ou cinq seulement.
>Et, quand son honneur mesmement
>Pourroit recevoir quelque tache,
>Ne faut-il pas qu'elle m'arrache
>De ce naufrage auquel je suis,
>Et qu'elle mesme ses ennuis
>Elle tourne en double plaisir?

MESSIRE JEAN.

>Sçaurait-elle mieux choisir?
>O! que chacun eust ce bonheur,
>De faire tousjours son honneur
>Un bouclier pour sauver sa vie.

EUGÈNE.

Elle sera bien esbahie,
Quand de ce la viendray prier.

Et d'une! Quant à la menace du créancier, on la détourne en le désintéressant, quoique l'on n'ait, pour l'heure, ni croix ni pile :

EUGÈNE.

Une cure en fera raison
On trouvera bien acceptant.

MESSIRE JEAN.

Que trop, que trop; il en est tant,
Par cy, par là, dans ceste ville,
Qu'il faudrait mille fouëts et mille
Pour chasser les marchans du temple.

EUGÈNE.

Le marché de Romme est bien ample.

Ainsi dit, ainsi fait, et nous allons courir au dénoûment. Notons cependant au passage ces propos de l'ineffable Guillaume enus sur le ton même dont Orgon parlera de Tartuffe :

Encores que les maux soufferts
Et ceux qui sont encore offerts
Me soyent griefs, sire mon amy,
Si est ce que presque à demy
Je suis en ce lieu soulagé.
A a, que je suis bien allegé
D'estre sous la tutelle et garde
D'un homme tant sainct qui me garde.
Sire, vous ne pourriez pas croire
De quel amour il m'ayme, voire
Jusques à prendre tant d'esmoy
De venir mesme au soir chez moy
Pour veoir si je me porte bien;
Il ne souffriroit pas en rien

> Qu'on nous feist ou tort ou diffame;
> Il ayme si très tant ma femme,
> Que plus en plus la prend sous soy.

Donc le créancier une fois désintéressé par

> Quelque belle petite cure
> Valant six vingts livres de rente,

Eugène traite cyniquement un autre marché avec Guillaume :

EUGÈNE

> Il faut maintenant qu'entre nous
> Tout mon penser je te décèle.
> J'ayme ta femme et avec elle...

GUILLAUME.

> Je ne vous y veux empescher,
> Monsieur; je ne suis point jaloux,
> Et principalement de vous :
> Je meure si j'y nuy en rien

EUGÈNE.

> Va, va, tu es homme de bien.

Le marché d'Hélène avec Florimond n'a pas été moins facilement conclu; et maître et valet « pétillent » de joie. Alix vient se faire de fête elle aussi, et voici toute la morale que, devant messire Jean, elle tire des secousses subies :

> O Dieu hautain !
> Tu m'as bien tost mieux fortunée
> Que je ne me disois mal née !
> Mais puis que chose tant heureuse
> Survient à moy, peu vertueuse,
> A jamais ma foy je tiendray,
> A nul autre ne me rendray,
> Sinon qu'à l'abbé vostre maistre.

L'abbé met donc la main de sa sœur dans celle de Florimond, sans qu'on puisse espérer que ces accordailles soient pour le bon motif. Mais comme le souper se met déjà « hors de broche », on y va, dans l'élan d'une joie générale qui permet à l'abbé de revenir malgré tout à sa morale optimiste du début :

> Sus, entrons ; on couvre la table,
> Suyvons ce plaisir souhaitable
> De n'estre jamais soucieux,
> Tellement mesme que les dieux,
> A l'envy de ce bien volage
> Doublent au ciel leur sainct breuvage.

Vraiment, comme il dit :

> Voicy une gentille bande,

et qui ne dépareraient pas la plus cynique des farces de ces « folastres », objet des dédains de notre auteur, du moins en sa préface.

Telle est la première en date des comédies régulières, en France, celle qui sera saluée en ces termes par la muse hyperbolique du chef de la Pléiade :

> Jodelle, le premier, d'une plainte hardie,
> Françoysement chanta la grecque tragédie.
> Puis, en changeant de ton, chanta devant nos rois
> La jeune comédie en langage françois ;
> Et si bien les sonna que Sophocle et Ménandre,
> Tant fussent-ils savants, y eussent pu apprendre.

On voit qu'elle n'était pas tout à fait indigne de cet enthousiasme.

Cette soi-disant comédie diffère des farces d'abord par sa régularité, c'est-à-dire par la division en cinq actes et en scènes, par l'effort pour lier celles-ci entre elles, aux deux exceptions près que nous avons relevées, et par un certain souci d'éviter le sans-gêne absolu des entrées et des sorties. Elle en diffère aussi par une préoccupation visible d'exposer en action le sujet de la pièce, de filer les scènes et de les disposer en enfilade, de manière que dans la plupart d'entre elles s'ouvre une perspective sur la suivante ; enfin par une application constante à maintenir le développement de chaque caractère dans sa donnée initiale, sans parler de l'unité de temps, que la farce garde naturellement en sa brièveté ordinaire, mais qui devient ici, comme dans la tragédie du même auteur, un mérite voulu.

Quant à un autre mérite que nous rencontrons dans la tenue des caractères et qui s'appellera l'observation de la règle des mœurs, il vaut qu'on y insiste.

Messire Jean, avec sa manière de « contrefaire le patelin » et son émule Alix, et leur modèle Eugène, paraissent vraiment peints d'après nature, « tels qu'on les voit entre nous », comme dit le prologue. Florimond et Arnauld devaient l'être tout autant, car le degré de charge est léger. L'un et l'autre sont au demeurant de braves gens qu'il faut se garder de confondre avec les bravaches que nous avons déjà rencontrés dans la farce, depuis *les francs archers*, et qui vont suivre avec les capitans importés de la comédie italienne et de l'espagnole. Guillaume est une caricature, mais remarquablement expressive. Hélène elle-même, qui complète le trio de braves gens en opposition au trio des couards et patelins, a des traits délicats qui en font un personnage sympathique.

Mais, d'autre part, la comédie d'*Eugène* procède de la farce par la forme des vers et les gauloiseries du langage, surtout par la nature du sujet et de la satire. La balourdise de Guillaume, le mari benêt, trompé et content, est, comme on l'a vu, le thème de tout un groupe de farces : *Colin qui loue et dépite Dieu* ; *Lucas*, *Messire Jean*, etc. ; de même que la satire très irrévérente du clergé, de son libertinage et de ses revenants-bons s'étale dans un autre groupe, encore plus riche : *Le Porteur de Patience*; *Frère Guillebert*; *La Bouteille*; *Trois Brus*; *Jean de Lagny*; *Un mari jaloux*; *Le Meunier*, etc.

Tout bien pesé, il apparaît que l'*Eugène* fut, dans l'histoire de la comédie, et malgré les prétentions de l'auteur et de son école, une évolution bien plus qu'une révolution. Au point de vue absolu de l'art, ce ne fut même pas un progrès. Sans parler ici de l'incomparable *Pathelin*, on peut préférer à l'*Eugène*, pour l'adresse à poser un caractère et à filer une scène, la farce de *la Cornette* qu'écrivait sept ans auparavant Jean d'Abondance, ou celle du *Cuvier*; et, pour l'habileté des préparations et le calcul des effets contrastés, celles du *Poulailler* et de *Naudet*.

Mais il reste vrai que cette évolution ouvrait délibérément la voie à tous les perfectionnements ultérieurs d'un genre nouveau au moins par le nom, par la régularité de la structure et par l'ampleur des dimensions. Elle donnait l'idée d'un art plus réfléchi et plus scrupuleux sur ses moyens — sinon plus épris de son objet qui était toujours de peindre d'après nature — tout près de s'orienter sur les grands modèles, si éloigné qu'il fût encore de les atteindre.

C'est surtout cette orientation que nous allons voir s'accentuer chez les successeurs d'Étienne Jodelle.

Le premier en date d'entre eux, son ami et admirateur Jacques Grévin (1540?-1570), réussit mieux à le continuer dans le genre tragique, avec son *César*, que dans le comique avec sa *Maubertine ou la Trésorière* (1558) et ses *Esbahis*[1] (1560).

---

1. Cf. *Théâtre de Jacques Grévin*, Paris, 1562, Bibliothèque Nationale, Inventaire Y f 2043.

Il commence par pousser de nouveau dans ses préfaces, et plus vigoureusement encore que Jodelle, le cri de guerre de la Pléiade contre les vieux genres et leur profanation des sujets sacrés. Voici comment il s'en explique dans le prologue de *la Trésorière* :

> Non, ce n'est pas de nous qu'il faut
> Pour accomplir cest eschaffault,
> Attendre les farces prisées
> Qu'on a tousjours moralisées....
> Celuy donc qui voudra complaire
> Tout seulement au populaire,
> Celuy choisera les erreurs
> Des plus ignorans basteleurs :
> Il introduira la nature,
> Le Genre-humain, l'Agriculture,
> Un Tout, un Rien et un Chascun,
> Le Faux-parler, le Bruict commun,
> Et telles choses qu'ignorance
> Jadis mesla parmi la France.
> Que pourrons-nous donc inventer
> A la fin de chascun contenter?
> Quoy? le badinage inutile
> Par qui quelquefois Martin-Ville[1]
> Se feit escouter de son temps?
> Quoy? demandez-vous ces Romains
> Jouer d'une aussi sotte grace,
> Que sotte est ceste populace
> De qui tous seuls ils sont prisez?
> Vous estes bien mieux avisez,
> Comme je croy : vostre presence
> Merite avoir la jouissance
> D'un discours qui soit mieux limé....
> N'attendez donc en ce théâtre
> Ne farce ne moralité;
> Mais seulement l'antiquité,
> Qui d'une face plus hardie
> Se représente en comédie.

1. Sur le farceur Martainville, cf. ci-dessus. p. 56.

Il redouble ses coups dans l'*Avant-Jeu* des *Esbahis* :

> Je vien de la part du poëte,
> Lequel vous remontre par moy
> Ce qui plus le tient en esmoy :
> Le premier poinct, c'est qu'on endure
> Ces étourdis faisans Mercure
> De chasque bois mal raboté,
> Pour servir l'Université.
> Une grand'troupe mal choisie
> Se joue de la poësie
> Et, impudente, rimassant,
> A cor et cry va pourchassant
> Ceste deesse tant prisée
> Dont ils font naistre la risée :
> Car, comme nouveaux basteleurs,
> Afin d'enrichir les fureurs
> De leurs tragedies farcées,
> Ou leurs farces moralisées,
> Pour la foiblesse de leurs reins,
> A trompettes et tabourins,
> Et gros mots qu'on ne peult entendre,
> Ils se sont essaiez de rendre
> Et mouvoir au dedans du cœur
> Du plus attentif auditeur
> Une pitié, une misère,
> Au lieu qu'un bon vers le doit faire.

Il est encore moins partisan de l'afféterie des courtisans, écorcheurs de latin, que de la grossièreté des farceurs, versificateurs de gros mots, et il s'en explique aussi vertement en prose, dans sa préface du *César* : « Le comique se propose de représenter la vérité et la naïveté de sa langue, comme les mœurs et les états de ceux qu'elle met en jeu sans faire tort à sa pureté, laquelle est plutôt entre le vulgaire (je dis si l'on change quelques mots qui ressentent leur terroir) qu'entre ces courtisans qui pensent avoir fait un beau coup, quand ils ont arraché la peau de quelques mots latins pour déguiser les français qui n'ont aucune grâce, disent-ils, s'ils ne donnent à songer aux femmes, comme s'ils prenaient plaisir de n'être point entendus. »

Il est pour la vérité dans l'art et la cherche d'abord dans le fait de ne mettre en scène qu'une *chose arrivée*, du moins à en croire ces vers du prologue de *la Trésorière* :

> Nous représentons les amours
> Et la finesse coustumière
> D'une gentille trésorière,
> Dont le mestier est descouvert
> Non loing de la place Maubert.
> Vray est que le protonotaire
> Principal de tout ceste affaire
> Est de nostre université.

Si l'auteur de *la Trésorière* a, comme il l'annonce là, porté à la scène un fait-divers, c'est en se souvenant beaucoup de l'*Eugène* dont sa pièce procède visiblement. Coustante, la femme du trésorier, comme Alix, la femme de Guillaume, aime en partie double : elle a pour la bourse le gentilhomme Loys, pour le cœur le jeune Protonotaire. Encore ce cœur est-il bien vénal, allumant sans se consumer, car il

> Ressemble cette lampe ardente,
> Qui est dans l'église pendante,
> Afin d'allumer les chandelles
> De toutes les offrandes nouvelles :
> Elle en allume infinité
> Sans perdre rien de sa clarté.

Le premier des deux galants prend aussi mal la tromperie que le Florimond de Jodelle ; et il réduit furieusement à merci le Protonotaire. Le mari de Constante est aussi benêt que celui d'Alix, quand il dit de la gaillarde :

> Qu'avant me faire un cas infame
> Plus tost endureroit la mort.

Mais il est doublé d'un préteur à la petite semaine, pour qui toute dupe est bonne :

> Il n'est pas des pauvres souldars
> Desquels ces braves Trésoriers
> N'attirent tousjours des deniers.

Au reste quand il sait à quoi s'en tenir, Monsieur le Trésorier passe l'éponge aussi lâchement que Guillaume, le vilain dont la vilenie au moins était traditionnelle. Les deux valets s'opposent, comme dans l'*Eugène*, en faisant pendant l'un à la bravoure, l'autre à la couardise de leurs maîtres. Richard est aussi prêt à tout braver pour Loys qu'Arnauld pour Florimond :

> Aussi le serviteur doit faire,
> Pour à son bon maistre complaire,
> Le devoir comme il appartient
> Jusques à la mort.

Boniface est un aussi piètre soutien pour le Protonotaire que messire Jean pour l'abbé Eugène, car, au moment de se montrer, il confie ceci à Marie la chambrière qui le préfère à Richard, comme son maître est préféré de la maîtresse :

> Quand j'ay oui ce beau mesnage,
> Ainsi qu'un homme de courage,
> J'ay gaigné le grenier au foin ;

quitte à se rengorger, comme Panurge, après le danger, et à se récrier :

> Ha, si j'eusse esté avec vous !

L'action de *la Trésorière*, trop en récits, est médiocrement conduite.

Les Esbahis valent mieux, sans valoir beaucoup. Le prologue ou *Avant-Jeu*, comme celui de *la Trésorière*, fait montre du même souci de réalisme dans le sujet, annonçant que c'est arrivé, que le poète en a fait confidence à l'acteur :

> Ce nonobstant, j'ai sceu de luy,
> Comme une chose bien secrette,
> Que ceste comedie est faicte
> Sur le discours de quelque amour
> Qui s'est conduit au carefour
> De Sainct-Sevrin ; mais je vous prie,
> D'autant que vous avez envie
> D'estre secrets, de tenir coy :
> Car je voy cy derrière moy
> Le sire Josse.

L'aventure centrale est des plus lestes. Sous l'habit d'un vieillard amoureux et avec la connivence d'une entremetteuse, l'amant a eu toute licence de prouver son amour à celle qu'il aime et qu'un père avare voulut marier au vieillard dont notre galant a pris l'habit. L'action est d'une allure embarrassée. Le style est farci de proverbes, le plus souvent plats et parfois entachés d'enflure, dans ce goût :

> Il n'ha garde de la lascher,
> Car si bien luy sceut attacher
> A gros clous d'amour sa pensée,
> Qu'ores qu'elle feut eslancée
> En pleine mer à voile et rames,
> Si est-ce que ces chaudes flames
> La repousseroient sur le port
> En depit de tout autre effort.

La fadeur de la pièce n'est relevée que par des gravelures farcesques et certains traits satiriques décochés au passage, notamment contre la corruption des bourgeoises de Paris. Ce qu'il y a de plus notable, c'est, dans le personnage de Panthaleone, une caricature des aventuriers Italiens gueux et vantards, grands râcleurs de luth et chanteurs de « piteuses chansons » en leur idiome. Ce Panthaleone, — dont le nom indique que Grévin connaissait déjà l'illustrissime *Pantalone* de la *commedia dell' arte*, avec lequel il dut renouveler connaissance au cours de ses voyages ultérieurs au delà des monts, — est berné à souhait dans la pièce où il concentre les coups sur son dos. Le valet Julien le peint avec une verve amère qui semble un écho des ressentiments publics contre cette engeance d'outre-monts, parasite et fanfaronne :

JULIEN.

Voyez-moi ce brave Messerre !
Il luy semble à voir que la terre
N'est pas digne de le porter.
Vous le verrez tantost vanter,
Tantost elever ses beaux faicts,
Et conter ceux qu'il a deffaicts
A la prise d'un poulaillier[1],
Et comme il scait bien batailler
Quand il fault rompre un huys ouvert
Ou bien un pasté descouvert
Pour y plonger ses mains dedans.
Le voyez-vous curer ses dens ?
Il a disné d'une salade,
Et au dessert d'une gambade,
Puis le voylà, frisque et gaillard,
Devant l'huys du Sire Gérard
Faisant l'amour, et je m'asseure
Qu'il y aura bien de l'ordure
Si Monsieur le sçait une fois,
Et qu'il luy trouve : car le bois
Sera cher s'il n'en a sa part.
Il l'envoirra bien autre part
Trainer ses dandrilles.

1. C'est l'exploit du Franc-Archer de Bagnolet, cf. ci-dessus p. 175.

PANTHALEONE.

J'ay donné
Mille coups d'estoc et de taille
Au plus espais d'une bataille,
Et ce sot poltron parangonne
Sa couardise à ma personne.

JULIEN.

Sçavez-vous bien que c'est, mastin,
Fantosme du mont Aventin,
Sepulchre à punaise, pendart,
Demourant de tout le cagnart?
Si vous ne me parlez plus doux,
Je vous assommeray de coups.
Regardez, je suis Julien,
Qui n'enten mot d'italien;
Mais si vous grongnez autre fois,
Je vous feray parler françois,
Encor' que soyez bougrino.

PANTHALEONE.

Non, non, messer Juliano;
Je pensoy que ce fust un autre :
Car, quant à moy, je suis tout vostre,
Et ne voudroy rien attenter
Qui fust pour vous mescontenter.

On retrouve l'écho non moins vif de ce même sentiment public, à l'endroit de cette espèce, dans le ton dont le gentilhomme lui-même malmène le même messer Panthaleone :

LE GENTILHOMME.

Je m'esmerveille
D'entre vous, coions effrenez!
Pensez-vous nous rendre estonnez
Par une langue deceptive,
Comme si la nostre captive
Ne pouvoit respondre un seul mot?
Pensez-vous le François si sot,

> Qu'il n'egalle bien en parolle
> Toute l'apparence frivolle
> De vostre langue effeminée,
> Qui, comme une espesse fumée,
> Nous donnant au commencement
> Un effroyable estonnement,
> A la parfin s'esvanoüit
> Avecque le vent qui la suit?
> Nostre France est trop abbruvée
> De votre feinte controuvée
> Et deceptive (*décevante*) intention.

Ces *pantalonnades* et les vertes répliques qu'elles provoquent ne devaient pas, on le voit, faire de disparate sensible avec ces « Jeux satyriques, appelez communément les Veaux » qui les avaient précédées, au témoignage de l'éditeur, sur la scène du collège de Beauvais, le 16 février 1560, et qui devaient être du même acabit que cette « farce des Veaux jouée devant le roy en son entrée à Rouen », dix ans auparavant. La jeune duchesse de Lorraine — pour les noces de laquelle la pièce avait été composée par ordre de Henri II — et la cour qui l'entourait, n'eurent donc pas un grand effort à faire pour montrer, en cette circonstance, un goût éclectique, en partageant leurs rires et leurs applaudissements entre *les Veaux* de la vieille farce et la comédie de nouveau style.

Quant aux rapports que l'on a cru voir[1] entre cette pièce et *les Abusez* de Charles Estienne, cités plus haut[2], ils sont trop vagues, trop communs à tout le répertoire italien d'alors, pour conclure à une imitation directe. Des vieillards amoureux de tendrons, pour le bon motif, et qui sont distancés, pour le mau-

---

[1]. Cf. E. Chasles, *La comédie au XVI° siècle*, op. c., p. 40 sqq., et, en sens contraire, P. Toldo, op. c., *Revue d'Histoire littéraire*, année 1898, p. 554 sqq.
[2]. Cf. ci-dessus, p. 276.

vais, par de jeunes cavaliers, des entremetteuses aidant; des travestis et des situations licencieuses, traitées avec complaisance, cela se trouve partout dans la comédie italienne, fille de la *novella* libertine. Certes l'auteur des *Esbahis* a eu de ces modèles sous les yeux, les *Abusez* ou *Gl'Ingannati*, et d'autres qu'il savait d'ailleurs lire dans le texte original. Mais il importe assez peu, en regard de la médiocrité de l'œuvre; et passons.

Jean de la Taille (1540?-1607) — qui donnera du *Négromant* de l'Arioste en 1573[1] une traduction diligemment servile, en une prose traînante qu'alourdit encore une bizarre affectation d'archaïsme — avait été plus heureux en s'abandonnant plus librement à son inspiration dans sa pièce des *Corrivaux* (1562). C'est la seule comédie de la Pléiade où soit employée la prose; et celle-ci y est singulièrement plus alerte que dans le *Négromant*. La coupe du dialogue a la vivacité dramatique; et l'intrigue, croisée à l'italienne, est conduite avec une clarté relative, à la française. Les deux *corrivaux* sont mis d'accord par ce fait que l'objet de leur poursuite se trouve être la sœur de l'un d'eux, lequel n'a donc plus qu'à revenir à de premières amours.

L'auteur a eu pour double dessein de composer, dit-il, une œuvre « au patron, à la mode et au pourtrait des anciens grecs et latins », ainsi que de « quelques nouveaux Italiens qui, premiers que nous, ont enrichi le magnifique et ample cabinet de leur langue de ce beau joyau ». L'aveu était loyal, sinon assez explicite. On retrouve en effet le même canevas, mais bien plus

---

1. Cf. *Œuvres poétiques de Jehan de la Taille*, Paris, Féderic Morel, 1573, Bibliothèque Nationale, Inventaire Réserve Y e 1818 : *Le Négromant, comédie de M. Louis Arioste, nouvellement mise en françois*, par Jehan de la Taille de Bondaroy.

enchevêtré dans le *Viluppo* du Parabosco (1547)[1], qui paraît avoir fourni l'idée première de la pièce — outre les ingrédients pris de-ci de-là, dans le répertoire italien, tels que celui de la fille enceinte et du diagnostic motivé par la même inspection pharmaceutique à fin d'analyse, que demandera à faire notre Sganarelle dans *le Médecin malgré lui* —.

En 1567 parut *le Brave*[2], traduit du *Miles gloriosus* (*Le Militaire fanfaron*) de Plaute, par Antoine de Baïf (1532-1589), « du commandement de Charles IX, roy de France et de Catherine de Médicis, la royne ». La pièce fut représentée « devant le roy, en l'hôtel de Guise », le 28 janvier 1567, « feste de Saint-Charlemagne..., pour demontrance d'alegresse publique en la paix et tranquillité commune de tous princes et peuples cretiens avec ce royaume ». En guise d'intermèdes, selon la mode italienne, il y eut cinq « chants recitez entre les actes de la comédie », à la louange des cinq plus grands personnages qui honoraient le spectacle de leur présence : le roi, la reine, Monsieur, Monsieur le duc et Madame. Ils étaient l'œuvre de Ronsard, de Baïf, de Desportes, de Filleul et de Belleau. Cette collaboration de la Pléiade et ces augustes présences solennisèrent ce suprême effort des novateurs — le dernier du moins qui nous soit connu jusqu'à la fin du siècle — pour conquérir directement la scène avec l'aide des puissances.

Le Brave est une traduction libre, avec un certain effort d'adaption, mais du genre le plus facile, celui qui consiste simplement à baptiser de noms français les

---

1. Cf. P. Toldo, *Revue d'Histoire littéraire*, op. c., 1898, p. 562.
2. Cf. *le Brave*, Paris, Robert Estienne, 1567, Bibliothèque Nationale, Inventaire Réserve Y f 3899; et pour le reste, *Euvres en rime* de Antoine de Baïf, dans l'édition Marty-Laveaux de la Pléiade, Paris, Lemerre, 1887.

personnes et les lieux. *Pyrgopolinices miles (soldat)* s'y appelle Taillebras et monte au grade de capitaine; *Artotrogus parasitus (parasite)* devient *Galopain écornifleur*; les esclaves *Palæstrio, Sceledrus, Lucrio* y répondent aux vocables significatifs de *Finet, Humevent* et *Raton, valets à tout faire*; servantes et courtisanes se parent des noms d'*Emée, Fleurie* et *Paquette*; et l'anonyme *Puer (esclave)* y reste *Sannom*. On voit le procédé et ses effets, et avec quelle facilité il se transposera à la géographie, pour colorer les aventures d'un vernis de modernité.

Voici, par exemple, l'entrée du soldat fanfaron dans le modèle[1] :

PYRGOPOLINICE.

Soignez mon bouclier; que son éclat soit plus resplendissant que les rayons du soleil dans un ciel pur. Il faut qu'au jour de la bataille, quand il sera temps, les ennemis, dans le feu de la mêlée, aient la vue éblouie par ses feux;

et la voici dans la copie :

> Goujats, fourbissez ma rondelle!
> Qu'on me fasse qu'elle étincelle,
> Éclatant plus grande clarté
> Que n'est au plus beau jour d'été
> La clarté du soleil, je di
> Lorsque tout brûle en plein midi.

L'exploit de l'éléphant mis à mal par notre Brave, qui se retrouvera dans les *Rodomontades* de Brantôme, avec d'autres, est ainsi conté par Plaute :

ARTOTROGUS. — Et dans l'Inde, par Pollux, comme tu cassas, d'un coup de poing, le bras à un éléphant!
PYRGOPOLINICE. — Comment, le bras?

---

1. Nous empruntons la traduction de J. Naudet, Paris, Lefèvre, 1845, t. II. dont la verve fidèle fera assaut avec celle du poète.

ARTOTROGUS. — Je voulais dire la cuisse.

PYRGOPOLINICE. — Et j'y allais négligemment.

ARTOTROGUS. — Si tu y avais mis toute la force, par Pollux, tu aurais traversé le cuir, le ventre, la mâchoire de l'éléphant avec ton bras.

Notre traducteur reproduit ce haut fait avec la verve assez heureuse en somme que voici :

> Quel effort fîtes-vous aussi
> Contre ce monstre d'oliphant?
> Ce fut un acte triomphant,
> Quand vous lui rompîtes le bras.
> — Quel bras? — Non je ne voulais pas
> Dire le bras; ce fut la cuisse.
> Vous voulûtes que je le visse,
> Et si vous fussiez efforcé
> Vous l'eussiez tout outrepercé
> De part en part, d'un coup de poing,
> Passant la main de là bien loin,
> A travers ses côtes, ses os,
> Sa peau, sa chair et ses boyaux.

Ce même procédé d'adaptation mitigée et de traduction libre, où le poète fait assaut d'hyperbole avec son modèle, — ce qui adapte bien mieux — se retrouve dans l'*Eunuque* du même Baïf (1573) qui cette fois prend Térence pour *archétype*.

La verve du traducteur s'y affine, comme il convenait, au contact du modèle. Il y donne même des exemples d'un atticisme de tours et de traits dont le nouveau genre avait bon besoin. La lecture en offre encore ce genre d'attrait piquant, cher à tout humaniste, qui donne l'illusion d'une naturalisation réelle, presque d'une conquête du texte.

Que l'on juxtapose, par exemple, le célèbre monologue du parasite et cette traduction :

NATON, écornifleur[1].

O bon Dieu! qu'un homme devance
Un autre homme! la différence
Qu'il y a d'un homme entendu
A un fat! Ceci m'est venu
En esprit a propos de lui
Que j'ai rencontré ce jourd'hui,
Qui est de qualité toute une
Comme moi, de même fortune
Et pareille condition,
Qui aussi la succession
Que ses parents lui ont laissée
Ainsi que moi a *fricassée*.
Le voyant crasseux, ord et sale,
Maigre, hideux, chagrin et pâle,
Chargé de haillons et grand âge :
— Que veut dire cet équipage,
Lui dis-je? — Pour être détruit
De mon bien ou suis-je réduit?...
Me vois-tu bien? Contemple-moi,
Qui suis de même lieu que toi.
Quelle care! Quel embonpoint!
Quel teint! Si, je suis bien en point,
J'ai de tout, et si, je n'ai rien,
Sans bien je n'ai faute de bien

. . . .

1. Voici, parallèlement, pour la comparaison, la traduction animée, en sa fidélité, du texte de Térence, par Eugène Talbot (Paris, Charpentier, 1875, t. II, p. 211 sqq.) :

« Dieux immortels! Quelle différence d'un homme à un autre homme! Quel abime entre un sot et un homme d'esprit! Voici à propos de quoi je fais cette réflexion. En arrivant aujourd'hui, je rencontre un quidam de mon pays, de ma condition, un bon vivant, qui a *fricassé*, comme moi, tout son patrimoine. Je le vois crasseux, malpropre, mal en point, habit en pièces, air de vieillesse. Hé! lui dis-je, que signifie cet équipage? — Malheureux! J'ai perdu tout mon avoir. Voilà où j'en suis réduit... Vois, moi qui suis de la même condition que toi, quel teint, quel éclat, quelle mise, quelle prestance! J'ai tout, et je ne possède pas une obole : je n'ai rien et rien ne me manque.... Nous avons une autre pipée, et c'est moi qui suis l'inventeur du genre. Il y a de certaines gens qui veulent être les premiers en tout, et qui ne le sont pas. Je m'attache à eux : je ne fais point métier de leur donner à rire, mais je leur ris de bon cœur, et je suis en admiration devant leur génie. Quoi qu'ils disent, je l'approuve encore. On dit non, je dis non; on dit oui, je dis oui. Enfin, je me suis fait une loi d'approuver tout. »

.... J'ai une mode nouvelle
De piperie, de laquelle
Je me vante d'être l'auteur,
Voire le premier inventeur.
Il est un genre d'hommes fiers,
Qui veulent être les premiers
En toute chose, et ne les sont.
Je les suis : avec eux ils m'ont
Sans qu'occasion je leur donne
De se rire de ma personne.
Mais bien, quand ils rient, je ris.
Et, faisant bien de l'ébahi,
Quoiqu'ils fassent bien, je les admire.
Quelques propos qu'ils puissent dire,
S'ils le maintiennent, je le loue,
S'ils le nient, je ne l'avoue.
Je dis non, se non, oui, se oui,
Puis oui, si l'on dit oui ;
Bref sur moi j'ai gagné ce point
De trouver tout fait bien à point.

Cette traduction a même assez de mérite pour que la savante Mme Dacier s'en soit souvenue, y renvoie à plusieurs reprises et, sauf une réserve sur une vingtaine de contre-sens, ait félicité en ces termes l'auteur d'avoir restauré en France la comédie des Latins : « Sans le Baïf, il me paraît que les Italiens auraient de ce côté l'avantage sur les Français. »

La Reconnue du gentil Belleau (1528-1577) fut trouvée à sa mort, dans ses papiers, par ses amis et publiée par eux, après que quelqu'un d'entre eux l'eut pourvue du dénoûment qui lui manquait encore.

Elle était médiocrement construite pour la scène. L'intrigue en est lâche, et l'allure générale est singulièrement ralentie par sept à huit monologues qui vont chacun jusqu'à la centaine de vers et même la dépassent. Le sujet ne rachète pas par la nouveauté ces gaucheries de la facture.

Un grison marié et amoureux d'un tendron, au nez de sa mégère, veut faire épouser cet objet de ses séniles amours à son clerc qu'il « mettra en office », quitte à faire avec lui le même pacte que l'Eugène de Jodelle avec maître Guillaume. Cependant des amoureux, dont un capitaine Rodomont, tout à fait bien nommé et qui a de l'allure, rôdent autour de la belle qui hésite entre eux, jusqu'à ce que la reconnaissance traditionnelle vienne lui rendre un père et lui apporter une dot qui lui permette de suivre le penchant de son cœur, en évinçant le barbon. C'est le thème de la *Casina* de Plaute dont Remi Belleau décalque d'ailleurs certains traits de détail, dans la peinture du grime qui s'adonise à grand renfort de parfums et de « gants mignards ». Ce thème est varié assez gauchement, suivant la recette italienne, et médiocrement assaisonné de traits de satire vague et d'allusions patriotiques sans grand élan.

Mais si elle est peu faite pour la représentation, *la Reconnue* reste agréable à la lecture, par les gentillesses du style et surtout par le réalisme léger de l'observation.

On en jugera par cette entrée de « Madame l'Advocate », qui revient de la messe et attrape la pauvre servante, qu'elle oblige à « tourmenter » sans trêve les ustensiles du ménage et à frotter du haut en bas :

MADAME.
Janne !

JANNE.
Madame !

MADAME.
Qu'avons-nous
A disner ?

SCÈNE D'INTÉRIEUR D'APRÈS NATURE.

JANNE.

Du lard et des chous,
Une andouille et un hochepot,
Et le reste de ce gigot
Pour faire un hachis.

MADAME.

C'est assez. Janne!

JANNE.

Madame!

MADAME.

Ramassez
Ceste cendre au feu qui se pert.
Le pot est toujours descouvert
S'il boust, et couvert s'il escume ;
Mais je sçay, c'est votre coustume,
Jamais ne feistes autrement.
Repliez cel accoustrement,
Et reportez mon chaperon
Pour represser. Quoy! ce chaudron
Est-il bien-là? et ceste escuelle,
Ceste chaire, ceste escabelle?
Que tu es paresseuse! brique!
J'ay une épingle qui me pique
Justement sur le droit costé.
Mon attifet va de costé :
Hé mon Dieu! que je suis mal faite!
Ma verdugale s'est defaite
Pendant que j'estois à l'église,
Et si j'ay dessous ma chemise,
Dedans le dos, je ne sçay quoy.
Je te pry, Janne, accoustre-moy,
Et me dy si nostre Antoinette
Couve point quelque amour secrette.
T'en a-t-elle jamais parlé?

La farce n'a pas fait mieux en ce genre de peintures à la Téniers, non plus que dans celui des scènes de ménage entre mari vert-galant à amours ancillaires, et femme faisant sonner sa dot — telle l'*uxor dotata* de Plaute — et d'ailleurs « rongée du vif argent » de la jalousie, comme dans la suivante :

MADAME.

Je vous en feray bien mouiller.

MONSIEUR.

Eh bien ! où voulez-vous aller,
Mon miel, ma douceur, ma caresse ?

MADAME.

Ton fiel, ta rigueur, ta destresse ;
Je sçay bien dont je suis venuë :
Je ne suis point si peu connuë,
Et si n'ay point si peu de bien,
Que l'on ne me reçoive bien ;
J'ay de bons parens, Dieu merci.

MONSIEUR.

Ils ne sont pas de loing d'ici.

MADAME.

A moy, qui suis de bon lignage,
Et, ma foy d'autre parentage
Et de meilleure part que vous !

MONSIEUR.

Tout beau, madame ! parlez doux.

MADAME.

Allez, faistes vostre mesnage :
Je n'ay proposé davantage
De demeurer avecques vous.

MONSIEUR.

Vous serez toujours en courroux !
Il y a jà semaine entière
Que vous tenez vostre colère,
Et si vous ne sçavez pourquoy.

MADAME.

Pourquoi? merci Dieu! je le voy,
Et jour et nuict, devant mes yeux.

MONSIEUR.

Ce ne sont que des envieux
Qui vous donnent un faux entendre.

MADAME.

Non, non, je n'en veux plus apprendre;
Hé! j'en sçay trop de la moitié....

MONSIEUR.

Venez, approchez, ma commère,
Et parlons doucement ensemble.

MADAME.

Doucement?

MONSIEUR.

Voyez : il me semble
Que tous deux avons, Dieu merci,
Du bien assez, et sans souci
Que nous pouvons vivre aisément.

MADAME.

Est-ce là le bon traitement,
Est-ce l'amour et la douceur,
La courtoisie et la faveur,
Que vous promistes de me faire?

MONSIEUR.

C'est grand cas! je ne vous puis plaire!
Tout ce que je fay vous desplait....
Quoy donc? estes-vous mal traittée?

MADAME.

Vous sçavez bien ce qu'il me faut,
Et pourquoy je parle si haut,
Maintenant....

La Reconnue clôt la période où les novateurs ont l'ambition de la scène réelle. Elle aurait même été jouée, et par Chasteauvieux, à prendre à la lettre les vers de Vauquelin cité plus haut [1].

C'est au fond des provinces maintenant qu'il nous faut aller chercher les derniers émules de la Pléiade, en attendant d'y trouver Larivey et la modestie féconde de ses traductions. Nous rencontrerons ainsi un Pierre le Loyer, au fond de l'Anjou; puis, au bord du Rhin, un Gérard de Vivre, « maistre d'école à Colongne ».

Ce « Pierre le Loyer, sieur de la Brosse, angevin » est l'auteur d'une première comédie en cinq actes, « en vers de quatre pieds, avec un prologue et un épilogue en vers de cinq pieds, dédiée par une épître en vers à M. le président d'Angers, Lesserat », intitulée : *le Muet insensé* [2] (1576); et d'une autre « non moins docte que facétieuse » qui suivit de près, ayant été écrite en 1578 et publiée en 1579, et qui a pour titre : « La comédie Néphélococugie ou *la Nuée des cocus* [3] ».

L'auteur du *Muet insensé* reprend dans sa préface le thème du prologue d'*Eugène* — renouvelé d'Antiphane, en attendant Molière — sur l'égalité de mérite entre le poète comique et le tragique :

> Et si quelqu'un davanture disoit
> Encontre luy, que le Tragique soit
> Plus honoré qu'un comique poëte;
> Je lui respons sauf toute chose honneste:
> Qu'il n'en est rien, car à la vérité
> Ils sont esgaux en toute dignité.

La pièce a pour sujet un jeune coquebin qui a re-

---

1. Cf. ci-dessus, p. 297.
2. Paris, Abel l'Angelier, 1576. Bibliothèque Nationale, Inventaire réserve Y c 146.
3. Paris, Jean Poupy, 1579, Bibliothèque Nationale, Réserve p Y c 146.

cours au négromant de la comédie italienne pour charmer sa maîtresse insensible. Mais comme le héros d'Apulée, dans l'*Ane d'or*, et plusieurs autres du répertoire italien, il se trompe si fort dans l'emploi des charmes qu'il en devient muet et encore plus sot qu'avant. La scène est à « Tholose », mais la pièce n'est pas digne de cette capitale de l'esprit gascon. Le tout, action et dialogue, personnages et style, n'évite la lourdeur qu'en recourant à la gravelure et ne vaut d'être cité que pour mémoire.

La *Néphélococugie* est mieux venue et à mérité l'honneur de doctes rapprochements avec son modèle, *les Oiseaux* d'Aristophane[1].

Il y a quelque verve dans la satire et dans le titre même qui est un calembour gaulois sur la cité aristophanesque de *Néphélococcygie* devenue *Néphélococugie*, en tant que cité « où les cocus habitent et que gouverne Jean Cocu de Paris ». Les deux frères Genin et Cornard qui s'y rendent, de cette même « Tholose » où se passait déjà l'action du *Muet insensé*, y voient une revue des cocus et de certains de leurs hôtes qui est aristophanesque au point d'entraver la citation.

Voici l'appel du roi, un échantillon de ces « strophes ou odes » qui émaillent la pièce, avec *épodes* et *épirrhèmes* à l'athénienne et onomatopées en écho du modèle :

JEAN COCU.

Coku, Coku, Coku, Coku :
Tous mes cocus à moy s'en viennent
Qui espars dans ce bois se tiennent :
Coku, Takoku, Tacoku ;

---

[1]. Cf. E. Egger, *Histoire de l'Hellénisme en France*, Paris, Didier, 1869, t. II, xviiiᵉ leçon, p. 12 sqq.

> Sus, sus, que chacun d'eux s'en vole,
> Branlant ses deux ailles en l'air,
> Tous, tous viennent vers moy voler,
> Cherchant le vent de ma parolle,
> Comme à ce faire ils sont instinctz.
> Coku, coku, Torolilings.

Parmi les sujets accourus à cet appel, nous nommerons du moins l'ancêtre de la race, « le cocu printanier »,

> Noble cocu, dont la race féconde
> Peuple aujourd'huy la plus grand'part du monde.

L'énumération de cette race est faite en des termes presque identiques à ceux d'une chanson qui fouettait naguère, sur un air de valse, la grosse gaîté de nos cafés-concerts :

> Cocus amaigris, gresles, carrez et ronds,
> Grands et petitz, etc.....

Nous signalerons encore dans cette revue le sycophante athénien qui y devient un *Chicanoux* très français, ancêtre aussi authentique que peu connu du *Chicaneau* des Plaideurs, comme le prouvent ses tirades où ne manquent ni la verve ni les traits caractéristiques de l'espèce.

Des *folâtries* du reste, — pour emprunter à le Loyer un terme qui sert de titre à ses poésies marotiques — nous ne donnerons que cet échantillon rapide :

> Deçà des dames plus fines,
> Pour leur grossesse cacher,
> On voit la rue empêcher,
> Portant des larges vasquines :
> Là marchent à grave pas,
> Renforcées par les bas,

> Celles qui deux c... supportent
> Souz des robes qu'elles portent,
> Desquelz l'un de chair, la nuict,
> Leur sert a prendre déduict,
> L'autre de laine et de bourre
> Autour leurs fesses embourre.

Nous nommerons enfin, pour mémoire et pour être complet sur cette période peu encombrée : « la *Comédie de la Fidélité nuptiale* compose (sic) par Gérard de Vivre Gantois, Maistre d'escole à Colongne[1] », que l'auteur publia à la date de 1578 — avec une autre composition : *Comédie des amours de Theseus et de Dianira*, dans le goût tragi-comique — en vue de mettre la morale en action, à l'usage de ses élèves.

On voit en effet, dans la *Fidélité nuptiale*, une jeune veuve — dont nous trouverons deux émules dans Larivey — du nom classique de Palestra, garder sa foi à son mari, « sinon tué » à l'ennemi, « tout au moins prins ou blecé à la mort ». Palestra a le mérite de résister à la cour pressante et aux sérénades du jeune Charès. Cette Pénélope bourgeoise est récompensée par le retour de son Ulysse. Charès en est très moralement pour ses frais et ses veilles, et autres menues mésaventures — notamment celle de l'arrosage classique qui vient faire la pluie après le beau temps, sous la fenêtre où chantent les amoureux, et qui achèvera régulièrement de les transir et de les parfumer, dans la comédie de Scarron, comme il faisait déjà dans le répertoire de la farce, avant celui de la comédie italienne —.

Les écoliers de Gérard de Vivre avaient d'ailleurs beau jeu dans les chansons de Charès, les parodies de son valet Ascanio et les bouffonneries de tous, pour

---

1. Cf. Paris, Bonfons, 1578, Bibliothèque Nationale, Réserve Y c 1198.

donner carrière à leurs talents vocaux et musicaux. comme à leur verve la plus espiègle, ainsi qu'en témoignent maintes rubriques dans ce goût : « Un autre respondra a son chant en autre harmonie.... Cependant qu'il chantera quelqu'un ouvrira tout bellement la fenestre et luy jettera de l'eau sur la teste..., et l'autre qui se sera toujours tenu debout en forme de colonne (alias : se tiendra là coy comme si c'estoyt une colonne à soustenir les fenestrages) s'enfuira en riant et baillant un coup de poing à Ascanio (le garçon de Charès). » Notons aussi, dans le texte original, tout un système de signes — dont la tradition n'est pas perdue chez les professeurs de diction et dont, dit l'auteur, « j'useray en toutes mes comédies », — lequel sert à indiquer le nombre des pauses dont « chacune vaut une reprise d'haleine ».

Tout cela sent son pédagogue, autant que le fond des choses surprend de sa part. Sans doute la continence forcée de Charès était moralisée, au bout du compte, mais on passait, pour gagner cette morale, par un étrange chemin, comme suffira à l'indiquer ce bout de chanson :

> Toutes les nuicts que sans vous je me couche
> Pensant à vous ne fais que sommeiller,
> Et en resvant jusques au réveiller
> Incessamment vous quiers parmy la couche,
> Et bien souvent en lieu de vostre bouche
> En soupirant je baise l'oreiller.

Mais quoi! autre temps, autres mœurs et autre pédagogie. Pourvu que la morale finale y trouvât son compte, on ne croyait pas alors la gâter par avance, de quelque manière qu'on épiçât la sauce, même à l'école. Nous aurons d'autres occasions de nous parfaire une conviction là-dessus et motivée de reste.

Née de l'école, c'est à l'école que la comédie de la

Pléiade trouvait ses derniers et vagues tréteaux. Elle n'avait pas réussi à se maintenir debout sur la grande scène où l'avait pourtant hissée, à plusieurs reprises, cette faveur des puissances qu'elle n'avait pas sollicitée en vain. Le nouveau genre ne pouvait donc s'en prendre qu'à lui-même, s'il était parti trop tôt pour la conquête de la palme « placée au milieu pour tous », comme disait l'*archétype* Térence, et s'il en était réduit à s'exiler de la scène publique où régnait toujours la farce, « le monstre ».

Il lui restait à préparer sa revanche, par un entrainement solitaire, en tête-à-tête avec les modèles. Il fallait dire un grand merci et un au revoir bien senti à tous ces braves gens qui avaient fait pour elle « leur devoir ès jeux de l'Université », ainsi qu'en témoigne Jacques Grévin, quand il leur adresse ce suprême appel : « Je les prie, au nom de tous amateurs de bonnes lettres, de poursuivre et m'aider à chasser le monstre d'entre une tant docte compagnie, par devers laquelle accourent non seulement les Français mais les étrangers des diverses provinces . » Ceux-ci n'étaient pas accourus en vain. Grâce en partie à la fidélité de l'instinct classique du monde des collèges et de la bonne société[1], les jours viendront où la comédie, ce « poème inconnu de notre langue », comme Grévin l'appelle, pourra remplir ses hautes destinées et réaliser cette prophétie de Pelletier du Mans, non moins véridique pour elle que pour sa sœur jumelle la tragédie : « Ce genre de Poème s'il et entrepris, aportera honneur à la Langue Francoese[2] ».

---

1. Cf. ci-après, p. 374 sqq.
2. *L'Art Poétique départi an deus livres*, Lyon, de Tournes, 1555, p. 73, Bibliothèque Nationale, Inventaire réserve, Y c 1215.

CHAPITRE IX

LA COMÉDIE RÉGULIÈRE DE LARIVEY A CORNEILLE

Caractère général de cette période : concurrence de la comédie à l'italienne et de la farce. — Larivey et la légende de son originalité : sa méthode de traduction et d'adaptation montrée par la collation du texte des *Esprits* avec celui de l'*Aridosio* : ses huit autres comédies. — L'influence espagnole et *la Célestine*, de Jacques de Lavardin. — Les cercles de lettrés et la comédie à l'italienne : le chef-d'œuvre de la comédie de la Renaissance, *les Contens*, d'Odet de Turnèbe; *les Néapolitaines*, de François d'Amboise : *Les Escoliers*, de François Perrin ; *les Desguisez*, de Jean Godard — Progrès de la farce : *La Tasse*, de Claude Bonet ; *La Nouvelle tragicomique*, de Marc de Papillon ; *les Corrivaux*, de Pierre Trotterel ; *La Comédie des Proverbes*, d'Adrien de Monluc ; *L'Amour médecin*,de Pierre de Sainte-Marthe ; *les Ramonneurs*, par un anonyme ; *Gillette*, de Trotterel. — Réaction contre la farce : *les Galanteries du duc d'Ossone*, de Mairet ; *la Bague de l'oubli*, de Rotrou ; *Mélite*.

Avec les traductions de Pierre de Larivey (1535?-1611?)[1], Champenois de naissance, mais Florentin d'origine, commence la grande invasion de la comédie italienne.

Pendant un demi-siècle, nos auteurs tailleront leurs pièces, qu'elles s'intitulent ou non « facétieuses », sur le patron des petits ou grands comiques d'au-delà des Alpes. Cependant cette invasion fut loin d'être

---

1. Né à Troyes vers 1535 ou 1540, d'un immigrant originaire de Florence, et probablement de la famille des grands imprimeurs, les *Giunti*, dont le nom francisé — selon la prescription d'un édit de 1539, relative à l'insertion dans les actes publics des noms étrangers— donna par traduction (*giunto*, arrivé), *l'Arrivé* ou Larivey, selon la graphie qui prévalut. Il fut chanoine de Saint-Étienne de Troyes, et vivait certainement encore en 1611, comme en témoigne la préface de ses trois dernières comédies ; (Cf. ci-après, p. 349).

aussi triomphante qu'on le dit couramment, faute d'y regarder d'assez près. Si l'on ne se borne pas à en juger sur l'apparence et sur le dire même des auteurs qui, ce disant, se réclament d'une mode, on entend très bien l'accent de la farce gauloise sonner parmi ces facéties, au cœur même de leur triomphe, et se faire écouter sous le masque d'emprunt.

Celle-ci y a en effet partout, et de plus en plus, le mot pour rire. Elle l'a déjà, dans les soi-disant « comédies facecieuses, à l'imitation des anciens Grecs, Latins et modernes Italiens, de Pierre de Larivey, Champenois », où rien n'est plus plaisant. Puis elle parle très fort dans les comédies italianisées d'Odet de Turnèbe, de François d'Amboise et de François Perrin. On n'entend plus qu'elle enfin dans les comédies, toujours « facétieuses », où Trotterel rivalise avec Gaultiers-Garguille et Bruscambille. C'est alors qu'elle est brusquement interrompue par Rotrou et surtout par Corneille qui viennent lui donner des leçons de politesse dont elle a bon besoin, en attendant mieux, c'est-à-dire l'école de Molière.

Tel est le fait qui, à nos yeux, domine tous les autres, durant une période plus longue que riche, mais non pas stérile. Il en détermine d'ailleurs les limites. Il doit donc être mis ici dans un jour suffisant, autant du moins que le permettent le cadre de cet ouvrage et ces bienséances spéciales qui empêcheront cette démonstration d'être complète, comme elles en ont déjà entravé plusieurs autres, au cours de cette histoire du théâtre gaulois qu'elle terminera.

Mais l'exécution de ce dessein nous obligera à suivre l'histoire de la comédie par delà le XVIe siècle, et à ne pas nous arrêter entre *la Tasse*, de Claude Bonet (1595?) ou *la Nouvelle tragi-comique*, du capitaine Lasphrise (1597) et *les Corrivaux*, de Trotterel (1612). Ce serait poser une borne dans l'obscurité, sinon dans le vide, et au beau milieu d'une évolution lente, mais continue. Pour trouver une œuvre qui date et qui apporte une formule nouvelle, tout en restant une comédie proprement dite, il nous faudra passer vite sur *les Galanteries du duc d'Ossone*, de Mairet — qui ne datent d'ailleurs pas de 1627 et n'ont été joués qu'en 1632 — et même franchir la *Bague de l'oubli*, de Rotrou (1628), sans être dupe du trompe-l'œil de leurs titres et sans s'arrêter aux réclames et réclamations de leurs préfaces, pour pousser jusqu'à Pierre Corneille et à sa *Mélite* (1629) qu'il appelle « son coup d'essai », sans nous laisser à dire d'ailleurs qu'elle fut un coup de maître.

Larivey ne fut qu'un traducteur, et les neuf comédies qu'il publia sous son nom, malgré leurs mérites que nous allons indiquer, n'ont droit qu'au titre de traductions. Elles sont à peine ce que nous appelons aujourd'hui des *adaptations*, tant le texte originel, aux retouches de style près, y règne en maître, parmi les changements de conditions ou suppressions de certains personnages secondaires, et les modifications légères du *scenario*, opérées surtout par voie de retranchement pur et simple.

Voilà le premier fait à établir et à mettre hors de doute. On s'y trompe encore couramment, et en bonne compagnie d'ailleurs, comme on va voir.

Mais ce traducteur très délié, doué d'un sens très personnel du rire et de la scène, apportait, appuyé sur ses modèles, des exemples séduisants de deux qualités essentielles que les fougueux improvisateurs de la Pléiade n'avaient jamais pu réunir en un degré suffisant, ni en imitant ni en inventant, à savoir un style comique et une action savante.

Rien d'ailleurs, dans son texte, n'indiquait au lecteur français dans quelle mesure ces qualités était importées ; et c'était là un mérite de plus. L'art de donner une pareille illusion n'avait pas été assez recherché par Charles Estienne dans ses *Abusés* ; et il avait fait gravement défaut à Jean de la Taille dans son *Négromant*. Il ne contribua pas peu au succès du théâtre de Larivey qu'attestent les rééditions et ce fait capital que Molière, sans compter les Regnard et les Destouches, le liront encore et de près[1]. Cela suffirait à nous avertir de la nécessité d'examiner de plus près que n'ont fait nos prédécesseurs, l'œuvre de ce traducteur.

Elle comprend neuf comédies[2], dont six furent publiées en 1579 et trois en 1611. L'auteur donne lui-même les raisons d'un si long intervalle entre les deux publications ; et nous lui laissons la parole, ce qui nous vaudra un échantillon significatif de ce style trop facétieux qui sera malheureusement celui de sa seconde manière :

A Messire Françoes d'Amboise, chevalier, seigneur d'Hémery, Malnoüe et Courserain, Conseiller du Roy en son Conseil d'Estat et privé, Maistre des Requestes ordinaires de son hostel.

Monsieur.

Me trouvant ces jours passez avoir plus de loisir que de coustume, pour ne demeurer trop paresseux, et affin de mesnager le temps, me print envie d'agencer un peu de livres que j'ay en mon estude, pour plus aysément m'en aider au besoin, et, les tenant les uns après

---

1. Là-dessus et sous toutes réserves, en attendant le moment de cette histoire où nous devrons y revenir, Cf. Guido Wenzel, *Pierre de Larivey's Komödien und ihr Einfluss auf Molière*, Archiv für das Studium des neueren Dramas und Litteratur, Braunsschweig, G. Westermann, 1889 (43ᵉ année, t. 82, p. 63-80) ; et l'analyse d'un cours de Saint-Marc Girardin, dans le *Journal général de l'Instruction Publique*, par M. Guiffrey, nᵒˢ 7 et 11, année 1854.

2. On en trouvera le texte dans les tomes V, VI et VII de l'*Ancien Théâtre François*, édition Viollet-le-Duc, Paris, Jannet, 1855, avec les renvois aux éditions des neuf originaux italiens, t. V, p. xviii-xx. On remarquera que, parmi ceux-ci, quatre sortaient des presses de ces *Giunti*, auxquels était probablement apparenté Larivey, comme on l'a vu plus haut, p. 346.

les autres pour les ranger d'ordre selon mon intention, je trouvay de fortune entre quelques brouillards et manuscripts six petits enfans, je veux dire six comédies toutes chargées de poussière, mal en ordre et ayans quasi leurs habits entièrement rompus et deschirez, dont il me print grande compassion. Qui fut cause que les ayant recueillies entre mes mains, je les revisitay pour sçavoir si elles n'avoient point quelque mal qui les empeschat de se monstrer au monde, et n'y trouvant rien (ce me sembloit) qui peust offenser personne, j'ay tasché de les r'abiller le mieux qu'il m'a esté possible à la façon de ce pays, pour vous les envoyer (moy n'ayant icy la puissance de les deffendre des brocards des mesdisans), et vous supplier bien humblement, puis qu'avez esté le parrain et le protecteur de mes six premières, d'estre aussi parrain et protecteur de ces six dernières, qui vous tendent les bras, dont en voici les trois premières qui marchent devant. Vous les recevrez donc, s'il vous plaist, en vostre tutelle, comme pauvres désolées qu'elles sont, et les embrasserez et leur servirez de boucliers contre tous ceux qui les voudroient diffamer, et faire quelque bresche à leur bonne volonté et sincère affection. L'esperance que j'ay qu'en cet endroit prendrez la deffense de ces pauvres enfans abandonnez et presque orfelins me fait vous supplier de les recevoir d'aussi bon cœur que je vous les présente, et me tenir tousjours pour

Vostre affectionné et très humble serviteur à jamais.

PIERRE DE LARIVEY.

Les trois comédies dont Larivey annonce, dans cette épitre dédicatoire, la publication ultérieure, ne nous sont pas parvenues. On y remarquera aussi qu'il se tait cette fois sur ses modèles, tandis qu'il avait indiqué du moins en bloc ceux des six premières comédies : car l'expression « les r'abiller à la façon de ce pays » est équivoque, venant après cette observation que ces « six petits enfans » avaient, quand il les retrouva, « leurs habits entièrement rompus et deschirez ». La modestie du traducteur avait-elle diminué avec le succès? Ce silence était-il une précaution contre « les brocards des médisans » qui, jaloux de ce succès, auraient trop rabaissé jadis l'originalité qu'il semblait vouloir usurper par le

LA COMÉDIE MORALE ET FACÉTIEUSE.

vague de ses titres, de ses préfaces et de ses prologues[1]? En tout cas, ce fut la précaution inutile, du moins pour la postérité reculée, car celle-ci a fini par connaître les modèles de ces trois cadettes, comme des aînées.

Ces trois dernières comédies sont écrites en prose, ainsi que les six premières, conformément à la doctrine de l'auteur dont l'exposé remplissait presque toute la première préface. Celle-ci est plus explicite que la seconde et a le mérite de dire, en sa modestie relative, le dessein de l'auteur que voici.

> J'ay tousjours pensé que ma nouvelle façon d'escrire en ce nouveau genre de comedie, qui n'a encores esté beaucoup praticqué entre noz François, ne sera tant bien receue de quelques uns trop sévères, comme je serois ayse me le pouvoir persuader ; occasion qui m'a long temps faict doubter si je devoy faire veoir le jour à ce mien petit ouvrage, basty à la moderne et sur le patron de plusieurs bons auteurs Italiens, comme Laurens de Medicis[2], père du pape Léon dixième, François Grassin, Vincent Gabian, Jherosme Razzi, Nicolas Bennepart, Loys Dolce et autres, qui ont autant acquis de réputation en leur vivant et espéré de memoire après leur décès, s'esbatans en ces Comedies morales et facecieuses, comme s'exerceans en l'histoire et en la filosofie, esquelles ils n'estoient pas moins versez qu'en toutes bonnes sciences. Toutesfois, considerant que la Comedie, vray miroüer de noz œuvres, n'est qu'une morale filosofie, donnant lumière à toute honneste discipline, et par conséquent à toute vertu, ainsi que le tesmoigne Andronique, qui premier l'a faict veoir aux Latins, j'en ay voulu jetter ces premiers fondemens, où j'ay mis, comme en bloc, divers enseignemens fort profitables, blasmant les vitieuses actions et louant les honnestes, affin de faire cognoistre combien le mal est à éviter, et avec quel courage et affection la vertu doibt estre embrassée, pour meriter louange, acquerir honneur en ceste vie et espérer non seulement une gloire éternelle entre les hommes, mais une celeste recompense après le trespas. Et voyla pourquoy mon intention a esté, en ces populaires discours, de representer quelque

---

1. Cf. notamment, ci-après, p. 359.
2. Larivey confond ici avec Laurent le Magnifique, ce Lorenzino débauché et dévoré d'ambition qui singea Brutus, en assassinant lâchement son cousin le duc Alexandre, et dont on peut bien dire que s'il aimait à rire, comme dans sa comédie, c'était là le fruit de ses économies.

chose sentant sa vérité, qui peust par un honneste plaisir apporter, suyvant le precepte d'Horace, quelque profit et contentement ensemble. J'ay dict que j'en jette les premiers fondemens, non que par là je veuille inférer que je sois le premier qui faict veoir des comédies en prose, car je sçay qu'assez de bons ouvriers, et qui méritent beaucoup pour la promptitude de leur esprit, en ont traduict quelques unes[1] : mais aussi puis-je dire cecy sans arrogance que je n'en ay encore vu de françoises, j'enten qui ayent esté representées comme advenues en France[2].

Larivey développe ensuite, avec les exemples italiens à l'appui, les raisons qui l'ont décidé à employer la prose comme « sentant la vérité », et à ne pas se rendre sujet « au nombre et mesure de vers (ce que sans me vanter, j'eusse pu faire) ». Puis il remercie « Monsieur d'Amboise, advocat en Parlement » à qui va cette « espitre », et qui deviendra dans celle de 1611, « *Messire* François d'Amboise », ayant « monté en dignité » comme il le dit lui-même dans le prologue masqué de ses *Neapolitaines*, en tant que « conseiller du roy, etc. ». Les remerciements de Larivey s'adressent aussi à « Monsieur le Breton » qui venait de publier la tragédie d'*Adonis*[3], l'autre des deux amis qui l'ont « plus aiguillonné de donner commencement à ces fables ». L'entreprise née dans ce trio d'auteurs ne parait pas d'ailleurs avoir été du goût de tout le monde, car Larivey termine par un appel à la garantie du « meilleur de ses meilleurs amis », pour que, en s'aidant au besoin « des bonnes raisons » tirées « des bons livres », il lui serve « d'une levée et ferme rampart contre les inondations et torrens de quelques envieux qui me voudroient blasmer et calomnier la bonne et sincere affection que j'ay de profiter au public ».

1. Cf. les *Corrivaux*, ci-dessus, p. 330.
2. Là-dessus. Cf. ci-après, p. 357 sqq.
3. Cf. ci-dessus, p. 293.

Le public allait en effet y trouver profit et plaisir. Mais ce dernier s'accrut-il par le spectacle, et faut-il prendre à la lettre ce quatrain d'un sonnet de l'ami Guillaume le Breton :

> Larivey traduisant le thuscan Straparole,
> Et du faux courtisan les discours fabuleux,
> Ou soit qu'il mette en jeu son comique joyeux,
> Il tient les escoutans penduz à sa parole ?

Nous ne le croyons pas. C'est là le langage de l'amitié, aussi figuré que hâtif, car le sonnet est du commencement de 1580, c'est-à-dire de l'année même qui suit la publication. Au reste rien ne vient à l'appui du sens que l'on a prêté à cet équivoque quatrain, pour nous indiquer qu'aucune pièce de Larivey ait été jouée. En tout cas, notre traducteur fut payé de la peine qu'il avait prise à faire vivre ces « fables » en bon français : et il mérita en somme que le fidèle le Breton terminât un autre sonnet amical, par ce tercet plus véridique que le susdit quatrain :

> Mais, gentil L'Arrivey, qui donnes aux François
> Ce comique labeur que docte tu conçois,
> Combien te devons-nous de bruict et de louanges ?

Ce bruit et cette louange ne lui ont pas manqué, du moins depuis un siècle. Mais si le bruit a été assez grand, la louange a été mal mesurée. Nombre de critiques, et des plus avisés, sont tombés dans de singulières méprises, pour avoir oublié de rapprocher la copie des originaux.

Sainte-Beuve — pour ne citer que le plus illustre d'entre eux — écrit ceci, à propos de deux traits des *Esprits* : « Dans ces seuls mots : *Il sera plus riche que moi !* — *O Dieu, ce sont les mêmes !* il y a un accent d'avarice, une naïveté de passion, une science de la nature humaine, qui suffiraient pour déceler en Larivey un auteur comique d'un ordre éminent »[1]. Or, des deux traits qui motivent ce transport d'admiration chez un tel critique, lequel ne brillait pas précisément par l'indulgence, l'un est copié, l'autre résumé du modèle italien[2]. Il en est d'ailleurs de même, comme on va voir, de tous les effets si comiques produits par les alarmes et les mines de l'avare Séverin, à propos de son trésor enfoui : mais Sainte-Beuve a bien l'air d'en faire aussi honneur à Larivey, quand il regrette que Plaute ne les ait pas connus et que Molière, dans *l'Avare*, se les soit interdits en rapprochant et en confondant presque l'incident du vol et celui de la découverte. Au bout du compte, de pareilles méprises se tournent contre celui qui en est l'objet, en amenant sur lui des jugements en porte-à-faux. On le considère en effet comme un auteur original envers qui la grande rigueur est de mise, et on attire sur lui le poids de comparaisons parfois écrasantes, témoin encore le passage de Sainte-Beuve qui suit immédiatement le précédent : « Mais tout supérieur qu'il était pour son siècle, il ne poussa pas le talent jusqu'au génie : et comme aucun génie n'avait encore frayé la route, ce talent eut peine à se faire jour et défaillit fréquemment. Venu après Molière, Larivey aurait sans doute égalé Regnard, et il ne fut que le premier des bouffons ».

Pour mettre la chose au point, en ruinant la légende d'originalité dont Larivey a tour à tour les profits et les pertes, et que la grande autorité de l'auteur des *Lundis* rend tenace, il faut indiquer la mesure exacte de cette originalité par une comparaison suffisante de son texte avec l'italien. C'est ce que nous allons essayer, puisque cela reste à faire et qu'il importe si fort de tirer au clair ce point

---

1. *Tableau historique et critique de la Poésie française et du Théâtre français au* XVIe *siècle*, Paris, Charpentier, p. 228.
2. *E chi sara più ricco di lui?* etc... — *O dio o son pur dessi!*

d'histoire, obscurci par des autorités considérables qui ont manqué de la prudence nécessaire en pareille matière.

Pour cette coliation de textes, nous choisirons *les Esprits*, la plus connue des comédies de Larivey, celle qui a eu l'honneur de provoquer les imitations de Molière dans *l'Avare*, de Regnard dans *le Retour imprévu* et de Montfleury dans *le Comédien poète*.

Le modèle est ici *l'Aridosio*, œuvre de Lorenzino de Médicis[1]. Voici le sujet, en bref.

L'avare Séverin a deux fils et une fille dont le triple mariage doit se faire au dénoûment, malgré son avarice. Son frère Hilaire n'ayant pas d'enfant, il lui a donné, par voix d'adoption, un des siens, Fortuné. Comme dans *les Adelphes* de Térence, ce frère élève son fils adoptif en ami, avec l'indulgence d'une morale latitudinaire qui comprend qu'il faut que jeunesse se passe. Séverin au contraire use envers le fils qui lui reste, Urbain, de la sévérité qu'annonce son nom et où son avarice trouve son compte. C'est d'ailleurs celui de ses deux fils qui fait les pires fredaines. Ainsi il a quitté la campagne où son père le tenait serré, et il est venu s'enfermer, avec une jeune fille qu'il a enlevée, dans la maison paternelle à la ville. Car cet Urbain que l'on veut tenir aux champs, pousse son *urbanité* jusque là. On voudra bien remarquer au passage que c'est Larivey qui joue ainsi sur les noms de ses héros, en leur en donnant de tels qu'ils avisent d'abord du caractère de ceux qui les portent. C'est une de ses malices. Fortuné de son côté, ne tourne guère mieux qu'Urbain, ayant mis à mal une fille que l'on voulait faire entrer en reli-

---

1. *Aridosio Commedia del signor Lorenzino de Medici*, In Firenze oppresso i Giunti MDCV. Bibliothèque Nationale, Y d 4473; et Cf. ci-dessus, p. 351, sur l'auteur.

gion : mais du moins en a-t-il des remords et en fait-il la confidence à son père adoptif, lequel négociera d'ailleurs les réparations fort nécessaires, car notre galant sera grand-père avant le cinquième acte, et ce dans les règles de l'unité de temps, vu le point où en sont déjà les choses. Cependant la sœur d'Urbain reste plus prisonnière que lui à la maison des champs, tenue là « comme une chambrière », mais adorée « comme une royne » de son amoureux Désiré qui rôde autour d'elle et est payé de retour.

Les choses ainsi posées et nouées, voici comment elles seront conduites à leur dénoûment, pour le plus grand bonheur de nos trois couples d'amoureux.

Ainsi que jadis dans la *Mostellaria* de Plaute, et plus tard dans *le Comédien poète* de Montfleury et dans *le Retour imprévu* de Regnard, de prétendus esprits — des *lutins lutinants*, comme dira l'auteur de cette dernière comédie — dont le valet Frontin remplira très effrontément l'emploi, tiendront plaisamment Séverin à l'écart de la maison où son retour imprévu dérangerait les passe-temps de son fils. Comme dans *l'Aulularia* de Plaute, la forte somme enfouie par notre avare et déterrée par Désiré, forcera ce père dénaturé à donner son consentement à la ronde, pour ravoir son magot. Chacun épousera sa chacune, après que le père retrouvé de la fille enlevée par Urbain, sera venu tout faciliter, grâce à une dot assez cossue pour dispenser Séverin d'en faire aucune. Celui-ci esquivera même les frais de la noce, sa maison étant si « mal commode qu'on n'y sçauroit danser, baller, ny faire rien de bon », ce qui est le dernier trait et n'est pas dans Plaute, tant s'en faut.

Venons maintenant à l'examen du texte de Larivey. Notre traducteur applique d'abord le procédé que nous avons vu employer par Baïf dans *le Brave*[1] et qui consiste à franciser les noms — comme avait dû faire pour le sien son propre père, en passant les Alpes —. Ainsi avait fait aussi Jacques de Lavardin, dans sa traduction d'antan (1578) de *la Célestine*, « tragi-comédie jadis espagnole » en en donnant cette raison : « Amy lecteur, rencontrant quelques noms des entreparleurs de cette Tragicomédie changez, comme trop ressentant leur Comique Latin[2], je te supplie ne t'en offenser. »

Sans doute ce n'était là que l'enfance de l'art de « rhabiller à la façon de ce pays » la comédie étrangère. Pourtant il a une efficacité singulière, et changer comme dans *les Esprits* : *Aridosio* en *Séverin*, *Ser Jacomo* en *Monsieur Josse*, *Mona Pasquina* en *Pasquelle*, et faire dire « Elle est de la rue Saint-Denis », au lieu de « Elle est des *Ridolsi* » ; « aller trouver le lieutenant criminel », au lieu du « Conseil des Huit »; « me faire la fable de tout Paris », au lieu de « me faire tenir pour une bête par tout Florence », cela n'aide pas peu à donner l'illusion que les choses sont « advenues en France ». Que l'on compare, pour sentir toute la différence, ce passage des *Esprits* : « Il m'a voulu engeoller d'une happelourde (*bourde*) qu'il me vouloit faire croire estre un ruby de trente escus; mais je m'assure qu'il ne sçaurait valloir trois sols, car j'en voy ordinairement donner d'aussi beaux pour six blancs et sur le pont aux Musniers et sur Petit-Pont », avec celui du *Négromant* de Jean de la Taille où un personnage est qualifié de « Cremonnois de corps et d'âme » et s'entend

---

1. Cf. ci-dessus, p. 331.
2. Au lieu de *Alisa, Parmeno, Sempronio, Areusa*, etc., *Alise, Caliste, Corneille, Aréuse*, etc. — Cf. *La Célestine fidellement repurgée et mise en meilleure forme*, par Jacques de Lavardin, escuyer, seigneur du Plessis Bourrot en Touraine, Paris, Bonfons, Bibliothèque Nationale, Inventaire Réserve Y g 309.

dire : « Lippe, je ne vous voudrois point cacher, et ne pourrois, chose que j'eusse en la pensée : et ores, mon amitié estant envers vous celle mesme qui souloit estre, je ne veus que l'absence de deux ans aye en tant de force que la fiance que j'avois en vous soit moindre en Crémonne qu'en Firense[1] ». Quelle gaucherie ici, et comme elle s'ajoute à celle du style!

A ce procédé élémentaire pour donner à une œuvre étrangère la couleur locale — *il costume*, comme dit la langue de ses modèles — Larivey en joignit d'autres par lesquels il atteignit la maîtrise du genre. Mais afin de s'en rendre un compte exact, il faut prendre en mains le texte italien et, pour ainsi dire, regarder par-dessus l'épaule du traducteur comment il opère.

Dans un prologue facétieux, l'auteur d'*Aridosio*, le grand seigneur Lorenzino de Médicis, traite sa bagatelle à la cavalière, et demande à être blâmé, pour se distinguer des autres auteurs et pour être puni d'avoir fait mine de poète. Larivey y substitue une déclaration sérieuse qu'eût signée Jodelle, où il ne marchande pas son admiration aux anciens, ces devanciers qui « ont esté tant ingénieux en leurs estudes et sceu si bien dire et faire, qu'il nous est imposible pouvoir parfaictement faire ou dire aucune chose, sinon ce qui a esté dict ou faict par eux ». Il ajoute qu'il « a faict ceste comédie à l'imitation de Plaute et de Térence ensemble ». C'est un peu vrai, car nous prouverons qu'il s'est reporté parfois au texte de l'*Aulularia*[2], sinon à celui de la *Mostellaria* et des *Adelphes*. Mais pourquoi se taire sur l'*Aridosio* et sur son auteur? Avoir nommé celui-ci dans le tas de ses modèles, en tête de son recueil, ne dispensait pas

---

1. Acte I, sc. 1, p. 104, op. c.
2. Cf. ci-après, p. 364.

Larivey de le désigner ici expressément, surtout après avoir mis en avant Plaute et Térence, dont le texte ne lui fournissait rien directement. Voulait-il faire des dupes? En ce cas le calcul fut juste, car il y a longtemps réussi.

En fait il suit la comédie d'*Aridosio* scène à scène, sauf trois petites modifications que voici.

A la fin de l'acte II, il supprime sans grand dommage la scène VI — celle de l'amoureux allant demander au couvent des nouvelles de sa maîtresse enceinte — qui commence par un *Ave Maria!* assez impertinent en la circonstance, et que le chanoine de Troyes, plus scrupuleux que le Médicis Lorenzino, dut trouver par trop irrévérencieuse. A la fin de l'acte IV, le monologue de Pasquette est extrait, en sa substance très grasse, d'un dialogue avec le valet *Paulino* qui y formait la scène V. Celle-ci se trouve ainsi raccourcie des deux tiers par un procédé qui a pour seul mérite de supprimer un personnage épisodique. Même procédé et même résultat pour le monologue de Gérard, qui remplace aussi un dialogue de l'original. A la fin de l'acte III, le texte de Larivey paraît bien aussi avoir deux scènes de moins (VII et VIII), mais c'est par suite d'une double lacune dans leur numérotage. Au total, il y a une scène épisodique coupée et deux dialogues condensés en deux monologues.

Pour les personnages même fidélité à l'original, à quatre petites suppressions et à un changement près, lequel est plus notable.

Outre les deux valets des scènes V et VI de l'acte IV, Larivey supprime une nonnain non moins épisodique et le personnage de l'esclave de *Ruffo*, *Livia*, dont il fait Féliciane, une fille mal gardée, et dont il n'a qu'à passer sous silence les épanchements amoureux au début de la scène III de l'acte I et de la scène III de l'acte III. Quant au changement, il consiste à transformer le prêtre *Ser Jacomo* en un sorcier M. Josse, qui pourra remplacer les pieux exorcismes, avec patenôtres, croix et eau bénite, par un jargon approprié, en évitant ainsi que les choses saintes soient mêlées à des bouffonneries. On devine que cette correction procède, chez notre chanoine, du même scrupule qui lui avait fait supprimer la scène impertinente de la visite au couvent.

Quand au dialogue, Larivey le suit phrase à phrase et presque mot à mot : et pourtant c'est ici le fort de son originalité, grâce à sa verve inventive dans les mots et dans les tours d'une saveur toute française, et à son adresse discrète dans l'art difficile de surenchérir sur l'esprit de son modèle, en s'aidant de celui de la farce nationale. Il ne prend guère que cette dernière liberté avec son texte,

Y cousant en chemin quelques traits seulement,

mais avec une verve toujours heureuse. Les voici d'ailleurs.

Nous placerons d'abord la traduction nue en regard, pour ceux de ces traits qui sont pris ou imités du texte, quand celui-ci n'est pas intraduisible :

LES ESPRITS.	ARIDOSIO.
Sa femme... tant meschante que jamais mon frère ne fut plus heureux que quand elle eut la terre sur le bec... (Edition Viollet-le-Duc, p. 204)	Et jamais Aridosio n'eut meilleure aventure que quand elle mourut.
Vous tirerez plus tost de l'huille d un mur[1] que luy faire dire... (p. 207)	Tu le ferais bien plutôt dire à cette porte...
En forgeant on devient fèvre. (p. 211)	On apprend en gâchant.

1. Cf. ce proverbe dans la *Comédie des Proverbes*, éd. Ed. Fournier, op. c., p. 199, col. 2.

LES ESPRITS.	ARIDOSIO.
Bonjour, Monsieur. — Tu me traistes tousjours de ceste façon : dy-moy premierement ce que plus je desire sçavoir; *après tu me salueras tout à loisir.* (p. 215)	Bonjour, patron. — Tu me traites toujours de cette façon et tu tardes à me faire savoir après tout le reste ce que je désire savoir avant.
Ainsi, pour la sanglante avarice de son père, elle usera inutilement sa jeunesse en lieu champestre, *entre les bœufs et les moutons.* (p. 221)	Désormais par l'avarice de son père elle perd inutilement sa jeunesse.
Non, mais j'ai plus haste que jamais. — *Tu as plus d'affaires que le légat*[1]. (p. 223)	Tu as grandement à faire.
Mon Dieu! il me semble que je suis vue d'un chascun, mesmes que les pierres et le bois me regardent.	Jusqu'aux pierres qui ont des yeux pour me voir et une langue pour me railler.
Toutesfois ce ne sera mal faict regarder de l'enlever tandis qu'elle est plaine. (*Frontin parle ici de la fille et Séverin l'entend de la bourse, ce qui fait une équivoque assez plaisante et qui est totalement absente du texte italien.*) (p. 236)	Mais ce sera chose plus difficile, patron, que de ramasser le gant tombé.
Dieu gard, maistre Josse! Je m'estois baissé pour relever mon mouchoir... Je dis que je suis venu pas à pas. (p. 240)	Je m'étais baissé pour ramasser une pierre (*sasso*)... Je dis que je suis venu pas à pas (*passo, passo.*) (*Larivey remplace ainsi par un trait naturel — le mouchoir ramassé au lieu d'une pierre — l'intraduisible jeu de mots de l'original sur sasso, lasso, passo.*)
Barbara piramidum sileat miracula Memphis.	

---

1. Proverbe que nous rencontrons fréquemment dans les comédies du temps et notamment dans *les Contens*.

LES ESPRITS.	ARIDOSIO.
Esprits maudits des infernalles ombres, Qui repairez ceans soir et matin, Je vous commande au nom de Séverin, Qu'en desloigez sans nous donner en-[combres. *(Dans la scène de la conjuration des esprits, p. 242).*	Hanc tua, Ponelope lento tibi mittit [Ulisses. Nil mihi rescribas attamen Ipse veni.
Je vous donneray d'un pigeon qu'hier j'ostay à la fouyne, d'un beau petit morceau de lard, jaune comme fil d'or, et d'une demye douzaines de chastaignes. Voilà pas qui est gaillard? — C'est trop; vous deviez vendre ce pigeon. — On ne l'eust voulu acheter, car la beste luy a mangé une cuisse et presque tout l'estomac. (p. 249)	... un pigeon que j'ôtai hier de la bouche de la fouine et du lard.
Oh! qu'il faict bon quelques fois donner du plat de la langue. Je l'ay envoyé aussi content comme si je luy eusse donné ce ruby, que jamais autre que les espritz ne m'eust peu tirer des mains. (p. 250)	Oh! qu'il fait bon savoir quatre paroles à temps. *(Le reste manque dans le texte et est une glose de Larivey, pour plus de clarté).*
C'est mon père Séverin qui célèbre les funérailles de ces deux mille escuz. (p. 266)	Qui se lamente sur les deux mille ducats.
J'endure une si extrême passion, que celle que souffre un pauvre patient tiré à quatre chevaux ne sçauroit estre plus grande. (p. 270)	Hélas! l'amour et le désir me déchirent si douloureusement qu'à peine le puis-je endurer.
Pasquette. — Faictes vostre compte que j'ay aussi bien un etc. (sic) qu'un autre. (p. 271)	... ch'io non ho quella cosa com l'altre.
Il est vray aussi que cependant je ne verrais pas le ramonneur de... *(Ici une équivoque grossière absente du texte italien, que nous*	

LES ESPRITS.
avons déjà rencontrée dans le titre d'un monologue, p. 202 : Le Ramonneur de cheminées, et que nous retrouverons dans celui d'une farce, p. 405, les Ramonneurs). (p. 272)

A ces traits que le texte suggère, il en faut joindre d'autres dont la verve personnelle de Larivey fait tous les frais. Ils sont courts et si rares que nous n'en voyons qu'une demi-douzaine qui vaille la citation.

Voici cependant une image joliment enjouée que la situation de l'amie cloîtrée de Fortuné suggère à son valet : « Il est devenu amoureux d'une qu'on ne peut voir qu'à travers les barreaux d'une cage, comme si c'était quelque lynotte. » A ce même valet Frontin qui avance : « Hé! ne doit-on pas croire un homme de bien sur sa foy? » Ruffin répond : « Baste, j'ay mal aux pieds », c'est-à-dire *je ne marche pas*, ce qui sent, on ne peut plus, sa place Maubert. Nous relèverons aussi un autre trait qui prouve que certaines coupures du texte italien par le traducteur n'ont jamais eu pour cause, quoi qu'on en ait dit, l'étroite bienséance — comme on peut s'en assurer dès la liste des personnages où il définit le rôle de Ruffin d'une si malsonnante épithète, et comme le prouvent du reste certaines indicibles gauloiseries de Pasquette — : à Urbain qui va s'enfermer avec Féliciane dans la maison hantée, et qui risque : « Et qu'y ferons-nous? » Frontin fait cette réplique : « Je m'en rapporte à vous », dont il n'y a pas trace dans *Aridosio*. Notons aussi cette manière de prendre congé du public, absente de l'original italien, mais qui, nous l'avons vu, était de règle dans la farce nationale : « Voilà pourquoy je vous supplie nous excuser et faire signe si la comedie vous a pleu. »

Nous signalerons encore un trait qui n'est pas davantage dans *Aridosio*, et qui offre un intérêt particulier. Quand Séverin se lamentant sur sa bourse volée, s'écrie, en montrant les spectateurs : « Jésus! qu'il y a de larrons à Paris »! Frontin, pour le tirer de là, lui dit : « N'ayez peur de ceux qui sont icy; j'en respon, je les cognois tous ». Or ici Larivey s'il ne doit rien à Lorenzino doit tout à Plaute[1], comme il lui doit le : « Me voila roi[2]! » de Désiré et plusieurs autres saillies dont on l'a assez étourdiment loué, ce qui prouve contrairement à l'opinion courante qu'il lui arrivait de regarder le latin derrière l'italien.

Enfin pour montrer comment ces broderies discrètes se mêlent à la trame du texte, nous citerons les deux scènes où il s'en est permis le plus et de beaucoup.

La seconde des deux scènes est la plus connue de la pièce, ayant été imitée par Molière. Mais comme on ne lit guère qu'elle, on en conclut à tort que Larivey s'est donné carrière partout, comme là. Or, en fait, le mélange de traduction et de glose inventive qui s'y trouve, ne se retrouve pas, à beaucoup près, dans le reste de la pièce. Cela prouve d'ailleurs que Larivey avait du goût, et qu'il savait insister aux bons endroits.

Voici l'une et l'autre scène, (acte II, scène III et acte III, scène VII), avec la mise entre parenthèses des parties du texte de Larivey qui sont de son cru :

DÉSIRÉ. — (Me voilà roy puis qu') aujourd'huy est arrivé le jour auquel je dois mettre fin à mes misères. Qu'atten-je? que quelqu'un vienne pour me donner quelque empeschement? Je m'en garderay bien. (Comme il a espié s'il estoit regardé de personne quand il a caché sa bourse,) il faut aussi que je regarde aussi si (ores que je

---

1. *Gnovi omneis, scio fures esse heic complures*, (*Aulularia*, a. IV, sc. IX).
2. *Ego sum ille rex Phillipus* (*Aulularia*, a. IV, sc. VIII).

la veux enlever) je suis point veu, et par qui. O sainct et sacré trou, que tu me fais heureux! quel beau champignon voici! Croiriez-vous bien que je l'ayme mieux en mes mains (qu'une paire de gants neufs?) Cependant je veux veoir dedans : peut-estre que ce n'est que de la monnoye. (Tu bieu! comme le soleil y luict! tout y est jaulne.) Vray Dieu! quel nouveau et soudain changement! J'avois perdu toute espérance pouvoir jamais joyr des beautez de Laurence, neantmoins tout en un instant, et lors que j'y pensois le moins, elle m'est mise entre les bras. Or, pour luy faire plus grand despit, je veux vuider cette bourse et la remplir de cailloux, affin qu'il pense qu'elle soit toujours plaine. Mon Dieu! que n'ay-je un licol pour mettre dedans! Si ne me veux-je toutesfois tant laisser transporter à alegresse que je ne tempère mes affections, car, comme l'on dict, on ne doibt moins supporter un bonheur qu'une adversité; jaçoit que (*bien que*) je sois asseuré qu'un plus grand bien ne me sçauroit advenir, car encores qu'une autre fois je trouvasse dix mil escus, je n'en serois tant aise que de ceux-cy. Mais voicy je ne scay qui : je ne veux qu'ils me voyent. Voilà tout est bien raconstré et ne semble pas que j'y aye touché.

. . . .
. . . .
. . . .

SÈVERIN. — Mon Dieu! qu'il me tardoit que je fusse despesché de cestuy-cy, afin de reprendre ma bourse! J'ay faim, mais je veux encor espargner ce morceau de pain que j'avois apporté : (il me servira bien pour mon soupper, ou pour demain mon disner, avec un ou deux navets cuits entre les cendres.) Mais à quoy despends-je le temps, que je ne prens ma bourse, puis que je ne voy personne qui me regarde? (O m'amour!) t'es-tu bien portée? Jésus, qu'elle est légère! (Vierge Marie!) qu'est-cecy qu'on a mis dedans? Hélas! (je suis destruict, je suis perdu, je suis ruyné! au voleur!) au larron! au larron! prenez-le! arrestez tous ceux qui passent! fermez les portes, les huys, les fenestres! Miserable que je suis! (où cours-je? à qui le dis-je? Je ne scay où je suis, que je fais, ny où je vas!) Helas! mes amys, je me recommande à vous tous! secourez-moy, je vous prie! je suis mort! je suis perdu! Enseignez-moy qui m'a desrobbé mon ame, ma vie, mon cœur et toute mon espérance! Que n'ay-je un licol pour me pendre! (car j'ayme mieux mourir que vivre ainsi). Hélas! elle est toute vuyde. Vray Dieu! qui est ce cruel qui tout à un coup m'a ravy (mes biens), mon honneur et ma vie? Ah! chetif que je suis! que ce jour m'a esté malencontreux! A quoy veux-je plus vivre, puis que j'ay perdu mes escus, que j'avois si soigneusement amassez, et que j'aymois (et tenois plus chers) que mes propres yeux! mes escus, que j'avois espargnez retirant le pain de ma bouche, (n'osant manger mon saoul, et qu'un autre joyt maintenant de mon mal et mon dommage!). — *Frontin.* Quelles lamentations enten-je là? — *Sèverin.* Que ne suis-je auprez de la rivière afin de me noyer! — *Frontin.* Je me doute que c'est. — *Sèverin.* Si j'avois un cousteau, je me le planterois en l'estomac! — *Frontin.* Je veux veoir s'il dict à bon escient. Que voulez-vous faire d'un cousteau, seigneur Sèverin? Tenez, en voilà un. — *Sèverin.* Qui es-tu? — *Frontin.* Je suis Frontin. Me voyez-vous pas? — *Sèverin.* Tu m'as desrobbé mes escus, larron que tu es! Ça, ren-les-moy, ren-les-moy, (ou je t'estrangleray!) — *Frontin.* Je ne sçay que vous voulez dire. — (*Sèverin.* Tu ne les as pas, donc? — *Frontin.* Je vous dis que je ne sçay que c'est.) — *Sèverin.* Je sçay bien qu'on me les a desrobbez. — *Frontin.* Et qui les a prins? — *Sèverin.* Si je ne les trouve, je délibère me tuer moy-mesme. — *Frontin.* Hé! seigneur Sèverin, ne soyez pas si colère? — *Sèverin.* Comment, colère? J'ay perdu deux mille escus. — (*Frontin.* Peut-estre que les retrouverez; mais vous disiez toujours que n'aviez pas un lyard et maintenant vous dictes que vous avez perdu deux milles escus? — *Sèverin.* Tu te gabbes encor de moy, meschant que tu es! — *Frontin.* Pardonnez-moy. — *Sèverin.* Pourquoy donc ne pleures-tu? — *Frontin.* Pour ce que j'espère que tes retrouverez. — *Sèverin.* Dieu le veulle, à la charge de te donner cinq bons sols!) — *Frontin.* Venez disner. Dimanche, vous les ferez publier au prosne; quelcun vous les rapportera. — *Sèverin.* Je ne veux plus boire ne manger; je veux mourir ou les trouver. — (*Frontin.* — Allons, vous ne les trouvez pas pourtant, et si ne disnez pas). — *Sèverin.* Où veux-tu que j'alle? au lieutenant criminel? (*a gli Otto*) — *Frontin.* Bon! — *Sèverin.* Afin d'avoir commission de faire emprisonner tout le monde? — *Frontin.* Encor meilleur! Vous les retrouverez. (Allons, aussi bien ne faisons-nous rien icy. — *Sèverin.* Il est vray, car encor que quelcun de ceux-là les eust, il ne les rendroit jamois. Jesus! qu'il y a de larrons en Paris! — *Frontin.* N'ayez peur de ceux qui sont icy; j'en respon; je les cognois tous.) — *Sèverin.* Hélas! je ne puis mettre un pied devant l'autre! O ma bourse! — *Frontin.* Hoo! vous l'avez; je voy bien que vous vous moquez de moy. — *Sèverin.* Je l'ay voirement; mais, hélas! elle est vuyde, et elle estoit plaine! — *Frontin.* Si ne voulez faire autre chose, nous serons icy jusques à demain. — *Sèverin.* Frontin, ayde moy, je n'en puis plus. O ma bourse! ma bourse! Hélas! ma pauvre bourse!

En résumé, l'auteur des *Esprits* fait d'abord et avant

tout son métier de traducteur consciencieux. Il suit pas à pas son auteur, reproduisant fidèlement la marche de l'action et la coupe du dialogue. Ses suppressions très rares — et parfois fâcheuses, laissant alors des trous visibles dans la trame — portent principalement sur des personnages purement épisodiques, n'ayant qu'un bout de rôle, ce qui l'amène à condenser en monologues quelques dialogues oiseux ou traînants. Elles s'exercent aussi, au passage, sur des traits dont son respect évident des choses de la religion ne s'accommode pas, mais elles ne frappent jamais ceux dont des oreilles chastes pourraient s'offenser, bien au contraire. Nous avons même vu Larivey, sur ce point, prêter à son auteur et de manière à ne pas être en reste avec lui[1]. D'ailleurs la vérité dans la copie des mœurs du temps avait cette exigence, à en croire ce passage du prologue du *Laquais* : « S'il est advis à aucun que quelque fois on sorte des termes de l'honnesteté, je le prie penser que, pour bien exprimer les façons et affections du jourd'huy, il faudroit que les actes et paroles fussent entièrement la même lasciveté ». Là est même un des caractères du travail d'adaptation par lequel il complète sa traduction. Il est si riche en effet, de par le fond de la farce nationale, qu'il ne peut s'empêcher d'ajouter des gauloiseries de tout acabit aux facéties licencieuses de ses Italiens. C'est sa manière favorite de franciser leurs passages les plus pimentés.

Il en a d'autres, comme on l'a vu, et d'abord la plus modeste, celle qui consiste dans une simple transposition des noms de lieux, et un nouveau baptême des personnes. Mais ce procédé ne produit tous ses effets que s'il est complété par des retouches aux traits de

---

1. Cf. ci-dessus, p. 363.

mœurs, qui évitent les disparates et ménagent jusque dans ses nuances la couleur locale qu'on cherche. Or Larivey n'a garde d'y manquer : il y excelle.

Mais le secret suprême de son coloris si français, c'est le style. Son art de traduire le texte, même en le suivant mot à mot, est si personnel qu'il écarte l'idée d'en chercher le modèle, qu'il explique la quantité des dupes que ses traductions ont faites, et qu'il excuse presque les jugements en porte-à-faux qu'on a décernés à son originalité — laquelle n'est pas précisément dans l'invention —. Elle consiste en cela surtout; et elle est si vive, qu'elle permet de saluer en lui un créateur, celui de la langue comique. Par là surtout, il fera école.

En somme, traduire ainsi la comédie étrangère, c'était bien la « naturaliser », selon le souhait de Jean de la Taille qui avait trouvé le mot, à défaut de la chose[1]. Pour qui veut y regarder de près, il est évident que si l'auteur de l'*Etourdi* fit beaucoup mieux, en face de l'*Inavvertito*, il ne s'y est pas pris autrement. Un pareil rapprochement est légitime et loue Larivey autant qu'il le mérite : mais il le remet à sa place et il faut qu'on l'y laisse.

C'est à une conclusion analogue qu'amèneraient des comparaisons de ses huit autres copies avec leurs modèles : mais aucune ne la motiverait mieux. La comédie des *Esprits* est en effet celle où, son modèle étant le meilleur, sa copie a été la plus ingénieuse, son adaptation le mieux réussie. Aussi la sorte d'analyse qualitative et quantitative que nous venons d'en faire, ne nuira-t-elle pas aux inductions qu'elle suggèrera sur le reste de son théâtre.

Larivey continue de s'y adresser aux petits comiques, émules ou successeurs de l'Arioste, de l'Arétin et de

---

1. Cf. ci-dessus, p. 282.

Machiavel, à ceux dont Montaigne écrivait, juste un an après la traduction de Larivey (1580) : « Il m'est souvent tombé en fantasie, en nostre temps, ceulx qui se meslent de faire des comedies (ainsi que les Italiens qui y sont assez heureux) employant trois ou quatre arguments de celles de Térence ou de Plaute, pour en faire une des leurs ». On a vu par la comédie d'*Aridosio* combien ce jugement est fondé : mais le dédain qu'il implique ne l'était pas.

Par cette fusion de divers originaux — cette *contamination*, selon l'expression classique, dont l'auteur de l'*Eunuque* avait donné l'exemple — par ce machiavélisme (et l'expression est ici doublement de mise) de l'intrigue, ces petits comiques initiaient nos auteurs à la science de l'action. Ceux-ci n'en avaient pas encore l'idée et elle leur fera trop longtemps défaut, sans en excepter les plus grands. Or le plaisir spécial d'une belle *imbroille*, comme on dira, est très vif à la scène, jusque dans ses outrances, et n'en empêche aucun autre, même celui plus relevé que procure la peinture des mœurs et des caractères. Quand on s'en avisera tout à fait, en France, la comédie nationale y prendra une vie nouvelle, témoin celles de Beaumarchais[1].

Les cinq autres des six premières comédies de Larivey se laissent encore parcourir sans ennui, sinon sans fatigue, parfois avec agrément — malgré des inégalités qui tiennent à celles des modèles — et même avec une attention soutenue par les grâces et le sel de son vieux style. Quant aux trois dernières, la médiocrité des

---

1. Cf. Eugène Lintilhac, *Lesage* dans *Les Grands écrivains français*, Paris, Hachette, 1893, p. 29 sqq.; et cette curieuse préface du *Théâtre espagnol* où l'auteur de *Turcaret* a plus vivement qu'aucun autre de nos auteurs, senti et exprimé cette insuffisance de l'intrigue dans la comédie française, dont il alla demander le remède aux Espagnols d'abord, sur les traces des deux Corneilles.

modèles et aussi la lourdeur sénile de ces retouches dont parle leur auteur, doivent les avoir gâtées, car elles sentent un peu l'apoplexie, comme dira Gil Blas à l'archevêque de Grenade. Larivey, qui se montrait un tantinet précieux çà et là, dans le premier recueil, l'est devenu, dans le second, autant que son ami François d'Amboise dans ses *Néapolitaines*. Il l'est tout de même moins qu'on ne dit, sur la foi de quelques échantillons qui font trop de tort au reste. Ce second recueil n'eut d'ailleurs qu'une édition : c'était déjà le vieux jeu, comme on verra.

Voici la liste des neuf comédies de Larivey, dans l'ordre où il les édita : LE LAQUAIS, d'après *il Ragazzo* de Lodovico Dolce, où le vieillard Syméon se trouve le rival de son fils, et dont le style inégal semble trahir le tâtonnement d'un premier essai du traducteur; — LA VEUVE, d'après *la Vedova* de Nicolas Buonaparte, avec des coupures multiples qui ont quelquefois le tort de trancher dans le vif, avec laquelle il entre en possession de sa manière, dont la langue atteint la saveur gauloise de celle des *Esprits*, et où il y a une certaine Guillemette, qualifiée d'un nom dont celui d'entremetteuse est le synonyme poli, fort remarquable en son métier, qu'elle exerce sous le masque de la dévotion, comme la *Françoise* des *Contens*, d'ailleurs beaucoup plus ordurière qu'elle, du moins en paroles, mais restant loin de sa maîtrise dans l'action; — LES ESPRITS, d'après *Aridosio* de Lorenzino de Médicis, étudiés plus haut; — LE MORFONDU, d'après *la Gelosia* de Grazzini, dont l'intrigue est enchevêtrée à plaisir, où on laisse avec férocité se morfondre un vieillard amoureux, auquel on a promis de « montrer la lune au puits[1] », qui, en faisant jalou-

---

1. Au fonds du puits, ce qui n'est possible qu'aux régions équatoriales, pour peu que le puits soit profond.

sement le guet « toute une nuitée » dans une cour, s'est
refroidi jusqu'à en trembler comme « un ambassadeur
des gelées » et pense en périr, ce qui est, comme on
dit, d'un *cruellisme* tout moderne ; — LES JALOUX, d'après
i Gelosi de Vincent Babbiani, à « argument double »,
selon l'annonce du prologue, c'est-à-dire avec un chassé-
croisé de jalousies enchevêtrées qui d'un divertissement
nous fait une fatigue, encore plus que celui des *quiproquos* et travestis des *Morfondus*, mais plus plaisant par
endroits, quoique l'embarras de l'intrigue gagne parfois
le style[1], et où nous relèverons une politesse du traducteur à l'adresse de ses modèles, quand un de ces
jaloux parle de la rencontre qu'il a faite de sa maîtresse
« aux jeux des Italiens où certes, il y a du plaisir » ; —
LES ESCOLLIERS, d'après la *Zecca* de Girolamo Razzi, qui
rentrent dans la bonne manière de Larivey, celle qui
clarifie, et sont plus et autrement gais que *les Escoliers*
de François Perrin ; — LA CONSTANCE, la première pièce
du second groupe, celui de trente-deux ans en ça, d'après
la *Costanza* du même Razzi, ainsi nommée de « Constance jeune dame », héroïne assez pâle de la pièce qui
est un ambigu sentimental, médiocrement gai, une sorte
de marivaudage lourd, où nous noterons dans le déluge
des citations du pédant Fidence, cette transposition
française de l'une d'elles, par laquelle Larivey montre
sa sympathie pour la Pléiade :

[1]. *Magdelaine* : Il est vrai que, tandis qu'il sera icy, je ne veux pas faire venir mon amy au logis, non pour crainte que j'aye de luy, mais parce que je pense que cela me pourra nuyre, ne fusse que pour le respect d'une certaine honnesteté qui me dict en moy-mesme que je ne le doy faire. » (a. I, sc. IV, p. 20). Ce n'est guère le style des *Esprits* qui, à vrai dire, si on les compare au reste, ont sou-vent l'air d'une réussite de leur auteur, surtout si on pousse la comparaison jus-qu'aux pièces de la seconde manière. — De ce dernier cru voici, sans parler de la préciosité, un échantillon, pour l'allure, et qui suit une tirade de la même héroïne, encore plus longue du double : « *Constance* (t. VI, p. 295). Et pour ce que où auriez la volonté que je vous tinsse la promesse que je vous ay faicte estant le terme de dix

« *Hanc tua Penelope lento tibi mittit Ulisses*[1]. Escoute, Blaise, pour mieux te raconter ces miennes amours en françoys, je ne veux pas beaucoup estudier aux livres d'Amadis, en du Bellay, de l'Excellence de la langue françoise, ny encores en Ronsard, Baïf, Belleau, Desportes et autres » ;

— LE FIDELLE, d'après *il Fedele* de Luigi Pasqualigo, ainsi intitulé du nom de l'amoureux, grâce auquel la pièce prend parfois, comme *la Constance*, une couleur tragi-comique, témoin cette manière de délayer le cri d'Hermione,

Ma vengeance est perdue,
S'il ignore en mourant que c'est moi qui le tue :

« Une seule chose est cause qu'en ma vengeance je ne sens une telle allégresse que je devroy, qui est, si celle-cy meurt sans sçavoir l'occasion, elle ne sentira la douleur qu'elle souffriroit si elle sçavoit que moy, qui suis son très cruel et plus que mortel ennemy, luy ay procuré la mort. Je voudroy lui faire sçavoir, mais en temps qu'elle ne s'en peut fuir, ny se sauver en quelque façon que ce soit » ;

et où Fortuné, un séducteur lourdement misogyne, se trouve assez penaud, quand le mariage vient lui faire expier son cynisme et sa fatuité ; — enfin LES TROMPERIES, d'après *Gl' Inganni* de Secchi, dont le prologue, au mépris de celui des *Jaloux* qui dit : « La comedie est l'argument d'elle-mesme », donne le canevas de la pièce, laquelle est fort compliquée de travestis et d'équivoques libertines, avec des situations scabreuses où les mouvements de dépit amoureux de la principale héroïne, « Robert fille desguisée en garçon », ne sont que trop motivés, et dont la langue, brochant sur le tout, est

---

ans passez, je ne sçauroy justement vous le refuser; je vous prie, par la foy et loyauté qui est en vous, laquelle surpasse celle de tous les hommes qui ont esté et seront jamais, qu'il vous plaise ne vouloir maintenant de moy ce qui est vostre, et que justement je ne vous puis refuser. »

1. On notera que le prêtre exorciseur d'*Aridosio* faisait la même citation des *Héroïdes*, Cf. ci-dessus, p. 362.

toujours aussi verte, mais avec une lourdeur sénile souvent sensible[1].

Vers l'époque même où Larivey puisait si largement à la source italienne, pour les lecteurs français de son temps et pour nos comiques à venir, la source espagnole s'ouvrait avec la *Célestine*, assez gauchement traduite de l'italien tout au long de ses 21 actes et quelque peu « repurgée » par Jacques de Lavardin[2] (1578). Mais cette dernière influence — qui prenait par l'Italie pour arriver à notre théâtre comique, et allait s'exercer cette année même sur la pastorale, avec la traduction de la fameuse *Diane* de Montemayor[3] (1578) par Nicole Colin, chanoine de Reims comme Larivey l'était de Troyes — attendra encore un demi-siècle, jusqu'à la *Bague de l'oubli* de Rotrou (1628), pour être prépondérante dans notre comédie.

Il paraît certain néanmoins que la *Célestine* déjà

---

1. Un échantillon encore, pour en finir et montrer par le trait final la bizarrerie de ce mélange courant de mots orduriers et de préciosité. Voici le début de la pièce : « *Constant* (t. vii, p. 9). Voici donc, vilaines p...., le fruict que je recueille de vous ! Voici donc, mastines, le payement de vos obligations et la récompense de mes mérites ! Est-ce ainsi, sales gopes, que l'on ferme l'huys à celuy qui vous a rachetées de misère, retirées du cuignard et levées de dessus le fumier, où les poux vous mangeoient ? Vous souvient-il plus du temps que baailliez de faim comme chiennes et que n'aviez un petit morceau de pain à serrer entre vos dents... ». — « *Gillette* : Je t'ay bien ouy, Constant ; je veux que toutes ces tiennes bravades me vaillent autant d'escus au soleil, car par cela tu me monstres combien fermes sont les clouds dont te tenons attaché. Je sçay que ne sçaurois abandonner ceste porte. Va t'en, désloge, fay voile à ta poste, car d'autans plus chercheras t'esloigner, d'autant plus les flots amoureux te repousseront en ce port ». Et la scène qui est longue va *rinforzando*, sur le ton alterné, lui dans la rue, l'entremetteuse le faisant chanter de la fenêtre, avec des apostrophes dans ce goût : « Tu fourniras plus de proverbes qu'un asnes de p...». Larivey voulait-il, dans sa nouvelle manière, faire assaut avec la force qui l'emportait de plus en plus sur la comédie ? Ce serait une explication, sinon une excuse : et puis, Trotterel était déjà là, à une hauteur inaccessible en ce genre. *Solve senescentem*... Au rideau !

2. Cf. ci-dessus, p. 357, n. 1.

3. Cf. Jules Marsan, *La Pastorale dramatique en France, à la fin du XVIe et au commencement du XVIIe siècle*, Paris, Hachette, 1905, p. 162 sqq.

traduite quatre fois, depuis 1527, avait été lue par l'auteur des *Corrivaux*, Jean de la Taille, et par l'auteur italien de *la Veuve*, Nicolas Bonaparte, comme elle le sera par Odet de Turnèbe, témoin cette *Françoise des Contens* que nous étudierons de près.

Nous insisterions là-dessus, si la *Célestine*, cette monstrueuse et puissante aïeule du théâtre picaresque d'audelà des monts, était vraiment une comédie : mais c'est une tragi-comédie, et des plus disparates par le ton, comme elle est des plus pathétiques par le dénoûment, malgré les pieuses retouches du traducteur[1].

Outre les traductions de Larivey, quatre comédies témoignent de la curiosité soutenue avec laquelle on « se mesle de faire des comédies », comme dit Montaigne, sous l'inspiration des comiques et novellistes italiens. Ceux-ci sont en effet lus avidement dans les cercles lettrés de la fin du XVIe siècle, dont nous savons plusieurs.

Nous citerons, par exemple, celui qui s'était formé chez le conseiller du roi M. de Pardessus et dont étaient, avec l'auteur des *Esprits* qui lui dédie sa traduction de la *Philosophie et institution morale* de Piccolomini, l'auteur des *Néapolitaines*, François d'Amboise, et l'auteur de l'*Adonis*, Guillaume le Breton; — ou encore celui de ces amis d'Odet de Turnèbe si enjoués, aux Grands Jours de Poitiers[2] comme en sa résidence ordi-

---

1. Cf. l'édition Bonfons, Bibliothèque Nationale, Inventaire réserve Yg 309; la traduction Germond de la Vigne, Paris, Gosselin, 1843 et G. Ticknor, *Histoire de la littérature espagnole*, traduction Magnabal, Paris, Durand, 1864, t. I, p. 241 sqq. — Contrairement à M. Toldo (*Revue d'Histoire littéraire*, op. c., année 1898, p. 579) nous écartons d'une histoire de la comédie de la Renaissance, la tragi-comédie de *Lucelle* par Louis le Jars (1576), pour les mêmes raisons qui la font admettre par M. E. Faguet dans son étude sur *la Tragédie française au XVIe siècle*. Cf. aussi Eugène Lintilhac, *Beaumarchais et ses œuvres*, Paris, Hachette, 1887, p. 322, note 3.

2. Cf. ci-après, p. 395.

naire à Paris, qui publieront sa comédie posthume des *Contens*, le chef-d'œuvre du genre, au xvie siècle ; — ou enfin celui qui se groupait à Autun, l'ancienne *Athènes des Gaules*, chez le président Jeannin et comptait parmi ses membres François Perrin auteur des *Escoliers*, chanoine comme Larivey, avec ses amis, deux magistrats, Odet de Montagu qui conçut le sujet de la pièce et maître Jacques Arthault qui poussa à sa publication tardive.

Voilà, assez nettement indiqué à nos yeux, le milieu social où la comédie régulière a trouvé son refuge, et sert à la distraction de la bonne compagnie, du moins par la lecture — et peut-être par la représentation sur des théâtres de société, à en croire la préface des *Néapolitaines* : mais on n'a pu situer ni même établir le fait de cette représentation pour aucune d'elles —. Ce milieu de haute bourgeoisie est composé surtout de magistrats et d'ecclésiastiques, voire de régents lettrés. On remarquera, en effet, que sur les quatre comédies dont nous allons parler, une seule, la dernière en date et non la meilleure, *les Desguisez* de Jean Godard (1594), est l'œuvre d'un poète de profession ; et encore ce dernier avait-il été quelque peu magistrat — lieutenant-général comme les deux collaborateurs de François Perrin, sans en être plus riche d'ailleurs —. Deux des trois autres ont été écrites par des magistrats : *les Contens* par Odet de Turnèbe, fils d'un humaniste (1580?) ; *les Néapolitaines* par François d'Amboise, d'ailleurs ancien régent de Navarre (1584) ; et la troisième *les Escoliers* (1587), par un chanoine, en collaboration avec les deux magistrats qu'on a vus.

La première en date de ces quatre pièces, *les Contens* d'Odet de Turnèbe (1553-1581), n'est rien moins que le chef-d'œuvre de la comédie française entre le *Pathelin* et *Mélite*.

Elle méritait mieux que d'être enveloppée par Sainte-Beuve, avec *les Néapolitaines*, dans le jugement superficiel qu'il porte sur l'œuvre de Larivey. Sans doute elle a « les mêmes caractères », étant suivant la même formule générale, mais ceux-ci y atteignent un degré d'originalité qui valent qu'on les distingue. Si même sa composition a précédé la publication en 1579, des six premières comédies de Larivey — comme il est possible et même probable, puisque son édition est posthume (1584) et que son auteur était mort le 25 février 1581 —, ce dernier a le droit de partager concurremment avec l'auteur des *Esprits* l'honneur insigne d'avoir apporté un modèle achevé de la prose comique.

Il faut d'ailleurs faire remarquer avec insistance qu'il ne doit qu'à lui seul ses autres mérites, du moins jusqu'à preuve du contraire.

Or l'Italie elle-même ne trouve à réclamer avec précision dans *les Contens* que le titre qui se trouve dans Girolamo Parabosco[1]. Le reste, à savoir les souvenirs de *Gl'Inganni* des *Intronati* et de la *Fantesca* du Parabosco, ou encore de *la Célestine*, « tourne autour de la comédie de Turnèbe, l'imprègne et la colore, mais ne la pénètre pas » selon les heureuses expressions d'un de ses éditeurs[2]. Quant aux épisodes qui ont leurs analogues dans l'*Alessandro* du Piccolomini, ou le *Fedele* de Pasqualigo, etc., tels que celui de la fille surprise avec son amoureux par le père, pourquoi

---

1. Cf. P. Toldo, qui connaît bien le répertoire de son pays, *Revue d'Histoire littéraire*, op. c., année 1899, p. 572 sqq.
2. Cf. Ed. Fournier, *Le Théâtre Français au XVI° et au XVII° siècle*, Paris, Laplace, in-4°, p. 91.

vouloir qu'Odet de Turnèbe les ait pris là et non pas, tout simplement, dans le *Novelliere* que tout le beau monde lisait alors en France, dans Boccace, Bandello ou la reine de Navarre où ils se retrouvent? Eut-il même besoin de les y chercher, et tout cela n'était-il pas dans l'air qu'il respirait, dans ce milieu que nous avons indiqué, tout saturé des gentillesses à la mode de la comédie et de la nouvelle italiennes? Le trait de l'infirmité fausse, par exemple, destiné à dégoûter l'amoureux, avait voyagé dans toute la littérature européenne et avec des variantes encore plus réalistes. Il a son pendant dans les *Ingiusti Sdegni* de Bernardino de Cagli et nous reviendra d'Espagne avec *Gil Blas*.

Ce qui paraît hors de doute, c'est que l'agencement des épisodes, sinon leur invention première, toute la conduite de l'action ainsi que la coupe du dialogue, — lequel a une saveur très gauloise, en dépit de la greffe italienne — sont du cru d'Odet de Turnèbe. L'ensemble, comme nous allons le faire ressortir, constitue une œuvre qui est de nature à mettre hors de pair ce digne fils du célèbre humaniste que nous avons vu applaudir à la première d'*Eugène*, ce jeune avocat mort avant la trentaine, en qui revit la malice des basochiens et de l'auteur du *Pathelin*. En tout cas, il est souverainement injuste de le laisser éclipser par Larivey : ce n'est pas sa faute si l'esprit français portait autour de lui la livrée d'outre-monts; et nul ne fit un mélange aussi piquant du sel gaulois et du piment italien.

On peut donc lire « *les Contens*, comédie nouvelle en prose françoise », très nouvelle et très française en effet, sans se préoccuper de problématiques plagiats, pour s'empêcher d'avoir du plaisir — si toutefois on a l'âge requis pour cette lecture —.

La pièce s'ouvre par un dialogue entre Louise et sa fille Geneviève, qui forme l'exposition la plus naturelle et la plus vive que nous ayons encore rencontrée et qui n'aura pas sa pareille de longtemps. Nous n'en retrancherons rien, car au mérite de donner un ample échantillon du dialogue et de la langue de l'auteur, elle joint celui de nous permettre de le faire court sur le reste.

LOUYSE. — Et bien ! avez-vous tantost assez musé ? Ne serez-vous preste d'aujourd'huy ? Vrayement, voilà bien fait des mistéres ! Quand j'estois fille comme vous, si j'eusse esté si longue à m'habiller et à me coiffer, ma bonne mère, à qui Dieu face pardon, m'eust bien hasté d'aller autrement. Mais à qui parlé-je ? Geneviefve !

GENEVIEFVE. — Plaist-il, ma mère ?

LOUYSE. — Serez-vous tantost assez desbarbouillée ? Sus, qu'on se despesche de descendre ; car je veux qu'aujourd'huy, qu'il est feste à nostre parroisse, nous oyons la messe du point du jour. Et puis vous viendrez déjeuner, si vous voulez, avant que l'on dise la grand'messe.

GENEVIEFVE. — Mon Dieu, ma mère, je ne suis pas encore agrafée. Il me semble qu'il est bien matin pour sortir en ce temps-cy. Ne sçavez-vous pas bien qu'on se meurt de maladie dangereuse près de l'église, et que le médecin vous a dit qu'il ne faut sortir avant le soleil levé ?

LOUYSE. — Après ? causeuse. Ceux qui servent Dieu de bon cœur, et qui disent dévotement l'oraison de monsieur S. Roi, ne doivent rien craindre. Prenez en vostre bouche un peu d'angélique, et une esponge trempée en vinaigre en vostre main.

GENEVIEFVE. — Bien, ma mère. Mais je sçaurois volontiers, s'il vous plaisoit me le dire, qui vous meut de sortir si matin.

LOUYSE. — Geneviefve, pour le dire la vérité, aujourd'huy qu'il est feste à nostre parroisse, je crains, si nous y allons plus tard, que nous rencontrions en nostre chemin cest importun de Basile ou le capitaine Rodomont, qui ne faudront à se rendre icy pour nous guetter au passage sur l'heure du sermon.

GENEVIEFVE. — N'est-ce que cela ? Vrayement je n'ay pas peur de ce beau capitaine de foin. Quand est du seigneur Basile, la rencontre n'en peut estre que bonne ; car vous sçavez que c'est l'homme du monde lequel ayme mieux nostre maison.

Louyse. — Voyez-vous ceste becquenaude (*bavarde*)! D'autant qu'elle sçait bien que je ne voy volontiers Basile, elle m'en dit du bien. Mais venez ça. Comment sçavez-vous que Basile nous ayme? Qui vous l'a dit? Je croy que vous l'avez songé ou que vous estes de son conseil.

Geneviefve. — Pardonnez-moy, ma mère; je n'en sçay rien sinon ce que vous m'en avez apris autrefois, lorsque vous me voulustes marier avec luy; et aussi d'autant que le voy nous saluer bien humblement quand nous passons pardevant luy.

Louyse. — Geneviefve, Geneviefve, ta bouche sent encores le laict et la boulie. Tu monstres bien que tu n'es qu'un enfant.

Geneviefve. — Pourquoy donc, ma mère?

Louyse. — Ne vois-tu pas bien qu'il saluë ainsi toutes les filles de la paroisse?

Geneviefve. — Vous direz ce qu'il vous plaira : si est-ce que je sçay bien ce que je sçay.

Louyse. — Ne l'oublies pas. Par ma foy, tu es encores bien peu rusée, et aurois bon mestier (*besoin*) d'aller à l'escole. Mais, quoy qu'il en soit, ce n'est pas pour luy que le four chaufe, car j'ay bien resolu, avant qu'il soit demain nuict, de t'accorder avec Eustache, fils unique du seigneur Girard, lequel m'en presse fort. Et n'eust esté ce beau Basile, qui m'a tenu longtemps le bec en l'eau, ce seroit desjà fait. Mais qu'avez-vous à souspirer?

Geneviefve. — C'est une foiblesse qui m'a prise pour ce que je n'ay accoustumé de me lever si matin. Mais ce ne sera rien.

Louyse. — Avez-vous bien entendu ce que j'ay dit?

Geneviefve. — Trop bien, ma mère.

Louyse. — Geneviefve, je t'ai toujours estimé fille obéissante; c'est à ceste heure que tu me le dois monstrer.

Geneviefve. — J'aymerois mieux mourir qu'estre autre. Toutefois, il me semble que vous ne deviez si tost vous resoudre de me marier; et quand vous aurez bien considéré la qualité de celuy que vous me voulez donner, encores qu'il soit fils unique, si est-ce que l'avantage n'est point tel que vous deussiez si tost conclure, sans vous en conseiller, mesmes en ce temps dangereux. Ma mère, pensez-vous que tous les bons marchez soient passez, et quand je n'espouserois Eustache, que je vous demeurasse sur les bras, sans trouver qui voulust de moi? Non, non; croyez qu'en tout evenement le seigneur Basile ne nous manqueroit point, avec lequel je serois aussi bien, pour le moins, qu'avec Eustache, qui est assez jeune pour manger tout mon bien et le sien.

Louyse. — Qu'on ne m'en parle plus, car, pour mourir, je ne voudrois que Basile fust ton mary.

Geneviefve. — Si est-ce que vous l'avez recherché autrefois.

Louyse. — Je ne sçavois ce que je faisois alors, et m'en repens de bien bon cœur.

Geneviefve. — Dieu veuille que vous n'ayez occasion de vous repentir de ce que vous voulez faire !

Louyse. — Repentir ou non repentir, si faut-il que vous en passiez par là, et que Basile s'en torche hardiment la bouche.

Geneviefve. — Ce sera donc contre ma volonté.

Louyse. — Qu'est-ce que vous grommelez entre vos dents, de volonté ?

Geneviefve. — Je dis qu'il me sera forcé d'en passer par vostre volonté.

Louyse. — Geneviefve, si tu m'obeis, avec ce que tu gaigneras le royaume de paradis, tu seras bien la plus heureuse fille de Paris. J'ay cognu par beaucoup de signes que Eustache t'ayme plus que son cœur, et si j'ay bien pris garde à ces masques qui vindrent hier, après souper, chez nous, desquels il estoit l'un ; car il fut a deviser avec toy près d'une grosse heure d'orloge, à quoy je pris un singulier plaisir, d'autant mesme que je voyois que tu l'escoutois, et luy respondois d'assez bonne affection. Je prie a Dieu que ce soit pour la salvation de l'ame de tous deux.

Geneviefve. — A la vérité, j'avois un grand plaisir escoutant les gentils propos du masque qui me mena danser ; mais je ne vous asseure pas que c'estoit Eustache.

Louyse. — Penses-tu que je ne le cognoisse pas ? N'avoit-il pas les mesmes habis qu'il avoit portez tout le jour ?

Geneviefve (*en aparté*). — Mon Dieu, que ma mère est abusée ! Celuy qui parla à moy n'estoit autre que le seigneur Basile, lequel s'estoit vestu des accoustrements d'Eustache, qui ne s'est jamais aperceu de l'affection mutuelle que Basile me porte.

Louyse. — Il m'est advis que l'on sonne pour le dernier coup de la messe : hastons-nous si nous voulons estre au *confiteor*. Mais qui est ce garson habillé de verd qui attend au coing de ceste ruelle Je vay gager bonne chose que c'est le laquais du capitaine Rodomont.

Geneviefve. — Vous avez bien deviné.

LOUYSE. — Je croy qu'il nous a apperceues et qu'il est venu icy exprès pour espier et porter nouvelles de nous à son maistre. Passons par ceste autre ruelle.

Geneviève ayant fini de se débarbouiller et habiller, et dame Louise de moréginer, et l'une et l'autre ayant enfilé la venelle au bout de laquelle est le laquais de Rodomont, Nivelet, celui-ci vient occuper la scène de ses doléances sur le mal qu'il a à trotter tout le jour dans Paris, par ce temps d'hiver, en piètre équipage, et avec des escarpins décousus qui ne lui « peuvent guères bien remparer la plante des pieds contre le froid et les boues ». On a du mal au service de ce Rodomont aussi formidable que gueux. Mais chut! gare à son poing! car le voici lui-même.

Notre capitan opère une entrée digne du bruit qu'il a déjà fait dans toute la comédie antérieure, sans compter son homonyme dans *le Roland furieux*. Mais notons, au passage, parmi ses rodomontades traditionnelles, un accent de préciosité assez nouveau sur le théâtre à cette date et qui ne fera qu'empirer dans cette pièce et surtout dans les autres.

RODOMONT. — Il faut bien dire que ce petit dieu Cupidon est beaucoup plus puissant que Mars, le grand dieu des batailles, puis que sa force m'a peu reduire sous son obeissance et vaincre mon courage invincible, ce qu'un camp de cinquante mille hommes n'eust sçeu faire. Je pense m'estre trouvé pour le moins en vingt et cinq batailles rangées, et m'asseure d'avoir combatu cent fois, sans la première, en champ clos, armé, desarmé, à cheval, à pied, à la masse, à l'estoc, à la lance, à la pique, à l'espée et cappe, à l'espée et dague, à la hache et à l'espée à deux mains; mais je ne pense avoir jamais eu affaire à un si rude ennemy, ny qui me donnast plus de traverses et dures attaintes que fait le cœur impiteux de ceste cruelle Geneviefve, de laquelle les regards mortels sont autant de coups de canon qui battent en flanc dans les bastions de mon ame, et mettront bien tost la forteresse par terre, s'il ne luy plaist me recevoir à quelque composition.

Tandis qu'il fait « la jambe de grue » avec son valet qui lui glisse quelques bonnes vérités, sans réussir d'ailleurs à lui rabaisser le caquet, voici venir un autre « attendant », le beau Basile, le préféré des trois amoureux de Geneviève. Comme il va évidemment jaser avec son serviteur Antoine, l'occasion est bonne pour son rival de se « retirer à son quartier » et de s'y mettre aux écoutes. Il en entend ainsi de belles sur son compte, notre « traine-gaine », mais il se tient facilement à quatre pour ne pas sortir de son coin.

Rodomont. — Que me conseilles-tu, Nivelet ? Dois-je endurer une telle bravade ? Que dira le grand Turc quand il sçaura que celuy qui a tant de fois rompu la teste à ses armées a esté bravé par un citadin de Paris ?

Nivelet. — Il me semble qu'ils sont plus forts que nous ; partant, je vous conseille de temporiser.

Rodomont. — Je te croyray pour ce coup, bien que ce soit contre ma volonté.

Se tenant coi, il peut donc se renseigner sur l'état des affaires de cœur de Basile que la rivalité d'Eustache n'inquiète guères plus que celle du capitan, car cet Eustache, le préféré de dame Louise, est moins pressé qu'elle et que son propre père d'en arriver aux épousailles. Rodomont se trouve ainsi bien et dûment averti du plan de séduction qu'Antoine suggère à son maître, et qui consiste à pénétrer chez Geneviève, habillé des vêtements du seigneur Eustache, pour y dérober un à-compte sur le mariage rêvé, « prenant et gentiment un pain sur la fournée », ainsi que disait textuellement, en un cas tout pareil, le héros du « sermon joyeulx d'ung Fiancé qui emprunte ung pain sur la Fournée à rabattre sur le temps advenir ».

Pour achever de nouer l'intrigue, il n'y a plus qu'à

introduire celle qui en sera la reine, et qui en tient déjà les fils, ayant pris position auprès de Geneviève et de sa mère pour le compte de Basile. Elle est la figure la plus vivante et la plus originale de la pièce, et dessinée avec quelle sûreté de trait et quelles nuances de touches !

Dans la liste des personnages elle est appelée « Françoise, vieille femme », sans autre qualificatif, alors qu'il n'y avait, pour la blasonner à l'ordinaire, qu'à mettre au féminin celui dont Saucisson y est crûment orné, ainsi que le Ruffin (*ruffiano*) des *Esprits*, et qui rimera chez Voltaire avec Monsieur Bonneau. C'est donc que ce vocable courant n'était pas suffisant, aux yeux de l'auteur, et qu'il y avait autre chose encore que ce type traditionnel dans cette « vieille sempiternelle », comme l'appelle un de ses éternels complices, le valet à tout faire — vieille sempiternelle en effet comme la luxure et l'hypocrisie, comme *la Vieille Auberée* des fabliaux, la vieille *Heaulmière* de la ballade de Villon, la prochaine *Macette* de Régnier et la *Celestina* de Fernand de Rojas, sa plus proche parente, et dont la lignée ira sur la scène française, de la *Tretaulde* de la farce des *Brus* à *Tartuffe* et à *Basile* —.

Son entrée n'y est pas indigne de tout cela : en tout cas, on y reconnaît l'air de famille, du premier coup d'œil :

Françoise. — Mon amy, vostre maistre a occasion d'aymer Genevieſve, pour les bonnes parties qui sont en elle ; et croyez que je n'en eusse mis si avant les fers au feu si je n'eusse bien sceu de quel bois elle se chauffe, pour l'avoir cognuë dès le berceau.

Antoine. — Ma dame, si vous continuez à entretenir mon maistre en ses bonnes graces, vous n'aurez fait plaisir à une personne ingrate....

Basile. — Il faut, s'il vous plaist, que vous trouviez le moyen de me faire parler aujourd'huy à Geneviefve, et si je voudrois bien que ce fust en sa maison.

Françoise. — *Benedicite Domiuns!* Que dites-vous ! jamais elle ne s'y accordera.

Basile. — Si fera bien, pourveu que vous luy conseilliez, car elle ne croit qu'en vous. Et puis j'ay avisé d'y aller habillé des vestemens d'Eustache.

Françoise. — Pourveu que Dieu n'y soit en rien offensé, je me fay fort de vous y conduire pendant que sa mère sera au sermon ceste après-dinée.

Basile. — Penseriez-vous bien que je voulusse damner mon ame pour un plaisir transitoire ?

Françoise. — Je croy que non ; mais la jeunesse, la beauté et la commodité sont bien souvent cause de beaucoup de maux.

Basile. — Non, non, l'amour que je luy porte n'est tel que celuy de plusieurs hommes envers les femmes, lesquels, aussi tost qu'ils en ont eu la jouissance, ne les voudroient jamais voir. Avisez si vous me voulez faire ce plaisir, car le temps nous presse. Comme je traversois tout à ceste heure l'église, je l'ay veuë avec sa mère, qui n'a pas faict semblant de me voir.

Françoise. — Je sais bien pourquoy ; mais motus, on ne sauroit empescher les mauvaises langues de babiller. Puis qu'elle est à l'église, je pourray bien parler à elle.

Basile. — Je vous en supplie bien humblement.

Françoise. — Reposez-vous-en hardiment sur moy, car je m'attens bien d'en venir à bout.

Basile. — Madame Françoise, ma vie et mon salut sont maintenant entre vos mains.

Françoise. — Allez-vous-en chauffer, de par Dieu et de par sa mère, vous ne vous faictes que morfondre ici ; et me revenez trouver dans une demie heure, ou bien laissez-moy vostre homme ; mais qu'il me suyve de loin, afin que personne n'entre en soupçon.

Aussitôt dit, aussitôt en train : le temps de rejoindre Geneviève à la sortie de l'église, et la voilà à l'œuvre. Comme elle sait l'art de lever les scrupules ! Nivelet qui écoute l'entretien, de la cantonade, et se charge d'en faire de gaulois commentaires à l'adresse du public, en

hasarde un que nous n'aurons garde de laisser tomber : « Je croy, s'écrie-t-il, que cette vieille sempiternelle a esté à l'escole de quelque frère frapart ». Nous le croyons aussi et savons même à laquelle : c'est à celle des « frères fraparts » qui pullulent dans la farce, à celle des « deux frères *frapabos* » des *Brus*, par exemple.

Certes la Françoise « sçayt doctement prescher et amener de vives raisons. O quelle fine femelle ! » Écoutons-la un peu :

FRANÇOISE. — Geneviefve, m'amie, je ne vous conseille chose que je ne fisse si j'estois en vostre place, et certes vous le devez faire, puis qu'il n'y va en rien de vostre honneur.

GENEVIEFVE. — Madame Françoise, il me semble qu'il n'en est point de besoin, d'autant que si le seigneur Basile eust eu quelque chose à me dire, il me l'eust bien dit hier au soir, qu'il vint en masque chez nous habillé des accoustremens d'Eustache.

FRANÇOISE. — Ce qu'il vous veut dire est survenu de nouveau, et faut necessairement qu'il parle à vous si vous avez envie que le mariage de vous et d'Eustache soit rompu.

GENEVIEFVE. — Vous le pouvez asseurer que jamais Eustache n'aura part en moy.

FRANÇOISE. — M'amie, je vous en croy ; mais Basile ne le peut croire quand je luy dis : il faut qu'il le sçache de vous-mesme.

GENEVIEFVE. — Et bien donc, je luy feray sçavoir par lettres.

FRANÇOISE. — Ne cherchez tous ces eschapatoires ; il faut qu'il parle à vous aujourd'huy en vostre maison, quoi qu'il couste, ou vous lui pouvez bien dire adieu pour tout jamais.

NIVELET. — Voyez comme ceste vieille sçayt bien prescher, et avec quelle audace ! Je voy gaiger mes oreilles à couper qu'elle ne cessera tant qu'elle l'ayt convertie.

GENEVIEFVE — Voire, mais je crains....

FRANÇOISE. — Vous estes une hardie lance, de craindre vos amis !...

FRANÇOISE. — Que vous souciez-vous que dise le peuple ? Ne sçavez-vous pas bien que c'est une beste à plusieurs testes ? Mais, je vous prie, qui est-ce qui le sçaura si vous-mesmes ne le dites, ou vostre servante ?

GENEVIEFVE. — Je n'ay pas peur, Dieu mercy, que ma servante en parle, je me fie bien en elle. Mais je crains.

FRANÇOISE. — Que craignez-vous?

GENEVIEFVE. — Que sçay-je?

FRANÇOISE. — Vous estes une amoureuse peu hardie, vous n'avez pas encores monté sur l'ours.

GENEVIEFVE. — Je crains que Basile, se voyant seul avecques moy, ne veuille entreprendre quelque chose sur mon honneur. Que m'en conseillez-vous? N'ay-je pas occasion de craindre?

FRANÇOISE. — Genevieve, m'amie, je vous ayme comme ma propre fille, et serois bien marrie que Basile, que j'ayme aussi comme mon fils, eust fait en vostre endroit chose qui ne fust à faire; mais asseurez-vous aussi que je le cognois tel et si bien complexionné qu'il ne voudroit pour mourir faire rien qui soit contre vostre volonté, et seroit marry de vous avoir tiré un cheveu de la teste que vous ne luy eussiez mis premierement le bout en la main. Je vous sçay bon gré, toutesfois, de ce que vous m'en demandez mon advis, car on dit communément : Conseille-toy, et tu seras conseillé; et on ne sçauroit trop apprendre, principalement des vieilles gens, qui pour avoir long-temps vescu, sont plus fines et ont plus d'expérience que les jeunes barbes; mesmes j'ay ouy prescher cest advent dernier que le diable est fin pour ce qu'il est vieil.

NIVELET. — Voylà comment il faut faire son profit des sermons. O quelle belle instruction !

FRANÇOISE. — M'amie, en ma conscience, je ne vous conseille rien qui ne soit bon, et pouvez bien penser qu'estant sur le bord de ma fosse, preste de rendre conte à Dieu de ce que j'ay fait en ce monde, ne vous voudrois induire à faire chose qui peust tant soit peu souiller mon ame ou la vostre, car autant vaut celuy qui tient que celuy qui escorche. La demande de Basile qui vous ayme de si bon amour, est sainte, juste et raisonnable. Vous avez ouy dire souvent à vostre confesseur, comme je croy, qu'il faut aymer son prochain comme soy-mesme, et qu'il se faut bien garder de tomber en ce vilain vice d'ingratitude, qui est l'une des branches d'orgueil, lequel a fait tresbucher au plus creux abisme d'enfer les anges, qui estoient les plus belles et les plus heureuses creatures que Dieu eust faites. Ne seriez-vous pas une ingrate, une glorieuse, une outrecuidée, si vous ne faisiez conte des justes prières de celuy qui ne voit par autres yeux que par les vostres?

GENEVIEFVE. — Vos raisons me semblent si bonnes, que je pense rois faire un grand péché si j'ouvrois seulement la bouche pour y contredire.

Geneviève n'en doute donc pas, ce sont les intérêts du ciel qui guident Françoise : la preuve sans réplique n'en est-elle pas dans cette messe que sa conseillère va faire dire au Saint-Esprit, ainsi qu'il ressort de cette conclusion que voici et qui a fait du chemin depuis l'exorde?

Françoise. — Geneviefve, ma fille, je vous ayme encores mieux que je ne faisois, puis que je voy que vous croyez ceux qui desirent vostre bien et avancement. Je m'en vay tout de ce pas faire dire une messe du S.-Esprit, à celle fin qu'il luy plaise inspirer vos parens à vous donner le mary que vous meritez. Avisez de faire en sorte que vous soyez en la maison pendant que vostre mère sera au sermon, laquelle j'entretiendray le mieux que je pourray.

Genevlefve. — Je luy feray à croire que je me trouve un peu mal, à cause du froid que j'ay eu ce matin.

Françoise. — C'est bien dit. Il faut aussi que vous laissiez la porte entr'ouverte, à celle fin que l'on n'aye que faire de heurter, car ce seroit assez pour faire mettre le nez à la fenestre à quelcun des voisins.

L'action, ainsi posée au premier acte, va se nouer et se tresser, nœud sur nœud, avec une prestesse tout italienne, en gardant jusqu'au dénoûment une clarté toute française. Elle est agitée, fouettée et enlevée selon la pure recette de nos vaudevilles à ricochets les plus plaisants — celle de l'*Hôtel du Libre-Échange* par exemple —. Ce sont pareilles rencontres de ceux qu'on redoute le plus de rencontrer, à qui il semble impossible dès lors d'en faire accroire, puisqu'ils ont tout vu, *propriis sensibus* comme dira l'avocat de l'inévitable procès, auxquels on échappe pourtant grâce aux inspirations machiavéliques des comparses de sang-froid et valets à tout faire. Notons, pour achever la ressemblance avec nos plus modernes vaudevilles, que dans *les Contens*, comme dans *Un chapeau de paille d'Italie*, le protagoniste est un accessoire, un vêtement, l'habit incarnat prêté à d'autres fins par le complaisant Eustache à ceux qui veulent aller se faire de fête chez la belle Geneviève, à sa place et à son insu. Nous voyons paraître et disparaître cet habit qui se promène successivement sur le dos de Basile qu'il mène à ses fins, puis de Rodomont auquel il vaut des nasardes, enfin d'une bourgeoise délurée de Paris à qui il permet de courir le guilledou, sous le nez de son mari, tout en tirant le susdit Basile de la chambre où dame Louise l'a enfermé « à double ressort », après l'avoir vu par le trou de la serrure se comporter en larron d'honneur, et d'où le galant escroc pourrait bien ne sortir que pour aller à la potence, sans le providentiel habit passe-partout, dont cette promenade sur tous ces dos est d'une drôlerie achevée.

Là-dessus se greffent des épisodes qui ne sont pas médiocrement gais, comme celui de l'aventure de la susdite bourgeoise, Mme Alix : celle-ci, sous le pieux prétexte d'un voyage à Notre-Dame-de-Liesse, ayant quitté le toit conjugal, s'en va tout droit sous celui de maître Saucisson dont le métier est de donner des compagnons aux pèlerines de sa sorte, et elle trouve le moyen d'en revenir fort nette aux yeux de son mari, quoiqu'il la retrouve habillée en homme, dans une maison étrangère. « Voyla une plaisante farce! » s'écrie le bonhomme Girard : c'en est une en effet, et qui est dans la meilleure tradition du genre, tout à fait digne d'être jouée « aux pois pillez et à la basoche » où dame Louise a tant peur d'être jouée elle-même.

Mais le meilleur du « patelinage » — comme il est encore dit dans la pièce, dont l'auteur n'a décidément pas peur d'évoquer ses vrais ancêtres — c'est précisément ce qui fait aussi le mérite du *Pathelin*, à savoir la peinture d'après nature des mœurs et des caractères.

Pour celle des mœurs, on en a pu noter assez d'échantillons, au cours des citations précédentes. Quant à celle des caractères, il y a par-dessus tout le portrait de Françoise, qui témoigne d'un art aussi profond que nuancé. Mais il n'est pas le seul, et on a vu de quels traits sûrs étaient indiqués, dès le début, ceux de la mère et de la fille. Il y a une psychologie, tout à fait dramatique, dans leur développement, par exemple dans ce monologue de la mère, lorsqu'elle a découvert l'enclouure et qu'elle est aux prises avec la question classique, en ce cas, du *Doit-on le dire?* balançant entre son humeur naturellement vindicative et sa non moins naturelle prudence de mère et de bourgeoise, bourgeoisant de plate bourgeoisie :

Louyse. — Geneviefve! Geneviefve! ce n'est pas là l'instruction que ton père à qui Dieu fasse pardon, et moy, t'avons donnée. J'y ay esté trompée la premiere : car, te voyant si devote et faire tant la saincte Nitouche, par mon ame! j'avois tousjours eu peur que tu ne te fisses religieuse.

Antoine. — Il n'est pire eau que celle qui dort.

Louyse. — Mais quel conseil puis-je prendre en ce cas si inesperé? Dois-je envoyer querir le commissaire? Si je le mets en justice, un chascun se rira de moy, et, qui plus est, on me jouera aux pois pillez et à la bazoche. Si, d'autre costé, je luy fais espouser ma fille, je ne seray pas assez satisfaite de l'outrage qu'il m'a fait. Mais aussi luy dois-je donner la clef des champs, afin qu'il se vante par tout de son beau chef-d'œuvre? Non, non, je les tiendray prisonniers dans ma salle, que j'ay fermée à double resort attendant que j'aye sceu de mes parens et amis ce que j'en doy faire. Je m'en vay premierement trouver Girard, pour me plaindre à luy de son fils, et le menasser, s'il ne m'en fait raison, de le faire mettre en une basse fosse où il ne verra ny soleil ny lune de long-temps. Mais voylà son laquais qui tient une bouteille. Je vay sçavoir de luy, sans faire semblant de rien, si Girard est en la maison.

Mais c'est à Françoise qu'il faut en revenir, pour mesurer la maîtrise réelle de l'auteur dans l'art de composer un caractère. Elle éclate dans la très curieuse scène de l'acte II où la coquine détourne de Geneviève le tiède galant et soupçonneux fiancé Eustache, pour laisser la place libre à son client Basile. Comme elle la résume ensuite elle-même au principal intéressé, avec une sorte de complaisance d'artiste en scélératesse, celle d'Iago regardant « travailler sa drogue », il n'y a qu'à lui laisser la parole, pour en avoir la meilleure des analyses.

Françoise. — Escoutez jusques à la fin. Comme nous estions sur ces propos, surviennent Girard et son fils Eustache, lesquels, après nous avoir saluez, Girard entra avec Louyse en la maison et me laissa deviser avec son fils.

Basile. — Encores il n'y a rien là à mon avantage.

Françoise. — Je commence à me fondre en discours avec luy, et comme l'on entre de propos en propos, je vins à luy dire que je sçavois de bon lieu que Genevièfve l'aymoit parfaitement; et luy au contraire me respond qu'il ne le pensoit pas, mais qu'à la verité il perdoit les pieds pour son amour. Quand je vy qu'il estoit ainsi aux altères (*inquiétudes*), je luy dis tous les biens du monde de la fille, et qu'il faisoit bien d'assoir ses pensées en si bon lieu, tant que j'ay cogneu clairement que, à mesure que nos propos croissoient, son affection aussi s'augmentoit.

Basile. — Madame Françoise, vous m'avez ruiné. Au lieu de verser de l'eau sur son feu, vous y avez respandu de l'huile.

Françoise. — Laissez-moy achever. Quand je vy qu'il m'escoutoit attentivement et qu'il me croyoit de tout ce que je disois, je vins à muer de chance et luy dire que Genevièfve estoit la plus vertueuse fille de Paris, et qu'elle le monstroit bien : car, encores qu'elle eust une mamelle toute mangée de chancre, si est-ce qu'elle portoit son mal avec telle patience, que personne ne s'en estoit jamais aperceu.

Basile. — A ce coup, vous m'avez resuscité. Et bien! que dit-il là-dessus?

Françoise. — Je le voy à l'instant changer de couleurs, demeurer muet et enfoncer son chapeau sur les yeux, par lesquels signes je cogneu clairement que l'amour commençoit desja faire place à la haine :

car bien tost après il me dit adieu, et ne daigna aller trouver son père qui l'attendoit chez Louyse, encores qu'il luy eust enchargé de ce faire.

BASILE. — O madame Françoise! vous estes la plus galante femme de France, si Eustache a creu ceste fable si bien inventée!

FRANÇOISE. — Asseurez-vous qu'il l'estime vraye comme évangile.

Pour nous convaincre maintenant que « la fine femelle » ne se vante pas, et qu'elle a eu dans l'exécution une maitrise qui mérite, avec sa propre admiration, toute la nôtre, reportons-nous à la scène elle-même.

Françoise commence par tourner le dos au but, en affectant de se laisser entraîner malgré elle sur la pente des confidences] et de pousser au mariage, en amie de la fille et de la mère :

FRANÇOISE. — Et si je vous dirois bien quelque chose, n'estoit que je crains que vous soyez babillard.

EUSTACHE. — Dites hardiment.

FRANÇOISE. — Je veux devant que me promettiez de ne le redire à personne, non pas mesmes à vostre père.

EUSTACHE. — Je vous le promets sur ma foy.

FRANÇOISE. — Monsieur, vous sçavez comme je hante privement chez madame Louyse, et qu'elle me communique toutes ses affaires, de telle façon qu'elle ne tourneroit pas un œuf, par manière de dire, sans m'en demander conseil. Vous pouvez penser que sa fille n'en fait pas moins, et que je suis comme la tresorière de ses menues affaires. Sçachez donc que, hantant et frequentant en la maison, j'ay cognu que, si la mère a grande affection que vous soyez son gendre, la fille ne désire pas moins que vous soyez son mary, bien qu'elles soient induites à faire ce souhait par diverses raisons.

EUSTACHE. — Dites-moy quelles.

FRANÇOISE. — Je ne me ferois prier de vous les dire, n'estoit que je crains que vous m'ayez en reputation d'une flatteuse.

EUSTACHE. — Madame Françoise, vous me faites tort. Je vous ay en opinion de la plus femme de bien de toute nostre paroisse, et suis bien seur que vous ne voudriez, pour mourir, tacher vostre conscience de ce vilain vice de flaterie.

Et de se récrier! La vérité est qu'elle est une pauvre pécheresse, chargée d'iniquités :

FRANÇOISE. — Vous dites bien quant à ce dernier point; mais quant au premier, je ne vous l'accorde pas. Au contraire, je confesse et recognois que je suis une pauvre femme, qui offense Dieu plus souvent qu'il n'y a de minutes au jour, et que si Dieu ne m'use de misericorde, à grand'peine le pourray-je jamais contempler en sa gloire.

EUSTACHE. — Ma foy, si vous n'estes sauvée, beaucoup de gens de bien doivent avoir belle peur. Mais, je vous prie, laissons ces propos, et ne craignez de me dire tout ce qu'il vous plaira.

Continuant de marcher à son but à reculons, elle se dépense alors en éloges qui composent le portrait idéal, pour l'époque, de la jeune fille à marier :

FRANÇOISE. — Monsieur, vous faites fort bien d'aymer Genevielve; car outre qu'elle vous ayme uniquement et qu'elle vous porte continuellement dans son cœur et dans ses yeux, elle a beaucoup de bonnes qualitez qui la rendent aymable autant que fille qui soit en France. Elle est bonne catholique, riche et bonne mesnagère. Elle dit bien, elle escrit comme un ange; elle joue du luth, de l'espinette, chante sa partie seurement, et sçait danser et baller aussi bien que fille de Paris. En matière d'ouvrages de lingerie, de point coupé et de lassis, elle ne craint personne; et quant est de besogner en tapisserie, soit sur l'estamine, le canevas ou la gaze, je voudrois que vous eussiez veu ce que j'ay veu. Et outre tout cela, elle est des plus belles de tout le quartier; et croyez, si sa beauté n'est point de celles que l'on enferme dans des boëtes et que l'on prend le matin quand on se lève; elle est naturelle, et suis seure que tout le fard dont elle use pour la face, pour les dents et pour les mains, n'est autre chose que la belle eau claire du puys de sa maison.

Seulement — car il y a un seulement, comme il y en aura tant du même cru dans *les Faux Bonshommes* — il s'en faut de quelque chose et de quelques jours qu'elle soit entièrement parfaite. La dupe aussitôt de jeter la question pour laquelle on a tant parlé et qui amènera la venimeuse réponse :

EUSTACHE. — A quoy tient-il donc qu'elle n'est aussi belle qu'elle sera quelque jour?

FRANÇOISE. — Je le vous diray, à la charge d'estre secret. Vous devez sçavoir que la pauvre fille est infiniment tourmentée d'un chancre qu'elle a à un tétin, il y a près de trois ans, et il n'y a autre que sa mère et moi qui en sçachent rien. Mais nous avons bonne espérance qu'elle se portera bien avant qu'il soit quinze jours.

Ayant mordu, la vipère rampe à reculons :

EUSTACHE. — Je suis bien aise et marry tout ensemble d'avoir sçeu cela, et vous en remercie bien fort.

FRANÇOISE. — N'estoit que je suis seure que vous l'aymez et que vous supporterez facilement cette petite imperfection, qui n'est comme rien, je me fusse bien gardée de vous en entamer le propos. Avisez seulement de tenir cela secret, car, si vous le redites, c'est assez pour me ruiner.

En vérité maître Pathelin n'avait pas mieux tourné autour du drap de Joceanne, avant de le happer, que ne le fait notre entremetteuse autour de la volonté d'Eustache, avant de la précipiter. Mais ici ce n'est plus seulement *la fine femelle* dont s'égayait Antoine, c'est une coquine à faire peur. Oui, c'est du « pathelinage », comme dit Girard, mais envenimé à l'italienne et à l'espagnole. Le cynique *fra Timoteo* de la *Mandragore* de Machiavel, l'égoïste et sceptique héros de l'*Ipocrite* de l'Arétin et surtout la monstrueuse *Célestina* de Fernand de Rojas ont dû passer par là.

Les contemporains paraissent avoir goûté autant qu'ils le devaient, et mieux que la postérité, les mérites supérieurs des *Contens*. Nous n'avançons pas cela, sur la foi du sonnet préliminaire qui commence ainsi :

> Resjouy-toy, Paris, œil unique de France !
> Un de tes citoyens monte sur l'eschafaut
> Du Théatre-François, à qui point il ne chaut
> De ceder la couronne au comique Terence.
> Ainçois (*avant*), si nous voulons poiser à la balance
> Du sage Cristolas le faict ainsi qu'il faut,
> Nous trouverons en fin que de Tournebu vault
> Trop plus que l'Africain et que son éloquence :

c'est là style de préface. Mais un témoignage probant de cette vogue est dans le curieux fait que voici.

En 1626, un maître d'école de Blois, Charles Maupas, réédita les *Contens*, sous le titre de *les Déguisez* — qui avait, dans l'intervalle, servi à Godard —[1] et ce, sans intention aucune de plagiat, comme le prouve la préface qui est fort intéressante. Elle explique la dédicace que voici : *A tous seigneurs et gentilshommes étrangers amateurs de la langue française*, par la considération suivante sur la pièce : « une comédie françoise autrefois mise sur la presse par un des beaux esprits de ce siècle, fort artistement et élégamment composée, tissue de plusieurs beaux traits et façons de parler de notre langue ». En vérité c'était là, à de certains endroits, une étrange lecture pour les écoliers de Charles Maupas qui en copiaient si ardemment, dit-il, le texte sur son unique exemplaire qu'il se décida à le rééditer. Mais nous avons déjà eu à faire remarquer combien la pédagogie de ce temps était latitudinaire sur les moyens, sinon sur la morale. Si Charles Maupas était aussi coulant sur ce point que son collègue de Cologne, Gérard de Vivres, l'auteur de *la Fidélité nuptiale*[2], du moins n'aggravait-il pas ces gaîtés à l'usage des écoliers du temps, en les perpétrant lui-même. Le bon goût y trouvait son compte, en l'espèce, à défaut de la morale.

C'est pourtant sur le goût qu'on a chicané l'auteur des *Contens*, faute de regarder assez autour de lui.

Sans doute son texte offre quelques traces de préciosité où se retrouve le bel-esprit collaborateur du recueil de madrigaux, entassés dans les loisirs des

---

1. Cf. ci-après, p. 400.
2. Cf. ci-dessus, p. 343.

Grands jours de Poitiers, autour de la fameuse puce qui s'en vint « sauteler » sur les épaules de la belle Madeleine des Roches. Mais nous n'y trouvons en somme qu'un passage entièrement et sérieusement écrit dans ce ton précieux, et le voici :

BASILE. — Je suis maintenant assez content, puisque j'ay l'heur de vous voir; mais aussi tost que je vous auray perdu de veuë, je demeureray plus estonné et confus que celuy qui, en une nuict d'hyver, chemine par mauvais païs, le vent luy ayant estaint sa lumière.

GENEVIEFVE. — Si ce que vous dites est vray, je desire de pouvoir entrer dans vos yeux sans vous faire mal et y demeurer perpétuellement, à cette fin que vous soyez tousjours content, voyant devant vous celle qui ne vit d'autre viande que du souvenir de vos perfections.

Mais quoi! C'était la mode et elle était universelle. Pour ne prendre que le premier de ces traits, ne semblait-il pas à tous du dernier galant? Sur ce thème de la maîtresse qui, apparaissant, est une éblouissante aurore, et qui, en disparaissant, fait la nuit noire, que de variantes, depuis tant de *conceptos* là-dessus des comédies de Lope de Vega, jusqu'à *Rodogune* dont l'héroïne paraîtra

Comme un soleil levant dessus notre horizon,

en passant par le fameux sonnet de *la Belle Matineuse*!

Nous en verrions bien d'autres dans les comédies de la fin du siècle dont il nous reste à parler : mais nous passerons vite sur elles. Celle d'Odet de Turnèbe nous a montré réunies toutes les qualités qu'on peut rencontrer çà et là dans les autres, où elles sont d'ailleurs fort éparses et beaucoup moins sensibles. Quant à leur défauts, nous ne les signalerons que quand ils doivent tirer à conséquence.

L'essentiel était de mettre à sa place, c'est-à-dire de tirer de pair, une pièce qui est sans conteste, à nos yeux, le chef-d'œuvre de la comédie française avant l'époque classique, et qui méritait de provoquer cette prophétie de son éditeur de 1626, le maître d'école de Blois : « Lecteur, sans doute, tu verras la comédie se relever du tombeau ». Il nous importait aussi grandement, du point de vue de l'histoire du genre, de montrer qu'elle n'était pas telle par le seul tour de force de l'intrigue à l'italienne, mais aussi et surtout par les qualités directement héritées de la vieille farce, dans l'art de peindre les mœurs et d'individualiser les types d'après nature.

Nous allons maintenant pour les raisons dites plus haut[1], passer la revue des productions comiques jusqu'en 1629. Il nous suffira d'indiquer au passage, dans ces œuvres dont aucune n'est d'un mérite à s'y attarder, ce qui sollicite la curiosité du lecteur. Nous y noterons surtout les traits propres à jalonner l'évolution du genre jusqu'au seuil de l'époque classique.

La pièce des *Néapolitaines*, « comédie françoise fort facetieuse, sur le subject d'une histoire d'un Parisien, un Espagnol et un Italien », signée par son auteur François d'Amboise[2] du pseudonyme de « Thierri de Timophile, gentilhomme picard », n'est pas l'œuvre que sa préface emphatique présente comme digne « d'arracher le laurier » aux comiques Italiens et met hors de pair. Cette immodestie de l'auteur éclate surtout en regard des *Contens* dont la publication est de la même année (1584). Non seulement cette œuvre d'un ancien régent de Navarre, en passe de devenir conseiller du roi, est aussi licencieuse que le *Décaméron* d'où est tirée sa principale et inénarrable aventure, mais elle l'est souvent avec lourdeur. La préciosité la plus quintessenciée y alterne avec l'obscénité de la farce, à bouche que veux-

---

1. Cf. ci-dessus, p. 298, 347 sqq.
2. Cf. ci-dessus, p. 374.

tu. Pour le premier de ces deux styles voici une couple d'échantillons qui suffira :

> Vous avez usé de grand'authorité pour la première rencontre, et avez voulu entrer trop avant au cabinet de ses menues pensées (a. II, sc. VIII)....
>
> Après une longue tempeste j'avois trouvé la mer calme et tranquille pour l'espérance que je prins aux promesses de ceste servante, et en un instant le vent furieux de jalousie m'a remis en tourmente ; puis le temps s'est rendu un peu plus serain, le vent m'a donné en pouppe, qui me fait surgir au port tant désiré, mais non sans que la peine ne se mesle avecques le plaisir et la crainte avec l'espérance.

Quant au reste, au flot des « mots de gueule » de la farce, il n'y a pour les voir couler à pleins bords qu'à parcourir le texte, surtout quand les valets dialoguent et parfois aussi quand ce sont les maîtres.

La pièce est mal faite. L'auteur abuse étrangement des monologues. On les y voit se succéder à la file ; et nous n'en comptons pas moins de six dans le troisième acte dont ils forment une bonne moitié. Si la comédie de François d'Amboise a été, comme l'indique vaguement la préface, jouée quelque part, à la suite de la tragédie biblique de *Sichem le Ravisseur*, elle dut tenir médiocrement la scène, quelque soutien qu'ait pu lui prêter le jeu de Cosimo della Gamba[1], ou celui de Baptisto Lazarro et de ses compagnons alors en représentation à l'Hôtel de Bourgogne.

Mais, à la lecture, et malgré ces gaucheries, lourdeurs et disparates, *les Néapolitaines* ne sont pas ennuyeuses, grâce aux traits de mœurs et de « patelinage » comme y dit la servante Béta, et au piquant de l'aventure. Il serait même injuste de ne pas signaler quelques traits d'esprit dans le tas des autres, celui ci par exemple : « Si ces hommes de delà les monts sont

---

[1]. Cf. ci-dessus, p. 297.

fort experimentez au fait de la banque, leurs femmes n'aiment pas moins le change ». Il semble donc que François d'Amboise pouvait suggérer au besoin à son protégé Larivey quelques saillies, et même des plus espiègles, car nous le voyons dérober malicieusement la devise de leur commun ami Guillaume le Breton : *Mas honra que vida* (Plutôt l'honneur que la vie), pour l'appliquer à son don Dieghos, un plaisant pendant de la caricature des Italiens qu'avait été le *Panthaleone* des *Esbahis*[1]. Mais, au total, il paraît bien par *les Néapolitaines* — à défaut des trois tragédies et des trois autres comédies perdues du même auteur, dont parle Lacroix du Maine — qu'il s'entendait encore mieux à conseiller les pièces qu'à les faire.

Les Escoliers du chanoine François Perrin (1589) valent mieux que *les Néapolitaines* par l'action et par le style. Cette pièce rentre d'ailleurs plus franchement encore dans la tradition de la farce, sans qu'il faille prendre à la lettre ces vers du prologue où il est dit de l'auteur :

> Au reste il n'a pas voulu prendre
> L'argument vers les estrangers
> Menteurs, imposteurs, et legers,
> Aymant mieux la façon gauloise,
> Que la Phrigienne ou Grégeoise :
> Car les fruits luy semblent meilleurs
> En nos propres vergiers qu'ailleurs.

On y démêle en effet, à première vue, des réminiscences des *Suppositi* de l'Arioste et de certains contes — parmi les plus effrontés de *l'Heptaméron* et autres recueils — dans l'aventure aussi drôle que cynique des deux étudiants troqueurs dont le pauvre cède au riche sa fiancée, en échange d'un bénéfice. Mais, pour la peinture des mœurs, la netteté du trait, sans parler du

---

1. Cf. ci-dessus, p. 327.

sans-gêne du mot propre qui est d'ailleurs ici plus rarement sale que chez Turnèbe ou d'Amboise, et pour la vivacité de toute l'allure, c'est très évidemment la farce qui reprend ses droits. Au reste, l'auteur s'en cache si peu qu'il emprunte au *Pathelin* le nom dont il baptise celui de ses écoliers qui fait marchandise de sa fiancée, en vrai « fils de Josseaume le fripier ». Comme dans le *Pathelin* encore, il n'hésitera pas à mettre un patois de France sur la scène, et à compléter le travesti d'un écolier en paysan, en lui faisant parler le plus pur *morvandiau*. Enfin — et le fait est des plus notables — il reprend l'octosyllabe de la farce. Il le manie d'ailleurs avec une aisance qui nous semble encore supérieure à celle de Remi Belleau dans *la Reconnue*, témoin ce passage :

> Au vieil temps l'on ne caquetoit
> D'amour, sinon quand l'on estoit
> A la perfection d'un age
> Propre à traicter le mariage :
> La creintive fille pendant
> Soubs la main du père attendant,
> A ses mandemens tousjours preste,
> Vergongneuse baissoit la teste
> Et n'osoit voir un homme en front :
> Mais maintenant nos filles vont
> Plus effrontées que des biches.
> Qui battent des deux flancs les friches.

Et il y a nombre de couplets de ce style. Le tout va de cette verte allure, en sautillant parfois, mais sans quitter le terre-à-terre, comme fait d'ailleurs la morale des héros, dont on jugera par ce bout d'examen de conscience de l'écolier qui a échangé sa fiancée contre un bon bénéfice :

> Si auray-je le prieuré,
> Je confesse que la conqueste
> En est quelque peu mal-honneste ;

> Mais le gain plaist tant aux humains,
> Que quand il vient entre leurs mains.
> Son odeur est plus estimée
> Que n'est la bonne renommée.
> Je ne suis plus fils de frippyer,
> Car voicy dedans ce papyer
> De mon pricuré la depesche:
> Tant qu'il voudra maintenant presche
> Grassette le fol amoureux;
> Car quant à moy j'ayme bien mieux
> A mon aise passer mon age
> Qu'estre martir en mariage.

Sans doute c'est là de la morale de vilain, mais on y a reconnu la grossièreté utilitaire et l'accent même des héros de la farce à qui la guenille est plus chère que l'idéal; et c'est tout ce que nous voulions prouver ici.

C'est encore dans les *Suppositi* de l'Arioste que « Jean Godard Parisien » (né en 1564), puise son sujet des *Desguisez*.

Le prologue nous apprend, en alexandrins solennels, que la pièce, imprimée en 1594, fut jouée à la suite d'une tragédie de *la Franciade* du même auteur, mais sans nous dire ni où ni quand :

> J'ay charge seulement de vous remercier
> De vostre attention, et de vous supplier
> Que vous daigniez ouyr tantost la comedie,
> Comme vous avez fait desjà la tragédie.

Malgré son modèle dont il a alors le tort de s'écarter, l'auteur conduit péniblement son intrigue, qui traîne en d'énormes monologues. Aussi l'action parait-elle dans son ensemble lente et lourde, un peu niaise même. Nous y signalerons une gauche imitation de l'épisode de la bourse perdue par le Séverin des *Esprits*. Le style offre lui aussi, comme celui des *Néapolitaines*, et plus épais encore, ce mélange de préciosité et de farce, voire de mythologie amphigourique, qui est l'essence du genre bernesque et annonce de loin, mais directement Scarron, et Scudéry.

On en a noté la décence exceptionnelle : elle est très relative. Il y a mieux à louer : c'est, chez ce Parisien, une veine de gaîté réelle qui est digne de la capitale de la Gascogne dans laquelle se passe l'action. Elle jaillit plaisamment des quiproquos, surtout avec le valet Mandolé et le capitan Prouventard, et circule vivement à travers l'embarras du reste. Il y a chez les valets notamment, une gueuserie de race qui sent le voisinage du fameux trio des farceurs en titre de l'Hôtel de Bourgogne, Bruscambille, Gaultier-Garguille et Turlupin, dont l'un est justement cité dans la pièce pour sa gentillesse délurée dans le travesti :

> Voyez-vous, l'amoureux transi,
> Comme il ressent son gueux de race.
> Tant il porte de bonne grace
> Ces habits-là de Frantaupin !
> On le prendroit pour *Turlupin*
> A voir sa façon et sa mine.

Le même Claude Bonet (soit disant *Benoet du Lac*) qui publia, en 1595, sous le titre de tragi-comédie, la moralité du *Désespéré de Carême Prenant* — « plus grave que grasse », du moins au dire du prologue — écrivit, on ne sait quand, sous le titre de comédie, une farce de *la Tasse*[1], « comédie propre pour estre exhibée au temps de caresme-prenant ». C'est en effet une vraie farce de carnaval par le ton et par toute l'allure, et aussi par la verve, tout à fait « grasse » cette fois, sous

---

[1]. Cf. *Recueil de pièces rares et facétieuses*, etc., Paris, A. Barraud, 1873, tome III.

les emprunts faits pour le canevas aux *Contens* de Turnèbe et au conte « d'un médecin qui avait acheté une coupe et par l'astuce de deux compagnons perdit l'argent et la coupe ».[1] Elle est d'ailleurs tout émaillée de jargon italien et méridional : et nous y signalerons à la curiosité des philologues un savoureux provençal dans la bouche de la mégère, dont voici un échantillon :

> Preguy ben a Diou que jamai
> Non fes que cridar comm'un ai
> Et cercar ramponi et cridesto.
> You non fau ren aquesto festo
> Que per vostre commandament[2].

Nous ne passerons pas sous silence la minuscule « Nouvelle tragi-comique » que Marc de Papillon, ayant pendu l'épée au croc, publia en 1597, parmi d'autres productions de sa « muse soldarde », en les signant *le Capitaine Lasphrise*, et non sans le prendre avec le public, dans ses préfaces, sur le ton d'un vrai capitan de la comédie. Mais il ne manquait pas plus de verve que de bravoure, à défaut de goût et de modestie. Nous ne pouvons pas voir simplement dans la *Nouvelle tragi-comique* « un défi au bon sens », comme dit un historien de la comédie du xvie siècle[3], d'ordinaire plus éclectique. Il nous importe au contraire de signaler soigneusement une farce assez caractérisée, dans ce petit monstre dramatique, aux scènes bizarrement cousues par un récitant et aux vers fantasques et chevillés. Il ne faut pas notamment que le mauvais lieu, où se passent

---

1. Cf. *Les Comptes du monde adventureux*, Paris, Franck, réédition de 1879, nouvelle xxiv.
2. Je prends Dieu à témoin que jamais vous ne faites que crier comme un âne et chercher noise et criaillerie. Moi je ne fais rien en cette fête que par votre commandement.
3. Cf. E. Chasles, *La comédie en France au xvie siècle*, op. c., p. 197.

certaines scènes, empêche de reconnaître que, si hautes en couleur qu'elles soient, elles sont prises sur le vif.

Décidément la farce gagne du terrain. On pourra mesurer du reste tout celui qu'elle a conquis dans le domaine de la comédie à l'italienne, en lisant *les Corrivaux* (1612) de Pierre Trotterel sieur d'Aves.

Rien n'est plus pimenté ni, à vrai dire, plus impudent. L'auteur se donne l'excuse qui avait servi à celui de la *Célestine* et que voici :

Advertissement au lecteur, touchant cette comédie.

Lecteur sçache que je n'ay pas composé ceste folastre comedie pour t'apprendre à suivre le vice, car il n'y a rien au monde que j'abhorre tant. Et te jure de bonne ame que je hay plus que la peste ceux qui le suivent. Le subject donc pour lequel je l'ay composée est à fin qu'en y voyant sa noirceur si bien depeinte, tu t'animes à suivre la vertu. Ainsi les anciens Romains faisoyent yvrer leurs serviteurs et esclaves devant leurs enfants.

Si cette excuse a paru bonne, c'est bien plus que jamais le cas de se récrier : autre temps, autres bienséances ! Pour trouver pis, il faut descendre jusqu'à *La farce de la querelle de Gaultier-Garguille et de Perrine sa femme*[1], ou attendre Tabarin et le goujat de collège qui lui prêtait, dit-on, sa verve ordurière. L'auteur peut vraiment dire de lui, comme son Brayard :

> Car je suis descendu du fils de Gargamelle,
> Qui mangeoit son potage avecques une pelle ;
> Et de l'aultre costé, qu'on nomme maternel,
> Je tire mon estoc du bon Pantagruel.

Tout en est rabelaisien, les choses et les mots, les mangeries et *beuveries*, qui vont, sur la scène même, à leurs pires conséquences, le réalisme et la verve enfin,

---

1. Cf. Ed. Fournier, *Chansons de Gaultier Garguille*, Paris, Jannet, 1858.

laquelle rencontre même l'esprit, et jusque dans les rimes dont la fantaisie annonce celle de Scarron :

> Par ma foy, je viens d'avoir plus belles affres
> Que si j'avois esté poursuivy par des Caffres

Il y a du mouvement dans l'action : mais celle-ci marche par sauts, comme la farce, avec le même sans-gêne traditionnel des entrées et des sorties, et la brusquerie capricieuse des incidents non motivés. De ce côté il y a recul sur la comédie à l'italienne : la grosse farce a gagné autant que sa rivale a perdu, et à vrai dire, ce n'est pas tout profit.

Adrien de Monthuc, comte de Cramail, s'il était aussi ami de la vieille farce que Trotterel — en attendant qu'il le fût des règles qu'il conseillera à l'auteur de *Sophonisbe* — savait du moins borner ce goût au point au-delà duquel l'auteur se diffame : c'est ce que sa *Comédie des Proverbes* (1616, selon les frères Parfaict[1]) prouve avec beaucoup d'ingéniosité et non sans verve.

Sur un canevas à l'italienne, mais très léger, ne tenant que trois actes et formé d'un enlèvement et d'un travesti, elle brode un ou deux milliers de proverbes. Nous avons d'ailleurs rencontré beaucoup d'entre eux dans les comédies antérieures, de Larivey à Godard ; et nous retrouverons les meilleurs, une demi-douzaine environ, tout vifs dans Molière. De ce jeu qui consiste à entrelarder le dialogue de proverbes, les farces et sotties anciennes, celle des *Menus propos*[2] notamment, nous ont offert plus d'un exemple.

---

1. Mais il faut en reporter la date aux environs de 1632. cf. E. Roy, *La vie et les œuvres de Charles Sorel*, Paris, Hachette, 1893, p. 253. Il semble d'ailleurs que cette pièce ait été jouée, témoin cette apostrophe finale du 1ᵉʳ acte aux violons dont le jeu remplissait l'entracte : « Alaigre, *parlant au violon* : Soufflez, menetrier : l'épousée vient ».
2. Cf. ci-dessus, p. 183.

Mais ici l'auteur a joué la difficulté, car tout son dialogue est pétri de proverbes de la vieille France, chacun de ses personnages n'ayant qu'eux au bec, ce qui ne les empêche pas d'avoir bon bec. C'est une sorte de gageure très française, gagnée haut la main contre la Tabarinade[1], par un homme de qualité comme d'esprit — ancêtre authentique du marquis de Bièvre, l'Homère du calembour — et qui ne s'est pas trop encanaillé dans l'aventure.

Pour ne rien omettre de cette période — où les pièces comiques sont d'ailleurs si clairsemées, et qui est curieuse au moins par ce qui achève de s'y élaborer péniblement — nous nommerons, ne pouvant faire plus, un *Amour médecin* de Pierre de Sainte Marthe. Les frères Parfaict assignent la date de 1618 à cette comédie dont il ne reste que le titre, lequel ne sera pas perdu pour Molière.

Joignons-y *Les Ramonneurs* sur lesquels nous sommes un peu plus renseignés, grâce à ces mêmes frères Parfaict. Ils datent la pièce de 1620, disent qu'ils en avaient eu en main le manuscrit, et en donnent une analyse qui est trop courte pour qu'on puisse vérifier ce jugement qu'ils en portent : « Cette pièce est très passable pour le temps, on y trouve même d'assez bonnes plaisanteries ». On voit du moins par leurs analyses et par l'acte qu'en tirera, sous le même titre, en 1662, l'acteur-auteur de Villiers, que cette comédie était une fois de plus cette combinaison du jeu de cache-cache à l'italienne, avec la grosse farce nationale dont nous venons de noter et de suivre les progrès, en vue d'en prouver la mode.

---

1. Cf. » M'amie, les beaux Tabarins ! » (a. III, sc. III) et le « Tirez le rideau, la farce est jouée » qui termine la *Comédie des Proverbes*, comme « la seconde farce Tabarinique » dans l'édition Ed. Fournier, *Le Théâtre au XVIe et au XVIIe siècle*, op. c., p. 227 et 234.

A la même sauce italo-gauloise venait d'ailleurs d'être accommodée une seconde comédie de Trotterel, le très libre auteur des *Corrivaux* : « *Gillette comedie facetieuse* »[1] (1620). Elle est beaucoup moins épicée que celle des *Corrivaux*. Mais si *Gillette* ne scandalise plus autant le lecteur, elle ne laisse pas d'être encore bien grossière.

Voici un spécimen du ton, du moins aux endroits qu'on peut citer :

> Ne me baisassiez-vous d'un mois,
> Vous m'avez tellement pressée,
> Que j'en ay la bouche enfoncée.

L'auteur vise à la peinture des mœurs bourgeoises, mais il est sur ce terrain singulièrement distancé par Remi Belleau dans *la Reconnue*, et par François Perrin dans *les Escoliers*. On en jugera de reste par ce bout de scène entre ménagère et servante :

> LA DAMOISELLE.
>
> Dy, Gillette, que font nos bestes,
> Nos bœufs, nos vaches et nos veaux
> Et nos brebis et nos pourceaux.
>
> GILLETTE.
>
> Madamoiselle, ils font grand'chere.
> Toutes les fois que je voy traire
> Nos vaches, j'en tire deux sceaux
> Et si j'en donne encor aux veaux.
>
> LA DAMOISELLE.
>
> Cela va bien, à la bonne heure,
> Combien avez-vous fait de beurre
> Cette sepmaine ?

Ailleurs le dialogue rappelle la « rhetorique face-

---

[1] « Par le sieur D., à Rouen, de l'imprimerie de David du Petit Val, 1620 » Bibliothèque Nationale, Inventaire Yf 4726-34.

lieuse » et les « Prologues Galimatias » de Bruscambille[1], étant en somme plus trépidant qu'allant, et s'essoufflant vite. Déjà le cinquième acte des *Corrivaux* du même Trotterel tournait court, et l'intrigue se dénouait par un récit, en se vidant de toute action : dans *Gillette* le quatrième acte se borne à deux petites scènes. Non seulement c'est ici la farce avec les pires défauts de son réalisme, mais aussi avec l'indigence de son action et sa courte haleine si caractéristique.

Le tout rivalise directement avec ce Tabarin qui apparaissait alors comme le roi de la gaîté française. C'est en effet, aux environs de cette même année 1620, qu'il symbolisait, sur les tréteaux du Pont-Neuf, avec sa femme et camarade la romaine Vittoria Bianca, cette complicité de la farce gauloise et de la *commedia dell'arte* qui menaçaient d'envahir la scène française elle-même : passe encore pour la *commedia sostenuta*!

Mais voici des nouveaux venus qui vont commencer à mettre le holà, en attendant Molière qui fera à chacun sa part et sa place.

Cette police de la scène comique s'exercera sous l'influence de deux genres hybrides, la tragi-comédie et surtout la pastorale dramatique, qui cherchent leur voie et vont la trouver, comme nous le montrerons en temps et lieu. Mais il nous suffit ici d'indiquer le résultat de cette influence, pour marquer nettement la borne de la période que nous venons d'étudier, dans l'histoire générale de la comédie en France.

L'épuration très nécessaire au progrès de la comédie

---

1. Cf. *Les Fantaisies de Bruscambille contenant plusieurs Discours, Paradoxes, Harangues et Prologues facécieux faits par le Sieur des Lauriers Comédien* », Paris, Jean de Bordeaux, 1612 : Bibliothèque Nationale, Inventaire Y² 12337.

vers l'art difficile de faire rire les honnêtes gens, commencerait avec *les Galanteries du duc d'Ossone* de Mairet, si on les datait, avec les frères Parfaict, de 1627[1]. A vrai dire, cela n'en a pas l'air pour un lecteur non prévenu ; et un des éditeurs de cette comédie[2] a même cru voir, à la suite des frères Parfaict, un trait d'impudence dans le passage de la préface où l'auteur donne à entendre que grâce à lui, « les plus honnêtes femmes fréquentent maintenant l'Hôtel de Bourgogne avec aussi peu de scrupule qu'elles feroient celui du Luxembourg ». S'il en était ainsi, voilà certes une honnêteté qui n'était point diablesse ; et il était grand temps que ces dames allassent prendre des leçons de décence à l'Hôtel de Rambouillet. Mais que l'on se reporte au texte des *Corrivaux* de Trotterel, et on verra très bien ce que Mairet donnait ainsi à entendre.

Les galanteries du duc d'Ossone sont celles d'un libertin, et, si elles furent réelles, ce compatriote de don Juan n'avait pas volé sa réputation. La comédie qui osait les porter à la scène est licencieuse, parfois même réaliste à toute outrance, mais elle n'est pas ordurière. Le mélange traditionnel de préciosité et de gauloiserie y est plus fin que chez ses prédécesseurs, chacun des deux ingrédients à la mode, y compris le piment, étant de meilleure qualité et affiné par l'esprit, qui est à foison. On y lit bien ces réflexions du duc quand il est dans certaine situation exactement contraire à celle de *l'Albertus* de Théophile Gautier, et en croit son imagination au lieu de ses sens :

---

[1]. Mais la représentation n'eut lieu qu'en 1632. Cette pièce n'a d'ailleurs, malgré son titre, aucun rapport d'imitation avec *las Mocedades del duque de Ossuna* de Cristoval Monroy y Silva, comme on peut s'en assurer en parcourant cette *comedia* au tome XLIX de la collection Rivadeneyra.

[2]. Cf. Edouard Fournier, *Le Théâtre français au xviᵉ et au xviiᵉ siècle*, Paris, Laplace, op. c., p. 375.

Sa bouche est en deça, mets toy fort en avant,
Dessus le bord du lict de peur du mauvais vent.
Ce vieux sujet de ruine et de decrepitude
Tesmoigne en son repos beaucoup d'inquietude.
Ses esprits assoupis et ses membres pesans,
Semblent moins accablez du sommeil que des ans.
Voila bien des souspirs, encor il est croyable
Qu'elle faict maintenant quelque songe effroyable,
Où c'est que l'estomach indigeste et gasté,
Luy cause à tous moments cette ventosité.
O mes gands! mes sachets! esprits de muscq et d'ambre,
Que n'estes-vous ici plutost que dans ma chambre :

mais ce Mairet prête bien de l'esprit, à travers sa préciosité et son réalisme, à son d'Ossone que dut applaudir Bassompierre :

ÉMILIE

Ah! Monsieur! Ah, bon Dieu! qui vous ameine icy?

LE DUC.

Deux aveugles, Madame: Amour et la Fortune;
Je veux bien toutesfois, si je vous importune,
Reprendre le chemin par où je suis venu.

ÉMILIE.

Si vous m'estiez, monsieur, un visage inconnu,
Ou si je ne sçavois quel est vostre merite,
Il est vray que ma peur ne seroit pas petite.

LE DUC.

N'en ayez point, Madame, au contraire, croyez
Que je mourray d'ennuy si vous ne m'octroyez,
Avec l'impunité de mon audace extresme,
La licence de dire à quel point je vous ayme.
Mes yeux, que la douceur des vostres a ravis,
Vous livrerent mon cœur si tost que je vous vis,
Sans avoir jamais peu vous descouvrir mon ame.
De là vient qu'emporté de l'ardeur de ma flame,
J'estois venu resveur devant vostre logis,
Où j'ay veu....

ÉMILIE.

Le sujet pour lequel je rougis.

LE DUC.

Voyez ma passion dans la jalouse rage
Dont vostre habit trompeur m'a picqué le courage,
Jugez par le danger où j'ay voulu courir,
Si mon amour le cède à la peur de mourir.

C'est du dernier galant, à la mode de 1632 et de longtemps après. Les femmes sont aussi tout à fait dignes de donner la réplique :

ÉMILIE.

Vous seul estant l'unique et le plus cher objet
Que regarde ma crainte avec juste sujet,
Ne me plaindrois-je guère, ayant beaucoup à craindre?

PAULIN.

Dy plutost, infidelle, ayant beaucoup à feindre.

Le dialogue est tout pétillant de ripostes pareilles; et la pièce se termine sur un vrai feu d'artifice de *concetti*, quand la Flavie, visant certaines galanteries dont elle a été l'objet et la complice, y fait, pour finir, les allusions suivantes à bon entendeur :

Ouy, Monsieur, fournissez, je vous en tiendray compte.
Faites-en seulement les avances pour nous,
Aussi bien autrefois j'en ay faites pour vous.
Faites-luy bonne chere, et vous verrez sur l'heure
Que je vous la rendray plus entiere et meilleure.

Tout cela est encore bien romanesque assurément, côtoyant la tragi-comédie de cape et d'épée, bien enchevêtré à l'italienne, plus voisin de *la Nuit Vénitienne* ou du *Chandelier* d'Alfred de Musset, que de *l'Ecole des Femmes*, mais s'y achemine pourtant.

Avec la *Bague de l'oubli* (1628)[1] de Rotrou, on avance d'un pas et qui est le premier en date, tout compte fait, dans la voie de ce progrès vers la vraie et bonne comédie. Certes ce pas est moins grand que ne le croira l'auteur, mais il avait quelque peu le droit d'écrire dans sa préface en parlant de sa muse comique : « Je l'ay renduc si modeste, et j'ay pris tant de peine à polir ses mœurs, que si elle n'est belle, au moins elle est sage ».

Cependant sa *Bague de l'oubli* est encore moins une vraie comédie que *les Galanteries du duc d'Ossone* dont elle ne vaut ni l'esprit ni le style, comme il a bien l'air de le sentir quand il écrit, dans sa lettre-préface de 1635 : « Je n'ay pas si peu de cognoissance de mes ouvrages que de te donner celuyci pour une bonne chose. C'est la seconde pièce qui est sortie de mes mains, et les vers dont je l'ay traictée, n'ont pas cette pureté que depuis six ans la lecture, la conversation et l'exercice m'ont acquise ». Le merveilleux y amène de jolis effets de scène, mais il en écarte la vérité vraie; et la forme reste hybride, encore engagée dans la tragi-comédie, dans son romanesque et ses disparates si choquantes. Cela était juste assez bon pour engendrer ce *Roi de Cocagne* de Legrand, que Lessing exaltera si fort pour rabaisser Molière. Mais quand Rotrou écrit au roi, en 1635, en s'attribuant l'honneur du fait, évidemment : « Sire, puisqu'enfin la Comédie est en un point où les plus honnêtes récréations ne lui peuvent plus causer d'envie, où elle se peut vanter d'être la passion de toute la France... », il oublie que son ami Corneille avait passé par là.

Il aurait dû se souvenir d'une comédie qui ne dut

---

1. « La Bague de l'Oubly, Comédie par le sieur Rotrou, Dédiée au roy »; Paris, François Targa, 1635 : Bibliothèque Nationale, Inventaire Yf 11579.

guère à la sienne — si même elle le lui doit[1] — que son titre de *Mélite*.

C'est *Mélite* qui avait fait de la comédie « la passion de toute la France »; et c'est son auteur qui nous dira pourquoi, mieux que personne :

> La nouveauté de ce genre de comédie, dont il n'y a point d'exemple en aucune langue, et le style naïf qui faisoit une peinture de la conversation des honnêtes gens, furent sans doute cause de ce bonheur surprenant, qui fit alors tant de bruit. On n'avoit jamais vu jusque-là que la comédie fît rire sans personnages ridicules, tels que les valets bouffons, les parasites, les capitans, les docteurs, etc. Celle-ci faisoit son effet par l'humeur enjouée de gens d'une condition au-dessus de ceux qu'on voit dans les comédies de Plaute et de Térence, qui n'étoient que des marchands.

C'était l'art de faire sourire les honnêtes gens, en attendant celui de les faire rire. Le plaisant était quitté pour l'agréable et le fin, Tabarin pour Térence. Les faiseurs d'amoureuses pastorales à l'italienne y aidant, encore plus que ceux des romanesques tragi-comédies à l'espagnole[2], le père du théâtre français avait trouvé le ton de la bonne comédie.

---

1. Cette conjecture nous vient, en lisant à la liste des personnages de *La Bague de l'Oubli* : « Mélite, damoiselle confidente ». — C'est de la fin de 1629 ou du commencement de 1630 que date la représentation de *Mélite*, sinon de 1625, comme l'affirme Fontenelle.
2. Cf. E. Martinenche, *La Comedia espagnole*, Paris, Hachette, 1900, p. 148 sqq., l'Introduction et le chap. II : *La Comédie en France après Hardy et avant le Cid*; — Jules Marsan, *La Pastorale dramatique en France*, Paris, Hachette, 1905, p. 357 sqq.

CONCLUSION

Les deux courants qui se distinguent, dès les origines de notre littérature nationale et jusque dans le chaos des genres, se retrouvent dans le théâtre du moyen âge.

Il y a en effet d'un côté le courant idéaliste, qui va du lyrisme *courtois* d'un Quènes de Béthune à celui d'un Charles d'Orléans et d'un Voiture; des épopées héroïques et romanesques du *Roland*, du *Chevalier au lion* et de l'*Alexandre*, aux contes bleus et aux romans chevaleresques et pseudo-historiques de l'*Amadis des Gaules*, de l'*Astrée* et de la *Clélie*.

De l'autre côté il y a, et aussi ancien, le courant réaliste, qui va des refrains du lyrisme populaire du haut moyen âge, de tant d'anonymes et gaulois couplets de danse ou de marche, véritables chansons des rues et des bois, aux chansons des gueux de Rutebeuf et de Villon, au *Dit des Ribauds de Grève* et aux ballades en *jargon et jobelin*; des épopées héroï-comiques, satiriques et licencieuses du *Pèlerinage de Charlemagne*, des *Renarts* et des *Fabliaux* aux romans narquois et pessimistes, aux contes libertins et naturalistes du *Roman de la Rose*, seconde manière, du *Petit Jehan de Saintré*, de l'*Heptaméron* et du *Francion*.

Au théâtre, ce dernier courant porte à la farce, comme le premier portait au mystère. Ce que le *Renart* par exemple avait été au *Roland*, ou ce que la chanson d'un Coquillard était à celle d'un Charles d'Orléans, la farce le fut au mystère.

Nous l'avons vue, sous divers noms, mais toujours identique en son essence, venir on ne sait d'où — peut-être en droite ligne, avec les *dits* et *débats*, du répertoire des histrions de la décadence romaine — par les jongleurs, rencontrer les autres genres comiques, sermons joyeux et sotties, nés probablement avec le théâtre sérieux dans l'Église ou de l'Église, les entraîner au dehors et les absorber tous, même la moralité. Puis nous l'avons montrée évoluant décidément vers la comédie de Molière, le centre auquel tout tend, duquel tout rayonnera, et déjà digne de cette haute destinée par le *Pathelin* et une demi-douzaine de petits chefs-d'œuvre.

Nous avons indiqué d'ailleurs quelle réserve s'impose ici à l'admiration. Le théâtre comique du moyen âge est comme celui du fameux farceur Pont-Alletz, à la pointe Saint-Eustache ; il est bâti sur un égout. Oui, la farce sent le ruisseau des halles, bien qu'on y répète : *Paroles ne puent point.* Mais, cette réserve faite, il faut bien reconnaître que, malgré l'immensité probable des pertes de son répertoire, elle apparaissait au bout du moyen âge comme l'héritière principale de la satire morale et religieuse, politique et sociale, de tout ce rire enfin qui est le propre de l'homme, en France plus qu'ailleurs, et dans le genre dramatique plus efficacement que dans tout autre.

C'est alors qu'une nouvelle venue se risque à lui disputer cet héritage et l'avenir. Cette intruse s'intitule la comédie et, pour avoir la chose avec le mot, elle copie fiévreusement les *archétypes* de la Rome ancienne et les *rifacimenti* de l'Italie renaissante, en déclarant, avec l'ambitieuse Pléiade, la guerre à la farce. Mais elle ne réussit qu'à rendre évidente sa présomption, avec ses traductions gauches, ses imitations mort-nées et ses inventions en vieux neuf.

D'ailleurs les moyens matériels lui font défaut pour prendre contact avec le vrai public et en recevoir la vie. La scène parisienne lui est rendue inaccessible par un monopole qui est au service de sa rivale. Elle doit donc se contenter de recueillir dans l'enclos et presque dans le huis-clos des collèges, des palais et des vagues scènes des cercles littéraires, les applaudissements acquis d'avance des humanistes et de leurs écoliers, des lettrés de la magistrature et du clergé, pêle-mêle avec ceux des *snobs* de qualité qui les lui prodiguent pour suivre l'exemple des « plus grands seigneurs de l'Italie », comme dit la préface des *Néapolitaines*.

Cette vie factice de la comédie nouvelle est courte; et la mode qui la lui a donnée ne lui offre bientôt plus que l'asile des salons où on lit, et la publicité médiocre des leçons des *magisters* de province.

Ainsi rappelée à la modestie qui convient à une débutante, elle met à profit cette retraite forcée pour s'y inspirer mieux des modèles. Cette sagesse lui réussit, en lui ménageant l'avenir : mais elle ne lui donne toujours pas le public qu'elle avait ambitionné, et en dehors duquel elle avait eu le malheur de naître.

Cependant la farce nationale était d'abord restée en possession de ce grand public; puis, manœuvrant cette fois sans « trompettes ni tabourins », elle avait conquis peu à peu celui de sa belliqueuse rivale, en se glissant sous sa livrée, ce qui ne fut pas le moins bon tour de son *patelinage*.

Dans la comédie pseudo-classique de Jodelle et de ses émules directs, il n'y a de vivant qu'elle. Dans les traductions de Larivey, accommodées à la gauloise, elle fournit la sauce et le sel. Dans la comédie à l'italienne, d'Odet de Turnèbe, c'est elle seule au fond qui anime les fantoches d'outre-monts et fait parmi eux le geste naturel, à la bonne franquette : et comme elle y a le verbe haut ! Elle y est décidément chez elle.

C'est que toute cette mascarade ne lui en avait pas imposé. Elle avait eu tôt fait de reconnaître les siens sous le masque et le verbiage importés.

Y avait-il donc si loin des capitans, grimes, ganaches, pédants, amoureux lascifs et amoureuses faciles, entremetteuses hypocrites et papelards des deux sexes de la bande italienne à ses *Francs Archers, Avantureulx, Fils à Thénot, Georges le Veau, Messieurs de la Papillonnière et de la Hannetonnière, maîtres Mimins, Vieille Tretaulde, Sœur Fessue, frère Anselme, frère Guillebert* et autres *frères fraparts* ? Et par dessus tout n'avait-elle pas aussi bon bec — le bec de Paris dont parle Villon — que cette aventurière de Rome ou de Florence ? Et le *patelinage* n'était-il pas né malin au moins autant que la facétie transalpine ? Elle le fit bien voir.

Les nouveau-venus jouaient, il est vrai, un jeu plus serré : eh bien ! elle entrera dans ce jeu, sans crier gare. Ils veulent occuper la scène quatre ou cinq fois plus longtemps qu'elle : qu'à cela ne tienne ! elle est aussi extensible qu'elle est entrante, et elle prendra dorénavant mesure sur le *Pathelin*.

Aussi quand la comédie à l'italienne tentera de nouveau la scène, le tour sera joué. Elle n'y portera plus de ses modèles que la défroque, et c'est la farce nationale qui parlera seule, et ne parlera que trop par sa bouche : témoin Trotterel.

Nous avons vu celle-ci, en finissant, reculer un moment devant cette coalition de la pastorale italo-espagnole et de la *comedia* qui amenait la comédie pour sourire, selon le goût de la meilleure compagnie : mais il y avait l'autre, celle dont l'éducation restait toujours à faire, et sans le suffrage de laquelle le théâtre n'est jamais sûr d'être à l'image de la vie. La farce le sent bien, et elle prendra patience une fois de plus, mais à sa manière, comme nous verrons.

On peut compter sur sa prestesse pour s'accommoder de la nouvelle mode, dût-elle, pour quelque temps ou pour toujours, mettre une sourdine à ses « mots de gueule » et, comme elle dit, « s'en torcher le bec ». Elle sait que sa veine comique coule de source, ne tarira pas et finira bien par se creuser le lit où elle aura pour tributaires tous ces courants dérivés d'Italie ou d'Espagne, sans en être elle-même déviée ni altérée.

Ainsi nous avons montré la farce, sous divers titres et sous divers masques, traversant le chaos des genres au moyen âge et leur anarchie à la veille de l'époque classique, sans y perdre ses qualités essentielles, son sens aigu de la réalité et du ridicule, la facilité et l'éclat de ce rire gaulois qui, du plus loin qu'on sache, témoigne de la santé morale de notre race : et honni soit qui mal y pense! Ne valait-il pas mieux pour nos comiques, selon un mot de François Hotman, « être Franco-Gaulois que Français-Italien »? La réponse est dans Molière que voici :

BIBLIOGRAPHIE

Nota bene. — Toute la bibliographie relative au théâtre comique du moyen âge, jusqu'à l'année 1886, se trouve dans le *Répertoire du théâtre comique en France au moyen âge*, par L. Petit de Julleville, Paris, Léopold Cerf, 1886.

Les principales publications, postérieures à 1886, sont dans la liste ci-dessous, qui comprend surtout celles relatives à la comédie depuis la Renaissance jusqu'à 1629.

OUVRAGES DE CRITIQUE ET D'HISTOIRE

Bapst (Germain). *Essai sur l'histoire du théâtre, la mise en scène*, etc., Paris, Hachette, 1893, 1 vol.

Chasles (Émile). *La comédie en France au xvi*^{e} *siècle*, Paris, Didier, 1862, 1 vol.

Creizenach (Wilhelm). *Geschichte des neueren Dramas*, Halle a. S. Max Niemeyer, 1893-1903, tome I, livres vi-viii; tome II, livre ii; tome III, livre v (3 vol. parus)..

Des Granges (M.). *De scenico soliloquio (du Monologue dramatique)*. Paris, Bouillon, 1897.

Guy (Henry). *Essai sur la vie et les œuvres littéraires du trouvère Adan de le Hale*, Paris, Hachette, 1898, 1 vol.

Petit de Julleville (L.). *Les Comédiens en France au moyen âge*. Paris, Léopold Cerf, 1885, 1 vol. — *La comédie et les mœurs en France au moyen âge*. Paris, Léopold Cerf, 1886, 1 vol.

Picot (Emile). *Le Monologue dramatique dans l'ancien théâtre français*, dans la *Romania*, Paris, Vieweg, années 1886-1888.

Rigal (Eugène). *Le Théâtre de la Renaissance*, dans le tome III, chapitre vi de l'*Histoire de la langue et de la littérature française*.

des origines à 1900, Paris, Colin. — *Le Théâtre au XVIIe siècle avant Corneille*, ibid., tome IV, chapitre IV. — *Le Théâtre français avant la période classique (fin du XVIe et commencement du XVIIe siècle)*, Paris, Hachette, 1901, 1 vol. — *Les Personnages conventionnels de la comédie au XVIe siècle*, Revue d'Histoire littéraire, Paris, Armand Colin, 1897, p. 161 sqq.

Royer (Alphonse). *Histoire universelle du théâtre*, Paris, Ollendorff, 1869-1878, 6 vol. A consulter, pour les analyses, tome I, chapitres VIII, XIV, XV; tome II, chapitre XVII.

Sepet (Marius). *Origines catholiques du théâtre moderne*, Paris, Lethielleux, 1901, 1 vol. — *Le Drame religieux au moyen âge*, Paris, Bloud, 1903, 1 vol.

Toldo (P.). *La comédie française de la Renaissance*, dans la *Revue d'Histoire littéraire de la France*, Paris, Armand Colin, années 1897, p. 336 sqq.; 1898, p. 220 sqq. et 554 sqq.; 1899, p. 571 sqq; 1900, p. 263 sqq. (*Cinq articles*).

Wilmotte (A.). *La naissance de l'élément comique dans le théâtre religieux*, Mâcon, Protat, 1901. (*Un mémoire lu au Congrès d'histoire comparée* de Paris, en 1900), 1 vol.

ÉDITIONS

Nota Bene. — Les éditions particulières sont indiquées en note, à propos de chaque œuvre. Nous nous bornerons donc à rappeler ici les principaux recueils que voici :

Fournier (Edouard). *Le Théâtre français avant la Renaissance (1450-1550)*, Paris, Laplace. — *Le Théâtre français au XVIe et au XVIIe siècle*, ibid.

Picot (Emile). *Recueil général des Sotties*, Paris, Didot, 1902-1904. (*En cours de publication* : 2 vol. parus).

Viollet-le-Duc (M.). *Ancien théâtre françois ou Collection des ouvrages dramatiques les plus remarquables depuis les mystères jusqu'à Corneille*, Paris, Jannet, 1854-1857, 10 vol.

ADDITIONS ET CORRECTIONS
AU TOME I

BIBLIOGRAPHIE

Roy (Emile). *Le Mystère de la Passion en France, du XIV° au XVII° siècle. Étude sur les sources et le classement des mystères de la Passion, accompagnée de textes inédits : La Passion d'Autun. — La Passion bourguignonne de Semur. — La Passion d'Auvergne. — La Passion secundum legem debet mori*, Paris, H. Champion, 1904, 1 vol.

PAGES ET LIGNES	AU LIEU DE	LIRE
P. 26, ligne 16.	*faisant toujours partie de* l'Introït	*précédant* l'Introït
P. 32, ligne, 11.	*Benedictbeuer*	*Benedictbeuern*
P. 32, ligne 28.	*philosophien*	*philosophischen.*
P. 35, ligne 12.	dialecte *haut-limousin.*	dialecte *poitevin*
P. 40, ligne 24.	*Garritu* modulatur.	*Garritum* modulatur
P. 40, ligne 25.	l'amant *aimé.*	l'amante *et* l'amant.
P. 40 ligne 26.	*dilectæ*	*delectae*
P. 40, ligne 26.	*qu'il aime* sans trace de fiel.	*choisie* sans trace de fiel.
P. 56, ligne 7.	commence *au début du* XIII° *siècle.*	commence *dès le* XII° *s.*
P. 60, ligne 13.	Renard *exécutant ses tours de charlatan de place*	« *Renart chantre* »
P. 85, ligne 15.	*Robert* Wace	Wace
P. 92, ligne 27.	*C'est* as conquis.	*Cest* as conquis.
P. 124, ligne 30.	tome XIV, 1883.	tome XIV, 1885.
P. 139, ligne 17.	maint *jeis*	maint *vers*
P. 140, ligne 20.	*l'auteur probable*	*si toutefois, ce qui est peu probable, il est l'auteur.*

PAGES ET LIGNES	AU LIEU DE	LIRE
P. 155, ligne 26.	houssue (avec aspersion)	houssue (velue)
P. 176, ligne 27.	domneia	domnei
P. 176, ligne 30.	littérature narrative et lyrique	littérature narrative et lyrique, en *latin*,
P. 180, ligne 34.	le cuer et ventre	le cuer et ventre
P. 181, ligne 27.	ce set (*sait*) qui or dure.	ce set (*sait*) *cil* qui or dure
P. 182, lignes 4 et suivantes.	revele (*se révèle*)	revele (*se révèle*),
	Q'au besoing vous apele	Qu' (*qui*) au besoing vous apele
	Delivrez est de paine,	Delivrez est de paine;
	Qu'a vous son cuer amaine. Ou	Qu'a vous son cuer amaine. Ou
P. 187, ligne 23.	Selon qu'elle a	Selon ce qu'elle a
P. 219, ligne 24.	sa lecherie (*tromperie*)	sa lecherie (*débauche*)
P. 225, ligne 24.	la belle Jehanne.	la belle Jehanne. (Cf. *Le Cycle de la gageure*, par Gaston, Paris, *Romania*, 1903, p. 481).
P. 229, ligne 28.	*Philippe de Reimes*	*Philippe de Rémi*
P. 232, ligne 8.	ne vous faingniez (*ne faites pas semblant*)	ne vous faingniez (*ne soyez pas fainéants*)
P. 237, ligne 11.	espartelé (*tour de passe-passe?*)	espartelé (*tour de passe-passe?*)
P. 240, ligne 22.	le seigne (*désigne*) d'un os.	se seigne (*se signe*) d'un os
P. 246, ligne 13.	delivrance en (*sic*) est	delivrance est
P. 248, ligne 23.	où il (*Jean Bodel*) rimait vers le milieu du XIII° s.	où il rimait *vers la fin du* XII° *siècle et au commencement du* XIII° *siècle* (mort fin février ou commencement de mars 1210; Cf. *le Moyen âge, Revue d'histoire et de philologie*, Paris, Bouillon, année 1900, p. 168).
P. 249, ligne 20.	le chantre de la *Chanson des Saisnes*	le chantre *probable* de la *chanson des Saisnes*.

PAGES ET LIGNES	AU LIEU DE	LIRE
P. 256, ligne 4	*bevant*	*bevant* (buvable, bon à boire)
P. 288, ligne 15.	torconniere	torçonniere
P. 300, ligne 31.	Or seroi vengé	Seroi vengé
P. 314, ligne 18.	Serez-vous mon amoureux?	Or serez-vous mon amoureux?
P. 320, ligne 4.	J'emmeneray	J'emmenray
P. 335, ligne 24.	Fragmenta *Burama*.	Fragmenta *Burana*

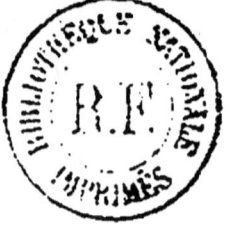

TABLE DES MATIÈRES

Préface. 3

INTRODUCTION
Le problème des origines.

Difficultés de ce problème. — Recherche de la solution dans trois directions. — Les comédies latines du haut moyen âge et le mirage de l'influence classique — Les six « comédies » de Hroswitha. — Les comédies élégiaques : le *Geta* et l'*Aulularia* de Vitalis de Blois; l'*Alda* de Guillaume de Blois; le *Pamphilus*; le *Babio*; le *Paulinus et Polla* de Richard de Venouse. — La récitation de ces pseudo-comédies et la conception chez les clercs de la représentation et de la nature de la comédie antique. — Nullité de l'influence de ces pseudo-comédies sur la comédie médiévale. — Les jongleurs continuateurs des histrions romains pour le costume et le batelage et peut-être pour certains thèmes de leur répertoire parlé. — Génération spontanée de certains éléments de la comédie médiévale, au sein du drame religieux. 9

CHAPITRE I
La scène et les auteurs comiques au moyen âge.

La censure. — La mise en scène et l'ordre du spectacle. — Les interprètes : les *Fous* d'Église et les confréries joyeuses; les *Sots* ou *Enfants sans-souci*; les *Clercs de la Basoche*; les écoliers; les comédiens de profession. 25

CHAPITRE II

La Comédie médiévale du XIIIe au XVe siècle.

Une farce-féerie : *Le Jeu de la Feuillée*, d'Adam le Bossu (1262?). — Un opéra-comique du même : *Le Jeu de Robin et Marion* (1283-1285?). — Une farce du dernier tiers du XIIIe siècle : *Le Garçon et l'Aveugle*. — Une moralité : *De Pierre de la Broche qui dispute à Fortune par devant Reson* (1278?). — *La Farce de Mestre Trubert et d'Antroingnart*, par Eustache Deschamps (fin du XIVe siècle). — La moralité du *Dit des quatre offices*, par le même. 60

CHAPITRE III

La Comédie médiévale au XVe et au XVIe siècle : Les « moralités » comiques.

Notre classement des pièces en trois groupes et dans l'ordre suivant : *Moralités comiques*; *Sermons joyeux et Monologues dramatiques*; *Sotties et Farces*.
Les *Moralités comiques*. — La satire morale : *Bien-avisé et Mal-avisé*; la *Condamnation de Banquet*; les *Enfants de Maintenant*; *Mars et Justice*; *l'Aveugle et le Boiteux*. — La satire sociale : *Église, Noblesse et Pauvreté*; le *Jeu du Capifol*; *La Croix Faubin*; *Charité*; *Chacun, Plusieurs, le Temps qui court, le Monde*. — La satire religieuse : *le Nouveau Monde*; *l'Homme obstiné*; *l'Hérésie et l'Église*; *le Pape malade*.. 107

CHAPITRE IV

La Comédie médiévale au XVe et au XVIe siècle : Les sermons joyeux et les monologues dramatiques.

Inventaire des *Sermons joyeux* et des *Monologues dramatiques*. — Les origines du *Sermon joyeux* et les prédicateurs burlesques. — Structure du sermon joyeux et ses effets dramatiques. — Les sermons à facéties goliardiques : *Saint Nemo*; *l'Invitatoyre bachique*; *saint Hareng*. — Les sermons farcesques : sermons de *Billouart*, de *l'Endouille*, des *Fous*.

Les origines du monologue dramatique et les *Dits*. — Les monologues lyriques. — Les monologues de professionnels : le *Dit de l'Herberie*, la *Fille Batelière*; le *Clerc de taverne*. — Les monologues d'aventures : la *Fortune d'amours*; le *Varlet et les Nourrices*; le *Résolu*; le thème des soldats fanfarons et le *Franc Archer de Bagnolet*. — Les destinées du monologue dramatique. 146

CHAPITRE V

La Comédie médiévale au XVe et au XVIe siècle
Les sotties et les farces.

Définition et origines de la sottie. — Les deux espèces de sotties : *Les Menus Propos* et le *Prince des Sots*.
Définition et origines de la farce. — Le monologue dramatique, les fabliaux et la genèse de la farce. — La comédie médiévale au collège et Tixier de Ravisi. — Classement et énumération des farces suivant le triple objet de leurs satires : amour et mariage; états et métiers; politique, religion et mœurs. — Considérations sur la licence du genre... 179

CHAPITRE VI

La Comédie médiévale au XVe et au XVIe siècle :
Les petits chefs-d'œuvre de la farce.

La farce et les mœurs : *Les Bâtards de Caulx*; *Robinet Badin*; *Le Porteur d'eau*; *Maître Mimin étudiant*; le *Pont-aux-ânes*; l'*Obstination des femmes*; *George le Veau*. — La farce et la peinture des caractères : *le Cuvier*; *la Cornette*. — La farce et l'art du dialogue : *Messieurs de Mallepaye et de Baillevent*; *la Pippée*; *Le Marchand de pommes*; *Deux filles*; *Deux Amoureux*; l'*Aventureux*. — La farce et la technique de l'action : *Naudet*; *le Poulailler*. — Le chef-d'œuvre : *Pathelin*. — Conclusion sur le théâtre comique du moyen âge. 212

CHAPITRE VII

La Comédie régulière : Origines et représentations.

Le plan de *la Pléiade* : l'imitation des modèles et l'appel aux puissances. — Les *archétypes* Térence et Plaute : leurs lecteurs au moyen âge, et leurs traducteurs et commentateurs à la Renaissance. — Les humanistes et auteurs français, théoriciens de la comédie : Josse Badius, J.-C. Scaliger, Charles Estienne, Pelletier du Mans, Jean de la Taille. — La comédie régulière en Italie, de Pétrarque au groupe des modèles de Larivey, et son influence sur nos comiques de la Renaissance.

Les conditions de la scène en France et l'appel aux puissances. — Le monopole des Confrères. — Le public et la scène à conquérir. — L'exemple pratique des Italiens : la représentation de la *Calandra*; les comédiens italiens à la cour et à la ville, et leur répertoire. — Les novateurs et leur apprentissage technique : le *fiasco des Argonautes*. — Une *première* triomphante à la cour et à la ville.

Division naturelle de l'histoire de la comédie de la Renaissance en deux périodes. — Démonstration du fait par le catalogue des représentations authentiques. — Nécessité de pousser l'histoire de la seconde période jusqu'à 1629. 272

CHAPITRE VIII

La Comédie régulière de Jodelle à Larivey.

Eugène et le problème de sa dualité : en quoi la pièce continue la farce et inaugure la comédie. — *La Trésorière* et les *Esbahis*, de Jacques Grévin. — *Le Négromant* et les *Corrivaux*, de Jean de la Taille. — *Le Brave* et *l'Eunuque*, d'Antoine de Baïf. — *La Reconnue*, de Remi Belleau. — La comédie régulière en province : le *Muet insensé* et la *Néphélococugie*, de Pierre le Loyer. — *La Fidélité nuptiale*, de Gérard de Vivre. — Fin de la période militante de la comédie de la Renaissance. 299

CHAPITRE IX

La Comédie régulière de Larivey à Corneille.

Caractère général de cette période : concurrence de la comédie à l'italienne et de la farce. — Larivey et la légende de son originalité : sa méthode de traduction et d'adaptation montrée par la collation du texte des *Esprits* avec celui d'*Aridosio*; ses huit autres comédies. — L'influence espagnole et la *Célestine*, de Jacques de Lavardin. — Les cercles de lettrés et la comédie à l'italienne : le chef-d'œuvre de la comédie de la

Renaissance. *les Contens* d'Odet de Turnèbe; *les Néapolitaines*, de François d'Amboise; *Les Escoliers*, de François Perrin; *Les Desguisez*, de Jean Godard. — Progrès de la farce: *La Tasse*, de Claude Bonet; *La Nouvelle tragi-comique*, de Marc de Papillon; *les Corrivaux*, de Pierre Trotterel; *La Comédie des Proverbes*, d'Adrien de Montluc; *L'Amour médecin*, de Pierre de Sainte-Marthe; *les Ramonneurs*, par un anonyme; *Gillette*, de Trotterel. — Réaction contre la farce: *Les Galanteries du duc d'Ossone*, de Mairet; *la Bague de l'oubli*, de Rotrou; *Mélite* 346

Conclusion 413

Bibliographie 418

Additions et Corrections au Tome I. 420

56957. — Imprimerie LAHURE, rue de Fleurus, 9, à Paris.

NOUVELLE BIBLIOTHÈQUE CLASSIQUE
A 3 francs le volume

Aubigné (Agrippa d'). *Les Tragiques*, avec une étude et des notes par Ch. Read	2 vol.
Beaumarchais, *Théâtre*, publ. par A. Vitu :	
Le *Barbier de Séville*	1 vol.
Le *Mariage de Figaro*	1 vol.
Bernardin de Saint-Pierre. *Paul et Virginie*	1 vol.
Boileau, publ. par P. Chéron	2 vol.
Bossuet, *Oraisons funèbres*, publ. par Arm. Gasté	1 vol.
Discours sur l'histoire universelle, publié par Arm. Gasté	2 vol.
Chamfort. *Œuvres choisies*, publ. par M. de Lescure	2 vol.
Chénier (André). *Poésies*, publ. par Eug. Manuel	1 vol.
Corneille. *Théâtre*, avec préface par V. Fournel	5 vol.
Courier (P.-L.). *Œuvres*, avec préface par F. Sarcey	3 vol.
Diderot. *Œuvres choisies*, préface par Paul Albert	6 vol.
Fénelon, *Éducation des Filles*, préf. par O. Gréard	1 vol.
Florian, *Fables*, publ. avec un Avant-propos	1 vol.
Goethe. *Faust*, trad. Albert Stapfer, préf. par P. Stapfer	1 vol.
Hamilton, *Mémoires de Grammont*, publ. par M. de Lescure	1 vol.
Hoffmann, *Contes fantastiques*	2 vol.
La Bruyère, *Caractères*, préface de L. Lacour	2 vol.
La Fontaine, *Fables*, publ. par P. Lacroix et Jouaust	2 vol.
Contes, publ. par D. Jouaust	2 vol.
La Rochefoucauld, *Maximes*, publ. par J. Thénard	1 vol.
Maistre (X. de), *Voyage autour de ma chambre*, préf. de J. Claretie	1 vol.
Malherbe, *Poésies*, publ. par P. Blanchemain	1 vol.
Marivaux, *Théâtre*, préface de F. Sarcey	2 vol.
Molière. *Théâtre*, publ. par Jouaust et Monval	8 vol.
Montaigne, *Essais*, publ. par Motheau et Jouaust	7 vol.
Montesquieu. *Grandeur et Décadence des Romains*, publ. par G. Franceschi	1 vol.
— *Lettres persanes*	2 vol.
Rabelais, avec notice de Paul Lacroix	4 vol.
Racine. *Théâtre*, préface de V. Fournel	3 vol.
Regnard, *Théâtre*, publ. par G. d'Heylli	2 vol.
Régnier. *Satires*, publ. par Louis Lacour	1 vol.
Rivarol. *Œuvres choisies*, publ. par de Lescure	2 vol.
Rousseau (J.-J.). *Les Confessions*	3 vol.
Satire Ménippée, publ. par Ch. Read	1 vol.
Voltaire. *Œuvres choisies*, publiées par G. Bengesco :	
Théâtre	1 vol.
Romans et Contes	4 vol.
Poésies	1 vol.
Charles XII	2 vol.
Dictionnaire philosophique	2 vol.

LITTÉRATURE ÉTRANGÈRE

Calidasa, *Sacountalâ*, trad. par Bergaigne et Lehugeur	1 vol.
Horace, *Odes, Satires, Épîtres*, trad. de J. Janin	2 vol.
Sterne. *Voyage sentimental*, trad. d'Alf. Hédouin	1 vol.

Il a été fait pour les auteurs publiés des portraits gravés à l'eau-forte que nous vendons séparément :

Avec la lettre. . . . 2 fr. | Avant la lettre. . . . 3 fr.

www.ingramcontent.com/pod-product-compliance
Lightning Source LLC
Chambersburg PA
CBHW052235220526
45471CB00001B/50